U0534975

马克思主义中国化丛书
总主编 王宗礼

网络政治文化理论构建与现实

王树亮 著

中国社会科学出版社

图书在版编目（CIP）数据

网络政治文化理论构建与现实／王树亮著 . —北京：中国社会科学出版社，2019.9

（马克思主义中国化丛书）

ISBN 978 – 7 – 5203 – 0582 – 2

Ⅰ. ①网… Ⅱ. ①王… Ⅲ. ①互联网络—影响—政治—文化—研究—中国　Ⅳ. ①D6

中国版本图书馆 CIP 数据核字（2017）第 120535 号

出 版 人	赵剑英
责任编辑	喻　苗
责任校对	王佳玉
责任印制	王　超

出　　版	中国社会科学出版社
社　　址	北京鼓楼西大街甲 158 号
邮　　编	100720
网　　址	http://www.csspw.cn
发 行 部	010 – 84083685
门 市 部	010 – 84029450
经　　销	新华书店及其他书店
印　　刷	北京君升印刷有限公司
装　　订	廊坊市广阳区广增装订厂
版　　次	2019 年 9 月第 1 版
印　　次	2019 年 9 月第 1 次印刷
开　　本	710×1000　1/16
印　　张	30
插　　页	2
字　　数	389 千字
定　　价	118.00 元

凡购买中国社会科学出版社图书，如有质量问题请与本社营销中心联系调换
电话：010 – 84083683
版权所有　侵权必究

出版前言

马克思主义自诞生以来，在指导工人运动和社会主义革命、建设、改革的过程中，取得了举世瞩目的光辉成就，深刻地改变了世界格局和人类社会的发展走向，为人类社会昭示了新的发展前景。尽管马克思主义的反对者们一再声称马克思主义已经过时，但当人类社会发展出现困境时，人们却不约而同地回到马克思的思想资源中寻求破解困境的灵感，以马克思主义为指导的社会主义制度也在遭遇挫折后焕发出新的生机和活力。从一定意义上来说，当代资本主义社会之所以能摆脱过去周期性经济危机的魔咒，也得益于马克思主义对资本主义制度的深刻批判。无论是19世纪中后期欧洲资本主义克服经济危机的努力，还是2008年世界金融危机后马克思主义著作在西方世界的热销，无论是马克思被西方思想界评为"千年第一思想家"的现象，还是马克思主义不断地被他的敌人所诋毁，无不显示出马克思主义巨大的思想影响力和持久的生命力。

马克思主义的巨大思想影响力和持久的生命力来自其科学性和真理性。正如习近平总书记在《在哲学社会科学工作座谈会上的讲话》中所指出的，"马克思主义尽管诞生在一个半多世纪之前，但历史和现实都证明它是科学的理论，迄今依然有着强大生命力。马克思主义深刻揭示了自然界、人类社会、人类思维发展的普遍规律，为人类社会发展进步指明了方向；马克思主义坚持实现人民解放、维护人民利益的立场,以实现人的自由而全面的发展和全人类解放为己任,反映了人类对理想社会的美好憧憬;马克思主义揭示了事物的本质、内在联系及发展规律,是'伟大的认识工具',是人们观察世界、分析问题的有力思想武器;马克思主义具有鲜明的实践品格,不仅致力于科学'解释世界',而且致力于积极'改变世界'。在人类思想史上,还没有一种理论像马克思主义那样对人类文明进步产生了如此广泛而巨大的影响"。

马克思主义并没有穷尽真理,它是随着时代的发展和人类实践活动的发展而不断发展的。作为一种科学的世界观和方法论,作为一种"伟大的认识工具",马克思主义必须不断地直面时代发展变化的挑战,回答不同历史发展阶段提出的重大课题。在马克思和恩格斯生活的时代,虽然资产阶级统治已经在主要资本主义国家得以确立,资本主义制度正处在上升时期,但资本主义社会的固有矛盾已经开始暴露,无产阶级和资产阶级的矛盾已经日趋显现,在这样的历史背景之下,马克思和恩格斯面临的时代课题,就是站在无产阶级的立场上,揭示资本主义社会的内在矛盾,探讨资本主义社会的运动规律,为社会主义制度取代资本主义制度提供理论论证。马克思正是通过唯物史观和剩余价值学说这两大发现,实现了社会主义由空想到科学的发展,为当时工人运动的发展提供了科学的指南和正确的方向。19世纪末到20世纪20年代,资本主义社会发展到了一个新的阶段,即帝国主义阶段,资本主义社会的固有矛盾呈现出了新的特征,由于资本主义经济政治发展不平衡规律的作用,帝国主义之间的矛盾尖锐化,人类社会进入了一个以战争和革命为时代主题的新时代。面对时代主题的变化和工人运动面临的新形势新任务,列宁深刻地分析了帝国主义阶段资本主义社会基本矛盾的变化,探讨了帝国主义时期的主要矛盾和发展规律,深刻揭示了社会主义可以在一个国家率先取得胜利的历史必然性,领导俄国无产阶级和人民群众推翻了沙皇专制统治，建立了人类历史上第一个社会主义国家，实现了社会主义由理论到现实的伟大转变，开辟了人类历史的新纪元，也为后世提供了坚持和发展马克思主义的光辉范例。

"十月革命一声炮响，给我们送来了马克思主义。"马克思主义传入中国之时，正值中华民族处在亡国灭种的民族危亡关头，中国社会正处在半殖民地半封建社会的深渊。自1840年鸦片战争以来，古老的中国遭遇"三千年未有之大变局"，一批批先进的中国人不断探寻着救国救民的道路，封建社会的开明人士推行的洋务运动失败了，资产阶级维新派发动的维新变法运动也没有取得成功，洪秀全等人发动的旧式农民起义失败了，孙中山等人领导的资产阶级民主革命运动也夭折了。马克思主义传入中国以后，使正在苦苦寻求救国救民之道的中华民族的优秀分子找到了新的希望。以李大钊、陈独秀等人为代表的中国人开始研究马克思主义、宣传马克思主义，马克思主义与中国工人运动相结合，产生了中国共产党，从此，中国革命的道路才展现出了光明的前景，中华民族的命运才出现了历史性的转机。

但是，如何在一个半殖民地半封建的落后的东方大国实现民族独立、人民解放进而建立社会主义制度，是马克思、恩格斯乃至列宁从未遇到过更不可能回答的问题。这是历史和时代给中国共产党人提出的新的严峻课题。对此，中国共产党人进行了艰苦的探索。以毛泽东同志为代表的中国共产党人，顺应时代要求，把马克思主义的普遍原理与中国的实际相结合，创造性地推进了马克思主义中国化，实现了马克思主义中国化的第一次历史性飞跃，形成了马克思主义中国化的第一大理论成果——毛泽东思想。正是在毛泽东思想的指导下，中国人民经过艰苦卓绝的努力，推翻了帝国主义的殖民统治，建立了新中国，实现了民族独立和人民解放，建立了社会主义制度，为中国社会的进步和中华民族的发展奠定了坚实的基础。

社会主义制度的建立，深刻地改变了中国社会的基本结构和基本面貌，为中国社会的进步奠定了坚实的基础。但是在一个生产力水平十分低下、农村人口占绝大多数、封建传统根深蒂固的东方大国，建设什么样的社会主义、如何建设社会主义，是历史和时代给中国共产党人提出的又一崭新的课题。对此，中国共产党人进行了不懈的理论探索与实践探索，其间有挫折、有教训，也有成功的喜悦。改革开放以来，以邓小平同志为代表的中国共产党人，坚持实事求是的思想路线，把马克思主义的普遍原理与中国的实际相结合，实现了马克思主义中国化的第二次理论飞跃，形成了包括邓小平理论、"三个代表"重要思想、科学发展观等在内的中国特色社会主义理论体系。正是在中国特色社会主义理论体系的指导下，中国社会主义建设和改革事业才取得了举世瞩目的伟大成就。

历史和实践已经证明，坚持和发展马克思主义，是我国革命、改革和建设事业取得成就的根本保障。但是，我们也要清醒地看到，当今时代，随着经济全球化、政治多极化、社会信息化、文化多元化向纵深发展，人类社会面临的各种矛盾和问题空前复杂，意识形态领域的斗争愈演愈烈，马克思主义也面临许多新的挑战。坚持和发展马克思主义，必须要深入研究马克思主义的基本原理，特别是要深入研究和学习马克思主义的经典著作，拨开各种强加于马克思主义身上的迷雾，还马克思主义以本来面目；坚持和发展马克思主义，还必须坚决反对对待马克思主义的教条主义和实用主义态度。马克思主义不是僵死的教条，也不是随意剪裁的"百宝箱"，如果不顾历史条件的变化，把马克思主义经典作家针对特定历史条件、特定情境讲过的每一句话，都当成普遍真理，照抄照搬，显然不是对待马克思主义的正确态度，而如果凡事都要从马克思主义经典作家的著作中去寻找答案，按照主观需要裁剪马克思主义这个整体，随意从马克思主义的经典著作中寻章摘句，同样也不是对待马克思主义的正确态度；坚持和发展马克思主义，还必须不断地推进马克思主义的中国化、时代化和大众化，必须坚持运用马克思主义的立场、观点和方法，研究和回答我国改革开放和社会主义现代化建设中的重大理论问题与实际问题；坚持和发展马克思主义还必须在真学、真信、真懂、真用上下功夫，要认真研究马克思主义经典著作，掌握马克思主义的立场、观点与方法，把握马克思主义的思想精髓，自觉地用马克思主义的世界观和方法论，分析问题，指导实践。

坚持和发展马克思主义必须不断深化对马克思主义的理论研究。改革开放以来，中央高度重视马克思主义理论研究，深入推进马克思主义理论研究与建设工程、马克思主义理论学科建设、马克思主义学院建设，马克思主义理论研究正在向纵深发展。但正如习近平总书记所说，我们"也有一些同志对马克思主义理解不深、理解不透，在运用马克思主义立场、观点、方法上功力不足、高水平成果不多，在建设以马克思主义为指导的学科体系、学术体系、话语体系上功力不足、高水平成果不多。社会上也存在一些模糊甚至错误的认识。有的认为马克思主义已经过时，中国现在搞的不是马克思主义；有的说马克思主义只是一种意识形态说教，没有学术上的学理性和系统性。实际工作中，在有的领域中马克思主义被边缘化、空泛化、标签化，在一些学科中'失语'、教材中'失踪'、论坛上'失声'"。因此，加强马克思主义理论研究是高校马克思主义理论学科和哲学社会科学工作者义不容辞的光荣使命。

西北师范大学马克思主义学院有着悠久的办学历史和较为深厚的学术积淀，其前身是1953年成立的马列主义教研室，1959年成立了政治教育系，开始招收思想政治教育专业本科生。经过历代学人的辛勤耕耘，现已成为甘肃省重要的马克思主义理论学科人才培养和学术研究基地。学院设有马克思主义基本原理和思想政治教育两个二级学科博士点，马克思主义理论一级学科硕士学位点，拥有马克思主义理论博士后科研流动站，马克思主义理论学科为甘肃省省级重点学科。学院拥有一支政治立场坚定、结构合理、业务水平较高的师资队伍，近几年来编辑出版有《马克思主义理论研究》连续出版物。为了进一步加强马克思主义理论学科建设，提升中青年教师的教学科研能力，学院组织中青年教师进行科研攻关，编写了这套"马克思主义中国化"书系。希望本丛书的出版能够为马克思主义理论学科教学科研人员和其他读者提供学习和研究马克思主义参考材料，也希望得到专家学者的批评指正。

王宗礼

西北师范大学马克思主义学院

2016 年 12 月 10 日

目 录

第一章 我国网络政治文化研究概览 …………………………… (1)
 第一节 网络政治文化研究的概述 ……………………………… (3)
 第二节 网络政治文化研究现状 ………………………………… (19)
 第三节 网络政治文化研究的意义 ……………………………… (31)
 第四节 网络政治文化研究的方法 ……………………………… (37)

第二章 网络政治文化内涵 ……………………………………… (42)
 第一节 网络与政治文化的含义 ………………………………… (42)
 第二节 网络政治文化内涵的厘定 ……………………………… (67)

第三章 网络政治文化特征与类型 ……………………………… (111)
 第一节 网络政治文化的特征 …………………………………… (112)
 第二节 网络政治文化的类型 …………………………………… (134)

第四章 网络政治文化的形成 …………………………………… (148)
 第一节 网络政治文化形成的客体分析 ………………………… (148)
 第二节 网络政治文化形成的主体性分析 ……………………… (174)
 第三节 个体→群体:网络政治文化的形成 …………………… (184)

第五章　网络政治文化的影响 ……………………………………（188）
第一节　网络政治文化对网民政治素养的影响 ……………（189）
第二节　网络政治文化重构政治文化体系 …………………（193）
第三节　网络政治文化对政治体系的影响 …………………（198）
第四节　网络政治文化对社会的影响 ………………………（205）

第六章　我国网络政治文化的主体性分析 ……………………（209）
第一节　我国网络政治文化主体基本特征 …………………（210）
第二节　我国网民的移动互联网转型 ………………………（240）
第三节　我国网民的网络政治行为方式 ……………………（248）

第七章　我国网络政治文化形成的客体 ………………………（279）
第一节　政府网站输出的信息属性 …………………………（279）
第二节　商业新闻网站发布的政治信息概况 ………………（299）
第三节　网络媒体传播政治信息的差异性分析 ……………（304）

第八章　我国网络政治文化形成的技术条件 …………………（308）
第一节　网络普及与基础设施建设高速发展 ………………（308）
第二节　新闻网站规模趋稳逐步规范 ………………………（318）
第三节　网络信息治理模式基本成形 ………………………（323）

第九章　我国网络政治文化现状 ………………………………（333）
第一节　我国网络政治文化的要素与定位 …………………（333）
第二节　我国网络政治文化的特征厘定 ……………………（337）
第三节　我国网络政治文化的类型 …………………………（339）
第四节　我国网络政治文化的影响 …………………………（344）

第十章 我国网络政治文化存在的问题及原因 (354)
- 第一节 我国网络政治文化存在的问题 (354)
- 第二节 我国网络政治文化问题的原因探析 (361)

第十一章 我国网络政治文化建设 (394)
- 第一节 坚持以中国特色社会主义理论指导网络政治文化 (395)
- 第二节 加强政府自身建设提升网络治理能力 (416)
- 第三节 释放网络"正能量"构建网络和谐政治场域 (434)
- 第四节 全面提升网民政治素养规范网络政治行为 (441)

结语 (447)

参考文献 (452)

后记 (465)

第一章

我国网络政治文化研究概览

政治文化作为政治学理论一个古老而弥新的研究领域，经过数千年的积淀、传承与发展，于20世纪50年代，由美国行为主义政治学、比较政治学和结构—功能主义政治学创立人阿尔蒙德首次提出。在阿尔蒙德的政治学研究语境中，他使用政治体系、政治结构、政治功能和政治角色等新的概念，取代了搭建权力政治学理论的国家、权力及权利等学科术语。阿尔蒙德将政治体系细化为选民、利益集团、立法机关、官僚机构、政治过程及政策等子单元，取代了"三权分立"的粗线条政治结构。在此基础上，阿尔蒙德从"政治角色"概念出发，认为政治结构是由各种相互关联、相互作用的角色组成，通过不同政治角色的政治行为，不仅能够反观政治人的政治动机——政治心理，而且还能暗射出政治结构对政治角色的政治行为的规约作用，即有什么样的政治结构，就会有什么样的政治功能与之相匹配；而政治功能的需要，又会促进政治结构的调试。但是，在政治体系"结构—功能"的互相影响过程中，政治角色是"结构—功能"交替影响、互相促进的"原动力"，而政治角色的政治行为又深受政治观念、政治情感等影响。对此，阿尔蒙德认为，研究任何政治系统，不仅要着眼于实际作用，而且要聚焦于该系统的基本倾向——政治文化。由此，政治文化得以成为20世纪政治学理论发展的重大成果之一，也成为现代政治研究的重要范式之一。

20世纪中后期爆发的第三次科技革命——信息技术革命，开辟了人类社会现实与虚拟的"二维空间"，将人类带入了网络时代。1987年，北大向德国发出第1封电子邮件，1994年4月，我国与Internet全功能网络连接，标志着我国最早的国际互联网络的诞生。1997年6月3日我国互联网络信息中心（China Internet Network Information Center，CNNIC）的组建，标志着我国互联网建设进入新的历史时期。2014年2月27日，中央网络安全和信息化领导小组的组建，标志着互联网事业上升为党中央的重要战略层面。在第一次中央网络安全和信息化领导小组会议上，正式提出"网络强国战略"思想，并强调建设网络强国的战略部署要与"两个一百年"奋斗目标同步推进；明确指出"没有网络安全就没有国家安全，没有信息化就没有现代化"，把握好网上舆论引导的时、度、效，使网络空间清朗起来；进一步强调"要求有丰富全面的信息服务，繁荣发展的网络文化"的文化战略。2015年10月29日，在十八届五中全会通过的《中共中央关于制定国民经济和社会发展第十三个五年规划的建议》中指出："实施网络强国战略，加快构建高速、移动、安全、泛在的新一代信息基础设施；实施'互联网+'行动计划，统筹布局建设国家大数据平台、数据中心等基础设施；统筹网络安全和信息化发展，完善国家网络安全保障体系，强化重要信息系统和数据资源保护，提高网络治理能力，保障国家信息安全等，一系列关乎网络发展、网络安全、网络文化和意识形态的重大战略部署。"2016年4月19日，习近平在网络安全和信息化工作座谈会上指出，"各级党政机关和领导干部要学会通过网络走群众路线，经常上网看看，潜潜水、聊聊天、发发声，了解群众所思所愿，收集好想法好建议，积极回应网民关切、解疑释惑。善于运用网络了解民意、开展工作，是新形势下领导干部做好工作的基本功。我们要本着对社会负责、对人民负责的态度,依法加强网络空间治理,加强网络内容建设,做强网上正面宣传,培育积极健康、向上向善的网络文化,用社会主义核心价值观和人类优秀文明成果滋养人心、滋养社会,做到正能量充沛、主旋律高昂,为广大网民特别是青少年营造一个风清气正的网络空间"。2016年10月9日,习近平在主持中共中央政治局第三十六次集体学习时强调,"要紧紧牵住核心技术自主创新这个'牛鼻子',抓紧突破网络发展的前沿技术和具有国际竞争力的关键核心技术","要发挥网络传播互动、体验、分享的优势,听民意、惠民生、解民忧,凝聚社会共识"。可见,网络发展、网络技术、网络人才、网络安全、网络文化、网络治理、网络舆论及网络法治等,已经引起国家的高度重视。

现在,网络已经全面嵌入我国普通百姓的日常生活之中,不仅深刻改变着人类现实社会的生产生活方式,而且强烈冲击着人类的主观世界。

"网络政治文化"作为网络时代政治文化理论发展的新动向,正逐步成为中外政治学学者、专家关注的热点问题之一。我国对"网络政治文化"的研究始于21世纪初,经过十余年的不断探索,国内学术界对该理论的概念、特征、影响等基本问题,进行了初步的研究。通过梳理发现,我国对网络政治文化的研究总体上呈现出起步早、发展快,关注热度不均、上升趋势强劲,直接研究较少、相关探索甚多,理论框架初现、内容创新不足,观点纷繁多样、共识尚难达成,学科交叉明显、方法多样混用等特征。

第一节 网络政治文化研究的概述

网络政治文化命题的提出,不是无源之水、无本之木,而是具有深刻的政治发展、网络治理、意识形态安全和文化繁荣等时代之基。中国正处在信息化快速发展的历史进程之中。中国高度重视互联网发展,自20世纪90年代接入国际互联网以来,我们按照积极利用、科学发展、依法管理、确保安全的思路,加强信息基础设施建设,发展网络经济,推进信息惠民,①培育积极健康、向上向善的网络文化。②在网络虚拟政治实践如火如荼发展的同时,网民意识层面也产生了与之相对应的主观产品——网络政治文化。然而,国内外学者大都将研究聚焦于更加直接、显而易见的网络舆论、网络反腐、网络监督和网络参政等具体方面,对潜藏于内心世界的网络政治文化关注较少。但是,网络政治文化是决定网民网络政治行为的隐形力量,而且因其具有相对的稳定性、根源性和基础性等特质,也就成为解释网络政治行为的有力范式。目前,学术界对网络政治实践行为的关注与研究,亟须在理论层面加以提炼、总结和界定,使网络政治文化的理论形态更加清晰和完善。所以,对网络政治文化进行研究,是出于对现实与理论的双重考量。

随着网络嵌入现实社会生活广度的快速拓展和深度的不断掘进,人类实践活动的空间实现了由单一"物质"世界向"物质与比特"世界并立的发展。社会个体不断游走在"现实与虚拟"的异度时空之间,致使现实社会向网络社会逐步"映射",形成了现实社会的网络化发展。与此同时,网络社会也不断影响现实社会的发展,网络社会政治生活的新方式、新形式和新机制等,又会促进现实政治的调试和发展,致使现实与虚拟二元政治社会之间的联系、影响愈加紧密。网络虚拟空间的开辟,不仅导致生产生活方式转变,而且催生了新的政治生活方式,创新了社会治理模式,孕育了新的文化形态。网络政治文化作为文化范畴的新成员,如同网络

---

① 习近平:《在第二届世界互联网大会开幕式上的讲话》,《人民日报》2015年12月17日第2版。

② 习近平:《在网络安全和信息化工作座谈会上的讲话》,《人民日报》2016年4月26日第2版。

文化、网络思潮及网络意识形态等一样，也是"网络"时代的产物。诚然，网络政治文化在现实层面上，无法超越现实政治实践、网络政治虚拟实践的多重影响；在意识层面上更无法割裂与传统政治文化、现实政治文化、外来政治文化、民族政治文化及宗教政治文化等的内在关联。那么，网络政治文化的社会根基到底在哪里？网络政治文化产生的"母体"到底是网络虚拟政治实践，还是网络信息的刺激？网络政治文化形成的网络政治生态环境处于何种状态？这些就成为构建网络政治文化理论框架，必须首要回答的问题。

一 现实政治发展的时代需要

网络时代使得人类的政治实践活动的场域，出现了现实与虚拟的分野，二者的交织尽管在当前仍表现出"现实政治主导—网络政治补充"的格局，但是二者分立、后者走强的趋势却是不容忽视的事实。在现实社会政治生活中，网络发挥着越来越重要的功能。在西方发达资本主义国家中，网络选举、网络参政议政、网络管理、网络动员及网络监督等政治形态快速发展，进一步将"形式民主"发挥到极致，也更大限度地掩盖了资产阶级"形式民主"的欺骗性。因为，数字鸿沟和技术垄断，致使表面化的政治发展，掩盖了实质上的更加不平等、不民主。在我国，网络监督、网络反腐、网络问政、网络审判、网络表达及网络舆论等虚拟政治实践活动，正成为推动现实政治体制改革、促进民主政治发展、提升政府行政能力和提高网民政治素养的新方式。虽然，目前学术界对"网络政治"的认识难以统一，并就"网络的政治"和"政治的网络化"两种定位争论不休，但是，网络反腐、网络监督、网络问政、网络舆情、网络沟通（领导干部和网民之间的互动）及网络审判等网络政治的现象与事实，正成为影响现实政治体系的构建、政治秩序的维护、政治过程的透明、政治局势的稳定、政策的科学公正和政治的健康发展等方面的重要影响因素。并且，网络暴力、网络谣言和网络恐怖主义等，也正严重威胁现实社会的政治稳定，亟须在理论层面上给予关照。

在现实社会生活中，始于20世纪中后期的信息革命，尤其是随着计算机、互联网的快速发展，极大地推动了人类的历史进程。随着信息技术的快速发展，形成了以笔记本电脑、智能手机、智能手表及平板电脑等电子设备为终端的移动互联网，网络的飞速发展将人类生活的传统模式推进到虚拟的网络生活模式。于是，产生了网络经济、网络政治、网络虚拟社会、网络共同体、网络文化、网络共和国等与现实社会对应的虚拟而又真实的新型场域。网络在社会生活中的功能与作用，正在不断地得以拓展，尤其在政治生活领域更是体现得淋漓尽致。

随着网络的普及和网络虚拟社会的兴起，网络生活日益成为后现代社会的主流趋势。网络的虚拟在一定程度上又反映着客观实在的真实状况（当然这要排除掉故意的杜撰和造谣的主观虚假），而客观存在又在多重因素的限制下走向网络。而且，随着移动网络的发展，wifi覆盖率的提高和移动终端设备的快速发展，虚拟与现实之间的物理边界正逐渐模糊，两个截然不同的实践空间呈现出融合之势。值得注意的是，网络生活对现实生活的影响越来越明显，网络信息、网络舆论、网络传媒、网络监督及网络围观等，对政治文化、政治稳定、政治合法性、政府权威、行政绩效及社会稳定等方面的影响，更是日渐明显。然而，网络对现实的影响并不是"网络"工具直接发力的结果，而是网民借助网络这一虚拟平台，实现了个体的、零散的政治意见的快速聚集、快速整合的结果，是潜藏于网民内心深处的政治文化，通过网络这一路径汇集而得以整体呈现造成的"围观"的舆论压力。可以说，网络政治文化是所有网络政治行为产生的内在动力与价值支撑,一切网络政治现象、政治行为都反映了特定的网络政治文化。所以,对网络文化、网络舆论、网络舆情及网络治理等方面的研究,最深层次的抓手都应该是网络政治文化。然而,网络政治文化与前网络时代的政治文化之间,存在诸多的差异,如何认识网络政治文化,就成为理论研究亟待解决的问题。

近年来,在国内外发生的一系列政治事件之中,网络都发挥着极大的作用。从由 2010 年底突尼斯的"茉莉花革命"引发的中东革命风暴,到 2011 年 8 月初英国爆发的"大骚乱",再到 2011 年下半年美国兴起的"占领运动"等政治事件,在这些现实的政治危机中,网络发挥着至关重要的作用。被誉为"阿拉伯之春"的中东革命风暴,始于突尼斯一起不起眼的"城管与小商贩"之争,但通过媒体传播而引爆了长期积压在突尼斯国民内心对高失业、低收入、老人政治及政治腐败等的怒火,并通过半岛电视台、facebook 等网络工具,迅速将这场"革命"输出到整个中东地区。时至今日,欧洲难民问题、叙利亚问题、毒品军火走私及 IS 恐怖组织等棘手问题,不仅给这场被誉为"民主革命风暴"的地区性事件以强烈否定,而且因整个中东地区阿拉伯民族、伊斯兰信仰等同质化因素,网络渲染大大降低了"火药桶"的着火点。[1]

在英国"大骚乱"的发展过程中,一场意外的警察执法过度事件,激化了在西方社会长期存在的种族歧视问题,进而引爆了社会对政府执政能力、削减福利和增加税收等的不满,而这一连锁传导效应正是借助网络才得以迅速完成。

美国的"占领华尔街运动"中,更是通过网络传播、组织与动员,使得这场运动在短短一个月的时间,演变为 120 多个城市效

---

[1] 详见蔡翠红《网络时代的政治发展研究》,时事出版社 2015 年版,第 140—147 页。

仿、59所高校响应的全国式运动，甚至通过互联网将"占领运动"输出。大规模的社会运动因网络这一媒介的便捷性而更容易产生，但是支撑运动产生的根本原因却存在于社会民众内心深处对政治的态度，正是这种政治心理的存在才使得网络动员"一点即曝"。认真分析发现，网络在这些事件中发挥的不仅是工具性的功能，而且更多的是由此工具性功能传递的"意义""内容"和"政治价值"等网民内心的行为倾向。可见，网络自身的优越性为社会运动提供了工具性的技术便捷，而网络政治文化的存在则是网络时代所有政治事件的深层动力。

由此看，网络在国外的政治生活中扮演着越来越重要的角色，在国内，网络同样发挥着极大的影响。近年来，网络反腐、网络监督、网络问政、网络议政、网络政治舆论、网络暴力、网络审判及"人肉"搜索等政治行为，都极大地彰显了网民的政治心理。如2008年的"天价烟局长——周久耕"事件、"华南虎事件"等，2009年的云南"躲猫猫"案、巴东邓玉娇案、杭州飙车案、河南新密农民工"开胸验肺"事件、上海交警部门"钓鱼执法"等，2010年的河北省"王亚丽骗官案"、湖北恩施腐败书记"日记门"事件、安徽马鞍山局长打人事件、广西来宾烟草局长"香艳日记"事件等，2011年的"7·23"动车追尾事故、郭美美事件、故宫失窃案、甘肃庆阳校车事故等，2012年毒胶囊事件、北京暴雨事件、陕西"表哥"杨达才事件、重庆雷政富不雅视频事件、太原市公安局长李亚力之子醉驾袭警事件等，2013年的"李某某案件"、薄熙来案件、上海法官集体嫖娼事件、陕西神木"房姐"事件、甘肃中学生发帖被拘事件等，2014年的广东茂名PX群体性事件、昆明火车站的暴恐事件、台湾学生占领立法会事件及香港"占领中环"事件等，2015年的上海外滩踩踏事件、哈尔滨仓库失火事件、叙岚求是网评论文章风波事件、新四军假借条事件、毕福剑言论事件、庆安枪案、天津特大火灾事故及任志强炮轰共产主义事件等。不断增长的网络舆论、网络政治舆论事件揭示的是广大网民内心深处对政治事件、涉政事件的深层态度和情感，而这就是网络与现实社会交织而存在的基本政治心理。

网络政治生活的诸多现象不禁令人深思，为什么网络政治参与如火如荼，而现实中的政治参与却截然相反？为什么同样一个人，在现实与虚拟两个场域中的政治行为大相径庭，到底哪个场域下的政治态度才是真实的？网络政治舆论的频频产生对网民政治心理、现实的政治稳定会产生什么样的影响？我国网络政治文化有无瑕疵，又存在哪些问题？如何构建我国网络政治文化的理论及建设积极健康的网络政治文化？

毋庸置疑，网络、网络共同体、网络社会和网络政治社会的崛起，极大地促进了现实政治的发展，使其呈现出"加速度"的发展态势。与此同时，也放大了现实政治、政府、政治人的负面行为，使得政治公信力、政府合法性的成本大为增加。但是，"网络"工具理性的功能，赋予政治生活全新面貌的趋势是不容否认的，主要表现在五个方面。

1. 网络加速"大国家—小社会"权力结构的变革

纵观人类社会的阶级历史，国家掌握的权力在不断地向社会流动，权力在国家和社会这个天平上，逐步向社会的方向倾斜。从奴隶社会、封建社会、资本主义和社会主义的人类社会大视野来看，国家权力的所有者经历了"教主—君主—少数人民主—多数人民主"的嬗变轨迹。政教合一的中世纪欧洲，罗马教会垄断了诸多国家的世俗权力，教权高于一切。中世纪末期，世俗的国王联合"市民社会"通过"宗教改革"，实现了"上帝的归上帝，凯撒的归凯撒"，这是权力的第一次分化。即使在教会没有统摄世俗权力的东方世界及其他地方，宗教的政治价值也是毋庸置疑的。在资产阶级革命之后，掌权者相对多数的资产阶级取代了相对少数的封建贵族、封建地主，君主制被民主制所取代，权力实现了第二次分化。这一历史脉络说明：第一，国家权力的边界逐步收缩、权力运行逐渐摒弃"统治""管理"的方式而转向"治理"；第二，社会、社会自治、公民社会或者"自由人联合体"的"自治"水平在不断提高；第三，国家权力的所有者和行使者，由少数人向多数人不断发展，即"国家权力"正逐步向社会转移；第四，多数人的民主（社会主义民主）是人类共同的政治价值取向。国家权力逐步分散化、社会化、多数化的原因，源于"文艺复兴""宗教改革""启蒙运动"等思想层面推动的"社会成长"，而这又与文字发展、印刷术及学校教育等密切相关。正是知识传播手段的不断发展推进了"人"的主体性意识和价值理性，进而导致了社会思想、社会结构和政治上层建筑的变革。

前网络时代漫长的社会发展历史，使得社会从国家那里逐渐争取到更多的权力，而网络时代的技术革命，"急剧地改变了集体行动的成本和能力"，[①] 大大加速了这一进程。网络的便捷、高速与广泛性，使得政治权力的集中与分化打破了时间、空间和部门之间的物理限制，导致中央与地方之间的权力配置的中间环节的极大压缩，使得三层、四层，甚至五层的国家行政层级，不断被压缩（这一模式早在网络普及之前就已经启动，如电视电话会议，实质上就为改革烦琐的科层制提供了支撑），如我国对"省管县"的探索。同时，也增加了"民主"在国体意义上的实质性和在政体意义上的操作性，使得法理意义上赋予人民的权力，不再因地域辽阔、人口众多、交通不便等因素，而无法直接行使。即，网络提供的政治生活的便利性，使得直接民主的权力行使方式，不再是大国遥不可及

[①] ［美］弥尔顿·L.穆勒：《网络与国家》，周程等译，上海交通大学出版社2015年版，第6页。

的梦想,将网络"嵌入"政治生活,并叠加成熟的公民社会,必然会逐步缩小政府的权力边界,提高社会的自治水平。

2. 网络降低了行政成本和提高了行政绩效

行政成本是每一个政府、每一个执政党都必须面对的问题,尤其是在西方发达的资本主义国家,行政成本、财政赤字、执政理念及公共预算等问题,都是政党竞选时绕不过去的话题。相比之下,行政绩效更为社会大众所亲身感知,并在此过程中会逐步形成对政治、政府、公务员等方面的基本认知、判断、评价和情感,最终内化为稳定的政治文化。从三权分立的角度看,行政成本和行政绩效的问题属于"行政领域",但作为政治权力的重要方面,作为政治与社会大众的"前沿阵地",这两项是社会最为关注的领域,并且与政府的公信力、合法性等问题密切相关。

网络技术的嵌入,使得行政事务的程序大为简化,便民服务的能力大为提升。前网络时代,每一历史时期的政党、政府和国家,都力图借助最为先进的技术和手段,来提高行政绩效和压缩行政成本,但是因无法克服地域、语言、文字、时间和空间等物理因素的客观掣肘而收效甚微。而且,前网络时代,行政成本的压缩往往会降低行政效果;而要提高行政绩效就会增加行政资源,从而导致行政成本的增加。可见,在前网络时代,行政成本和行政绩效之间,已经陷入了"悖论"的困境。但是,互联网的诞生和"互联网+行政……"的快速发展,为这一问题的解决提供了实质性保障。政府办公自动化、政府部门间的信息共建共享、政府实时信息发布、各级政府间的远程网络视频会议、公民网上查询政府信息、电子化民意调查和社会经济统计等,使得政府"服务"功能得到极大的发挥。在电子政务中,政府机关的各种数据、文件、档案、社会经济数据等信息,都以数字形式存储于网络服务器中,便于查询与使用,为精兵简政、无纸化办公等提供了可能。而且,微信平台、微信公众号等政府网络媒体的快速发展,将极大地摆脱现场办公的束缚,开拓更多的行政渠道,省去大量的时间和精力,这将会在降低行政成本的同时,不断提升行政效率。在2016年国务院发布的《关于加快推进"互联网+政务服务"工作的指导意见》中要求,到2017年年底前,各省级政府、国务院有关部门建成一体化网上政务服务平台,而且提出了三个"凡是":即"凡是能通过网络共享复用的材料,不得要求企业和群众重复提交;凡是能通过网络核验的信息,不得要求其他单位重复提供;凡是能实现网上办理的事项,不得要求必须到现场办理"。①

3. 网络将汇集的民意"上传"给政治体系

前网络时代,政府对社会舆情的把握,往往借助于问卷调查、研究机构的调查报告来实现。美国著名的兰德公司、索罗斯基金会和福特基金会等研究机构,在互联网产生之前,大都借助于电话采访、问卷调查等方法。就连政治文化奠基人阿尔蒙德的巨著《公民文化》一书,也是在对五个国家国民实地调查的基础上,撰写而成的。但是,网络时代对社会大众意见的把握,拥有了更为便捷、更为明晰、更为精准的手段——互联网。

网络实现了"民意"的快速集中,并能预判"民意"的发展方向和趋势,使得"民意"及时输入政治体系内部,引发政府的关注。网络能够使政府及时了解、掌握社会"民意"的动向,并不断调整、修订和出台符合社会系统的政策,避免近年来各地轮番上演的"PX事件",从而加强对社会治理提供正确的决策。网络自身的高效、时效性等功能,迁移到政治生活之中,使得政治体系内、外实现了实时、精准的互动,为"民愤"的宣泄提供了"发泄场",从而释放了积压的负面政治情绪,使得政治风险大为降低。

---

① 《关于加快推进"互联网+政务服务"工作的指导意见》,中央政府门户网站,2016年9月30日,http://www.gov.cn/xinwen/2016-09/29/content_5113465.htm。

4. 网络有助于"阳光型"政府的建设

政治监督一直是公民政治参与的主要内容，然而在前网络时代政治监督的实际效果却差强人意，政治监督的效果更是微乎其微，致使"政治"概念出现了权术说、统治说、管理说及阶级说等含义，也就间接说明了在实质民主政治之前政治统治的阶级属性。然而，随着民主政治的发展，政治的治理说、科学说、服务说等含义逐渐凸显出来，与之相伴的政府权力运行、政府职能、政府理念等方面，发生了转向，政府行政的透明程度、规范化程度和服务倾向也不断提高。

在网络时代，网络的直接、高效与可视性等特征，一方面使得网民的政治认知、政治监督及政治参与等能力不断提高，对政治体系形成外在的压力系统，迫使政府更加公正、规范地行政。另一方面，政府也借助网络的优越性，将纷繁复杂的行政事务通过网络加以推广，使社会大众能够了解得更多；把政策的制定、行使，置于"全景式"的监督环境之下，使得政治生活过程、政府行政的流程等更加透明，既有利于对权力行使过程中的监督，也有利于政府公信力建设和形象的提升。

5. 网络政治的崛起需要与之匹配的政治文化作为内在的价值支撑

文化决定行为，政治文化决定政治行为；有什么样的政治行为，必然就有与之相对应的政治文化。臣民政治文化决定了偶尔、有限度的政治参与，以及政治"言行错位"的行为模式；而公民政治文化决定了广泛、深刻的政治参与。同样，现实社会和网络社会的场域差异，也决定了网络政治文化、网络政治行为的不同。

现实政治生活的"在场性"和利益的"攸关性"，常常使得公民的政治行为更有利于政治体系，即政治言论、政治态度、政治行为及政治参与等，表现出较多的迎合政治体系、政治权威的倾向。

然而，这种政治体系内、外高度契合的情况，实质上是社会公民因眷顾自身利益的妥协，而非是真正对政治的高度认同。这就导致社会主流政治文化与现实政治行为之间的脱节、背离和错位，即所谓的表里不一、言行不一等。但是，在虚拟的网络政治社会环境中，政治体系内、外的主客体处在"出场性"的情景当中，政治参与者可以是一串数字、一串字母、一个图标等任意的符号，致使身份的"隐匿性"割断了与切身利益的直接联系，致使其更加愿意真实、直接地表达对政治的态度和评价。然而，现实情况是网络社会政治嘈杂、一片喧闹，其中不乏政治造谣、政治攻击等非理性声音，究其原因在于：臣民政治文化使社会公众长期处于现实政治生活的压抑状态，不仅想说的不能说，想做的不能做，反而背道而驰，造成政治心理的扭曲。内嵌此类政治文化的公民，一旦进入自由度较高、监管相对不完善的网络社会，他们便会从现实极度理性的一端走向虚拟极度不理性的另一端，将长期压抑的政治怨愤以夸张的形式表达出来。再加上网络政治权力本身的"围观力"，为了引起广大网民的关注，势必会夸大事实。可见，在网络社会中无论是真实政治行为，还是极度非理性的政治言行，都揭示了网民特定的网络政治文化属性。诚然，理性的网络政治行为依赖于积极健康的网络政治文化，后者的支配性功能决定着网络社会的和谐程度。

除此之外，网络对现实政治生活的影响还表现在社会群体性事件、政策法规的修订与废止、对现实政治生活的大讨论等方面。但这些影响并未改变现实政治生活的主体性与主场性，只是渠道、平台、途径和介质发生了变化。"网络"对现实政治的影响，仅仅是网络"技术"在现实政治生活过程中的应用。相比之下，如果政府更加青睐于网络的"技术"功能，那么社会则更加注重发挥网络"实体性"的作用，即随着网络社会、网络公民社会和网络群体等社会虚拟"单元"的发育，网络社会会形成对政府的倒逼机制。因此，网络对现实政治的影响是其"工具—技术"在操作层面的嵌入，是政府提高行政绩效、创新社会治理和提高服务水平的必然选择，也是其积极主动吸纳的结果。但是，"社会与政治""社会与政府"之间的二元对立，随着网络社会的崛起表现得淋漓尽致，致使政府的公信力、权威性和政党的合法性等受到严重的挑战。故，技术上，政府积极向网络靠拢——主动吸纳，而内容上公民促成网络社会的崛起——倒逼政治。

低烈度的网络政治参与能够促使现实政治的良性发展，而强烈度的网络政治参与则会破坏社会、政治的稳定，诸如网络暴力、网络动员、网络结社和网络恶搞等，那么如何缓解强烈度网络政治参与，就成为研究的焦点。然而，纷繁复杂的网络政治行为仅仅是研究网络政治和网民政治素养的"特殊"案例，并不具有"普遍"性的研究意义。无论是对"网络舆情"的年度数量统计、归类分析（网络公共政策监督、网络反腐、网络利益表达和维权、网络辟谣等）、疏导之策的探索，还是对"网络暴力"的形成路径、危害范围与防治措施等研判；无论是对"网络沟通"中发帖量、回复量以及回复内容的统计分析，还是对"网络反腐""网络监督"的合法性、正当性和合理性的商榷，都是对特定网络政治形式的宏观分析，都是对"可视"现象的表象描述性分析。

因此，如果要深入分析纷繁复杂的网络政治现象，恐怕还得回到具有深层因素、共性原因和普遍意义的心理层面——网络政治文化。

二 政治文化理论创新的要求

政治文化规范的理论体系、研究范式和基本框架，产生于20世纪50年代的前网络社会，奠基人是美国政治学家阿尔蒙德。他指出政治文化是一个民族、一个国家的国民对其所处的现实政治生活的认知、情感和态度的总和，是对人类历史上关于"民意""民心""人心向背"及"国民性"等社会心理结构的"正名"。随着虚拟政治实践空间的"开疆拓土"，公民身份的网民符号化替代以及网络政治实践的深入与拓展，网民的政治心理与政治文化也面临着全面的调试与重塑，也由此引发了政治文化理论的创新。

无论从国际层面审视还是站在民族国家的基点上考量，政治文化都不是化学意义上的"纯净物"而是复杂的"混合物"，是一个由诸多政治"亚"文化构成的庞大体系。从不同视角审视，政治文化体系呈现出不同格局。

首先，立足民族国家的层面发现：每一个国家的政治文化都存在明显的差异，尽管民族、宗教信仰和文化传统等条件的相似性，使得诸如中东、东亚、北美等特殊地区内的国家间表现出政治文化在一定程度上的相似性，但是每一种政治文化产生的特定自然条件、生产方式、经济基础、政治制度、文化基础和国民政治素养等差异，导致了政治文化在国家之间的差异性。这种差异性不仅通过国民政治行为表现出来，而且会随着国民政治实践的变迁而发生巨大的变化。当前，大多数国家的公民都可以通过网络参与政治生活、了解政治信息、发表政治意见及进行政治选举，这就使得不同国家的公民，拥有了获取同类政治信息、参与共同政治议题讨论、分享同质政治情感的可能，也就为网络共同体的产生提供了政治价值支撑。

其次，从历史纵向和现时横向的双向度分析发现：传统政治文化并未随着孕育其产生的政治制度的消亡而废止，而是将历史的政治文化"基因"不断地遗传，交织于现代政治文化之中。全球化、网络化和一体化的世界发展趋势，在进一步印证约瑟夫·奈的"相互依赖"理论的同时，也佐证了亨廷顿的"文明冲突论"不同是各国政治文化在全球范围内的自由流动，体现出"依赖与冲突"的并存，致使一国的政治文化混合了其他国家，尤其是发达国家的政治基因。所以，现时政治文化无法割裂与传统政治文化之间的纽带，也无法阻挡外来政治文化的渗透，注定是一个混合的政治文化体系。

再次，政治文化体系的"主—次"结构：亦称"金字塔"结构或者"中心—外围"格局。政治文化体系既然是一个庞大的体系，内部不同政治"亚"文化与主导、主流政治文化之间就会形成一种"力量"对比的格局。在一个民族国家的地域范围内，统治阶级均会通过其掌控的政治社会化渠道，将其阶级的意志普及为全社会的政治价值取向，从而构建起主导型政治文化。然而，当统治阶级的学说与社会期待高度吻合时，就会形成主导与主流政治文化"二合一"的局面，但是二者之间的张力较大就会造成主导与主流的"分野"——官方宣扬的政治价值不被社会认可。与此同时，在一个国家内部还会因为民族构成的繁多、职业和收入导致的阶层分化以及宗教政治传承的影响等，产生诸多类型的政治"亚"文化，从而形成政治文化体系内的"次"政治文化、"边缘"政治文化等。由此可见，诸多类型的政治文化共同构成政治体系，但因不同政治文化覆盖范围、信仰人数和优劣差异等，造成政治文化体系内部的分化，从而形成一定的格局。

最后，网络政治文化是政治文化体系内新生的"一员"。随着网络嵌入现实社会生活的加深，现实政治文化不断渗透到网络社会之中，实现了网络化转型；不同国家的政治文化更加便捷地在全球范围内流动，超越有形的地理边疆，使得意识形态的"战争"更加浓烈，致使各国政治文化在虚拟的网络社会中自由地碰撞、交锋与融合。但是，上述两种情况均是现实政治文化的网络化空间"大挪移"，是现实政治文化借助网络工具实现的存在场域的变迁，而不是由网络、网络社会和网络政治生活产生的"新型"政治文化。事实上,无论是网民在网络社会中基于网络问政、网络监督及网络沟通等虚拟实践,形成的政治认知、态度和情感,还是基于对网络政治信息的"消费"积淀而形成的政治心理,都是一种新生的"政治文化",此意也是本课题研究的起点。

从研究成果来看,目前国内对网络政治文化的研究才刚刚起步,学术界关注的重点主要集中在网络舆论、网络文化、网络治理等方面,对网络政治文化这一深层次的问题研究不够,关注度不高。并且,网络暴力、网络舆论等问题,均是易变的、不稳定的孤立事件,对孤立事件的研究虽一定程度上有助于网络治理,但未能找到网络问题的普遍、稳定的根源。为此,本书出于对现实社会和理论发展的双重观照,对网络政治文化的概念、形成过程、特征、类型、影响及我国网络政治文化存在的问题、原因对策探析等方面,进行了较为全面的分析,以期与时俱进地推进政治文化理论的发展,为网络治理提供深层次的参考意见。

可见,网络政治文化既不是"网络+政治文化",又不完全是"网络政治+文化",而是基于"网络政治+文化"和"网络政治信息→文化"的复合物。然而,究竟什么是"网络政治",目前学术界仍然争论不休,姑且称之为虚拟"互动"政治实践,而将网民对网络政治信息的"消费"则定义为"认知"实践,基于二者产生的政治主观意识,都可称之为"网络政治文化"。在不同的国家,这两部分构成网络政治文化的比例有所不同,在网络发展比较发达的英美等国家,基于虚拟"互动"政治实践产生的政治文化与基于网络政治信息的"消费"产生的政治文化基本相当,甚至高于后者;而在发展国家则恰恰相反,后者高于前者。

网络政治文化作为新生的政治"亚"文化,既是政治文化理论发展的最新成果,又丰富和填补了政治文化的体系。因之,开展对网络政治文化的研究,是推动政治文化理论时代化的必然所需。

第二节　网络政治文化研究现状

网络政治文化作为新生的政治"亚"文化，既具有政治文化一般的理论框架，又具有独特的理论内涵。就目前看，对网络政治文化的研究，未跳出政治文化的理论框架，在政治文化的研究成果中，包含着大量的有关网络政治文化的论述。而在对网络政治文化的专题研究中，既有对其独立的思考和探索，也有基于政治文化理论之基的延伸。因此，为了建构我国网络政治文化的基本理论框架，有必要对国内外政治文化、网络政治文化的研究现状，进行梳理与评析。

一　国内外对政治文化的研究现状

在研究人类政治思想和制度的历史长河中，古今中外的学者都曾对文化与制度的关系有不同程度的关注。在国外，从古希腊的柏拉图、亚里士多德到近代启蒙思想家的卢梭、孟德斯鸠，以及现代自由主义思想家，都就一国国民文化特质与政治制度之间的关联性进行讨论，这些有关文化的论述分析，大多只是基于知识界和思想家本人的主体观察和体会，与普通百姓对政治主体的态度、情感和评价并无直接关系。20世纪30年代，随着弗洛伊德学派和行为主义学派的兴起，以及文化人类学的发展，对政治文化的探讨越来越成为人们研究宏观政治结构时不可忽视的一个领域。[①] 在我国，传统政治文化以儒家思想为主导，春秋战国时期以法家政治思想为主，自汉代重新确立儒学在我国政治历史的统治地位之后，直到宋明时期发展为以

---

① [美]阿尔蒙德、西德尼·维巴：《公民文化》，徐湘林等译，重版译者序言，东方出版社2008年版，第1页。

理学为基础的"压制"政治文化。近代以来,以民族主义、爱国主义为核心的民主政治文化推动了民族独立、人民解放和国家富强,并逐步形成了具有我国特色社会主义的政治文化,并提出"政治文明"的建设目标。

1. 国内对政治文化的研究

当代我国政治文化研究兴起于20世纪80年代中期,其背景有二:一是国内80年代中期开始的大文化研究的学术热潮,在一定意义上说属于"文化大革命"之后的文化重建和思想解放,这种大文化环境实际上推动了政治文化研究的兴起;① 二是1956年美国政治学家阿尔蒙德开创政治文化研究先河之后,政治文化研究经历了短暂的沉寂之后于80年代开始复兴,并开始传入我国而成为国内学界的研究主题之一。② 我国经过长期的研究形成了较为完整的理论体系,对政治文化的基本理论、我国传统政治文化、西方政治文化、中西政治文化比较、我国政治文化现代化及民族政治文化等问题进行了深入的研究。

通过以"政治文化"为关键词在CNKI数据库中检索发现,我国学者对其研究,最早的成果是1959年费士曼和陶林一,在《现代外国哲学社会科学文摘》杂志上发表的《毛泽东思想在前工业、半殖民地政治文化上的号召力》一文。③ 截至2016年6月,论文题目中出现"政治文化"关键词的论文数量为2500多篇;通过"中国学术会议在线"网络平台统计,国内召开"政治文化"相关会

---

① 王乐理:《政治文化导论》,中国人民大学出版社2000年版,第34页。
② 蒋英州、叶娟丽:《当代中国政治文化研究主题及其特点》,《武汉理工大学学报》2012年第5期,第7页。
③ 费士曼、陶林一:《毛泽东思想在前工业、半殖民地政治文化上的号召力》,《现代外国哲学社会科学文摘》1959年第7期。

议共 7 场次,[①] 1987、1993、2006、2011、2012 每年各 1 次,2013 年 2 次。通过 CNKI 数据平台以"政治文化""政治意识"和"公民文化"等为关键词,统计发现 2001—2016 年博士论文 50 余篇,硕士论文 300 多篇,另外,出版相关专著百余部。

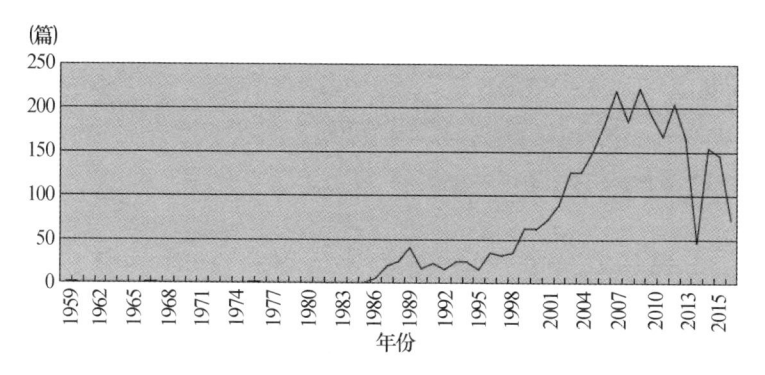

图 1—1 1959—2016 年 6 月底我国"政治文化"研究论文统计[②]

通过上述对国内学术界对政治文化研究成果的统计分析发现,政治文化研究大致上可以分为以下四个阶段:第一阶段:1985 年之前,鲜有学者关注对政治文化的研究,表现为成果数量非常少,究其原因和当时国家对政治学的定位有关;第二阶段:1986—2000 年,对政治文化的研究处于起步阶段,成果数量维持在适中的水平;第三阶段:2001—2007 年,国内对政治文化的研究进入一个快速发展时期,成果数量增长幅度明显;第四个阶段,2008 年至今,

---

[①] 1987 年我国第一次全国性的传统政治文化研讨会在吉林大学举行,1993 年初在天津南开大学召开了"中国政治文化学术研讨会",2006 年在清华大学召开"中国传统政治文化与道德教育"国际学术研讨会,2011 在武汉大学举行"比较政治与政治文化研讨会",2012 年由华东师范大学思勉人文高等研究院上海史研究中心与哈佛燕京学社、香港大学香港人文社会科学研究所共同举办的"比较视野下的中国都市政治文化"国际学术研讨会在哈佛大学举行,2013 年在河南新乡河南师范大学召开"当代中国政治文化建设学术研讨会",2013 年在长春召开"故宫学与明清政治文化学术研讨会"。

[②] 数据检索日期:2016 年 7 月 1 日。

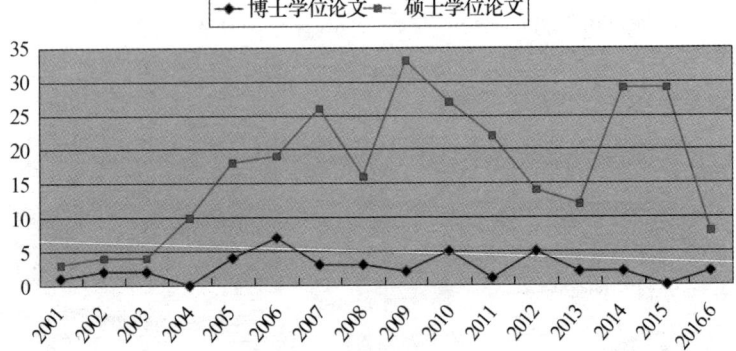

2001—2016.6国内硕士"政治文化"论文数量统计

图1—2　2001—2016年硕博"政治文化"论文数量统计

国内对政治文化的研究保持着高度的关注和热情，虽然在2013年有所下降，但总体趋势处在"高位"，足以说明政治文化理论的备受青睐。其中，2007—2012年，国内对政治文化的研究，保持了高度的、持续的关注，成为我国学术界对政治文化研究的第一个高峰。2013年至2014年，对政治文化的研究经历了极速"探底"，再到迅速回升的发展轨迹，尽管2015年之后再次式微①，研究成果数量也略有下降，但是对"政治文化"的研究依然是当前的热点问题之一。②

就内容而言，国内对政治文化的研究主要集中在以下三方面。

（1）基础理论方面主要涉及政治文化的概念、特征、作用、研究范畴与方法，以及对政治稳定、政治发展、政府权威及政治合法

---

① 统计时2016年的研究成果存在一定的误差，第一，CNKI数据库未能及时更新2016年7月之前关于"政治文化"的成果，第二，2016年的成果不是全年的成果。所以，2016年学术界关于"政治文化"的研究成果数量，不会像图表中"下滑"得那么厉害。

② 王炳权认为2015年政治学研究的重点除了围绕当代中国特色社会主义政治话语体系研究、西方政治思想研究和当代中国政治发展与政治实践等三个方面之外，还聚焦对实证方法应用、政治文化的研究，可见政治文化科研论文的数量虽有所下降，但依然是关注的热点之一。王炳权：《政治学研究年度梳理》，《人民论坛》2016年第5期，第26页。

性的影响等方面①。

（2）中西方政治文化比较研究：主要涉及我国与欧洲、我国与美国等研究范畴，西方传统神学政治文化与中国古代伦理政治文化的比较，中（儒教）西（基督教）政治文化的比较以及多重视角下不同民族的政治文化比较研究等。现代政治文化比较研究主要集中在对政治现代化实现过程中的文化因素考量，尤其是对发展中国家的关注更为明显②。

（3）我国传统政治文化及现代化研究：主要涉及我国传统政治文化的主要内容构成，传统政治文化的现代化价值取舍，对我国政治现代化的影响及破解之策等方面的内容③。

另外，国内对少数民族政治文化及民族政治现代化之间的关系，国外政治文化的植入，政治文化与社会主义意识形态以及政治文化对政治发展、政治稳定、政治认同等方面的影响，研究成果也十分丰富。

2. 国内对网络政治文化的研究

国内对网络政治文化的研究大体上可以分为以下几类：

第一，直接研究。

2002年，唐杰在《网络政治学构建》一文中首次提出"网络政治文化"这一概念，使其成为近十余年来政治学理论研究的前沿

---

① 王乐理：《政治文化导论》，2000；江炳伦：《政治文化研究导论》，1983；王卓君：《文化视野中的政治系统——政治文化研究引论》，1997；姜涌：《政治文化简论》，2002；石之瑜：《政治文化与政治人格》，2003；葛荃：《中国政治文化教程》，2006。另外，在王慧岩的《政治学原理》和王浦劬的《政治学基础》等多部政治学教材中均有专章论述。

② 柏维春：《政治文化传统——中国和西方对比分析》，2001；丛日云：《西方政治文化传统》，2002；张岱年：《中国传统文化的分析》，1986（7）；等等。

③ 陈苏镇：《中国古代政治文化研究》，2009；张桂琳、常保国：《政治文化传统与政治发展》，2009；马庆钰：《告别西西弗斯：中国政治文化分析与展望》，2002；刘泽华：《论中国传统政治文化》，1987；徐大同、高建：《论中国传统政治文化的基础和特征》，1986（5）；闵琦：《中国政治文化——民主政治难产的社会心理因素》，1989；张英魁：《中国传统政治文化及其现代价值》，2009；等等。

热点问题之一。截至2016年6月,以"网络政治文化"为核心术语发表的学术论文20多篇,博士、硕士学位论文各2篇,尚无专著,更无召开过专题会议。其中,2004年、2005年、2007年及2010年均无与其直接相关的论文,2003年1篇、2006年3篇、2008年1篇、2009年2篇、2011年1篇、2012年3篇、2013年9篇、2014年2篇、2015年5篇、2016年4篇。2003—2016年平均每年不足3篇,其中12篇被CSSCI收录。可见,对网络政治文化的研究尚处于起步阶段,成果数量非常有限、质量有待提升,但上升趋势明显。

目前,国内对网络政治文化研究的从业人员主要有宁夏大学马克思主义学院李斌教授、中北大学人文社会主义学院白毅教授、复旦大学国际关系与公共事务学院唐亚林教授,另外还有王艳秋、王树平、张筱荣等一批青年学者。研究机构主要有复旦大学、吉林大学、中央党校、山东大学及东北师范大学等学术结构,以中国互联网络信息研究中心(CNNIC)、中国移动互联网研究中心、亚太网络法律研究中心、清华大学政维舆情研究室、武汉大学复杂网络研究中心、南京大学谷尼网络舆情监测与分析实验室及四川网络文化研究中心等为代表的网络数据统计机构,以及网易网、凤凰网、人民网及腾讯网等网站,均开通了相关频道以统计网民的网络行为。就学科而言,马克思主义学科范畴内的意识形态和社会主义先进文化,文化范畴内的国家文化、软实力及文明建设,哲学视野下的主观世界,信息科学视角下的信息安全,以及心理学学科内的潜意识、认知等,都与"网络政治文化"存在较高的相似度,致使对其研究逐渐出现了跨学科的趋势。目前看,研究从业人员和机构的数量都在不断上升,为"网络政治文化"的研究提供了智力支撑和物质保障。

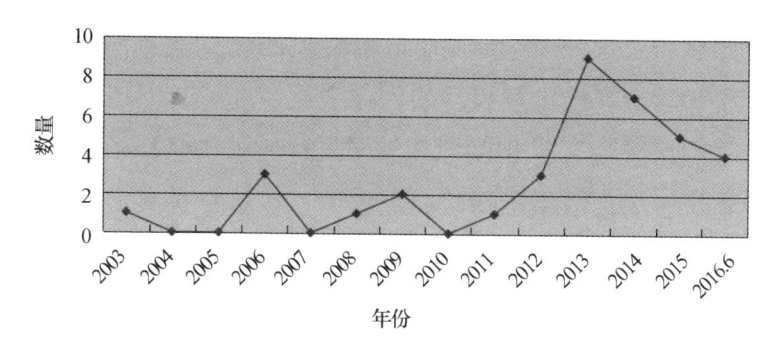

图1—3 2003—2016年"网络政治文化"研究论文数量统计

梳理发现，现在对网络政治文化的研究主要集中在概念界定、特征把握、影响研判和建设之策等方面，尤其是基于网络"特征"，对"网络政治文化"的特征的研究比较多，但是关于最为基础的概念界定，却意见不一、分歧甚大。

在网络政治文化研究的内容主要集中在以下几个方面。

首先，对其概念的界定。

（1）基于文化视角，将网络政治文化纳入网络文化的体系之中，借用研究文化的方法加以审视，将网络政治文化作为网络文化建设的一个重要部分。这种研究视角明确了网络政治文化的概念归宿，将"文化"作为一级概念，将"现实文化""网络文化"视为二级概念，而将"网络政治文化"视为"网络文化"这一体系中的一个"单元"，一个三级存在的文化类型。另外，这一研究视角还凸显了对网络政治文化的另一层认识，即将网络政治文化视为网络文化建设的方向性因素，以确保网络文化正确的政治方向，作为一项政治性的内容来加以审视。这一观点将网络政治文化视为"网络文化"建设的纲领性、指导性的意识存在，即网络文化的政治化发展。[①]

---

① 刘文富：《网络政治》，2002；张咏华：《网络新闻业与跨文化传播》，2010。

(2) 基于网络政治视角，将网络政治文化视为对网络政治实践的观念的总和。这种观点借用了政治文化的研究范式，政治文化是对政治认知的主观内化意识产品，按照这一理解，网络政治文化应该是对"网络政治"认识的意识结果。这一视角坚持了马克思主义的唯物主义立场，沿用了物质决定意识、社会存在决定社会意识的理论，但值得思考的问题是"网络政治"是否真的存在，网络政治的具体指向、基本问题是什么？① 回答这些问题，还得从政治学中"政治"这一概念进行一步一步的推导，鉴于后文会详述这一观点，此处简略。

(3) 立足于政治文化的视角，将"网络政治文化"视为政治文化借助网络这一政治社会化途径，发展所形成的一种"亚"形态，这是目前国内的主流认识②。这种观点认为网络政治文化仅仅是网络影响下的政治文化发展的新形态，是政治文化大系统中的一部分。因为，网络舆论、网络监督与网络暴力等这些反映网民政治文化的网络行为，大多反映的还是现实社会中的政治问题，网民只是借助了"网络"这一工具通过网络提供的各种平台，将潜在的政治态度加以"外显"与"物化"。

虽然，学术界采用了"网络政治文化"这一概念，但对其如何认识分歧较大。就目前看，政治文化的网络化发展是"网络政治文化"的主体部分，但是随着网络的发展，现实政治与虚拟网络政治边界的清晰，作为"网络政治"的文化也许会成为未来的主体部分。

其次，对其特征的厘定。

主要集中在虚拟性、开放性、个性化、平等性与知识性等方

---

① 钱振明：《网络时代的政治学和网络政治学》，2000（2）

② 李斌《网络政治学导论》，2006；宋雪丹：《浅谈网络对政治文化发展的影响》，2010（5）；唐杰：《网络冲击传统政治文化》，2001（1）；刘彤、赵学琳：《网络化趋势对我国政治文化的影响》，2002（1）。

面。(李修芳:《浅析网络政治文化》,2006(5);李斌、刘文富等)。对网络政治文化虚拟化的认识主要指网民主体的身份、网络信息的客体、网络活动的过程及网络空间存在物理形式的符号化和数字化等方面。开放性指个体进入网络的自由,网络对所有社会个体都是开放的,只要个体拥有进入网络的终端电子设备和掌握简单的网络技术就可以实现;开放性包括各种观点、意见及态度在网络中的自由传播。个性化主要体现在网络政治意见表达的差异性,每一个个体的政治态度都可以通过留言、符号表情等体现出来,使得个体声音得以存在。平等性体现在使用网络权力的平等、表达政治观点与态度的平等等方面。知识性主要是指个体不仅要掌握一定的网络技术与知识,而且还要具备将内持政治态度通过符号外显的能力,这就需要具有驾驭语言、图片等信息符号的能力。

从已有成果看,对网络政治文化特征的描述基本上是对"网络"特征的翻版与扩充,这就需要进一步厘清"网络"与"网络政治文化"特征之间的区别与联系,并就尚未论及的网络政治文化内容指向的现实性、表现形式的虚拟性、传递信息的真实性、形成过程的选择性及畅通无阻带来的超前性等特征,进行深入研究。

再次,对其影响的研究。

主要聚焦于对传统政治文化、意识形态、政治价值、社会思潮、政治稳定、国家主权、国家意识、社会管理及特殊人群(如农民工、大学生等群体既有政治文化)等方面的影响研究[①]。这类研究目前来看不仅少而且不系统,学术界更加关注网络舆论(更多地指网络政治舆论)的影响。对网络政治文化对网民已有政治文化、政治思想和政治心理等意识层面影响的研究,远不及对现实政治、社会影响的研究,这是传统政治学研究惯性与学科边界清晰所导致

---

① 朱银端:《网络政治文化认识》,2003(1);陈德志:《网络政治文化:青年网络政策参与的新窗口》,2011(6)。

的结果。为此，对网络政治文化的影响应该以政治学为核心理论支柱，以心理学（尤其是认知心理学、发生心理学等）和传播学等理论作为技术支撑，贯通不同学科之间的理论界限，以达到对网络政治文化的系统研究。

最后，对其建构的研究。

主要集中在影响我国网络政治文化建设的因素和理性型网络政治文化建设两个方面。李包庚和齐佳在《制约中国网络政治文化形成的几个因素》一文中认为，青年网民为主不具备代表性，网民占总人口比例较小，互联网提供信息的真实性与否及网民力量不够强大，等等，是制约我国网络政治文化发展的因素。叶敏和唐亚林在《论我国网络政治文化的理性化建构》一文中，从网络建设主体与网民两个视角，对网络政治文化建设进行了分析。

这些研究成果的不足之处：一是很大程度上套用了政治文化研究的方法与理论体系，未能形成独立的理论范式与研究方法；二是侧重对网络政治环境影响的分析，忽视了个体内化政治信息、产生政治态度的微观过程，更未能揭示二者之间的关系；三是对网络政治文化发展规律、性质、类型、功能、影响及建设等方面的研究，数量比较少，非常零散，未能形成完整的理论体系。

第二，间接研究。

关于"网络文化"的研究：通过 CNKI 数据库检索到与"网络文化"相关的论文1591篇，硕士论文95篇，博士论文2篇，相关会议30场次。就研究内容而言主要集中在以下七个方面：①网络文化形成的原因、过程及影响；②网络文化对高校大学生的"三观"、思想、荣辱观等方面的影响，及高校思想政治教育工作衔接机制研究；③网络文化对我国传统优秀文化的发扬与具体策略研究；④网络文化的建设与管理研究；⑤网络文化与执政党能力提升之间关系的研究；⑥网络文化对现实社会生活的影响；⑦对网络文化生产力、网络文化企业发展及网络文化的经济效益实现模式的研究等。

另外,在网络舆论、网络政治参与及网络监督等方面的研究中,也略有涉及关于"网络政治文化"的研究,分别从网络政治文化的主动性功能、对网络政治文化形成发展、对网民政治心理的影响等方面,进行了相关性分析。

二 国外对网络政治文化的研究现状

国外对网络政治文化的研究起步虽早,但成果散见于各类著作之中,不成体系。就学科来看,政治心理学侧重研究社会个体微观政治意识和群体性政治态度的形成过程,尤其是认知心理学在这方面的研究比较多;传统政治学则更加关注网络政治文化对政治民主、权力结构、政治选举、社会动员及政治参与等方面的影响研究,并预言未来直接民主的可行性;行为主义政治学则对网络政治文化持排斥态度,注重对网络政治行为的研究,主张通过对网民的网络政治行为经验的总结,而对一般意义上的网络政治文化、网络政治心理等理论,持否定态度。另外,传播学、宗教学、社会学、人类学及精神病理学等学科也有所涉及,交叉学科研究成果明显。

就研究内容而言,首先,对网络政治文化产生的研究,斯劳卡、托夫勒等学者均认为网络舆情、现实政治的虚拟化与网络政治文化之间关系密切,网络舆论的长期刺激内化为网民内心的政治态度,而网民无论是在现实政治、虚拟政治生活中形成的态度,又会促成网络政治舆论的产生。Elliott、Neil、Rudolph 等学者基于传媒视角阐述了网络舆论与网络政治文化之间的关系,如 Elliott, Neil 的 Political Culture on the Big Screen (Sojourners. Sep/Oct. 1998); Rudolph, Lloyd I. 的 "The Media and Cultural Politics"[1]。这方面的

---

[1] *Economic and Political Weekly*. 1992. Vol. 27 (28).

研究还涉及网络（市民）社会与网络政治文化之间的关系研究，如 John Myles 的 Community Networks and Cultural Intermediaries: The Politics of Community Net Development in Greater Manchester[1] 等。

其次，对网络政治文化功能的研究：Chris Tonlouse 和 Timothy Luke 等多数学者都认为，网络政治文化的发展将会对政治民主、政治参与、政治选举、政治体系及政治发展等，产生"革命性"影响。Li Gao 在 "Internet Culture Influence and Strategy for Political and Ideological Education"[2] 中，阐述了网络政治文化对政治决策及政治社会化的影响。另外，一些研究则涉及网络对政治文化的影响，深入分析了新型网络传媒工具对政治文化的传播及功能的影响。如 Hasan A. Ayed 的 "The Influence of Internet in the Political Culture (A Field Study)"[3]；David Gunkel 的 "The empire strikes back again: the cultural-politics of the Internet"[4]；等等。

最后，对网络政治文化影响的研究：美国学者 Wyene Rash Jr 和 Richard Davi 等都认为，网络政治文化不仅会对社会治理、政府管理、国际政治等产生深远影响，而且会对极端政治思潮（如分裂主义、宗教极端主义、无政府主义等）的传播提供便利。当然，国外对此研究还涉及网络政治动机、网络政治社会化及网络暴力等方面。如 Taylor, T. L. 的 Cyberpower: The Culture and Politics of Cyberspace and the Internet (Book)[5]；Agger, B. Arede Authors Authored? Cultural Politics and Literary Agency in the Era of the Internet[6] 等。

---

[1] *Media, Culture & Society*, 2004. Vol. 26 (4).
[2] *Asian Social Science*. 2010. Vol. 6 (8).
[3] *Journal of Social Sciences*. 2005. Vol. 1 (3).
[4] ACM SIGCAS Computers and Society. 1997. Vol. 27 (4).
[5] Contemporary Sociology. 2002. Vol. 31 (3).
[6] *Democracy & Nature*. 2001. Vol. 7 (1).

◈ 第一章 我国网络政治文化研究概览 ◈ 31

另外，国外也涉及对网络文化和网络政治的研究，并且网络政治是国外研究的一个重要领域。如 Schirmacher, Wolfgang 的 "Net Culture"[①]; Hawes D. 的 "Network Culture: Politics for the Information Age"[②]; Borchelt, Rick 的 Politics on the Net; 等等。

总体而言，国外对网络政治文化的研究比国内起步早，研究的范围也较为广泛，跨学科研究成果较多。就国内外的研究内容来看，都涉及网络政治的概念、影响、特征等方面，而且国外无论是对网络政治文化的宏观还是微观研究，无论是视角、还是方法，都具有明显的优势。但是，由于国内外在网络环境、现实政治、国民政治素养及网络信息管理制度等方面存在的较大差异，我们对国外学者在网络政治文化方面的研究方法、成果与范式，应保持理性批判、选择吸收的态度。

第三节 网络政治文化研究的意义

网络政治文化是政治文化理论最新的研究动向，深入开展对其研究，有助于政治文化理论的创新与发展，有助于社会主义先进文化的建设，有助于意识形态、国家文化的安全；有助于提高网民的政治素养，有助于现实与网络社会的治理，有助于推动政治体制改革和政治发展。可见，网络政治文化研究具有理论与现实的双重意义。

1. 理论意义

首先，有助于政治文化理论的创新与发展。

网络政治文化作为政治文化最新的"亚"单元，也是政治学理论发展的前沿问题之一，深入开展对其研究，有助于建构该理论的

---

① *Psychoanalytic Review*. 2007. Vol. 94 (1).
② European Journal of Communication, 2005. Vol. 20 (1).

基本框架，形成独特的分析网络政治现象的范式，占领该理论的前沿阵地，形成我国自主的话语体系。对网络政治文化的研究主要集中在内涵、形成过程、特点、发展规律及影响等方面，通过分析网络政治文化与前网络时代的政治文化之间存在的异同，确立网络政治文化独特的理论范畴，揭示网络政治文化的独有特质，以拓展网络政治学、政治文化及政治心理学的研究范围。进而探索网络政治文化各部分之间的逻辑关系与互动机制，并就建构健康、包容、开放与积极的网络政治文化提出建设性意见，以为疏导与防范网络舆论的产生，为消减与遏制网络暴力的发生，为社会与政治的稳定与良性运行，提供理论层面的思考。

其次，有助于社会主义先进文化的建设。

文化具有多样性和历史性。在当代社会，有先进的文化，有落后的的文化，也有腐朽反动的文化。反映和适应先进生产力的发展要求，代表和维护最广大人民的根本利益的，面向现代化、面向世界、面向未来的，民族的、科学的、大众的社会主义文化才是先进文化。我国先进文化的核心和根本内涵，即是以马克思主义和邓小平理论为指导核心，结合我国国情，进行有中国特色的社会主义建设，可以称之为社会主义先进文化。社会主义先进文化不仅包含传统文化、政治文化、经济文化、宗教文化、事业文化和产业文化等方面的优秀成果，而且也涵盖新生的、反映中国特色社会主义道路、制度和理论的网络文化、网络政治文化等内容。网络政治文化不仅是政治文化的重要构成部分，而且是文化的重要"一元"，同时也是我国社会主义先进文化建设不可或缺的重要组成部分。面对当前我国网络政治文化偏激、调侃、感性、否定等特质，加强对其建设之策的探索，不仅关乎我国特色社会主义政治文化的发展和主流政治文化地位的巩固，而且关乎全民精神文明、政治文明及意识形态等方面的建设。因此，加强网络政治文化研究和建设，是进一步彰显中国特色社会主义政治文化统领功能的战略举措，是加强社会主义先进文化建设的重要支撑。

再次，有助于意识形态的安全。

世界上存在着形形色色的国家政治制度，与之对应也存在着纷繁复杂的政治文化，并且表现为意识形态的多元分化。意识形态和政治文化作为不同学科关于"政治"相近的主观反映，二者之间不仅存在一定差异，而且也具有内在的逻辑统一性。从文化角度考察合法性这一政治哲学中非常重要的基本概念显然会更丰富。同样，意识形态概念（非指马克思主义教义中的意识形态，而是韦伯和曼海姆所使用的意识形态），也非常接近于文化概念。事实上，格尔茨（Clifford Geertz）已经说明，这两个概念本质上是相同的。[①]

19世纪初法国哲学家德·特拉西首先提出"意识形态"（ideology）的概念，它是一个带有强烈的政治色彩的名词。然而，意识形态有很多不同的种类，有政治、经济、社会、知识及伦理等多种类型。在社会研究中，政治意识形态是一组用来解释社会应当如何运作的观念与原则，并且提供了某些社会秩序的蓝图。政治意识形态大量关注如何划分权力，以及这些权力应该被运用在哪些目的上。努力追求权力的组织会去影响社会中的意识形态，将它变成他们想要的样子，即政治社会化的结果——政治文化，或者政治价值。随着世界一体化、全球化进程的加快和网络的无障碍化发展，政治文化在不同国家之间的自由流动必然将产生对意识形态的冲击。尤其是对于作为社会主义国家的我国来讲，资本主义政治文化的渗透已经引发了诸如军队国家化、宪政、三权分立及多党制等政治思潮的大肆泛滥。因此，加强对网络政治文化的研究，对于巩固我国社会主义的意识形态及维护其安全，具有重要的理论意义。

---

① C. Geertz, *The Interpretation of Cultures*, New York: Basic Books, 1973, pp. 193 – 229.

另外，网络政治文化的理论意义还表现在有助于事业型、公益型网络文化的理论建构，为加强网络信息治理提供理论的深层思考；通过网络政治文化理论的建构，为增强国家软实力、凝聚力和感召力，提供新媒体和新文化的技术与功能的探索。

2. 现实意义

首先，有助于提高网民的政治素养。

政治素质，也即政治素养：是指政治主体在政治社会化的过程中，通过家庭、学校、社会、网络及媒体等渠道，所形成的对其所处的政治环境的政治心理、政治价值、政治观念及政治行为等，稳定地内在于其自身的基本品质，是通过言行表现出来的内在于主观世界中的政治理想、政治信念、政治态度和政治立场的品质，是诸多后者的综合表现，并且强烈地表现出独特的阶级性、内在性、综合性、相对稳定性、层次性等特征。网络政治文化是网民在网络政治（行为和认知）实践生活中，通过网络政治参与和网络政治信息认知所形成稳定的、长久的、内在的政治立场、态度和情感等的总和。可见，政治文化、网络政治文化与政治素养具有内在相似、相近联系，甚至存在高度的重合性。网络政治文化表现为网络评论、网络意见及网络舆论等，这些网络政治行为是对网民政治知识、能力和经验的锻炼和培育，能够提高网民对政治的认知，增加网民政治参与的经验和技能。尽管目前存在相当数量的与"政治素养"背道而驰的网络政治行为，但随着网络治理的加强，理性网络政治文化的普及和推广，必将有助于网民政治素养的全面提升。

其次，有助于现实与网络社会的治理。

随着网络政治舆论、网络暴力、网络审判及网络监督等网络行为的愈演愈烈，网络政治文化的发展大有朝着消极方向迈进的势头，加之网络政治文化对政治稳定、网络治理、社会管理、政府公信力及合法性等方面的巨大影响，网络治理成为各国政府最为棘手的问题。在网络治理方面，各国政府无一例外地不同程度地采用了"封、堵、蒙"，甚至网络管制、断网等方式，并且不断加强网络管理的法制建设。但是这些外在的强制性的管理方式难以从根本上根除、避免网络问题的滋生。相比之下，从政治文化入手，通过深度挖掘网民内心深处的政治态度，揭示网络影响下的政治文化的发展取向与问题，将是解决网络行为失范的根本所在。只有通过对现实网络问题的全面观察、分析与研究，进而在理论层面上形成对网络政治文化的系统认识，才能抓住网络问题的关键所在，以探索有效的应对之策。

现实社会与网络社会之间的"互影"关系日益密切，现实社会决定着网络社会的产生、形成和发展，而网络社会反过来又影响着现实社会的运行。互联网基础设施建设、网络准入的允许制度、网站的开设申请及网络资费等权力，都掌握在政府手中，而且政府依然保留着对网络政治信息、政治舆论及政治动员等不可撼动的权力（通过网警删帖，通过施压于网络传媒公司迫使其删除不良信息，甚至关闭网站，等等），致使现实政治主导着网络政治的发展。但不可否认的事实是网络政治的兴起正逐步侵蚀着现实政府的权力，网络参政议政、网络政治监督及网络反腐等，迫使政府在政策制定、政治生活开展和政治选举等方面，必须重视网民的意见，导致网络政治对现实政治的影响力逐步提升。然而，网络政治行为的实施来源于网民政治心理的主导，无论是基于现实政治生活形成的政治文化，还是在网络政治生活中孕育的网络政治，都决定着其政治行为的选择倾向。但是，现实政治文化对网民政治行为的影响力相对较小，甚至出现网络政治行为与现实政治文化完全背道而驰的现象，现实政治人在现实政治生活中不敢、不愿、不能付诸的政治行为，在虚拟的网络社会得以淋漓尽致的展现。相比之下，网络政治文化的影响力就显得异常强大，不仅左右着后入网网民的政治心理走向，而且影响着网络政治行为和网络社会的治理，进而会延伸到对现实社会的影响。因此，加强对网络政治文化的研究，将有助于现实与虚拟二重社会的治理和探索社会治理的新模式。

再次，有助于推动政治体制改革和政治发展。

政治改革使上层建筑更加适应经济基础发展变化，破除政治体制对经济发展的障碍，有助于经济发展方式的转变。政治体制改革是一项历史性课题，随着社会发展的推进必然要不断调整政治体制，因此，必须以更大决心和勇气全面推进各政治体制的改革，加快财税体制改革，深化金融体制改革，深化资源性产品价格和要素市场改革，加快社会事业体制改革，才能不断地解放生产力、发展生产力，促进社会、经济、文化等各项事业的繁荣。然而，政治体制总是具有相对的保守性和惰性，必须借助外力的倒逼机制才能促使其推进改革。那么，网络政治文化、网络舆情、网络参政议政等，就成为当前推进政治体制改革的强大的、外在的动力之一。例如 2003 年"孙志刚案件"事件发生后，在媒体和学界关注下，国务院废止了 1982 年发布的《城市流浪乞讨人员收容遣送办法》，同时出台了新的《城市生活无着的流浪乞讨人员救助管理办法》。再如，由于近几年来社会转型和社会矛盾的集中凸显，引发了上访"被劳教""被精神病"等社会负面问题，在长期网络舆论的压力之下，1957 年 8 月 1 日由全国人大常委会第 78 次会议批准颁布的《关于劳动教养问题的决定》，于 2013 年 11 月 15 日，在《中共中央关于全面深化改革若干重大问题的决定》中，提出废止该制度。这些事件标志着旧制度开始松动，标志着网络力量开始影响到现实政治制度。同时也引发了对城乡二元结构对立、公民自由迁徙权、违宪审查机制等问题的广泛讨论。而这些深居网络社会中的、关于具体政治制度的大讨论，不仅唤醒、激发了网民强烈的政治意识，增强了网民的政治知识和参政议政的能力，而且正逐步以"润物细无声"的方式重塑着网民的政治心理，并为以后的政治生活提供稳定的政治情感和态度支撑。

可见，网络政治文化研究既是理论发展的需要，也是现实社会治理和网络社会管理的双重要求。因此，不断推进该理论的研究，既有助于政治文化理论的创新和占领学术研究的前沿阵地，赢得话语权，而且也有利于化解社会转型期突发的各类矛盾和问题，降低网络非理性行为对现实社会的冲击，维护社会安定团结的大好局面，为文化大发展大繁荣、为中国特色社会主义建设贡献应有的力量。

第四节 网络政治文化研究的方法

政治文化是政治学发展史上后行为主义实证政治学时代的产物……政治文化是政治学的一个研究方法。[①] 20世纪50年代阿尔蒙德通过问卷调查、座谈访谈和数据统计等实证方法，对美国、英国、德国、意大利和墨西哥等五国的公民，就政治心理、政治态度及政治情感等问题，进行了总计5000多次的采访、调查和分析。通过问卷的科学制订、被试的抽样选取、量表的真实可靠、访谈的精心策划、分析的深入透彻，开辟了政治文化研究的行为主义之路。

阿尔蒙德将行为主义研究方法引入对政治文化的研究之中，具有划时代的意义，在我国学者对政治文化的研究过程中，也出现了大量的方法参考。[②] 21世纪对网络政治文化研究的方法，虽未超越行为主义的实证方法，但因网络的匿名性、便捷性、高效性和高科技性等，实证方法的研究结果增加了更大的科学性。

第一，研究资料是网民主动呈现的政治态度。

现象是本质的反映，本质决定着现象，但无论采用何种研究方

[①] 马庆钰：《近50年来政治文化研究的回顾》，《北京行政学院学报》2002年第6期，第25页。

[②] 王乐理：《政治文化导论》，中国人民大学出版社2000年版，第45—50页。

法，都无法通过现象准确地把握本质，职能无限度接近本质。政治文化是内心世界关于政治的主观反映，通过外在可视的政治行为（如语言、行动、眼神等）实难揭示隐藏其后的真实心理。因此，只有在毫无顾忌的情况下，主动地外显的政治态度，或许才能更加真实地反映个体内心的政治观点。

政治在社会中一直是一个比较敏感的话题，也是一个令许多人敬而远之的问题，致使传统的问卷调查、座谈和访谈等调研方法，会引起被试者的种种顾虑，导致调查结果的真实性略显不足。再有，前网络时代对政治文化的实证分析，要么来源于研究者在被试者不知情的情况下，通过对其政治行为的观察，进而开展研究；要么是在被试者知情的情况下，通过试验、交流和问卷等形式，对公民持有的政治心理进行"外显"，无论哪种研究方式，被试者都是"被动"地输出内心的政治意识。相比之下，网络的虚拟性、非在场性和匿名性等特点，为政治调查创设了理想的环境。网民再也不用担心"因言获罪"，可以敞开心扉地表达自己的政治态度、意见和感受，通过对网络政治信息的评论、点赞及恶搞等形式，主动地呈现内心所想。

对网络政治文化的研究主要以网民制作传播的政治信息、浏览政治信息的数量、网络政治评论及对政治意见的点赞数量等为一手资料，而这些资料都具有网民"主动"的意愿，通过对这些资料的分析和把握，有助于把握准确的民情、社情和舆情。

第二，网络媒体统计的结果使得研究更加便捷。

网络不仅给网民提供了表达真实自我的平台和环境，而且推出了新闻点击、热帖排行等功能，可以对网民关注的热点新闻、网民普遍的政治观点等进行直观的把握，也就为开展网络政治文化研究提供了便捷的统计数据。

网络政治文化研究在方法论方面将行为主义推向了一个全新的

境地，使得实证方法的优势得以充分展现，也使得研究的结果更加具有说服力。当然，网络水军、五毛党及黑客的存在，也使得这些研究资料存在失真的可能。总体而言，网络提供的研究网络政治文化的资料，比前网络时代对政治文化的研究，具有明显的直观性、真实性和便捷性，为深入研究提供了极大的便利。

跟贴榜 今日跟贴排行 本周跟贴排行	**本月跟贴排行**
标题	跟贴数
1 女子麦当劳店内与人发生口角 被6人群殴致死(图)	260611
2 恒大冰泉出口欧洲 全国唯一实现"一处水源供全球"	57593
3 山东招远女子在快餐店被6人围殴致死	57592
4 黄海波被曝嫖娼被拘 移送拘留所供认不讳	50269
5 招远麦当劳群殴致死案：凶手携三子女行凶	44706
6 山东招远女子在快餐店被6人持椅子拖把围殴致死	41179
7 招远血案嫌犯央视出镜 自称信神不怕法律(图)	33316
8 全国"扫黄"办：快播公司传播淫秽色情信息被查处	28373
9 越媒：中国渔船包围越南渔船并撞沉其中一艘	27995
10 招远宣传部：3天后公布案情因担心影响破案	25405

图1—4　网易"排行"频道发布"跟贴"数量统计

点击榜 1小时前点击排行 24小时点击排行	**本周点击排行**
标题	点击数
1 美记者首次用谷歌眼镜拍下朝鲜罕见照片(图)	4822767
2 日媒：朝鲜塌楼死者超500人 4名负责人被枪毙	3799066
3 专家：有地方政府已准备"一房四吃" 包括遗产税	3403986
4 评书表演艺术家田连元遇车祸受伤 其子死亡	3370847
5 甘肃两名官员在女下属婚礼前2天将其迷奸	2647352
6 埃及向联合国投诉石家庄建山寨版狮身人面像	2562928
7 英拉被持枪女兵押送照片曝光 军方称7日内释放	2336073
8 女子麦当劳店内与人发生口角 被6人群殴致死(图)	2252625
9 云南枪击案：警察曾开3枪示警 死者遗体被抢走	1763279
10 中国7000人旅行团在美唱国歌 人均消费1万美元	1652866

图1—5　网易"排行"频道发布"新闻"栏目点击数量统计

24小时排行　新闻　图片　视频　英文网

1. 台一客机失踪55年悬疑半世纪 如今被证实坠海(图…
2. 陕西宜川县政协主席嫁女答谢宴花8万 分批多地操办
3. 马刺加时力克雷霆西部登顶 总决赛再与热火争锋
4. 百城房价近两年来首现下跌 房企或加大降价力度
5. 南宁民工讨薪获五万多枚硬币 系雇主故意兑换
6. "气功大师"显破绽 "贫富对决"被吐槽
7. 青海跨省"抓错人"事件责任民警遭检方公诉(图)
8. 王冠中脱稿反击：安倍和哈格尔讲话是对中国一种挑衅
9. 王冠中从容面对"九段线"问题 重申中国政府主张
10. 台湾苗栗路边现纸糊测速相机 网友：拍鬼违规吗？

图1—6　中国新闻网"新闻中心"频道发布的24小时新闻点击数量排行榜

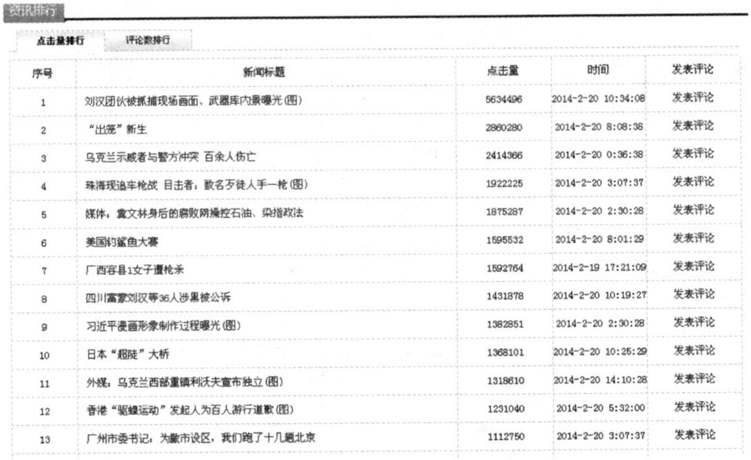

序号	新闻标题	点击量	时间	发表评论
1	刘汉团伙被抓捕现场画面、武器库内景曝光(图)	5634496	2014-2-20 10:34:08	发表评论
2	"出笼"新生	2860280	2014-2-20 8:08:36	发表评论
3	乌克兰示威者与警方冲突 百余人伤亡	2414366	2014-2-20 0:36:38	发表评论
4	珠海现追车枪战 目击者：数名歹徒人手一枪	1922225	2014-2-20 3:07:37	发表评论
5	媒体：袁文林身后的腐败网操控石油、染指政法	1875287	2014-2-20 2:30:28	发表评论
6	美国钓鲨鱼大赛	1595532	2014-2-20 8:01:29	发表评论
7	广西容县1女子遭枪杀	1592764	2014-2-19 17:21:09	发表评论
8	四川富豪刘汉等36人涉黑被公诉	1431878	2014-2-20 10:19:27	发表评论
9	习近平漫画形象制作过程曝光(图)	1382851	2014-2-20 2:30:28	发表评论
10	日本"超胎"大桥	1368101	2014-2-20 10:25:29	发表评论
11	外媒：乌克兰西部重镇利沃夫宣布独立(图)	1318610	2014-2-20 14:10:28	发表评论
12	香港"驱蝗运动"发起人为百人游行道歉(图)	1231040	2014-2-20 5:32:00	发表评论
13	广州市委书记：为雪市设区，我们跑了十几趟北京	1112750	2014-2-20 3:07:37	发表评论

图1—7　凤凰网—咨询—排行频道发布的点击排行榜和评论排行榜

网络政治文化作为一种全新的政治文化，与民族政治文化、宗教政治文化、地域政治文化、职业政治文化及国家政治文化等相比，在含义、特征、形成、功能、价值及研究方法等方面，都表现出较强的独特性。因此，网络政治文化的理论建构，是网络时代政治学理论发展的新领域。

第 二 章

网络政治文化内涵[①]

第一节　网络与政治文化的含义

"网络"一词很早就出现在中外的各种文献资料之中，但像今天这样高频率使用，而且以其指代"互联网"却是以往任何一个时代所没有出现过的。在人文社会科学领域，网络对现实人类生活的影响已经引起国内外众多学者的关注，但关于网络概念、特征、功能与影响等问题的理论研究，还有待进一步深入。而且，这些基本问题，将直接影响到对网络政治文化的研究。

一　"网络"含义的界定

"网络"（network）作为 21 世纪最为常用的词语，其含义指向在不同学科中也存在较大的差异。比如常用的人际关系网络、信息

---

① 本研究论及的"网络政治文化"不是"现实政治文化"的网络化转型，因为此认识并未将"网络政治文化"视为新生，而是将其定位于"现实政治文化"的空间转场。虽然网络文化包含着丰富的网络政治文化素材，但是这些素材缺乏政治文化理论的学科规范和范式；也不是单指"网络政治实践"孕育的文化形态。尽管网络政治参与活动会产生相应的意识；但网络政治参与实践并不等同于"网络政治"；而主要指由"网络政治场域"造就的主观政治观念。网络政治实践可分为"行为"和"认识"两种，网络政治文化是指由"消费"网络政治信息孕育的观念。故本书论及的"网络政治文化"主要是指由网民"消费"网络政治信息所产生的政治观念，而由网络政治行为实践催生的政治心理是此概念的必要补充。

交流网络、电信网络、移动网络、有线电视网络、计算机网络、因特网、城市网络、交通网络、交际网络等，都属于不同学科的用法。网络的意指被默认的为互联网（Internet），又称网际网络，或音译因特网（Internet）、英特网。[①] 在互联网的发展过程中，经历了阿帕网（ARPA）和广域网（NSF）两次重大的飞跃。[②] 在讨论"网络政治文化"这一问题时，采用的"网络"含义倾向于计算机学科的"互联网"、因特网、国际互联网等含义。

1. 学科差异决定了网络含义的不同认识

关于什么是"网络"，至今未能形成一个统一的认识。基于不同的学科视角，"网络"存在差异性的内容指向，总体来讲可以分两大类，即人文社会科学视野下的"网络"认识和自然科学，尤其是物理学、计算机等学科领域所指的"网络"定义。

（1）自然科学范畴之内的"网络"概念

1934年美国社会心理学家莫雷诺运用社会计量学的方法，进行实证研究奠定了网络研究的基础。"网络"概念最初被描绘成组织内部的非正式关系纽带，然后发展为一个表达组织环境是如何被构建起来的术语，最后又成为分析权力与治理关系的研究工具。网络也被作为市场、科层等物理框架内的"联系"，视为一种"隐形"的独立体系。李普纳克和斯坦普斯在《网络形成》一书中写道：

[①] 互联网始于1969年美国的阿帕网，是网络与网络之间所串联成的庞大网络，这些网络以一组通用的协议相连，形成逻辑上的单一巨大国际网络。通常internet泛指互联网，而Internet则特指因特网。这种将计算机网络互相连接在一起的方法可称作"网络互联"，在这基础上发展出覆盖全世界的全球性互联网络称互联网，即是互相连接在一起的网络结构。互联网并不等同万维网，万维网只是一个建基于超文本相互链接而成的全球性系统，且是互联网所能提供的服务的其中之一。

[②] 阿帕网是美国国防部研究计划署制定的协定，一开始用于军事连接，后将美国西南部的加利福尼亚大学洛杉矶分校、斯坦福大学研究学院、UCSB（加利福尼亚大学）和犹他州大学的四台主要的计算机连接起来。这个协定由剑桥大学的BBN和MA执行，在1969年12月开始联机。而广域网（NSF），它最初是由美国国家科学基金会资助建设的，目的是连接全美的5个超级计算机中心，供100多所美国大学共享它们的资源。

"网络就是连接我们共同活动、希望和理想的连环；网络形成是形成人们相互联系的过程。"①

20世纪70年代之后，"网络"一词多用Network，Internet，Online，Cyber，World Wide Web等词语进行表达，并且区别较大。Network专指网络，Internet特指因特网，Online表示现在进行时的"在线"之意，Cyber则表示"虚拟空间"，而World Wide Web是指通常使用的"万维网"。互联网包含因特网，因特网包含万维网。互联网是指由设备组成的能够彼此通信的网络；因特网是由上千万台设备通过TCP/IP协议组成的互联网，是互联网的一种；万维网专指使用HTTP协议互联的网络。

在地理学、数量地理学中，"网络"被看作由具有无结构性质的节点与相互作用关系构成的体系；在电学中"网络"则被认为是作为一个整体看待的、由相互连接的电路元件所构成的"集"，可用支路和节点来表示；而在通信科技的层面上，网络被认为是在物理上或逻辑上，按一定拓扑结构连接在一起的多个节点和链路的集合。②自然学科对网络的概念界定大多采用描述性的方法，通过外在的、宏观的描述来诠释，这种方法不失为一种直观有效的手段，能够使描述性概念更容易被接受和了解，但这一方法却无法揭示"网络"的本质含义。

网络是由节点和连线构成的，表示诸多对象及其相互联系。在数学上，网络是一种图，一般认为专指加权图。网络除了数学定义外，还有具体的物理含义，即网络是从某种相同类型的实际问题中抽象出来的模型。在计算机领域中，网络是信息传输、接收、共享的虚拟平台，通过它把各个点、面、体的信息联系到一起，从而实

---

① 转引自常晋芳《网络哲学引论》，广东人民出版社2005年版，第39页。
② 百度百科，http://baike.baidu.com/view/3487.htm。

现这些资源的共享。① "网络"在《现代汉语词典》中的解释是："在电的系统中，由若干元件组成的用来使电信号按一定要求传输的电路或这种电路的部分，叫网络。"流量网络（Flow Network）也可以简称为网络（Network），一般用来对管道系统、交通系统、通信系统建模，有时特指计算机网络（Computer Network）、人际关系网等。

在计算机领域中，网络就是用物理链路将各个孤立的工作站（主机、个人电脑、手机等现代传媒工具）连接在一起，组成数据链路，从而达到资源共享和通信的目的。② 在这一层面上，网络本意不是指计算机等介质，而是指由这类介质所搭建起来的居于它们之间的"公共领域"。互联网将不同地理空间、不同时间维度的人、物和事，通过通信设备和线路以模拟信号、数字等形式连接起来，并辅以功能完善的网络软件（网络协议、信息交换方式及网络操作系统等）实现网络资源共享的系统。计算机网络是继造纸技术和印刷技术发明以来，人类历史上又一个事关信息存储与传播的伟大发明，而且随着介入网络介质的不断增加，网民登录互联网更加便捷，如果将网络比作一个信息高速流通、海量存储、及时更新与交流的虚拟空间的话，那么每一个介质，无论是计算机、上网本，还是智能手机，都是打开进入网络的一扇门。每一个网民在这道门之前是现实的社会个体，当打开这道门进入虚拟空间时，便以虚拟的符号来标示自己，使其在这个虚拟而现实的空间内成为活动的主体，而其他一切都是现实社会的符号化。

网络是信息传输、接收、共享的虚拟平台，通过它把各个点、面、体的信息联系到一起，从而实现这些资源的共享。它是人们信

---

① 百度百科，http：//baike.baidu.com/link？url＝KfFKp5Szax9S46vf＿b＿a4tKkHNecTO903qJPcdgW4yZb8zcj3hmDDqFFa-NqbANhCTGZ9lPjd17K-I2N9RGc-dKesbOlX8XWpZUeoAARp23。

② ［美］曼纽尔·卡斯特：《网络社会——跨文化视角》，周凯译，社会科学文献出版社2009年版，第3—4页。

息交流使用的一个工具。网络通过文字阅读、图片查看、影音播放、下载传输、游戏聊天等软件工具,以文字、图片、声音、视频等方式给人们带来信息获取的极大便利。"网络是信息接收与发布者,并随时可以对信息做出反馈,它的文本形成与阅读是在各种文本之间随意链接,并以文化程度不同而形成各种意义的超文本链接中完成的……是指以多媒体、网络化、数字化技术为核心的国际互联网络,是现代信息革命的产物。"① 在我国,"网络"一词目前涵盖三个范畴,即电信网络、有线电视网络、计算机网络,后者也就是通常所说的因特网、互联网。

(2) 人文社会科学领域内的"网络"含义

在人文社会科学领域内"网络"一词大体指向"关系网""人际网",抑或"人际关系网络""信息交流网络",等等,这种意义下常说成"网"。"网"的原型来自对类似蜘蛛网的认识,这种网由无数的节点与连线构成。但人类在社会劳动与实践基础上形成的人际关系网、信息网络等,除了具有类似蜘蛛网的平面结构以外,还在立体空间上拓展开来,建构起一个横纵交叉、四通八达的网。从一般意义上讲,网络是"节点"与"边"的集合,由此而形成了交通网络、商业网络、城市网络、交际网络、医疗网络、教育网络等。② 对此,穆勒认为"网络可以指一种松散的、有界的、有意建构的组织,它主要以促进互惠互利为基础,就像产业研究者联盟、互联网上的邮件列表或者开源软件开发小组。我称其为网络组织。网络也可以指一种无界的、去中心的行动者集群,这些行动者依照交换或联系的常规模式行动。我称其为关联集群"。③ 关于网络

---

① 高钢:《谁是未来新闻的报道者?》,《国际新闻界》2000 年第 6 期,第 49 页。

② 王文宏、许萍丽:《网络文化与霸权主义》,《北京邮电大学学报》2004 年第 1 期,第 23 页。

③ [美] 弥尔顿·L. 穆勒:《网络与国家》,周程等译,上海交通大学出版社 2015 年版,第 51 页。

的概念界定，穆勒在进一步分析了鲍威尔和本克勒之后，基于概念的要素比较列出"网络"概念的关联与差异比较（见表2—1[①]）：

表2—1　　　　　　"网络"概念的关联与差异比较

	关联集群（事实上的网络）			网络组织（人为设计网络）	
	政策网络	议题网络	跨国倡议网络	鲍威尔	本克勒
节点	法人行动者	组织、个体	组织、个体	法人行动者或个体	个体
链路	组织间交流或有影响资源的交换	对话，密集的信息交换	密集的信息交换	任何类型交换关系	合作
链路形成基础	在特定政策内对资源的依赖	在界定与塑造议题时共享利益、知识	共享政治资源与价值	信任与互惠	资源与信息共享
关系类型	有争议的合作	有争议的合作	互相信任与互惠的纽带	互相信任与互惠的纽带	互惠，资源共享
以……为界	相关职能和结构嵌入	讨论主题互相承认	不清楚	组织者选择	组织者选择或没有边界
稳定性	高	低	?	高	低

可见，网络主要有两种含义：广义上网络（Net）是指社会交往活动过程中以社会存在为载体所建立起来的一种复杂的、相互交织的"联系"状态。作为社会客观存在的人或物是"网络"存在的载体，而它们之间的关系、联系发展到一定状态时，就会变为错综复杂的关系"网络"。狭义的网络即互联网，指一种以计算机、智能手机等介质为工具，以信息为主要手段，以交互性、便捷性、廉价性及虚拟性等为主要特征的一种人类交往的新型场域。狭义的网络（Cyber）概念正在逐步得到社会的普遍认可和广泛使用。

---

① ［美］弥尔顿·L. 穆勒：《网络与国家》，周程等译，上海交通大学出版社2015年版，第52—53页。

就本书而言，网络指的是以计算机、手机、上网本及各种现代电子产品为终端，以虚拟交互空间、网络社会、网络虚拟平台为载体、场域，以信息的生产、交换、流通、分配、消费及交互而构筑的互联网，也即 Internet。但考虑到未来不同性质的"网络"可能存在高密度的叠加的可能，故本文没有直接使用"互联网政治文化"，而是使用更为宽泛的"网络政治文化"这一术语。

2. 网络的特征

作为新型的传播工具，互联网本身的特征决定了网络政治文化及其他相关网络生活的特征。严格意义上讲，是互联网的特性"同化"了人类前网络时代的社会模式，使得信息革命之后的社会生活，体现出工具理性与主体感性的更大交融。所以，对网络政治文化特征及性能等方面的研究，必须首先对网络的特征进行深入分析。

（1）网络的虚拟性

网络作为一种虚拟的物质存在，具有前网络时代物质所不具备的数字化功能，即所有网络存在都是以数字模拟信号的形式存在，而不是实在的元真事物本身。从印刷术、造纸术缔造的文本信息传播，到以电和磁的发明为基础的电子信息传播，再到今天借助微电子与光纤技术的网络数字信息传播，人类活动的空间实现了由第一自然向第二自然、第三自然的转变。对此，尼葛洛庞帝认为"人类的每一代都会比上一代更加数字化"。[①] 网络依托计算机等各种介质作为路径，但网络之所以影响如此广泛与深远，关键取决于各种介质之间存在的虚拟社会，这个虚拟的社会"翻拍"了人类现实生活的客观存在，使得现实的社会存在能够虚化为网络的符号存在，而这种虚化使得受时空限制的客观存在得以超时空地存在，并实现了

---

① ［美］尼古拉斯·尼葛洛庞帝：《数字化生存》，胡泳、范海燕译，海南出版社1997年版，第115页。

同类网络存在的超级链接。

(2) 网络的迅捷性

网络的迅捷性即网络的高速与便利。网络之所以能够快速普及，其原因之一就在于其速度的无可比拟性。前网络时代信息的传递基本上呈现金字塔形，或者"中心—外围"模式，信息的传递呈现线性的延伸特征，而网络则打破了这一传播模式，将信息上载到网络这个没有屏障与阻隔的公共信息平台，就可能成为所有观众的"消费"的信息产品，减少了信息传播的中间环节。另外，前网络时代的信息传递载体形式制约了信息的传播的速度，而网络这种电子信号的传输，无须再经过印刷、运输、发行等诸多环节，瞬间就可以将信息展示，或者强行推广，这也是传统媒体总是无法占领舆论"前沿阵地"的原因所在。

(3) 网络的开放性

前网络时代社会成员的信息猎取取决于信息的制造者，报纸、广播、电视等媒介的传播内容决定了社会接收信息的类型，信息制造的权力掌握在编辑、权力部门手里，即生产决定消费。而网络时代极大地改变了这一状况，不仅实现了自我选择偏好的最大化，而且实现了每个人都是麦克风、每个人都是记者的全民信息生产条件。信息垄断的权力被打破，信息生产与消费之间的明晰界限开始模糊，混为一体，网民兼具信息制造者与接收者的双重身份。而网络空间的交互功能更是使不同性别、年龄、身份、行业的网民可以在同一个平台上交流对话，使其参与网络的主动性得以空前提高。

(4) 网络的交互性

传统纸质媒体的报纸和广播、电视等属于"一对多"的媒体（一个媒体面对着大量的社会公众），而电报、电话则属于"一对一"的传输媒介，而且这类媒介在多数情况下，都是"单向度"的交往。但是，科技的发展使得电话也呈现出"一对多"的发展趋势,并且实现了"声讯"的单线的双向互动交流,如电话会议等。在互联网上,聊天室(QQ)、论坛空间、博客、邮件组都是"多对多"媒体平台,网页、文本、视频则是"一对多"形式。在网络社会中通过网络聊天室、虚拟社区、新闻组、BBS 留言板、QQ、MSN 以及 SKYPE 等各种平台,网民可以同时不同地、同地不同时或不同时也不同地地针对某一个话题进行交流,不仅实现了极似面对面的交流,还超越了时空的限制,使得交流摆脱了共时共地的约束。在网络社会中的交流,实现了多向度、多渠道、多平台、多维度的交叉、叠加态势,交互性更为明显。

(5) 网络的无限性

网络已经被推广到社会生活的各个方面,使得传统社会生活不断地被网络所嵌入,甚至取代,而且网络的这一渗透势头还在不断走强,向人类整个生活的所有领域拓展。网络不仅开辟了人类实践活动的第二空间——虚拟空间,而且在该空间中开辟了比现实空间更为广阔的活动场域。网络是虚拟的,也是无边无际的,只要ICANN 能够分配足够的域名和地址,网络就可以无限地延伸,不受有限地理空间的限制。而且,网络还提供了超强的信息存储功能,使得网络成为储备知识的世界性图书馆,网络也被称为"海量"存储信息的空间。另外,网络容纳的主体数量也不受网络空间容量的限制,不存在人口密度与资源之间的掣肘。所以,从网络所能容纳的网民数量、网络资源量和网络空间的范围等角度看,网络是一个虚拟无限的空间。

(6) 网络的综合性

网络糅合了现实社会生活的经济、政治、文化及社会等各个领域,集合了报纸、书籍、海报、宣传页、广播、电视、影视和通信等诸多传播媒介的功能,实现了手机屏、电脑屏、电视机屏的"三屏合一",将文字、图片和视频等类型的信息整合于一体,并把工作、生活、娱乐及学习等现实生活的方方面面，都纳入其中。总而言之，网络是对现实社会的"复制"，又超越了后者的时空局限性，大大压缩了现实社会存在的时空距离，使其成为具有高度综合性和糅合力的新型场域。

3. 网络虚拟空间的建立与功能概述

互联网技术的迅猛发展，促使建构在互联网基础上的网络空间全方位地介入了人们的日常生活，极大地改变着人们的思维方式、行为方式、生活方式乃至工作方式。在网络空间这一独特的、虚拟的平台上，因公共利益、公共事务和公共意志的推动，诞生了诸如网络论政、网络监督、网络宣传、网络评判、网络互动等新型公民政治参与方式，并开辟了扁平化、交互性、及时性的网络政治空间这一新型政治参与载体。

互联网及其用户作为网络空间的物质载体，构成了网络空间两大基本要素。他们通过信息链接和交换，形成了虚拟的网络社会。在这个虚拟社会中，人们通过信息的生产与再生产过程，超越了时空的限制，实现了信息的相互交流、物质的相互交换、利益的相互博弈、关系的相互增进等目标。其中，人们围绕着利益和公意的表达、利益和公意的博弈、利益和公意的决策与利益和公意的分配而展开的一系列政治参与活动，就是网络政治活动，而网络政治活动所依托的场所，就是网络政治空间，其生成动力来自现实政治生活中的网民对公共利益和公共意志的追求，来自他们对公共事务的关心和参与。

网络政治空间有三大基本特征。

一是参与主体的平等性。第一，网民获取信息的平等性：在现实社会政治生活中，政治地位等级的高低之分会造成获知政治信息多寡的区别，而在网络社会中却不存在这样的客观制度限制，"网络带来的交互上的平等、快捷，正迎合了人们对政治上平等和迅速获取政府信息的要求"。①如果存在可能的不平等，那也是因现实经济条件、网络基础设施建设和网络普及程度等暂时客观条件的制约。网络刚开始走进人类社会之时，对于大多数社会成员来讲，它都是"奢侈品"，但是随着计算机工程、网络科技、网络资费、智能终端设备和移动网络等方面的快速发展，这类外在的客观制约逐步消失，每一个社会成员在进入网络、获取信息的权力方面实现了真正的平等。第二，网民的网络身份是平等的：在现实社会政治生活中"官大一级压死人"的现象十分明显，其原因就在于政治身份、政治地位的差异，造成的权力不同。但是在网络虚拟社会中，网民的匿名性、出场性和虚拟性等，造成大多数网民群体之间不存在地位的高低和权力的大小之分，不存在话语权失衡、不对称的情况。网民之间是平等的关系。相对网络技术员、网监、审核人等而言，网络权力确实还存在不平等的情况，但这种少数的权力失衡并不影响多数的平等。第三，网民发表言论的权力是平等的：在现实社会政治生活中，社会个体因多重原因失去了表达利益诉求的权力，而在网络社会中每一个网民都可以就自己关心的事务发表见解，不存在现实政治生活中到处充斥着的等级分明式层级节制，只要符合法律规定，任何一个参与主体都有充分表达自己意见的自由，即使他所关心的事务与自身利益无关。

二是政治活动的开放性。在前网络时代，政治被贴上"黑金政治""权术政治""阶级政治"等标签，其原因就在于政治体系的封闭性、排外性等价值追求。古希腊时期看似"公民"通过广场议事的方式，共同管理城邦事务的"朴素民主政治"，却因"公民身份"的特定限制，把奴隶、妇女和外邦人等都排除在政治生活之外，可见，政治一开始就具封闭性。西方政治在神权政治、世俗政

---

① 王学俭、刘强：《新媒体与高校思想政治教育》，人民出版社2012年版，第362页。

治之初的君主专制时期，更是达到了政治体系封闭性的高潮。虽然，资产阶级民主革命实现了政治体系的有限开放——只对资产阶级内部的开放，但是政治体系"壁垒化"程度始终未能打破。然而，网络设计的初衷是实现信息的自由共享、不设防及无门槛，以实现去中心化、去不平等，这就为破除垄断政治、僵化政治和政治壁垒，提供了技术方面的可能。网络的这一初衷，不仅实现了政治信息的"广而告之"，而且提供了廉价、便捷、快速、实时的政治参与，进而推动了政治活动的开放性、自由性和平等性。参与网络政治活动的主体，不再受到财产数量、性别、年龄、种族和家族血缘等方面的制约，可以不分男女老幼（摆脱了政治权利的年龄限制），不受地域制约（主要是国家"公民"属性的限定）、排除时间限制（实现了"错时"交流）和打破空间制约（以"出场"的虚拟方式实现了"在场"的真实，"场"——政治生活、政治参与的"现场"）。所以，网络的开放性，为政治生活（无论是现实政治生活，还是虚拟网络政治生活）消除了诸多客观因素的制约，为直接民主、民主监督、政治参与等，提供了强大的推动力。

　　三是实现方式的互动性。在网络政治空间，信息传递即时交互且高度共享。每一个参与主体对共同关心的事务相互探讨、交流意见，既可凝聚共识，又可激发兴趣；既可共同行动，又可各自行动；既可持久关注，又可过后即忘。不管采取何种方式，网络政治空间参与主体间的互动交流，不仅极大拓展了彼此的交往空间，丰富了精神生活，提升了人的发展程度，而且有效推动了共同关注的事务从量变到质变的转换，甚至转化为现实政治生活中活生生的公共利益和公共意志决策活动与公共利益和公共意志分配政策。[①]

　　网络传播其实就是指通过计算机网络的人类信息（包括新闻、

[①] 唐亚林：《网络政治空间与公民政治参与》，《文汇报》2009年3月17日第12版。

知识等信息）传播活动。在网络传播中的信息，以数字形式存储在光、磁等存储介质上，通过计算机网络高速传播，并通过计算机或类似设备阅读使用。网络传播以计算机通信网络为基础，进行信息传递、交流和利用，从而达到其社会文化传播的目的。网络传播的读者人数巨大，可以通过互联网高速传播。中国现代媒体委员会常务副主任诗兰认为，网络传播有三个基本的特点：全球性、交互性、超文本链接。

二 政治文化的内涵

政治文化虽然在古今中外的政治学研究中一直被关注，但作为政治学一个独立的分支，正式提出则是20世纪50年代的事情。经过半个多世纪的发展，政治文化的研究已经从意识形态的范畴走了出来，由最初意识形态扩展到政治学、传播学、人类文化学、心理学、社会学等学科领域，形成了学科交叉研究的宏观态势，该理论体系渐近完善，形成了囊括多学科的、相对独立的研究范式与理论体系。

1. 政治文化的内涵

政治文化概念应该如何定义与使用从一开始就存在不同意见。在一定程度上说，争议是从人类学和心理学的发展中带过来的。第一种解释是，将人格与文化视为一枚硬币的正反两面，文化是一个民族的一般化人格，即一个民族的模式化人格就是其文化，代表人物主要是米德、本尼迪克特和戈尔等。第二种解释是，完全撇开人格维度来理解文化，把文化视为集体的历史，代表人物是杜克海姆。第三种观点是，认为社会化过程是联结文化与人格这两端的关键纽带，文化现实塑造了一个社会的社会化过程，而由社会化过程塑成的人格反过来又形成了文化，代表人物是卡丁纳、林顿、怀廷与查尔德等。①

自1956年美国现代政治学家加布里埃尔·A. 阿尔蒙德（Gabviet A. Almond）在《政治杂志》上发表《比较政治系统》一文，首次提出"政治文化"（Political Culture）的概念，②作为描绘社会成员内心深处对政治的认知、评价、态度、思想、情感、心理、信仰、动机及观念等政治词语，逐渐被囊括到"政治文化"的理论体系之中。③政治文化是一国人民对政治主体（政府机构、官员、政党组织、政策决定等）的认知、情感和评价的特有模式，④也是"一个民族在特定的时期内流行的一套政治态度、信仰和感情。这个政治文化是由本民族的历史和现在社会、经济、政治活动的进程所形成的"。⑤而且，阿尔蒙德还在《共产主义的吸引力》中论证过抽样调查在政治文化研究中的潜力。阿尔蒙德和维巴《公民文化》的出版，标志着"政治文化"正式成为政治学理论的研究范式。虽然，由于阿尔蒙德政治文化概念界定，过于倾向于"盎格鲁—撒克逊"的民主政治观念，起初遭到质疑和批判，但是资产阶级民主革命之后的西方资本主义社会，以及二战之后广大第三世界的政治民主化浪潮，证明他基于"民主政治观念"论证的"公民文化"揭示了人类政治文化的发展方向。美国莱康明学院的迈克尔·

---

① A. Kardiner, *Psychological Frontiers of Society*, New York: Columbia University Press, 1945; R. Linton, *The Cultural Background of Personality*, New York: Appleton-Century-Crofts, 1945; J. W. M. Whiting, and I. Child, *Child Training and Personality*, New Haven: Yale University Press, 1953.

② Gabriel Almond, "Comparative Political System", *The Journal of Politics* 18 (1956), pp: 391–409.

③ See Gabrial A. Almond, "Comparative Political Systems", *The Journal of Politics*, 1956. Vol. 18, No. 3, pp: 391–409.

④ ［美］加布里埃尔·A. 阿尔蒙德、西德尼·维巴：《公民文化》，徐湘林等译，东方出版社2008年版，第4页。

⑤ ［美］加布里埃尔·A. 阿尔蒙德、小G. 宾厄姆·鲍威尔：《比较政治学：体系、过程和政策》，曹沛霖等译，上海译文出版社1987年版，第29页。

罗斯金教授认为，政治文化是政府的一种生存环境，是社会成员对政府角色的一种期待——政府应该知道对他们做些什么和如何为他们去做。[1] 简单地说，"政治文化指向基本的、普遍的关于政府和政治的情感……政治文化寻求合法性基础，以及维持一个政治体系的基本态度"。[2] 关于政治文化的定义林林总总，但基本上侧重于人的主观世界对外在的客观政治生活的感知、态度和情感。

虽然，学术界出现了林林总总的政治文化概念，但仍未形成高度统一的认识，有的学者认为政治文化应该包括政治思想，[3] 更有学者将政治制度、[4] 政治行为[5]也纳入政治文化的范畴，使该体系的外延不断扩展。但也有的学者则采用"奥卡姆的剃刀"式的思维将政治文化简化为"政治文化即是政治心理"[6] "就是一个国家或者民族对于政治的态度。"[7]

目前，关于政治文化的认识基于所辖范围的程度大体上可以分

---

[1] 宋仕平：《政治文化：概念、特征与功能》，《民族论坛》2005年第4期，第26页。

[2] [美] 迈克尔·罗斯金：《政治学》，华夏出版社2002年版，第98页。

[3] 持这一观点的学者如：徐大同认为："政治文化是一定地区和民族的人们在长期的社会生活中积淀的，持久影响人们政治行为的政治心理、政治价值观和政治思想的总和"（徐大同、高建：《论中国传统政治文化的基础和特征》，《天津社会科学》1986年第5期，第7页）。刘泽华也认为："政治文化是政治中的主观因素，是政治信仰、政治观念、政治思想、政治价值标准、政治意识和政治心理的总和，它的表现形式有理论形体、心理趋向和情感倾向等。"（刘泽华：《论中国传统政治文化》，吉林大学出版社1987年版，第26页。）

[4] 持这一观点的学者如：小P. R. 穆迪认为政治文化应该包含政治制度，（P. R. Moody, "Trends in the Study of Chinese Political Culture," *The China Quarterly*, Sep. 1994. p. 740.）。朱日曜也认为：政治文化应该包含与政治有关的各个层面的文化（朱日曜：《论中国传统政治文化》，吉林大学出版社1987年版，第3—4页。）

[5] 持这一观点的学者如：S. 亨廷顿和J. 多明戈将其定义为：政治文化是关于在政治象征的信仰、价值以及社会成员对政治客体的其他取向（Roland H. Ebel, Raymond Taras, James D. Cochrance, *Political Culture and Foreign Policy in Latin America*. State University of New York Press, 1991, p. 7.）；斯蒂芬·怀特也持雷同的看法：政治文化可以被定义为政治体系植根于其中的态度和行为的基质（Stephen White, *Political Culture and Soviet Politics*, Mac Millan Press, 1979, p. 1.）

[6] 李艳丽：《政治亚文化》，武汉大学出版社2008年版，第35页。

[7] [美] 迈克尔·罗斯金：《政治科学》，林震等译，中国人民大学出版社2009年版，第131页。

为三类，即狭义、中义、广义的政治文化。狭义上的政治文化基本延续了阿尔蒙德的定义，将政治文化限定在普通大众对政治的感性认知层面，主要包括对政治体系的认知、态度及情感三个方面，这是一个超越了绝对政治感性并富含政治理性的心理水平，是在主观意识指导下的心理状态。中义的政治概念在阿尔蒙德"政治文化"的范畴之外，又囊括了政治心理、政治理论和政治思想等方面，这样的界定无疑延伸了阿尔蒙德的概念，将政治文化形成的必经阶段——政治心理和政治文化的理论升华——政治思想，都视为政治文化。广义的政治文化认识，在中义政治文化的范围基础上继续扩大，通过借用文化的广义概念，将器物层面的政治制度、政治文本、政治规则、政治程序等，也置于政治文化的范畴之内。

毋庸置疑，政治心理这种不系统的、不定型的、不理性的政治认识，虽然影响着一定的政治动机、政治态度、政治情绪和政治信念，但这种随机的、零散的、偶然的"政治意见"，还不能视为稳定的、理性的、系统的"政治文化"。但是，政治心理是政治文化的积累阶段，是政治文化形成的必经阶段；而政治文化是成熟的政治心理，是政治心理发展的状态之一。相比之下，政治思想、政治理论就是高一级的政治文化，是对政治本质的科学认知、对政治经验的理性归纳、对政治过程的合理总结，以及对政治价值的准确预判，是对政治文化的进一步理论提升。显而易见，无论是政治心理、政治文化、政治思想、政治理论等，这都是人的主观世界对政治认知的不同水平，处于"隐性"的"不可视"的状态。而政治制度、政治规则及法律等，就是政治心理、政治文化、政治理论和政治思想的"显性"的"物化"状态，反映的是后者的内在需要和发展方向。

就狭义的政治文化概念而言，代表人物主要有阿尔蒙德、派伊、维巴、小鲍威尔、迈克尔·罗斯金、沃特·罗森鲍姆（Walter

A. Rosenbaum)等。沃特在《政治文化》(1976)一书中指出：政治文化可以从个体与集体的角度分为两部分，个体层面的政治文化以政治心理为焦点；集体层面则是指公众对政治体系的群体性态度取向。阿尔蒙德与维巴在《公民文化》中认为："政治文化是一国人口中对政治主体的认知、情感和评价的特有模式。"[①] 阿尔蒙德和小鲍威尔在《比较政治学》中认为："一个民族在特定的时期内流行的一套政治态度、信仰和感情。这个政治文化是由本民族的历史和现在社会、经济、政治活动的进程所形成的。"[②] 派伊（Lucian W. Pye）在《政治文化与政治发展》中指出："政治文化是由界定政治行为所发生的环境的经验、信仰、表征符号与价值所组成的，同时又为政治领域提供结构和意义"，[③] "是一种必不可少的、又是普遍持有的信念和情感构成的，它们形成'特定的取向模式'，并且使政治过程呈现为秩序和一定的形式"。[④] 相比之下，派伊的政治文化概念比阿尔蒙德稍微有所扩容，将社会各种传统、公共机构的精神、公民情感与集体理性等都纳入进来。

迈克尔·罗斯金更简洁明了地指出："政治文化就是关于政治体系的信念、符号和价值，是关于政治的'集体记忆'。即政治文化就是一个国家或者民族对于政治的态度。"[⑤] 然而，并非人们所有的态度和情感都可以归为政治文化，而许多非政治信念也会影响到

---

① ［美］加布里埃尔·A. 阿尔蒙德、西德尼·维巴：《公民文化》，徐湘林等译，东方出版社2008年版，第4页。

② ［美］加布里埃尔·A. 阿尔蒙德、鲍威尔：《比较政治学：体系、过程和政策》，曹沛霖等译，上海译文出版社1987年版，第29页。

③ 参见王乐理《政治文化导论》，中国人民大学出版社2000年版，第20—21页。

④ L. W. Pye and S. Verba, *Political Culture and Political Development*, Princeton: Princeton University Press, 1965, p. 22.

⑤ ［美］迈克尔·罗斯金：《政治科学》，林震等译，中国人民大学出版社2009年版，第131页。

政治的发展，这一点派伊与阿尔蒙德的观点一致。① 于是派伊将政治文化定义为：仅仅由那些一种必不可少的、又是普遍持有的信念和情感构成，它们形成"特定的取向模式"，并且使政治过程呈现为秩序和一定的形式。② 格林斯坦和波尔斯坦在《政治学手册》中表述为："政治文化是一个社会的政治价值和标志，是一个政治体系集体的历史和目前组成这个体系的所有个人生活历史的共同产物。它植根于个人经历和公共事件之中，体现为一个社会的中心价值。"③ 我国学者谢庆奎教授认为："政治文化是人们主观上对政治对象的一种心理倾向，是政治意识、政治价值和政治心理的总和。"④ 此类概念将社会大众基本的政治态度与情感，即政治心理视为政治文化，这也是最初的政治文化内涵，是被大多数学者基本认可的政治文化的内核。

在国内持狭义政治文化认知的主要以孙西克、张浚等人为代表，他们认为政治文化只研究政治心理活动的内容。如孙西克主张政治文化的研究应侧重于心理方面，不应包括行为模式和政治思想。⑤ 张浚也持相同观点，他认为政治文化的研究应限定在政治系统中的居民对该系统的认识、情感及评价等心理活动。⑥

就中义的政治文化概念来讲，主要代表人物有徐大同、刘泽华、戚珩、葛荃和王浦劬等学者。如戚珩认为政治文化"主要由三方面构成，一是以理论形态出现的政治理论、政治意识；二是以情感、习俗等表现的政治心理；三是在上述两方面作用下形成的政治

---

① L. W. Pye and S. Verba, *Political Culture and Political Development*, Princeton: Princeton University Press, 1965, pp. 7 – 8.

② L. W. Pye and S. Verba, *Political Culture and Political Development*, Princeton: Princeton University Press, 1965, p. 22.

③ *Hand Book of Political Science*, Addison-Wesley Publishing Company, 1975.

④ 谢庆奎：《当代中国政府与政治》，高等教育出版社2003年版，第282页。

⑤ 孙西克：《政治文化与政策选择》，《政治学研究》1988年第4期。

⑥ 张浚：《政治文化研究兴起的背景及其思想渊源》，《政治学研究》1998年第2期。

价值及判断"。① 徐大同教授认为："政治文化是一定地区和民族的人们在长期的社会生活中积淀的，持久影响人们政治行为的政治心理、政治价值观和政治思想的总和。"② 刘泽华、葛荃认为："政治文化是政治中的主观因素，是政治信仰、政治观念、政治思想、政治价值标准、政治意识和政治心理的总和，它的表现形式有理论形体、心理趋向和情感倾向等。"③ 作为政治思想史领域的专家，徐大同教授将政治思想及相关理论纳入政治文化体系之中，为我们研究古代政治文化提供了一个文本的进路与把握现代政治文化的历史背景。他们认为政治文化只应该包括政治理论与政治心理。

政治文化与政治制度这两种视角是一种互补的关系，政治制度为政治文化的形成提供了客观的政治"物质"存在，而政治文化又为政治制度的产生提供了基本的价值支撑，两者互为前提、互为表里，并且互为影响。但政治文化的认识"母本"并不仅局限于政治制度，而是来源于整个政治体系。"政治文化提供了政治、经济和社会力量的运作的背景，反过来，政治制度、社会关系和历史事件规定了文化的以显示自身的方式。"④ 丛日云教授更是鲜明地指出："政治制度是政治文化的外在凝固形态，或外在躯壳'物化'形态。一种制度之所以建立以及它特定的运作方式，都体现着当时人的政治价值、情感、态度、评价取向。制度是政治文化的活化石。"⑤

广义上的政治文化，主要代表学者有小 P. R. 穆迪、S. 亨廷顿

---

① 戚珩：《政治文化结构剖析》，《政治学研究》1988 年第 4 期。
② 徐大同、高建：《论中国传统政治文化的基础和特征》，《天津社会科学》1986 年第 5 期，第 7 页。
③ 刘泽华、葛荃：《王权结构的刚柔结构与政治意识》，吉林大学出版社 1987 年版，第 26 页。
④ P. R. Moody, Jr., "Trends in the Study of Chinese Political Culture", *The China Quarterly*, September 1994, p. 740.
⑤ 丛日云：《西方政治文化传统（引言）》，黑龙江人民出版社 2002 年版，第 10 页。

和 J. 多明戈、朱日曜、埃克斯坦、潘一禾等。小 P. R. 穆迪认为政治文化应该包含政治制度和习惯的行为方式，文化就是行为、思想和互动关系之间非人格的结构或联系模式。① 塞缪尔·亨廷顿和 J. 多明戈将政治文化定义为："关于在政治象征的信仰、价值以及社会成员对政治客体的其他取向，"② 斯蒂芬·怀特也持雷同的看法，认为政治文化可以被定义为政治体系植根于其中的态度和行为的基质。③ 埃克斯坦认为："可以把政治文化看成是社会关系模式的延伸，以及某个社会'公民内涵'（Civic inclusion）的总体水平。"④ 德国制度论者柏伊姆和 D. 斯特恩贝格也都认为政治文化是"活的规章制度"，它们的功能与有形的规章制度一样有效。⑤ 我国吉林大学朱日曜也这样认为："政治文化应该包含与政治有关的各个层面的文化。"⑥

马克思、恩格斯等经典作家的著作中虽然很少使用政治文化这一概念，但他们在《共产党宣言》《德意志意识形态》《关于现代国家的著作的计划草稿》⑦ 等著作中，对有意识形态的广泛深入论

---

① P. R. Moody, "Trends in the Study of Chinese Political Culture", *The China Quarterly*, Sep. 1994. p. 740.

② Roland, H. Ebel, Raymond Taras, James, D., Cochrance. *Political Culture and Foreign Policy in Latin America*, State University of New York Press, 1991, p. 7.

③ Stephen White, *Political Culture and Soviet Politics*, Macmillan Press, 1979, p. 1.

④ ［美］罗伯特·古丁、汉斯 - 迪特尔·克林格曼主编：《政治科学新手册》上册，薛澜译，生活·读书·新知三联书店 2006 年版，第 482 页。

⑤ ［德］克劳斯·冯·柏伊姆：《当代政治理论》，李黎译，商务印书馆 1990 年版，第 159 页。

⑥ 朱日曜：《论中国传统政治文化》，吉林大学出版社 1987 年版，第 3—4 页。

⑦ 《马克思恩格斯全集》第 42 卷，人民出版社 1979 年版，第 238 页。马克思、恩格斯在计划研究国家时提出了九个方面：（1）现代国家起源的历史或者法国革命一切因素都有市民的因素也有国家的因素；（2）人权的宣布和国家的宪法，个人自由和公共权力；（3）国家和市民社会；（4）代议制国家和宪章，立宪的代议制国家和民主的代议制国家；（5）权力的分开，立法权和执行权；（6）立法权力和立法机关，权力俱乐部；（7）执行权力、集权制和等级制，集权制和政治文明，联邦制和工业化主义，国家管理和公共管理；（8）司法权力和法，民族和人民；（9）政党、选举权，为消灭国家和市民社会而斗争。

述,"包含了政治文化内涵中的政治意识、制度文化、政治行为等三个层面"。[1]《共产党宣言》本身可以被看成是一种有力的政治文化宣传。[2] 列宁在1920年底所做的《在全俄省、县国民教育委员会工作会议上的讲话》中首次提出马克思主义的"政治文化"概念,并论述了与其相关的、与之并列的"政治教育"问题。他说"政治文化、政治教育的目的是培养真正的共产主义者,使他们有本领战胜谎言和偏见"。[3] 另外,经典马克思主义理论家对"社会意识"这一理论的关注,也体现出马克思主义理论对公众主观层面"意识"的重视。马克思主义经典理论中明确指出,"社会存在决定社会意识,社会意识反作用于社会存在",政治文化作为"意识"范畴的一部分,其"映射"的是现实的政治存在,并对政治现实具有巨大的能动性。

马克思基于更大的视野来讨论人类主观意识的强大作用,是当代政治心理学者和政治文化研究者难以跨越的理论"卡夫丁峡谷",在一定程度上马克思站在人类知识的更高层次——哲学,来宏观地、总体性地把握二重世界之间的关系。而今天政治学者们所探讨的政治文化与政治体系,只是马克思"物质与意识""社会存在与社会意识"这些理论中的具体一小部分。基于马克思主义的经典理论,马克思主义者基于阶级视角认为政治文化可以分为三种类型,"一个是剥削的、财富积聚的资本家阶级的;一个是被剥削的、受欺蒙的工人阶级的;一个是启蒙的、革命家组织的"。[4]

虽然,学者的观点略有差异,但将政治文化视为政治制度的内

---

[1] 孙兰英:《全球化网络化语境下政治文化嬗变》,中国社会科学出版社2010年版,第44页。

[2] M. Brint, *A Genealogy of Political Culture*, Boulder, San Francisco, Oxford, West View Press Inc, 1991, p. 84.

[3] 《列宁全集》第39卷,人民出版社1986年版,第368页。

[4] 王乐理:《政治文化导论》,中国人民大学出版社2000年版,第2页。

化、政治主体的主观产品的认识基本是一致的。目前较普遍的认识是：政治文化是政治人内心深处的主观产品，是在其民族的地理环境、血缘关系、文化气质、宗教信仰等多种因素影响下，对政治体系各要素的认知、情感和评价，在心理上的积淀和反映而形成的柔性范式。简言之，政治文化是内化于社会成员思想当中，带有明显情感倾向的较为稳定的政治"影像"。但精炼的定义不能较为全面地揭示概念本身所指的全部内容。因之，笔者认为，政治文化是诸多身份属性的社会成员（民族、阶层、职业、年龄、宗教等身份）在直接、间接的政治生活中，通过对政治家、政治过程、政治制度及政策等构成政治体系的诸要素，进行长期的、频繁的认知与评价之后，在特定时期普遍流行的、稳定的且带有明显倾向的政治态度与政治情感的总和。[1]

2. 政治文化理论的发展历程

政治文化是一个古老而弥新的学术术语，所有经典理论家，从亚里士多德、柏拉图到孟德斯鸠、托克维尔，都无一例外地用不同的政治学"语言"——风俗、习惯、传统、观念和癖好等，表达过对政治文化的关注。亚里士多德曾经分析过促成政治稳定和变革的心态因素，[2] 民主政治制度取决于中产阶级的政治态度和价值偏好。孟德斯鸠与亚里士多德一样，认为某些关键性的价值观决定着不同类型的政治体系，如君主制、民主制、专制等政治制度的中心价值观分别是荣誉、品德和恐怖。伯克、托克维尔也分析过政治价值和情感的问题。西欧 17、18 世纪以洛克、孔多塞为代表的自然法和自然权力学说及以边沁和爱尔维修为代表的功利学说是一种心理政治理论，它来自政治制度和立法体系，同时又为后者的合理性做辩

---

[1] 王树亮：《政治亚文化：和谐冲突论》，《学术界》2012 年第 12 期，第 39 页。
[2] 潘小娟、张辰龙：《政治学新词典》，吉林人民出版社 2001 年版，第 432 页。

护。① 英国政治学家华莱士在《政治中的人性》中提出要注重分析人类心理因素在政治活动中的作用。② 威尔达夫斯基认为，必须从个人的精神分析走向集体偏好的社会学分析和文化分析，才能解释为何那么多人带着那么高涨的热情，响应一个人的号召。③ 孟德斯鸠在《论法的精神》这一奠基性著作中，充分肯定了自然地理环境、民族风俗、生活习惯、性格特征等方面，对政治体制、法制建设等方面的重要影响，从中不难发现孟德斯鸠在关注法制建设时，对政治文化因素的青睐与关怀。

现代意义上的政治文化理论源于马克斯·韦伯和其后继者帕森斯的社会学理论和文化人类学及心理分析理论。④ 马克斯·韦伯的"理想类型"，是指"人文科学为了其研究而建立的概念整体。理想类型是以理论结构的形式表达的'时代兴趣'，理想类型并非来源于经验的现实，而是作为理论公式而建立起来的。因此，理想类型是一种乌托邦，或者说是一种乌托邦式的理性化"。⑤ 相比之下，本尼迪克特的对日本国民性的研究成果《菊与刀》，以及精神分析学家迪克斯（Henry V. Dicks）对俄国人性格的研究，主要沿袭了对"国民性""人格"的研究，即便是对政治心理的分析，在表述和呈现方面也采用国民性、人格及性格⑥等心理学的概念。而阿尔蒙德则更多地关注于现实组织体系，内化于公众内心的结果及影响，而未侧重对行为主义回避与心理学，倡导的政治文化形成过程的"前置"研究。

---

① 王乐理：《政治文化导论》，中国人民大学出版社2000年版，第2页。
② 潘小娟、张辰龙：《政治学新词典》，吉林人民出版社2001年版，第385页。
③ 王乐理：《政治文化导论》，中国人民大学出版社2000年版，第190页。
④ 张浚：《政治文化研究兴起的背景及其思想渊源》，《政治学研究》1998年第2期，第42页。
⑤ 朱元发：《韦伯思想概论》，台湾远流出版事业股份有限公司1990年版，第50页。
⑥ 贝尔认为莱茨持有"性格决定政治"的观点。引自 D. Bell, "Ten Theories in Search of Reality: The Prediction of Soviet Behavior", *World Politics*, April, 1958.

阿尔蒙德的政治文化理论比韦伯更加具有唯物主义的科学性。作为韦伯的后继者，帕森斯由吸收并批判韦伯的"理想类型"方法，走向他著名的 AGIL 分析模式，从社会行动反观公众内心意向偏好，摒弃了韦伯先验个体"理想"愿望的虚幻论。并且，帕森斯在《走向一般行动理论》中，阐述了其对政治体系"一体性"的认识，包括对洛克产权斗争的重视，对麦迪逊驱动政治派别的利益根源论关注，对拉斯韦尔关于政治"谁得到、什么时候和怎样得到"的思考……其中，不乏对社会地位、荣誉、敬意、宗教信仰、伦理认同及意识形态偏好等方面的关注。[1] "帕森斯的社会行动概念是认知的、情感的、评价的取向行式，这一思想影响了后来阿尔蒙德关于政治文化的定义。"[2]

政治学理论开创"文化"研究的直接起点，始于 20 世纪 30 年代后期的美国。随着欧洲再次陷入经济危机、纳粹德国和意大利法西斯主义的兴起、斯大林主义的盛行和欧洲战争乌云的聚集，欧洲大量人文社会学专家涌入美国。他们开始在反思欧洲现实社会问题的基础之上，重新审视美国传统的研究方法，主张从研究人类心理的视角出发，研究宏大的社会化问题。随之产生了心理学、人类学、传播学、社会学与政治学的结合，产生了如迪克特（Ruth Benedict）的《文化模式》和米德（Margaret Mead）的《萨摩亚人的成年》等代表作。与此同时，拉斯韦尔试图借助弗洛伊德的心理学，揭示政治人的心理动机，但最终因为学术分歧未能取得研究成果，致使政治科学在很长的历史时期内对政治心理、政治文化等研究范式，持有否定的立场，也导致后来的政治文化研究者，过多地关注与政治文化产生之后的政治功效，而很少研究政治文化的产生

---

[1] T. Parsons and E. Shils eds., *Toward a General Theory of Action*, Cambridge: Harvard University Press, 1952.

[2] Talcott Parsons and Edward A. Shils. *Toward a General Theory of Action*, 1951.

过程、影响因素和个体政治心理的变化轨迹等问题。但是，政治文化早期的心理学研究路径和行为主义革命，却是不谋而合的高度一致，开创了研究政治动机的行为主义场域，并很快就成为政治学的研究主流。

1948年，美国政治学家莱茨（Nathan Leites）在《世界政治》（World Politics）创刊号发表了一篇关于政治学研究方法的论文，题目为《关于政治行为的心理文化假设》（Psycho-cultural Hypotheses About Political Acts），其中的论述已经很接近狭义"政治文化"的意涵。[①] 此后，1956年阿尔蒙德对政治文化的概念做出了开创性的规定，并将这一理论建构成一整套的理论体系，充分探讨了政治文化的内涵、类型、性质等方面的基本问题，并对政治文化与政治结构、政治文化、政治认同等政治领域内的基本概念之间的关系，进行了深入的分析，为此后的研究者划定了一个基本的研究框架。20世纪60年代末以后，随着行为主义在全球的语境扩张，政治文化曾一度陷入研究低谷，但在20世纪80年代以后，随着苏联解体、东欧剧变等标志性历史事件的爆发，"西化""和平演变"及"意识形态的终结"这一新型战争的手段不断被西方渲染，而内质指向的政治文化也随之复兴。例如弗朗西斯·福山在《历史的终结》一书中，暗示了社会主义意识形态的终结，亨廷顿在《文明的冲突》一书中，更是将未来国家间的冲突，归因于不同文明之间的对抗，而文明的范畴之内必然包括政治文明，作为政治文化的必要构成部分，政治文明之间的差异已经越来越明显地上升为国家间产生矛盾的主要原因，也成为强国政治干涉别国政治的光鲜"招牌"。

就我国而言，对政治文化的研究始于20世纪80年代末90年代初至21世纪初进入起步阶段，2000年到2007年进入快速发展时

[①] ［美］白鲁恂：《重温政治文化》，《政治思想史》2012年第4期。

期，2007年至今对其研究达到高峰期。现在随着互联网的普及，政治文化这一理论正处于急剧的变革期，这就要求我们紧跟社会存在的变化，从理论层面推进政治文化的发展，以期赢得未来该理论的话语权。

政治文化研究的视野还在不断地扩大，各国政治学者都立足于本国的国情与世界进程，在有意地开拓新的研究领域。我国政治文化的研究进程已经完成了"拿来"阶段，该研究已经出现了大量的佳作，这些研究成果既有对外文资料的翻译，也有独创性的理论创新，并且相关研究逐渐"中国化"，使得理论研究更加关注我国的现实政治生活。但在21世纪政治文化第二次复兴的国际环境中，我国学者立足于用自己的文化背景、视野和国情，如何推动政治文化理论的进一步发展，以赢得政治文化领域的话语权，尤其是互联网带来的政治文化跨地域"流动"的现实社会存在下，如何占领政治文化理论的制高点，将是吾辈不可推卸的理论任务与历史责任。

第二节 网络政治文化内涵的厘定

政治文化作为意识形态的一个重要领域，虽然是人类历史上早已被中西方哲人和先知关注的问题，但该理论的正式出现却是在20世纪中期以后，并深刻影响到后半个世纪政治学理论的发展方向，也日渐成为一个成熟的理论体系。然而，随着20世纪70年代兴起的第三次工业革命——信息革命，计算机、网络技术的迅猛发展及新闻传播事业的网络化取向等，使得政治认知、政治评价及政治情感等方面出现了虚拟化的发展倾向。进入21世纪以后，随着互联网普及程度的大幅度提高，社会虚拟化的进程也在不断加快，政治文化与网络之间的切合与联系更是与日俱增。因此，催生了"网络政治文化"这一政治学理论新的命题，然而，如何认识"网络政治文化"，是现实政治文化与网络技术的

"联姻",还是网络政治实践孕育的新文化,还是科技哲学事业下基于"网络技术"产生的新观念……对此诸多种种,国内外学者更是众说纷纭、各有卓见、难以统一。

网络政治文化作为新生的政治学理论概念如同其他概念刚被提出来一样,都具有较大的争议。目前,对网络政治文化内涵的认识主要有6种。

(1) 张筱荣认为:"网络政治文化……是网民在长期的网络政治实践活动中所形成的关于网络政治生活的心理倾向和价值取向的总和,是政治文化在网络空间的映射。它的传播主体是网民,传播条件是网络,传播内容是网络政治观念形态,包括网络政治认识、网络政治情感、网络政治动机、网络政治理想等等。"[1] 此认识实质上包括两个方面,一是"网络政治"实践的"文化映射",二是"现实政治文化"的网络化变迁,这是二合一的综合性界定。但是,这就必须思考两个问题:第一,"网络政治"是什么,网络政治与现实政治的区别在哪里?虽然,多伊奇早在《政府的神经》中就提出"政治体系可类比为计算机"[2]的观点,但此处的"政治体系"和以计算机为物质基础产生的"网络政治",显然是截然不同的。解决了这一问题,才能进一步探讨基于"网络政治"实践产生的"网络政治文化"。第二,探讨一个学术概念的内涵,是采用综合、归纳的统摄方法,还是进行"唯一性"的界定?

(2) 叶敏、唐亚林认为网络政治文化是政治文化的亚形态,是"人们在网络政治活动过程中逐渐形成的对现实政治体系的态度、情感和评价的总和"[3]。虽然,对"网络政治"与"现实政治"的

---

[1] 张筱荣:《当代中国网络政治文化发展态势与构建策略》,《甘肃社会科学》2013年第2期,第199页。

[2] K. Deutsch, *The Nerves of Government*, New York: Free Press, 1963.

[3] 叶敏、唐亚林:《论我国网络政治文化的理性化建构》,《新视野》2009年第4期,第35页。

研究才刚刚起步,但毋庸置疑二者肯定不是高度的"同质","网络政治"不是"现实政治"简单的"翻版",因此,不加区分"现实政治"与"网络政治"的边界,就无法展开更深入的研究。诚然,"网络政治活动"不仅包含现实政治的成分和内容,同时也具有其自身的特定内容指向,所以,"网络政治活动"不仅产生对"现实政治体系"的态度,也会产生对"网络政治"的态度,如果将此视为"网络政治文化",那实质上还包括了"现实文化"的成分。

(3) 宁夏大学李斌教授认为,"网络政治文化是指以计算机技术和通信技术为物质依托,存在于网络之中,以发送、接收信息为核心而衍生出来的人类对自身政治价值、政治生活方式、政治思维方式的反思,与现实社会和网络社会政治现象有关的精神现象的总和。网络政治文化的特点在于其存在的物质基础是现代计算机技术和通信技术,存在的空间主要是网络空间或者说是网络社会,存在的形式主要是信息,并与现实社会政治生活紧密联系,呈现出多元的并不断发展的状态。"[①] 这一认识抓住了"网络政治文化"的技术条件、物质基础、产生空间、直接对象和内容归属等要义,详细而系统地剖析了此概念的内部结构。但是,未能指明"网络政治文化"的载体——网民。网络社会的"网民"与现实社会的"公民"之间,在政治身份、政治权利、政治参与等方面,存在着实质上的区别。文化载体的差异,必然会影响文化的发展属性,这是不容忽视的一个要素。

(4) 白毅认为:"网络政治文化是网民在网络政治生活中逐步形成的特定的政治态度、政治信仰和政治情感的总和。它属于人类政治生活的主观意识范畴,是网络中政治实践在精神领域内的投

[①] 李斌:《论网络政治文化的内涵、特征及功能》,《淮阴师范学院学报》2006年第2期,第207页。

影,并对网民的政治行为模式产生潜在而深远的影响。"[①] 从发生学的角度看,此认识更贴近"网络政治文化"的含义。但是,"网络政治生活"的政治实践领域比较模糊,指的是"网络政治"还是网络社会中的"现实政治映射"呢?另外,对网络政治文化主体的界定,还需进一步明确。该认识虽指出了"网络政治文化"的主体,但不明确、不具体、不准确。显然,"网民"如同现实个体一样,都是多重身份的复合体,不仅可以视为网络政治的主体,而且更是网络社会、网络经济、网络传媒、网络社区、网络共同体及网络文化等的主体,这就要求必须进一步具体化,即网民群体中的"政治型"网民才是网络政治文化的主体。

(5) 罗咏辉与李斌教授相似,认为"网络政治文化,在虚拟社区以虚拟身份浏览、接收和发送网络信息,从而衍生出来的对自身政治价值、政治理想、政治态度、政治生活方式、政治思维模式等的反思与心理特征,是与现实社会和网络社会政治现象有关的一切精神现象的总和,是现实社会政治文化在网络虚拟空间不断融合而形成的一种多元、开放的新型文化形态"。[②] 可见,罗咏辉更加直接地指出"网络政治文化"构成的多元性,但是"现实社会和网络社会政治现象有关的一切精神现象的总和",无疑混淆了现实政治文化和网络政治文化的边界。

(6) 王树平认为"网络政治文化本质上是阿尔蒙德政治文化的网络版"。[③] "网络版"是相对于现实版而言,二者在本质上、内容上没有区别,只是形式上从有形的物质载体转变为无形的网络载体。如人民日报网络版等。按此类推,现实政治文化是网络政治文

[①] 白毅:《论先进网络政治文化的构建》,《中北大学学报》2013年第4期,第7页。
[②] 罗咏辉:《校园网络政治文化对大学生的消极影响及对策研究》,《思想政治教育研究》2009年第4期,第59页。
[③] 王树平:《网络政治文化特点及其发展规律研究》,《山西广播电视大学学报》2013年第3期,第21页。

化的"母体",而网络政治文化只不过是现实政治文化的网络化的另一种存在形式。如此一来,网络政治文化与现实政治文化除了存在形式的差异之外,便无其他区别可言。

通过上述对现有"网络政治文化"概念的逐一梳理发现,虽然学术界对网络政治文化的认识千差万别、并不统一,但是存在一定的相似性。通过分析发现,对其认识大致可以分为四类。第一,网络政治文化是在前网络时代或者网络时代,现实社会政治生活产生的政治文化,借助网络的新工具加以传播而形成的一种政治"亚"文化,本质上、内容指向上都还是现实政治文化,形式上由现实社会转移到网络社会。第二,网络政治文化是由网民在网络虚拟政治实践中产生的主观政治意识,是网络政治实践直接孕育的网络政治意识、网络政治态度、网络政治情感的总和,是一种全新的政治文化类型。第三,认为网络政治文化是网民在"消费"网络政治信息过程中,通过对后者内嵌的政治价值的认知、评价、态度的长期积累,所形成的新的政治观念。第四,网络政治文化是一种复合型的政治"亚"文化,并不是一种单纯的类型,而是两种,或者多种政治文化的混合。无论对"网络政治文化"的内涵做出何种解释和界定,都是对特定历史时期网络政治社会的关注与研判,都是推动政治文化理论创新的一个重要环节,为全面把握此概念提供了丰富的前期准备和借鉴价值。

一 网络政治文化的"四重"认识与界定

随着互联网的发展,网络对整个人类社会产生了深刻的影响,不仅在经济生产、政治生活及社会联系等方面,而且对文化的传承与发展也起到巨大的影响。网络政治文化作为政治学的新生的概念,学术界尚未形成对其统一的认识。

目前,从"网络""网络政治""政治文化""网络文化"等基本概念入手，结合网络政治文化的本体论的立论立场，形成了四种认识。

一是现实"政治文化"的网络化转型，即"网络＋现实政治文化"。"网络政治文化"是网络时代政治文化借助互联网这一新型传播工具，发展而形成的一种新型"政治文化"。这一观点依然肯定政治文化的基本内核和内在特质尚未发生变化，只是由于借助互联网在传播、影响及作用等方面出现了相对前网络时代政治文化所不具有的特征。

二是网络政治孕育的"政治意识"形态，即"网络政治＋文化"。"网络政治文化"是网络政治所缔造的全新的政治文化形态。这一观点遵循了发生学和马克思主义政治哲学的相关理论，认为实践决定意识，有什么样的实践就会产生什么样的意识，即网络政治实践的存在与物质基础，孕育了作为意识层面的网络政治文化。

三是网络文化的政治性组成部分，即"网络文化＋政治"。在网络文化不断繁荣的大背景下，传播学、文化学的学者也从网络文化的视角，探讨"网络政治文化"的归属与特性，将网络政治文化纳入网络文化的体系之中，进行系统化的分析。

四是网络政治环境塑造的网民政治心理状态。此观点认为，网络政治文化既不是"网络"与"政治文化"的简单叠加，也不是"网络政治"与"文化"的机械复合体，更不是"网络文化"的政治化，而是有其特定的内涵。[①] 即网络政治文化应该是指在网络政治环境下，网民（关注政治的网民）基于自身的价值偏好，在长期的网络"政治环境"感染下（或少量的网络政治参与），对特定类型的政治信息所承载的政治现实所进行的认知与评价，继而通过不断积累而内化于主观意识层面，所形成的较为普遍的政治态度与政

---

① 王树亮：《网络政治文化论纲》，《理论与改革》2012年第5期，第27页。

治情感等精神产品的总和。①

1. 网络政治文化是现实政治文化的网络化转型

文化具有动态发展的连贯性与一致性。② 黑格尔认为,我们之所以是我们,乃是由于我们有历史。我们不能恢复过去,也不能取消过去,现实中就有过去。③ 并且,"一个民族的历史和文化传统就如同影子一样,始终尾随于现实的脚后,这是任何人为的努力都甩不掉的。可以说,每一个国家的政治文化都会不同程度地带有本国历史传统的痕迹和特征。不同的经济生产方式和经济形态,塑造不同的政治生活结构,孕育不同的政治文化环境,培植不同的政治情感和政治心态,形成不同的政治观念和政治思想"。④ 黑格尔证明了历史的不可割断性,历史总会遗留在现时中,而现时又会同历史一并出现在未来之中,这是不容置疑的真理。由此看,即便我们能够单独地界定网络政治文化的内涵,但在网络政治文化之中,却不可避免地会存在传统政治文化的"残留"、现实政治文化的"影子",以及外来政治文化的"干扰"等成分,而且阿尔蒙德在论证其"公民文化"时也已认识到,公民文化混合着臣民政治文化和村落政治文化的事实。

可见,文化作为历史具体的产物不仅具有历史存在性,而且又能相对超越历史而独立地存在。前代的政治文化仍然在相当长的时间里残留于新生的政治文化体系之中,影响着人们的政治认知及价值取向。⑤ 新生的政治文化无法割舍与文化传统的联系,正如李慎之先生在论述中国文化传统与政治文化的关系时所言:"文化传统

---

① 王树亮:《网络政治文化论纲》,《理论与改革》2012年第5期,第27页。
② [美]白鲁恂:《重温政治文化》,《政治思想史》2012年第4期。
③ 转引自宋仕平《政治文化:概念、特征与功能》,《民族论坛》2005年第4期,第27页。
④ 胡献忠:《论中国政治文化问题》,《理论界》2002年第5期。
⑤ 宋仕平:《政治文化:概念、特征与功能》,《民族论坛》2005年第4期,第27页。

是传统文化的核心，它的影响几乎贯穿于一切传统文化之中，它支配着中国人的行为、思想以至灵魂。它是不变的，或者是极难变的。"① 在文化自身的延续过程中伴随着自我否定与自我创新的两个过程，而且所有的文化成果都是在以往所创造的文化"土壤"的基础上发展而成的。恩格斯曾指出："每一时代的精神生产都具有由它的先驱传给它而它便由此出发的特定的思想材料作为前提。"② 作为文化一部分的政治文化同样如此，其自身的发展一方面取决于政治实践的进步，另一方面则是来源于外在传播工具的变革。

虽然，互联网的普及对政治文化造成强烈的冲击，但并不会迅速将前网络时代的政治文化完全摒弃，而是首先造成前网络时代政治文化的变革，使其重构内涵的指向、拓展外延的范围、转化存在的形式以及在性质、影响等方面表现出与前网络时代政治文化的较大差异。对此，美国学者彼得·穆迪（Peter R. Moody Jr.）认为："如果用文化来解释政治，关注点就应更多集中于延续性而不是变化。文化在持续性行为模式中的体现是明显的，而如果特定的文化模式是持续的。那么，特定社会的政治活动在不同条件下可能就会持续表现出相似的风格。"③ 另外，政治文化又不是一成不变的，它总是处于不断的变革过程中，一定历史阶段内政治、经济、文化和社会领域的变化会对政治文化产生影响，导致政治文化发生一定的变迁。正如美国学者特里·N. 克拉克（Terry N·Clark）认为，"随着社会领域的变化，政治文化也在发生变化，由此产生了新政治文化"。④ 如今看来，20世纪70年代兴起的信息革命，对政治文化的

---

① 李慎之：《论中国文化传统与现代化》，《战略与管理》2000年第4期。
② 《马克思恩格斯选集》，人民出版社1995年版，第703—704页。
③ Peter. R. Moody Jr., "Political Culture and the Study of Chinese Politics", *Journal of Chinese Political Science*, Vol. 14, No. 3, (Sep2009): pp: 253–274.
④ [美] 特里·N. 克拉克、文森特·霍夫曼－马丁诺编：《新政治文化》，甘荣坤译，社会科学文献出版社2006年版，第121页。

影响将是始料未及的。

目前，虽然在如何表示这一问题方面，使用了"网络政治文化"这一概念，但此概念的内容指向仍然是一个有待进一步推敲的问题。已有研究成果显示，目前所说的"网络政治文化"依然是网络对政治文化的影响，或者说是政治文化在网络时代的新发展。[①] 前网络时代的政治文化在互联网的介入之后，出现了新的形态，并且这一变化不是指向某一政治文化，而是所有类型的政治文化所表现出的共同的"转型"——网络化转型。政治文化借助网络的特质与功能，使其在形成、作用及影响等方面与前网络时代的政治文化表现出较大的差异。

基于工具理性的视角，多数学者普遍认可网络的工具性作用，将网络政治文化视为网络时代政治文化的新变化，网络只是促使其取得新发展的推动工具。关于这一认识，目前学界的类似表述主要有：网络对政治文化的影响，[②] 网络时代政治文化的转型，[③] 也有学者直接将其称为"网络政治文化"，即便是最后简洁式的表述，学者仍将"网络政治文化"分为"网络"与"政治文化"两部分加以分析，体现出对"网络"工具性的定位，对政治文化的本位关怀。对此，王树平认为"网络政治文化本质上是阿尔蒙德政治文化的网络化"。[④] 显然，这一认识并不是把网络政治文化视为网络创造的新文化，而只是现实政治文化的网络化"映射"而形成的现实政

[①] 参见刘文富《网络政治——网络社会与国家治理》，商务印书馆2002年版，第211、218—229页；孙兰英《全球化网络化语境下政治文化嬗变》，中国社会科学出版社2010年版，第22—27页。

[②] 申文杰将这一影响概括为政治文化传播的民主化、社会化、高效化与国际化。参见申文杰《论网络条件下政治文化传播的新趋势》，《社会主义研究》2005年第2期，68—70页。

[③] 熊光清认为"中国网络政治的兴起推动着中国政治文化向参与型政治文化和现代公民文化转变，推动着中国政治文化更加倾向于理性、温和与客观，更加倾向于民主、公平与透明"。熊光清：《中国网络政治的兴起与政治文化的变迁》，《社会科学》2012年第1期，第23页。

[④] 王树平：《网络政治文化特点及其发展规律研究》，《山西广播电视大学学报》2013年第3期，第21页。

治文化的"影像"。

从政治文化的视角来分析,网络政治文化是政治文化与网络科技的结合,是在网络工具的影响下,政治文化借助网络的特质发展所形成的一种新型的政治亚文化,即政治文化的网络化发展。刘彤和赵学琳认为:"网络化趋势正在成为新的社会形态中的新的基础。网络的发展扩大了中外政治文化的事实差异;网络冲击着政府的信息管制,成为'文明冲突'的舞台;网络生活加剧了人们在政治体系和政治文化方面的信仰危机;网络以其消费化、世俗性、娱乐性消解着国家意识和政治观念。"[1] 这一论述充分肯定了"网络"对政治体系的影响,尤其是潜在地涉及对政治文化体系内政治认同、政治价值、政府权威、合法性及公信力等方面的影响,充分彰显了网络这一工具所带来的"变革"性意义。

基于比较政治文化与国家文化安全的双重视角,杨世宏和李荣在《互联网对政治文化的影响及其对策》一文中,详细论述了互联网对主流意识形态和政治文化的冲击,即增加了主流政治文化建设的复杂性,降低了社会公众的政治信仰和政治热情,而且为中西方政治文化的冲突提供了新平台。[2] 袁文艺和毛彦洁就认为:"互联网的高速发展已形成了对传统的政治文化传播方式的巨大冲击。"[3] 他们认为互联网的兴起,为西方的政治文化渗透和入侵提供了便利的工具,同时也认为正是互联网的普及,才使得"植入"政治文化获得了传播的可能。"网络会引发文化霸权、网络文化帝国主义"的论断,也是基于政治文化跨国界流动所造成的对本土民族政治文化

---

[1] 刘彤、赵学琳:《网络化趋势对我国政治文化的影响》,《东北师范大学学报》2002年第1期,第61页。

[2] 杨世宏、李荣:《互联网对政治文化的影响及其对策》,《山东科技大学学报》2003年第5期,第46—47页。

[3] 袁文艺、毛彦洁:《数字政府与网上政治文化入侵》,《社会主义研究》2003年第2期,第87页。

的蚕食与替代的重新关注，网络的出现为政治文化的流动提供了便捷的、无障碍的渠道，使得各类政治文化能够摆脱地理空间与历史时间限制而自由流动。这就使得传统意义上产生于对应政治体系、政治结构的政治文化，能够摆脱产生其"土壤"的政治存在而作为意识产品在不同类型的政治制度地域内存在，被生活在不同类型的政治体系与制度之下的民众所感知。从而使得民族的、本土的政治文化，在网络的影响下开始面临诸多异质的政治文化的冲击，朝着"混合"形态的政治文化发展。

网络为不同类型的政治文化提供了一个碰撞、交融的平台，侧重于对异质政治文化之间状态的分析，而不是局限于"网络"对政治文化本身影响的关注，更多是以不同类型的政治文化所存在的内在的本质的区别和可能引发的冲突为背景，在网络的平台上进行深入分析的研究。此类研究既认识到"网络"的重要性，又敏锐地注意到不同地域、国家政治文化在网络时代，相互流动可能造成的对"本土"政治文化的影响。在这一国际视角下，网络的工具性、中间介质功能体现得更为充分，在网络连接的不同终端——不同类型的政治文化——在网络空间中相互碰撞、交融与分化。在互联网时代，信息和传播网络的扩张将加快世界同一化的趋势，对信息和文化资源的控制将在定义世界权力方面扮演着重要的战略性角色，"网络外交"将代替"炮船外交"，世界因此变成"全球社会"。[①]

可见，"网络"在不同政治文化之间、同一政治文化体系内部不同政治亚文化之间，扮演着"桥梁""场域"的角色，并且潜在地为"文化输出""和平演变""文化霸权"的实现，提供了可能，这也正是亨廷顿在其《文明冲突论》中潜在要表达的意思。

值得注意的是这些分析都是基于政治文化外围的视角，立足于

[①] Andrew Chadwick, *Internet Politics: State, Citizens, and New Communication Technologies*, *Preface*, Oxford University Press, 2006. pp: 5–6.

"网络"的主体性视角对政治文化的发展新动向加以"由外而内"的分析路径。更多地强调互联网廉价、便捷、隐匿、影响范围广及传播速度快等特性对政治文化的影响,而未能从政治文化的内部结构进行系统解构性分析。政治文化作为一种政治认知、政治态度与政治情感的复合主观产品,政治文化的改变是从其载体的内在微观心理层面开始的,网络这种科技前沿工具所造成的不仅是网络心理的调试,更在政治文化承担主体、政治文化形成过程、政治文化性质、政治文化类型及影响等方面,产生了巨大的影响。这里强调的不是网络影响下的政治文化变迁,而是基于政治文化主体性的网络功能分析,其一,网民在网下形成的政治文化,通过网络呈现出来,影响其他网民;其二,网民在网络中形成的政治文化,又会带入现实社会。网络对政治文化的这两种影响,虽难以严格区分其界限,但第二种更适合本文所表达的网络政治文化含义。

不可否认,现实政治文化在网络政治文化的产生、性质和功能等方面,具有较强的影响力,主要表现在两方面。

第一,提供了前置的政治心理:现实社会作为人实践的第一场域,决定了现实政治文化的"先在"性,即人在进入网络虚拟社会之前,就已经形成了特定的政治文化。即使在网络时代出生的社会个体,因现实社会政治社会化(政府→个体的向度)的强化教育等因素,也会形成强于、早于网络的政治意识。随着社会个体由公民身份向网民身份的转化,先前在现实社会中形成的政治文化,也会因个体的同一性而影响网络政治行为、政治意识。网民最初的网络政治认识实践和参与实践活动,一定程度上都受到现实政治文化的指引,受到现实政治文化的影响,使其网络政治行为一开始就难以保持"网络社会"的纯洁性。例如,在课堂的随机调查中发现,一定数量的大学生喜欢浏览负面的涉政新闻,是他们在现实政治生活中的受挫感导致的,或者是对现实社会的不满的一种宣泄。

第二，提供了政治认知的对象：网络工具的政治社会化功能，致使现实政治文化得以借助文字、图标及影视资料等网络表意符号，实现了网络化存在，而这些符号恰好成为其他网民政治认知的素材之一。政治文化理论性的文章，蕴含特定政治文化的新闻评论等，都可能是网民习得政治文化的对象。即现实政治文化的虚拟"物化"是网络政治文化形成的认知对象。可见，现实政治文化不仅内在地影响着网民的网络政治行为，而且其本身也可能是网络政治文化形成的对象之一。虽然，网络政治文化无法隔断与前网络时代政治文化之间的联系，但不能因此而混淆二者之间的界限。

需要进一步指出的是，将网络政治文化视为网络对政治文化的影响，而不将其定义为"网络政治"的文化，理论基础植根于阿尔蒙德的政治文化理论。阿尔蒙德在《公民文化》中认为，政治文化是"一国人口对政治主体（政府机构、官员、政党组织、政策决定等）的认知、情感和评价的特有模式"[1]，"是作为被内化（Internalized）与该系统居民的认知、情感和评价之中的政治系统"。[2] 如果以此推论，网络政治文化应该是对网络政治的认知、情感和评价，是对网络政治体系的内化。这就要进一步分析"网络政治"的发展程度，是否存在网络政治，如果网络政治存在，那么网络政治的核心是什么？

通过上述分析，将网络政治文化视为网络对政治文化的影响的认识，是目前大多数人都持有的观点。这一观点既不否定网络的作用，避免了将政治文化僵化于前网络时代的理论框架，又不一味追求脱离现实政治发展水平的理论创新，而是基于各国在互联网时代政治网络化发展的实际情况，对其内化于公众主观层面的意识，做

---

[1] ［美］加布里埃尔·A. 阿尔蒙德、西德尼·维巴：《公民文化》，徐湘林等译，东方出版社2008年版，第4页。

[2] 同上书，第13页。

出较为符合历史进程的理论思考。

2. 网络政治文化是网络政治孕育的"文化"新形态

马克思主义哲学的基本理论认为，物质决定意识，社会存在决定社会意识。基于阿尔蒙德的理论也不难发现，政治文化产生于政治现实，是对政治实践的主观反映。那么以此推论，网络政治文化就应该是"网络政治"的意识产品，此观点是目前对"网络政治文化"理解所存在的最大争议性观点。网络政治文化是"网络政治"的文化还是现实既存政治文化的"网络化"发展，即它是网络政治实践的文化形态，还是网络影响下的政治文化的新发展。若要将网络政治文化界定为"网络政治"的主观积淀意识产品，就必须对网络政治进行深入分析，具体涉及"网络政治"是否真的存在，是否成为政治生活的主要方式，其核心内容指向是什么等问题。

网络政治亦称赛博政治（Cyber Politics）、虚拟政治（Virtual Politics）、网络政治（Internet Politics）、网络空间的政治（Politics of Cyberspace）、信息政治[①]等，都涉及对"网络"与"政治问题"的相关研究。就网络政治而言，国内外网络政府建设的程度差异，造成中外政治学者对网络政治的认知存在较大差异。国外对网络政治学的研究主要集中在现实政治的虚拟化与网络对现实政治的影响两方面。前一方面的研究成果有：美国学者马克·斯劳卡（Mark Slouka）的《大冲突——赛博空间和高科技对现实的威胁》[②]、阿尔温·托夫勒的《预测与前提》[③]、凯文·希尔（Kevin Hill）和约

[①] 肖峰：《信息政治与政治信息主义》，《中国青年政治学院学报》2010年第1期。

[②] ［美］马克·斯劳卡：《大冲突——赛博空间和高科技对现实的威胁》，黄锫坚译，江西教育出版社1999年版。

[③] ［美］阿尔温·托夫勒：《预测与前提》，栗旺译，辽宁科学技术出版社1984年版。

翰·休斯（John Hughes）的《网络政治学》[①]、Chris Tonlouse 和 Timothy Luke 的《网络空间的政治学》[②]，以及澳大利亚大卫·霍尔姆斯（David Holmes）的《虚拟政治学》[③] 等。这些成果中论述了现实政治的"虚拟化"，并就虚拟化的形态进行了一定的预测。主要观点认为未来随着互联网的普及，现实政治的实体性将被网络政府的虚拟化代替，在网络空间中"克隆"一个与现实政治体系相近的电子"政治体系"。既涉及政治体系建构、政治过程、政策制定等政治生活，又涉及政府行政等内容。

就网络对现实政治影响的研究主要有以下几个方面。

（1）网络对政治制度、政治过程的影响研究：有美国 Wyene Rash Jr. 的《网络政治学：互联网对政治过程的影响》[④] 和 Richard Davis 的《网络政治学：因特网对美国政治系统的影响》[⑤] 等。网络政治参与作为与网络政治文化一样的政治学前沿性理论，其对现实政治制度、政治过程及政策的影响，比现实政治参与、电视演讲及政党竞选更具影响力，这就引发发达资本主义国家政治学者的极大兴趣。

（2）网络对政治参与的影响研究：有美国 Graeme Browning 的《电子民主：运用因特网改革美国政治》[⑥]、英国 Roza Tsagarousianou

---

[①] Kevin, A. Hill, John, E. Hughes, *Cyberpolitics: Citizen Activism in the Age of the Internet* (People, Passions, and Power), Rowman & Littlefield, 1998.

[②] Chris Tonlouse and Timothy Luke, *The Politics of Cyberspace: A New Political Science Reader*, Rout ledge, New York and London, 1998.

[③] David Holmes, *Virtual Politics: Identity and Community in Cyberspace*, SAGE publication, London, 1998.

[④] Wyene Rash Jr., *Politics on the Nets: Wiring the Polittical Process*, W. H. Freeman & Co., 1997.

[⑤] Richard Davis, *The Web of Politics: The Internets Impact on the American Political System*, Oxford Univercity Press, 1999.

[⑥] Graeme Browning, *Electronic Democracy: Using the Internet Trans form American Politics*, 2ed Independent Pub Group, 2000.

的《网络民主：技术、城市与城市网络》① 等。广泛的、直接的政治参与，一直受制于政治参与者的主观因素（年龄、财产、性别、政治能力、宗教信仰及政党派别等）和客观因素（地理范围、信息传播等）等。但是，网络嵌入政治生活，彻底改变了大国的政治参与，Graeme Browning 认为"网络"这一超时空工具，将大国虚拟化地压缩为直接民主需要的"雅典式"广场政治的小国。并且，网络使得政治参与更加富有组织性、节奏性、目标性和协调性。

（3）网络对政府治理的影响研究：有美国政府技术中心组织专家所做的《21世纪构建数字化政府》和英国国会科学与技术办公室提出的报告《电子化政府：公民与信息技术》等。另外，英国 Brian Loader 在《网络社会的治理》（1997年）、Tim Jordan 在《网络权力——网络空间与因特网上的文化与政治》（1999年），澳大利亚的 Jerry Everard 在《虚拟国家：互联网与民族国家的疆界》（1999年）中，分别从网络治理、权力分配、主权安全等角度作了阐述。

（4）网络对政治承担者的监督作用：网络监督是政府或人民大众通过互联网对某一件事的了解、关注、研究，并提供信息或介入支持，在公开、公正、公平的条件下使事情得到圆满解决。② 在西方发达国家，政治监督是政党政治的主要政治活动之一，而网络的问世为这一活动提供了更大的便利，实现了更好的效果。网络将政治承担者完全暴露在社会公众、网民面前，政治承担者的执政纲领、行政方式、衣着穿戴、言论话语及亲属朋友等，都可能成为被监督的突破口，迫使他们的行为更加符合法律的要求，更加接近公

---

① Roza Tsagarousianou, *Cyberdemocracy: Technology, Cities and Civic Networks*, Routledge, 1998.

② 百度百科，http：//baike.baidu.com/link? url = gbPp0A_ v_ zLNU2pdr3hDa0833qYtxRupsQwA8C7xPKZipdxKGEc9zEYDS0NukOVLCISZJyjfpA7O4TP2bZA1c14LNcxX3FitmkbkkP9DmsiMp_ YF TcNZgScSNHqv94rq。

众的期待，否则就可能成为监督者的"把柄"。例如2012年匈牙利一家网站"晒出"总统施米特·帕尔的博士论文抄袭新闻，随后施米特·帕尔辞职，而"棱镜门"事件更加完美地诠释了"网络"监督与被监督的功能。

国内对此研究较晚，对国外研究成果的借鉴成分较多，尤其体现在对"网络政治"概念的界定及网络对现实政治的影响等方面。李斌认为广义的网络政治"是在互联网上涉及国家权力和特定利益的政治现象；狭义是特指在互联网上客观存在的、与社会政治生活密切相关的关于政治权力……等内容的政治现象"。[①] 吴海晶则明确指出：网络政治学是以网络技术与政治的相互关系及作用机制为研究对象，以网络技术对政治的影响……为主要研究内容的新兴学科。[②] 对此，杨伟民和吴显庆也认为："网络政治是网络和政治相互渗透而形成的政治现象。"[③] 可见，国内学者大体上对"网络政治学"的研究，多立足于现实政治的角度，聚焦于网络这一新工具对现实政治生活的影响。比较而言，国内外研究都侧重于"网络对现实政治的影响"，[④] 但国外对现实政治的虚拟化[⑤]的研究，是国内长期以来未加足够重视的。

[①] 李斌：《网络政治的政治学分析》，《社会主义研究》2003年第3期，第46页。

[②] 吴海晶：《网络政治学研究的对象、内容、技术路线及其他》，《湖北行政学院学报》2006年第6期，第14页。

[③] 杨伟民、吴显庆：《论网络政治在我国的建立和发展》，《学习与探索》2004年第5期，第31页。

[④] 国外对网络政治的研究范畴主要涉及：网络政治的哲学基础、虚拟现实的政治、政治权力、政治体制、政治参与、政府管理、政治整合、政治文化及国际关系；我国学者的研究主要涉及信息主权与国家主权、电子民主、网络秩序与网络控制、集权与分权及相互协调、国际信息新秩序、网络政治的经济职能、网络组织、虚拟行政等方面。（参见刘文富《网络政治——网络社会与国家治理》，商务印书馆2002年版，第12—19页。）钱振明对网络对现实政治生活的影响，也进行了较为全面的概述和研究。（详见钱振明：《网络时代的政治学和网络政治学》，《学海》2000年第2期，第77—78页。）

[⑤] 参见[美]马克·斯劳卡《大冲突——赛博空间和高科技对现实的威胁》，黄锫坚译，江西教育出版社1997年版，第152页。

首先,什么是网络政治?

熊光清认为:"所谓网络政治,是指现实政治现象和政治过程以网络为媒介,在网络空间中的进一步展开和体现。"① 这一认识认为,网络政治是现实政治的网络化翻版,仅仅把网络视为服务于现实政治的工具,其本质依然是现实政治。

李包庚和齐佳认为网络政治有广义和狭义之分,"就广义而言,网络政治是在互联网上涉及国家权力和特定利益的政治现象;就狭义而言,特指在互联网上客观存在的与社会政治生活密切相关的关于政治权力、政治意识、政治体系、政治行为、政治管理、政治参与、政治发展等内容的政治现象"。②

陈潭和罗晓俊更是将网络政治视为电子政府、网络群体等。③

刘建军和沈逸认为:"网络政治是网上政治和网下政治交互运动的过程:一是个体和社会组织在网络空间中依靠信息压力促使管理者改变或调整决策以满足其要求的过程;二是权力与资本联盟依靠尖端技术、高额成本和规制措施,通过看不见的手调控信息表达和信息生产的过程。"④

可见,国内学者大多认为,"当前网络政治的发展程度,在很大程度上就是现实政治的对映和延伸"。⑤ 不容否认,现实政治依然左右着网络的发展,电子政务等行政方式是网络与政治结合的最佳产物,但能否将此视为"网络政治"? 政治与网络政治,准确地表

---

① 熊光清:《中国网络政治的兴起与政治文化的变迁》,《社会科学》2012年第1期,第23页。
② 李包庚、齐佳:《制约中国网络政治文化形成的几个因素》,《长江论坛》2008年第3期,第56页。
③ 陈潭、罗晓俊:《中国网络政治研究:进程与争鸣》,《政治学研究》2011年第4期。
④ 刘建军、沈逸:《网络政治形态:国际比较与中国意义》,《晋阳学刊》2013年第4期,第50页。
⑤ 熊光清:《中国网络政治的兴起与政治文化的变迁》,《社会科学》2012年第1期,第26页。

达为"现实政治与网络政治",二者肯定是不一样的。现实政治的核心是权力,政治体系存在的凭借是暴力机关,政治运行的保障是法律,等等,那么"网络政治"与此对应的又是什么?如果按照"现实政治"的要素,对应地建构"网络政治"的理论,就会发现二者均是"政治"不同场域下的特殊形态,有着本质性的区别。

国外学者对网络政治的认识也存在较大的差异。普拉莫德·纳亚尔(Pramod K. Nayar)认为:"网络空间和虚拟环境(虚拟社团)不仅仅是现实的模拟,而是本质上就构成它们自身所处的环境。虚拟的现实要求把抽象的社团看作它们自己的独立的、以自我为参照物的实体。"[1] 美国网络政治学者纳扎里·乔克里在《国际关系间的网络政治导论》一文中认为,网络政治主要是"探讨虚拟空间中的政治问题,即:谁得到了什么?何时得到,如何得到?"[2] 尤其值得注意的是查德威克对网络政治的认识,他认为网络政治包括两部分,"一是互联网本身的政治学,二是互联网的政治应用。前者包括互联网产生与发展过程中的政治因素,以及互联网生长而产生的内部政治,例如:互联网技术演进与融合过程中的技术格式争论,关键技术的政治推动,技术应用的程序的最后敲定,现有技术的霸权地位的确定,互联网的全球管理及此过程中的权力争夺。后者是指互联网这种工具产生后的政治使用,包括电子民主、电子动员、电子选举、电子政务、互联网监控、互联网监管与控制、数字鸿沟引发的政治落差、互联网地缘政治等"。[3] 国外学者对网络政治的认识已经将现实政治与虚拟政治分开,对其研究侧重虚拟空间的政治

---

[1] Pramod, K. Nayar, *Virtual Worlds: Culture and Politics in the Age of Cybertechnology*, London: Sage Publications Ltd., 2004. p. 176.

[2] Choucri, Nazil, "Introduction: Cyber Politics in the International Relations", *International Political Science Review*, 2000, 21 (3): p. 244.

[3] Andrew Chadwick, *Internet Politics: State, Citizens, and New Communication Technologies*, Oxford University Press, 2006. p. 7.

活动。

其次，网络政治存在吗？网络社会孕育的政治，还是政治的网络化发展。网络造就现实政治新形式的同时，必然在内容方面也会有所突破。托夫勒断言："信息是和权力并进，而和政治息息相关，"[①] 信息革命孕育的网络世界，必然带来以权力为核心的政治现实的巨大变革。不容否认，政府通过网络征集民意、传达政策、与民互动等现象已经存在，并成为学术界关注的焦点。然而，整个政治体系远未实现"网络化"，从政治的社会管理现状来看，各国均未完全实现对社会管理的真正网络化，即便存在网络形式的社会管理，但最终发挥效力仍然依赖于现实的政治机器。如李斌所言："如果严格地用传统政治学理论去分析'网络政治'，网络政治并不是或者说暂时不是一个缜密的政治学概念。"[②] 可见，网络政治时代虽已开启，但还不是现实政治的主要形态。所以，当前网络政治文化的形成并不是来源于"网络政治"，而是产生于对现实政治在网络空间中"虚拟影像"的认识结果。

最后，网络政治的核心是什么？基于政治概念来认识网络政治，或能察其核心与本质。权力的存在及其运行方式是政治现象中最核心的问题，因此网络权力是研究网络政治的人绕不开的话题。网络政治权力结构是由网民的政治权力、网络共同体的政治权力和网络政府的政治权力所构成的有机统一体。[③] 政治的核心是权力，终极指向是利益；非常态社会政治生活的主题是权力斗争，常态社会则表现为对权力的行使；政府是政治权力的行使承担者，法律法规是政治掌权者利益的"制度化"体现，政党是现代政治生活的主要行为体。依据政治的基本问题来讨论网络政治，它的核心是网络

---

① [美]阿尔温·托夫勒：《预测与前提》，栗旺译，辽宁科学技术出版社1984年版，第319页。
② 李斌：《网络政治的政治学分析》，《社会主义研究》2003年第3期，第46页。
③ 李斌：《网络政治学导论》，中国社会科学出版社2006年版，第129—139页。

权力,包括入网资格、网址分配、网络权限、网络兼容、网络通用语言(话语权)及网络畅通与否等,而不涉及对现实政治的传播与关照。然而,网络政治的这些核心权力基本都掌握在政府的手中,网络虽然具有无与伦比的自由、开放与无中心控制,但基本上都处于政府的管控,却是不争的事实。虽然,在网络社会中存在网络警察、电子政府及网络法律法规,但这些网络政治的形式难掩其内容归于政府的本质。由此看,网络的管理者依然是现实的政府,网络政治是现实政治的"翻版"与"克隆",是现实政治的"数字化"和"模拟化",政府逐渐认识到网络是其不可失去、不可失控的权力资源。所以,网络政治有其独立的范畴指向,但目前还不是人类社会的主导管理形式,也无法摆脱现实政治的框约。因此,有学者片面地认为网络上的政治就是通常的政治。

无可否认,网络政治作为政治的一种新形式正在进入信息化的网络社会,成为人类生活新领域的管理模式。但其与现实政治交织在一起,并在很大程度上受制于后者,也是当前的事实。所以,网络政治一小部分是涉及网络自身的权力问题,更多的则是现实政治的网络化"再造"。由此现实决定了作为其认识的网络政治文化,也包括"网络政治"的文化与政治文化的"网络化"两部分,并且以后者为主。如李斌认为:"网络政治文化是指以计算机技术和通信技术为物质依托,存在于网络之中,以发送、接收信息为核心而衍生出来的人类对自身政治价值、政治生活方式、政治思维方式的反思,与现实社会和网络社会政治现象有关的精神现象的总和。"[①] 叶敏和唐亚林认为:"网络政治文化是指人类进入互联网时代,人们在网络政治活动过程中逐渐形成的对现实政治体系的态

---

① 李斌:《网络政治学导论》,中国社会科学出版社2006年版,第264页。

度、情感和评价的总和。"[①] 上述概念在强调了"网络"工具理性带来的影响之外,将网络政治文化的内容指向界定为现实政治,虽对网络政治有所关照,但还不是网络政治文化产生的主要来源。张筱荣和白毅也认为"网络政治文化是网民在网络政治生活中逐步形成的特定的政治态度、政治信仰和政治情感的总和"。[②] 该认识准确认识到网络政治文化是基于"网络政治生活"的产物,但对"网络政治生活"并未具体分析。

3. 网络政治文化是网络文化范畴内的政治性界定

世界文化是多元的,网络文化也不例外。[③] "网络文化不仅是文化本身的问题,它涉及到网络文化时代的网络政治、网络经济、网络社会的'多位一体'的综合发展",[④] 其中也必然包含网络政治文化的内容。基于网络文化的视角来审视网络政治文化,是当前对后者研究的一种路径。严格意义上讲,网络文化与网络政治文化无论是在内核指向,还是在外延范围边界方面,都存在明晰的界限,但二者作为人类主观层面经过思维加工产生的意识产品,又存在诸多的相似与重叠。因此,对网络政治文化的研究,绕不开的两个问题就是如何界定"网络文化",[⑤] 及网络文化与网络政治文化之间的联系与区别。

在官方文件、学术界和大众观念中,对网络文化的认识均存在较大差异。在官方文件中,更加全面地对网络文化做出了阐述,对

[①] 叶敏、唐亚林:《论我国网络政治文化的理性化建构》,《新视野》2009 年第 4 期,第 35 页。

[②] 张筱荣:《当代中国网络政治文化发展态势与构建策略》,《甘肃社会科学》2013 年第 2 期,第 199 页;白毅:《论先进网络政治文化的构建》,《中北大学学报》2013 年第 4 期,第 7 页。

[③] 王学俭、刘强:《新媒体与高校思想政治教育》,人民出版社 2012 年版,第 63 页。

[④] 徐翔:《网络文化软实力的内涵与构成要素》,《中国社会科学报》2012 年 6 月 27 日,第 8 版。

[⑤] 刘文富:《网络政治——网络社会与国家治理》,商务印书馆 2002 年版,第 213—216 页。

其科学知识性、经济生产力及意识形态功能进行了全面完整的界定。在学术界，不同学科对网络文化的理解也有较大差异。在马克思主义学科中，网络文化与意识形态密切相关；在政治学中，网络文化与网络政治文化基本同义；在经济学中，网络文化更多地指能够创造经济利润的网络文化产业；在文学艺术领域，网络文化更多地强调网络对现实文学艺术的传播与保护功能，凡此种种，不一而论。在日常生活中，网络文化多指网络消费文化、网络娱乐文化、网络经济文化及网络文学等。可见，网络文化概念之大，仅次于文化概念。

十六大以来，党中央提出了"大力发展中国特色网络文化"的重大战略构想。在中共中央政治局第三十八次集体学习时，胡锦涛强调，"加强网络文化建设和管理，充分发挥互联网在中国社会主义文化建设中的重要作用，有利于提高全民族的思想道德素质和科学文化素质，有利于扩大宣传思想工作的阵地，有利于扩大社会主义精神文明的辐射力和感染力，有利于增强我国的软实力。我们必须以积极的态度、创新的精神，大力发展和传播健康向上的网络文化，切实把互联网建设好、利用好、管理好……我国网络文化的快速发展，为传播信息、学习知识、宣传党的理论和方针政策发挥了积极作用，同时也给我国社会主义文化建设提出了新的课题。能否积极利用和有效管理互联网，能否真正使互联网成为传播社会主义先进文化的新途径、公共文化服务的新平台、人们健康精神文化生活的新空间，关系到社会主义文化事业和文化产业的健康发展，关系到国家文化信息安全和国家长治久安，关系到中国特色社会主义事业的全局"。[①] 与此同时，胡锦涛同志又强调："加强我国网络文化建设和管理，必须从中国特色社会主义事业总体布局和文化发展

---

① 《以创新的精神加强网络文化建设和管理　满足人民群众日益增长的精神文化需求》，《人民日报》2007年1月25日第1版。

战略出发，坚持以邓小平理论和'三个代表'重要思想为指导。""要加强网上思想舆论阵地建设，掌握网上舆论主导权，提高网上引导水平，讲求引导艺术，积极运用新技术，加大正面宣传力度，形成积极向上的主流舆论。"

十八届五中全会提出，在"十三五"时期我国将大力实施网络强国战略、国家大数据战略、"互联网+"行动计划，发展积极向上的网络文化。据此可知，网络文化是一个大概念，既包括科学文化知识，也包含思想道德建设的理论；既涉及文化事业建设又关乎文化产业发展。习近平在第二届世界互联网大会开幕式上的讲话中指出，"打造网上文化交流共享平台，促进交流互鉴……我们愿同各国一道，发挥互联网传播平台优势，让各国人民了解中华优秀文化，让中国人民了解各国优秀文化，共同推动网络文化繁荣发展，丰富人们精神世界，促进人类文明进步"。2016年4月19日，习近平在网络安全和信息化工作座谈会上指出，"我们要本着对社会负责、对人民负责的态度，依法加强网络空间治理，加强网络内容建设，做强网上正面宣传，培育积极健康、向上向善的网络文化，用社会主义核心价值观和人类优秀文明成果滋养人心、滋养社会，做到正能量充沛、主旋律高昂，为广大网民特别是青少年营造一个风清气正的网络空间"。

从党和国家对"网络文化"的表述来看，网络文化应该包含三个方面的内容，即经济娱乐型、科学知识型和思想道德型。

第一，经济娱乐型：经济娱乐型网络文化实质上是指网络文化产业，又可以分为两大类，一是直接性网络经济文化产业，如网络电影、音乐、动漫、电子图书及在线翻译等直接从事文化产业的网络文化类型，这类文化产业以经济为目的、以文化为经营内容、以满足网民娱乐消费为目标，对网民文化素质影响较大。二是间接性网络经济文化，指在网络生活中形成的对网络经济的（交易安全性、可靠性、诚信等）总体认识，该类型是对网络经济实践活动的意识化产品。

第二，科学知识型：科学知识型网络文化主要是指将人类自然科学和人文社会科学的知识上载到互联网当中，作为永恒的知识库，人们可以根据自己的需要，通过网络便捷地学习科学知识。如"百度百科、维基百科、CNKI"及各种专业性知识库、图书馆、网络课堂及网络教学视频资料等，为科学知识的传播创建了网络虚拟平台，普通社会公众可以根据自己的需要，通过关键词检索的方式获取自己需要的知识。因此，出现了"有问题请上网"之类的行为习惯。毋庸置疑，在知识大爆炸的时代，网络将在很大程度上改变人类学习科学知识的模式，这类"网络文化"将为未来社会的发展提供不竭的智力支持与保障。

第三，思想道德型：网络文化专指意识形态领域的思想道德，主要包括对社会公约、风俗习惯、伦理道德、法律法规等方面知识的传播，对世界观、人生观、价值观等的宣扬，旨在建构一套符合社会与政治需要的理论。可见，网络文化"为传播信息、学习知识、宣传党的理论和方针政策发挥了积极作用"。[①]

学术界对"网络文化"的认识，基于不同的学科背景有着千差万别的结论。就政治学学科对网络文化的研究而言，在诸多成果中虽使用了"网络文化"一词，但表达的确是"网络政治文化"之意，[②] 突出了网络文化的"政治"意义。如果就网络文化的范围而言，可以分为广义与狭义的网络文化，但就产生的根源来看，又可以分为"产生于网络的文化"和"网络传播的文化"两种。

[①] 《以创新的精神加强网络文化建设和管理　满足人民群众日益增长的精神文化需求》，《人民日报》2007年1月25日。

[②] 参见颜柯《论推进我国民主政治建设的网络文化路径》，《马克思主义与现实》2008年第6期；何频《论网络文化与社会主义民主政治的发展》，《马克思主义与现实》2009年第1期；宋元林《网络文化与发展社会主义民主政治》，《当代世界与社会主义》2009年第5期；等等。

网络文化和文化概念一样，有广义与狭义之分。广义的网络文化"指一切与现代信息技术有关的人类创造活动及其成果"，[1]"包含一切与互联网有关的物质、制度、精神创造活动及其产品"。[2] 更有学者套用广义文化的概念指出，"网络文化是人类以计算机技术和通信技术相融合为物质基础，以互联网为载体，以信息传递和交流为基本手段所进行的物质层面和精神层面的活动及其成果，是一种具有世界性特质的文化，主要包括人们在网络中所创造的物质文化、精神文化以及网络习俗、网络风尚等"。[3] 可以看出，广义的"网络文化"与"文化"概念基本结构相似，都指人类创造的物质与精神财富的总和，只不过网络文化是"一种以计算机和网络为物质基础，以发送和接收信息为核心的一种新文化形态"，[4] 属于文化的大范畴之内。

狭义的网络文化是指"人们基于网络环境，以收发信息为外在表现形式，在工作、学习、交流、娱乐等活动中形成的行为方式及思想观念的总和"[5]，"是指建立在互联网上的精神创造活动及其产品，包涵人的价值观念、思维方式、道德修养、审美情趣、心理状态和行为方式等方面"。[6] 对网络文化最狭小的理解认为，"网络文化仅指人们在网络世界中所开展的精神活动及其成果"[7]，仅指作为意识存在的对网络存在与实践的主观"内景"。

---

[1] 田贵平：《中国特色社会主义文化中网络文化研究》，博士学位论文，天津师范大学，2006年。
[2] 张欧：《网络文化的意蕴》，《思想教育研究》2011年第12期，第60页。
[3] 赵惜群、翟中杰：《双刃之利剑：网络文化价值初探》，《首都师范大学学报》2011年第2期，第126页。
[4] 张欧：《网络文化的意蕴》，《思想教育研究》2011年第12期，第60页。
[5] 田贵平：《中国特色社会主义文化中网络文化研究》，博士学位论文，天津师范大学，2006年。
[6] 张欧：《网络文化的意蕴》，《思想教育研究》2011年第12期，第60页。
[7] 赵惜群、翟中杰：《双刃之利剑：网络文化价值初探》，《首都师范大学学报》2011年第2期，第126页。

相比而言，广义的网络文化概念几乎囊括了网络物质文化、制度文化、行为方式及作为观念思想形态的精神产品，而狭义的概念仅指基于网络产生的"精神产品"。对网络文化这种范围的划分，与对"政治文化"三重范围的界定极为相似。那么，依此模式，网络政治文化也可以为两种，一种是包括作为网络物质实体存在的虚拟电子政府，网络政府管理各项法律与规章制度，网民政治参与的方式及思维习惯，以及基于网络政治生活所形成的总体性认识等在内的，最广泛的概念。而另一种狭义上的网络政治文化概念可以理解为，仅仅通过网络而产生的对政治总体认知的心理积淀。

从网络文化产生的根源来看，网络文化区分为两种，一种是"指在因特网传播中生成的文化，在因特网的媒介技术传输和人际双向交流中形成的符号表意系统及其成果。另一种是指通过因特网传播的文化，是在因特网上传输的文化"。[①]

第一种网络文化是指在网络经济活动、娱乐活动、政治活动、消费活动、交往活动及搜索活动等过程中，产生对网络空间、网络社会的认知，以及在内心形成的稳定的"印象"。这种网络文化的"原型"在网络中，而结果却寄存在网民的大脑之中。第二种网络文化是将现实世界中已经存在的"文化"通过网络语言转化成网络的存在，并加以寄存、传播与发展。这类网络文化在现实生活中就已经成形，只是借助网络工具加以传播而已。

相比之下，"网络产生的文化"并非目前网络文化的主体部分，网络文化的主要构成是"网络传播的文化"。从这一视角分析，网络政治文化也可以分为两种，一种是"网络政治"产生的文化，另一种是网络传播的"政治文化"。但在现实中，无论是网络文化还是网络政治文化，都是多种成分交织的复合体，难以准确地划分

[①] 王文宏：《网络文化多棱镜——奇异的赛博空间》，北京邮电大学出版社2009年版，第1页。

"网络产生"与"网络传播"之间的界限,而且在网络传播的文化的过程中,也可能孕育"网络的文化"。可见,"文化本身具有双重性,它是普遍性与特殊性的有机统一"。[①] 所以,对网络文化、网络政治文化的认识,应该坚持马克思主义历史唯物主义的世界观,变化发展辩证地加以审视。

基于功能理论,网络文化与网络政治文化之间却存在另一种关系,即以主导型网络政治文化规范、引领网络文化的建设与发展。对此,有学者指出这是"网络文化的政治功用",并认为"网络文化的有序发展可以丰富发展我们的政治文化"。[②] 网络文化在内容构成上,存在着"庸俗、恶俗、低俗"等不良文化,在性质上寄生着诋毁主流文化、挑战伦理道德与社会公约等反文化,甚至存在挑战政府权威、主流意识形态的敌对文化。这些与社会文明相左的文化借助网络的优势,在网络中通过各种形式与渠道进行传播,极大地腐蚀着网民的思想,侵蚀着网络文化的健康发展,影响着网络社会的良性建设,并会蔓延到现实社会中,影响社会与政治的稳定。因此,网络文化的发展也需要政府的积极介入,通过打造先进的网络文化来引领各种网络思潮的发展,用先进的政治文化来指引网络文化发展的方向,以保证网络文化的政治属性。

网络的政治功能正逐渐成为政府和社会公众关注的焦点,也因此孕育出与之相对应的网络政治文化,并成为网络文化的重要组成部分。[③] 同时,在网络社会中刊载的官场小说、战争影视等网络文化作品中,包含着丰富的政治文化成分,为网络政治文化的形成提供了肥沃的土壤。然而,网络政治文化却以其严谨、规范等特征区

[①] 丁志刚、赵春生:《文化发展的两难困境及我国应对策略》,《延边大学学报》2007年第6期,第40页。

[②] 吴克明、梁增华:《论网络文化的政治功用》,《湖南科技大学学报》2010年第6期,第65页。

[③] 王艳秋:《传播学视域下网络政治文化研究》,《人民论坛》2013年第29期,第42页。

别于网络文化，但同时也是后者不可或缺的组成部分。在政治学、马克思主义、思想政治教育及社会学等学科中，所论及的政治文化、网络文化、意识形态、国家文化、国家软实力及社会主义先进文化等内容中，也出现了将"网络文化"与"网络政治文化"等而视之的认定。何频阐述了网络文化的政治民主功能，[①] 姜继红与曹毓民分别论证了网络文化对高校思想政治教育的影响。[②] 另外，网络文化也暗含意识形态的内容属性，例如，胡锦涛指出，网络文化"有利于提高全民族的思想道德素质和科学文化素质，有利于扩大宣传思想工作的阵地……关系到国家文化信息安全和国家长治久安，关系到中国特色社会主义事业的全局"。[③]

通过上述分析可以得出两个基本判断。第一，网络政治文化是网络文化的一部分，其自身的发展必然会受到网络文化整体态势的影响，无论是作为网络经济文化的影视、音乐及电子图书，还是作为网络娱乐的"恶搞"文化，甚至是宣扬主流政治价值的理论成果与普通的涉及政治、政府的新闻报道，都会潜移默化地、以"润物细无声"的方式，影响网民的政治文化。所以，网络政治文化的发展受到整个网络文化生态环境的影响。第二，网络政治文化作为网络文化的一部分，反过来又会影响网络文化的整体及各种网络"亚"文化的发展。因此，在网络文化建设过程中，应该把网络政治文化的建设放在首位，以构建积极理性的网络政治文化来引领整个网络文化的健康发展。

网络文化是一个庞大的"体系"，其中包含网络经济文化、网

---

① 何频：《论网络文化与社会主义民主政治的发展》，《马克思主义与现实》2009年第1期。
② 姜继红：《网络文化与高校思想政治工作》，《高等教育研究》2002年第1期；曹毓民：《网络文化背景下高校思想政治教育研究》，《思想政治教育研究》2010年第8期。
③ 《以创新的精神加强网络文化建设和管理 满足人民群众日益增长的精神文化需要》，中国共产党新闻网，2007—01—24，http：//cpc.people.com.cn/GB/64093/64094/5324268.html。

络娱乐文化、网络交往文化、网络社会文化及网络政治文化等"子"系统,并且每个子系统的角色与功能均不相同。网络经济文化是经济增长的新领域,网络政治文化是网络治理的软保障,网络娱乐文化是网民压力释放的调节剂,网络社会文化是网络和谐社会建设的黏合剂,作为总体的网络文化又是国家软实力的重要构成。所以,网络文化与网络政治文化虽存在密切的相关性,却不能将二者混淆使用,对学术研究来讲,更应该突出概念使用的学科边界与准确性。

4. 网络政治文化是"网络政治场域"塑造的主观意识

任何技术都逐渐创造出一种全新的人的环境。[①] 网络政治文化是"网络政治场域"塑造的主观意识,是指政治型网民在由网络政治信息[②]营造的网络政治场域中,通过认识、评价政治信息所产生的政治态度,在经过长期的积淀后形成的政治心理惯性倾向。此种网络政治文化产生于网络政治社会,主体却是完全融入网络政治场域的政治型网民,客体是网络政治信息而不是本真的政治存在,场域是网络政治环境。[③] 在此场域中,虚拟化了的网民借助网络自由、便捷、迅速等优势,自主地选择感兴趣的政治信息,经过长期的信息消费,形成稳定的内在心理。此意是指政治型网民通过对网络政治信息的不断认识、评价,进而对政治态度的长期积淀而形成的稳定的政治情感趋向。在由网络政治信息构筑的虚拟场域中,网民借助网络优势自主地选择感兴趣的政治信息,经过长期的信息消费,形成稳定的政治心理。李斌作为国内较早从事该研究的学者,他对此认为:"网络政治文化是指以计算机技术和通信技术为物质依托,

---

① [加]马歇尔·麦克卢汉:《理解媒介——论人的延伸》,何道宽译,商务印书馆2000年版,第25页。
② 肖峰:《信息政治与政治信息主义》,《中国青年政治学院学报》2010年第1期,第62页。
③ 王树亮、钟婧:《网络政治文化内涵探析》,《理论与改革》2013年第5期,第35页。

存在于网络之中,以发送、接受信息为核心而衍生出来的人类对自身政治价值、政治生活方式、政治思维方式的反思,与现实社会和网络社会政治现象有关的精神现象的总和。"①

笔者也认为:"网络政治文化应该是指在网络政治环境下,网民(关注政治的网民)基于自身的价值偏好,在长期的网络'政治环境'感染下(或少量的网络政治参与),对特定类型的政治信息所承载的政治现实所进行的认知与评价,继而通过不断积累而内化于主观意识层面,所形成的较为普遍的政治态度与政治情感等精神产品的总和。"②

以上基于"源生性"的视角,将对网络政治文化内涵的诸多认识归为四大类,但其真正含义依然是一个备受争议的概念。首先,网络政治文化应该是实践的产物,而不是其他文化的延伸,或者存在形式的变迁。故,现实政治文化的网络化"翻版",并非网络政治文化之意。其次,网络文化虽包含着丰富的网络政治文化的素材,但其宽泛的外延,致使其缺乏政治文化独有的理论规范与范式,所以不能将之视为网络政治文化的含义。再次,网络政治作为网民虚拟政治参与实践,孕育的网络政治文化或为其本意,但毕竟网络政治还不是政治生活的主要形式,由此产生的网络政治文化比重较小。最后,相比网络政治参与实践的低频率、零散性而言,网络政治场域塑造网络政治文化的网民认知实践,就彰显出高频率、持续性和选择性等特征,致使在内容构成上此意成为当前网络政治文化的主体部分。

综上所述,目前论及的网络政治文化应该是"网络政治场域"与"网络政治"塑造的意识产品,二者都是政治型网民虚拟政治实

---

① 李斌:《论网络政治文化的内涵、特征及功能》,《淮阴师范学院学报》2006年第2期,第207页。

② 王树亮:《网络政治文化论纲》,《理论与改革》2012年第5期,第27页。

践的结果，只不过实践的对象不同而已。前者认知的对象是网络政治信息，而后者则是虚拟政治实践本身。①

二 网络政治文化的要素分析

网络政治文化是政治型网民通过对网络政治信息的消费，逐步内化形成的政治心理。由此概念可知，网络政治文化的主体——政治型网民，客体——网络政治信息，场域——网络政治环境。

1. 网络政治文化的主体是政治型网民

目前，关于网络政治文化的定义并不多见，而且分歧较大，但基本上大都认为"网络政治文化是政治文化的'亚形态'"，②属于政治文化的大范畴。但是，"网络时代的文化范型，具有不同于前网络时代的诸多构成形态与影响效力"，③因此，国内外学者对这一专业术语的界定比较谨慎。

网络政治文化（Cyber Political-Culture）既不是"网络"与"政治文化"的简单叠加，也不是"网络政治"与"文化"的机械复合体，更不是"网络文化"的政治化，而是有其特定的内涵。④为此，采用解构的方法对这一概念加以系统的研究，从网络政治文化的主体：承担者—政治型网民，客体：认知的政治对象—政治信息，形态：虚拟产品—稳定普遍的政治态度等方面进行界定。

网络政治文化的主体——政治型网民。网络政治文化作为一种存在主观层面的政治感知，必须借助"社会人""政治人"这一生物实体才能存在。豪本（Michael Hauben）最早提出网民的概念，

---

① 王树亮：《网络政治文化内涵探析》，《理论与改革》2013 年第 5 期，第 35 页。
② 叶敏、唐亚林：《论我国网络政治文化的理性化建构》，《新视野》2009 年第 4 期，第 35 页。
③ 徐翔：《网络文化软实力的内涵与构成要素》，《中国社会科学报》2012 年 6 月 27 日第 8 版。
④ 王树亮：《网络政治文化论纲》，《理论与改革》2012 年第 5 期，第 27 页。

"网民"是指非以地理区域为依据所形成的,具有社区意识的、相互发生行为联系并愿意为网络建设付出时间和精力的一群网络使用者。① CNNIC 发布的历次《中国互联网络发展状况统计报告》中指出:网民是"过去半年内使用过互联网的 6 周岁及以上中国居民",并进一步将网民群体细化为手机、电脑、农村、城镇、青少年等类型的网民。显然,鉴于政治文化的定义,上述"网民"界定范围内的网络个体并非全部是网络政治文化的主体,只有那些关注政治生活的政治型网民才是其承载者,其余则称为潜在的政治型网民。因为,"生活在特定社会中的个体不能不与特定的政治体系发生联系,将来都会扮演相应的政治角色"。②

网民既有个体的单数意义,也有类的群体性指向。从类的划分来看,网民依据不同的标准可以划分为不同的子群体。就网络活动内容而言,可以分为经济型网民、文化型网民、娱乐休闲型网民、消费型网民、社交型网民、政治型网民及学习型网民等;基于年龄可以分为老、中、青等类型;以接入地域为标准可以分为农村、城镇两类;以接入网络所使用的终端设备来看,可以分为电脑型、手机型网民;依据上网时间长短又可以分为老网民、新网民以及即将成为网民的潜在人群。

文化是长期积淀的产物,网络政治文化同样是那些关注政治生活的网民,在长期对现实与虚拟政治的认知、判断及参与过程中,内化而形成的总体性认识。据此,网络政治文化的主体应该具备以下条件。

第一,拥有独立思维与辨别是非的能力。

网络政治文化的形成包括"认识—评价—态度—情感"等几个

---

① 详可参考 Michael Hauben, Ronda Hauben, *Thomas Truscott. Netizens*: *On the History and Impact of Usenet and the Internet* (*Perspectives*), Hardcover: Wiley-IEEE Computer Society Press, 1997。
② 王学俭、刘强:《新媒体与高校思想政治教育》,人民出版社 2012 年版,第 265 页。

渐进的阶段，这就要求作为主体的网民，必须具备独立的思维能力，能够"认知"出现在网络社会中的政治现象、政治信息和政治素材。同时，还要具备辨别是非、区分好坏的能力，由此才能形成对政治现象的评价，进而经过长期的态度积累，达到稳定的情感取向。因此，网络政治文化的主体，政治型网民必须具备独立的政治思维和辨别是非、判断优劣、区分好坏的政治能力，否则就不具备网络政治"文化"所需要的生物机能，那样，就只能产生网络政治心理、网络政治意识等浅显的政治主观产品。

第二，上网频率较高且在线时间较长。

网络政治文化的形成要求政治型网民要有充裕的时间，能够长期、有规律地、连续地保持网络生活，并能够持续地保持一定的网络生活规律性。通过长期的频率较高的网络政治生活，才能做到不断地接受网络信息的刺激，比较全面地了解政治信息，更加真实地把握信息的准确性，为网络政治文化的形成，提供可靠的主观保障。事实上，现代的网民群体都能够做到上网频率较高、持续时间较长等要求，但是网络信息的"海量""快餐式"的网络阅读，以及"标题党"等因素，致使网民获知的网络政治信息很多时候都是残缺的、失真的，导致"人云亦云""以讹传讹"的问题的产生，不仅影响了网民群体的政治心理，更污染了网络社会环境。这就要求网民改善网络信息的阅读习惯，提升对网络政治信息的判断能力和分析能力，提高网络政治生活的质量。

第三，时常关注政治类信息。

网络政治文化的形成，除了对个体素质和时间要求之外，另一个重要的要求就是网民的网络生活内容——关注政治现象、政治信息，或者涉政信息。网络生活如同现实生活一样丰富多彩，网络娱乐、消费、交际、工作及学习等，都不是网络政治文化形成的直接素材，只有那些与政治、政府、政党、行政及司法等有关的信息，才是网民形成对政治认知的主要外在刺激。但是，政治与社会生活的各个方面是密切相关的，看似与政治毫无关系的信息，都有可能会间接地与之相连。如"中国学生爬 800 米绝壁只为去上学"[1]，"浙江绍兴市区河道遭污染 红色浮游物聚集"[2]，"最后的'赤脚医生'"[3] 等网络新闻，分别属于教育、环境和医疗等领域，但是在评论中却出现了大量与政府相关的信息，涉及政府职能部门失职、政府社会保障工作不到位等。因此，政治型网民是以关注网络社会中存在的直接或间接政治信息为主要对象，通过信息所内含的政治价值，而进一步做出基于网民自身的判断。

第四，持有基本的价值判断及标准。

网络政治文化作为一种个体内心对政治认知的稳定形态，是经过长期的政治态度、政治观点积累形成的。政治态度来自个体依据不同标准对政治现象、政治信息所做出的基本价值判断，而判断标准又是个体在社会化的过程中逐步习得的，并成为对政治现象做出评价的习惯性的依据。但是，为什么不同的个体，却能够形成较为相似的政治价值标准呢？那是因为，在个体政治社会化的过程中，有一套基本的政治价值尺度已经产生，并通过教育等手段强加于社会个体。或者，政治价值作为社会价值的分支，具有人类共同希望的标准。只有拥有政治标准的群体，才能开展对政治的判断和评价，才能进而产生政治态度。所以，网民应该持有一套基本的政治标准（网络社会中更多是面对政治信息，这

---

[1] 2016 年 5 月 31 日，CNN 报道，一些孩子想方设法不去上学，却还有这么一群孩子，他们冒着生命危险也要去上学。In the mountains of southwest China's Sichuan province, children descend an 800-meter (half-mile) cliff on unsteady vine ladders to reach school. The two-hour trip is so demanding, they only return home twice a month. 搜狐教育，中国学生爬 800 米绝壁只为去上学。http://learning.sohu.com/20160531/n452170163.shtml。

[2] 新华网，2014—11—07，http://news.xinhuanet.com/photo/2014—11/07/c_127187573_2.htm。

[3] 天涯论坛，2005—04—12，http://bbs.tianya.cn/post-free-271567-1.shtml。

是萌生政治情感的基础）。

第五，付诸必要的网络政治行为。

任何文化都是隐性的，只有借助物质（无论这种物质是文字符号，还是器物等）才能得以"外化"，才能被直观、被把握。网络政治文化作为网民内心的存在，难以被直接观测，因此，只有通过网民的网络留言、表情、跟帖、顶帖及转帖等网络行为，才能间接了解他们内心的政治态度。网民并不会对所有政治信息，都做出可观测的网络行为，但至少有部分网民会对部分网络政治新闻进行不同形式的评价。我们将那些"只看不说"的网民，称为网络政治文化的"隐性"主体，将那些付诸网络行为的网民，称为"显性"主体，正是这部分"显性"政治型网民的存在及其网络行为，才使得对网络政治文化的研究，具备了直观的研究资料。

第六，群体数量应具备一定的规模。

文化不是个体的意见和态度，更不是个体的偏好和习惯，而是"多数人"在意见、态度、偏好、习惯、情感等方面的一致性倾向。网络政治文化作为政治型网民持有的政治认知取向，应该是大多数网民相同、相近政治意见的横向聚合。单个网民的政治态度，只能被称为政治意见，甚至是异见；少数网民的共同政治观点，应定性为网络"亚"政治文化。所以，网络政治文化的主体，应该是"复数"意义上的网民，也应该是多数网民政治价值的共同部分。

另外，在网络虚拟环境中，由于网络政治文化主体身份的虚拟特征，隐藏了阶层身份、社会身份、经济收入、年龄、地域、民族、宗教及国籍等信息，使网络空间成为政治意见自由表达的平台。但是，这也为开展个体研究、群体研究、原因分析等造成了一定的困难。

可见，网络政治文化的主体不是泛泛的网民群体，并非所有网民都是承载网络政治文化的主体，只有那些政治型网民才是主体；

而那些从不浏览、关注政治信息的网民，那些纯粹专注于娱乐、消费及工作等网络生活的网民，则不能被定义为此文化的主体，或许仅仅是潜在的主体。所以，网络政治文化的主体，仅仅是那些时常关注政治生活，并且持有普遍的政治标准、具有独立分析能力的政治型网民群体。

2. 网络政治文化的客体是网络政治信息

在现实社会当中，法律、制度、规定、军队、警察和监狱等是政治权力运行的保障，而在网络社会中，信息技术是网络政治权力的构成要素之一，而信息就成为网民认知政治的"中介"。就主体性而言，人不但生活在现实的物理世界之中，同时也生活在由表意符号构筑的虚拟网络世界当中。所以，亚里士多德"认识逻各斯的动物"这一经典定义，可以作如下新解：人是符号和文化的动物。[①] 网络政治文化的客体恰恰是各种（文字、图片、表情等）表意符号传播的涉政信息。

网络政治文化的客体——网络政治信息。马克思讲"实践是认识的来源"，这一揭示"认识"最初产生由来的哲学命题，颠覆了唯心主义的世界观（不论是主观唯心主义对世界的"杜撰"，还是客观唯心主义对世界的"不可认知"，都否定了物质存在第一性的科学真理），奠定了唯物主义"物质决定意识"的理论，解决了哲学的第一问题。人类几千年的实践，使建立在实践基础之上的知识逐渐丰富，而且传承方式也在不断地进步，认识的间接性逐步凸显，即知识不再都需要经过实践而产生，那些已经被实践证明的知识可以通过学习来获得，而那些尚未被人类发现的知识，仍需要实践的探索。在网络时代，网民的认知对象大都是被加工过的反映现实实践与存在的"信息"，而非物质实践本身。同样，网络政治文

[①] ［加］马歇尔·麦克卢汉：《理解媒介——论人的延伸》，何道宽译，商务印书馆2000年版，第1页。

化的客体，亦称网络政治文化形成的对象，也是网络政治信息，兼有少量的网络政治实践。

网络技术变革的核心是信息和通信技术的革新，①"政治与信息具有不可分割的关系，随着信息时代的到来及社会的经济、政治和文化的存在以及运作形式的全面信息转型……信息在政治中的地位和作用空前重要的表现"。② 在网络社会中，存在大量不同性质的政治信息，大体可以分成两大类。

第一类：知识型政治信息。如果知识没有与信息重新结合构成某种意图的话，信息本身没有任何意义。③ 知识型政治信息主要包括政治思想、政治理论、政治主张、政治理念和政治价值等一般性政治知识，也包括有关具体国家的政治体制、政治现状、政治结构、政治过程、政策及国家领导人等常识性信息，以及国家之间政治关系的历史与现状，等等。这类信息往往存储在专门的网络空间内，如维基百科、百度百科、搜狗百科及各种学术专业性网站和政府门户网站等，此类信息呈现出供给剩余的态势。④

第二类：新闻型政治信息。这类信息主要指每天网络传媒发布的有关政治的新闻，如政府行政、政治会议、政治事件、官员个人行为、法制建设与外交事务等。这类信息会通过各大商业、政府及娱乐网站、手机 QQ 信息平台、E-mail 邮箱主页面、微博、博客、论坛及手机短信等方式，呈现给网民，使得网民很容易地就能浏览此类信息，网民对这一类信息往往会表现出"信息饥渴"的需求。

相比之下，知识性的政治信息与公民、网民的生活息息相关，

---

① ［美］曼纽尔·卡斯特：《网络社会——跨文化的视角》，周凯译，社会科学文献出版社2009年版，第6页。

② 肖峰：《信息政治与政治信息主义》，《中国青年政治学院学报》2010年第1期，第62页。

③ ［美］曼纽尔·卡斯特：《网络社会——跨文化的视角》，周凯译，社会科学文献出版社2009年版，第7页。

④ 参见谢岳《大众传媒与民主政治》，上海交通大学出版社2005年版，第165—169页。

是公民政治参与必须获得的知识和技能，是最为稳定的、能够使"自然人""经济人"变成"政治人"的信息。而涉政类的网络新闻、国际政治等，大都是时政类的"信息快餐"，这类信息往往生存周期较短。但是，对于网民来讲，知识类政治信息显得是那么的抽象、枯燥、乏味和呆板，导致此类信息无人问津、置若罔闻，而涉政类的时政信息则往往能抓住网民的眼球，成为茶余饭后畅谈的"素材"。笔者在一项随机的课堂实验中，设计了"政治参与渠道和方式的大总结"和"希拉里·克林顿'邮件门'"两个题目，实验对象是98名思想政治教育专业的大三学生，问题是"如果在手机或者电脑新闻媒体上，看到上述两条信息，你会选择哪条信息深入阅读？"结果是92%的学生选择第二条信息，而第一条信息的选择比例仅仅只有8%（实验前要求所有学生必须做出选择）。这就令人费解，很少关注一般政治知识的人，拥有很少政治知识的网民，为什么会在对网络时政新闻的评论中"答案显身手呢？""网民的评论又是基于什么标准呢？"诚然，信息不是关键，关键的是信息内含的政治内容、政治价值导向和政治态度的宣泄，在一个缺乏政治知识的前提下，普通网民的信息选择，将会极大地引导他们的政治心理。

当然，网络政治文化当中有一部分是基于对"网络政治"实践认知的文化，这就决定了"网络政治"也是其客体之一。相比人云亦云的网络信息，网络实践或许是网民真真切切感受网络政治的过程，这类网络政治实践主要包括网民通过政府电子政务平台办事的切身感受，网民通过"市长信箱"表达政策关切的反馈情况，网民在线咨询相关事宜的沟通情况，以及政府网站对社会关切信息的发布情况，对网络的管理与建设，等等。如连接宽带的费用高低，网速的快慢，对网站的监管（断网），对垃圾信息的治理，对上网年龄的限制，以及企事业单位准入制度，等等，都是网民对政府网络治理看法的来源，都是网络政治实践的类型。

网络政治文化形成的客体包含政治信息与网络政治实践两大部分，但网络政治与知识型政治信息，并不是网民主要的认知对象，一般的网络政治信息（包括时政新闻、政治意见及政治舆论等）才是网络政治文化形成的最大刺激源。网络知识型政治信息与政治科学、政治哲学一样，都是理论形态的知识，除了具有该专业背景或者从事理论研究工作的网民之外，很少被人问津。"网络政治"还未承担起管理社会的重任，在对现实与虚拟社会的管理方面，现实政府拥有绝对的权力，这就决定了基于"权力政治"产生的文化形态也不可能占据网络政治文化的主流。但是，相比知识型政治信息和"网络政治"文化而言，一般网络政治信息则具有三个方面的优势，其一，被网络媒体关注、传播的力度较大，使网民很容易接触到；其二，网络媒体发布的政治新闻更能吸引网民的兴趣；其三，网络所提供的超文本链接功能，使得相近政治信息可以被网民"一网打尽"，也可以便捷地使网民持续性地关注同一新闻的进展。所以，网络政治文化的主要客体来源于一般的网络政治信息。

虽然，网络政治文化的主体在网络社会中表现为虚拟的符号，但其指向却是现实社会中的人，只有社会化的人才是文化的承担者、创造者与传播者。然而，相比之下，网络政治文化的客体与前网络时代政治文化的客体可就发生了"质"的变化。前网络时代的政治文化是社会公众在政治参与社会过程中习得政治知识和与政府交往过程中，形成了对政治的总体感知，每个个体除了接受相同的政治社会化知识之外，在政治参与和政府交往过程中的经历都千差万别，致使政治文化的个体差异性明显，趋同化速度极为缓慢，但一旦形成就会长期影响政治体系。但是，每一个社会个体的政治心理感知，是那么真实可靠，最起码是对亲身政治实践的认识。网络政治信息作为网络政治文化形成的主要对象，网民在选择涉政信息的惊人一致，加上网络政治信息中蕴含极具引导力的"舆论领袖"的政治态度，网民很容易在短时间内形成较为一致的政治态度。所以，网络政治文化虽然在一定程度上是政治文化借助网络工具的新形态，但是发生了巨大的变化，值得深入研究。

3. 网络政治文化形成的环境是网络政治场域

前文已指出本文采用的"网络"（Network）指狭义上的互联网（Internet），在此，基于网络政治文化主体、客体之间沟通的视角，对其进行进一步分析。

将互联网定义为"由多个计算机网络相互连接而成，而不论采用何种协议与技术的网络……是指将两台计算机或者是两台以上的计算机终端、客户端、服务端通过计算机信息技术的手段互相联系起来的结果"，[①] 已经难以准确描述"互联网"发展的最新情况。尤其，在社会科学领域涉及的"互联网"概念，需要弱化它的纯技术、纯工具特征，强调它在人文属性方面的作用。网络是适用于一级学科的概念，在二级学科层面上还存在诸多的"子"概念，如网络空间、网络社会、网络设备、网络传播、移动网络、网络舆论及网络政治等，这就为细化分析"网络"提供了方便。

网络政治文化的主体借助网络各种终端进入网络空间，在网络空间中建构虚拟的网络社会，并受到网络社会各种存在的影响。网络作为网络政治文化主体活动的空间、客体寄存的平台，不仅发挥着渠道的沟通作用，而且还会直接影响网民对"网络"的认知。所以，网络的硬件建设、虚拟空间的建设，将会影响网民的网络政治文化。

第一，网络的硬件建设。

网络硬件建设主要包括介入网络的终端设备、网络连接方式、

---

① 百度百科，http://baike.baidu.com/view/6825.htm。

网络速度及网络稳定性等。①终端设备：网络起初是通过通信协议将计算机连接成可以互相联系而形成的，进入网络的设备主要是计算机和有形的通信线路。随着通信技术、电子技术和网络的商业化、大众化发展，进入网络的终端设备也日趋多样化，除了传统的计算机，个人电脑（台式计算机、笔记本电脑、平板电脑等）、智能手机及网络电视等电子设备，也逐渐成为连接网络的终端，而且，随着通信技术的不断发展，个人电脑和智能手机的功能更加强大，携带更加方便，网民可以摆脱笨重电脑和网线的限制，通过更多的选择进入网络空间。②连接方式：网络连接需要两个条件，网线和网络协议。目前，网络连接已经实现了由"有线"到"无线"的进步，无线、移动等上网方式已大为普及，一定程度上摆脱网线的限制，"随时随地上网"的口号已变成现实。网络协议由最初的TCP/IP协议发展到目前的三种，即TCP/IP协议、NetBEUI协议和IPX/SPX协议，当然，TCP/IP协议是最主要的协议。此外网络速度的不断提升，网络稳定性的不断增强及网络覆盖面的拓展等，都为网民进入网络提供了极大的便利。

第二，"网络"空间建设。

网络空间亦称"赛博空间"（Cyberspace），在计算机学科中是指构成网络空间四个条件之一的"虚拟主机"。网络空间建设主要包括网络空间大小、网络虚拟社交平台、网络社会环境等。①网络空间大小：它的大小取决于虚拟主机的物理空间性能，物理空间的大小对网络存储量的多少、网速的快慢都有一定的影响。网络社会是意义化了的虚拟人类社会，它的管理、维护及效果会直接影响网民的网络心态，各国政府对网络的治理，都在不断加强。②网络虚拟社交平台：网络提供的社交平台正在不断地增加，如QQ、BBS、MSN、社区、微博、博客及各种论坛等，不仅是可以互动的社交平台，而且还是发布信息的"窗口"。③网络社会环境：亦称"影子社会"。① 网络空间是一个物理意义的虚拟空间,而网络社会是现实社会的符号化,是信息时代社会个体不可或缺的生活场域。网络社会的安全系数、文明程度及管理水平等,都决定着网民对网络政治的认识。

第三,网络优势。

主要包括速度快、传播广、联系紧等。网络政治文化的主体进入网络的心理动机很大程度上是因为网络提供了满足其好奇心的政治信息或新闻,而且会不断地及时更新。网络打破了时间、空间的限制,无论政治新闻发生在何时何地,现实空间距离是一墙之隔还是大洋彼岸,只要编辑成网络存在的政治信息,对于每一个网民来讲,都是一屏之隔、一点便知的简单事宜。而这一切,都归功于网络传播的快速、自由。所以,网络拉近了网络政治文化的主客体之间的距离,满足了主体对客体的消费需求。

网络的意义不仅在于作为网络政治文化主体接触客体的渠道,而且更重要的是,网络提供了一个主客体交互作用的场域。② 针对网络费用、网络速度及网络连接等,网民会产生基于"网络"这一物质存在的文化,而网民的政治文化客体却存在于网络空间中的虚拟社会。在网民接触网络政治文化的客体之前,就形成了对"网络"的文化,这势必会影响网民的政治文化。因此,网络作为沟通网络政治文化主客体的工具,不再是单纯的技术存在,而是引发、影响网民政治态度的关键因素,更是政治文化网络化发展的路径与场域。

基于上述分析,网络政治文化应该是指在网络政治环境下,网民(关注政治的网民)基于自身的价值偏好,在长期的网络"政

---

① [美]迈克尔·海姆:《从界面到网络空间》,金吾伦译,上海科技教育出版社2000年版,第75页。

② 马俊、殷秦等:《中国的互联网治理(2011)》,中国发展出版社2011年版,第111页。

治环境"（主要是由网络政治新闻、网络政治意见、网络政治舆论等信息构成的政治场域）感染下（或少量的网络政治参与），对特定类型的政治信息所承载的政治现实所进行的认知与评价，继而通过不断积累而内化于主观意识层面，所形成的较为普遍的政治态度与政治情感等精神产品的总和。简言之，网络政治文化就是政治型网民通过认知网络政治信息在内心积淀而成的对政治的总体感知结果。

第 三 章

网络政治文化特征与类型

  国内学者对政治文化的特征和类型做了深入的研究，在特征方面主要涉及稳定性、结构性、模式性、弥散性、模糊性①、价值性等。政治文化的类型因分类视角的不同，而出现了诸多划分，如体系文化、过程文化和政策文化，② 地域村落型文化、臣民型文化和参与型文化，③ 精英政治文化和大众政治文化，④ 主导政治文化和主流政治文化，民族政治文化和外来政治文化，传统政治文化和现代政治文化，整合政治文化与极化政治文化，⑤ 主体政治文化和政治"亚"文化，等等，其中在政治"亚"文化中，又基于民族、年龄、性别、阶层、职业、户口、宗教信仰、地域差异及学历层次等视角，划分出众多的政治"亚"类型。网络政治文化虽是政治文化体系中的一个分支，但具有独有的特征与类型。

---

① 宋仕平：《政治文化：概念、特征与功能》，《民族论坛》2005 年第 4 期，第 26 页。
② 王乐理：《政治文化导论》，中国人民大学出版社 2000 年版，第 137—142 页。
③ ［美］加布里埃尔·A. 阿尔蒙德、西德尼·维巴：《公民文化》，徐湘林等译，东方出版社 2008 年版，第 16—19 页。
④ 同上书，第 5 页。
⑤ 王志华、郝宇青：《政治学概论》，中国人民大学出版社 2013 年版，第 237 页。

第一节 网络政治文化的特征

"特征"首先是"特",说明独特、别具一格,是一个存在区别于另一个存在的特殊性。其次是"征",意指表征、表象、现象等。故"特征"之意为一个事物特有的外在形态。

目前,国内学者对网络政治文化的特征分析主要集中在高科技、高时效、开放性、交互性、虚拟性、[①] 多元性、发展性、层次性及整合性[②]等方面。这些认识基本上还处在对网络特征的沿用上,未能深入网络政治文化的内容层面对其进行分析。因此,对网络政治文化特征的分析,应该划清"网络"与"网络政治文化"的相对界限,将技术性的特征还给网络,如高科技、高时效、开放性、交互性、虚拟性等,[③] 将网络政治文化的特征挖掘出来。另外,更应该着眼于决定其特征的深层次因素考量,而不是笼统地将一般文化都具备的多元性、发展性及层次性等特征,迁移到对网络政治文化特征的界定方面,更不能将"整合性"这样的功能纳入到特征领域。

网络政治文化作为政治文化体系新生的"一元",既具有后者的一般特征,又彰显出独有的特点。目前,我国学者虽然对网络政治文化特征的见解比较多,但具有较高的相似性。李斌最早概括性地指出网络政治文化的九大特征,即多元性、层次性、发展性、整

[①] 参见刘文富《网络政治——网络社会与国家治理》,商务印书馆2002年版,第213页。

[②] 参见李斌《网络政治学导论》,中国社会科学出版社2006年版,第267—268页;李修芳《浅析网络政治文化》,《中共太原市委党校学报》2006年第5期。

[③] 宋元林认为"交互性、虚拟性、即时性、丰富性、共享性等"是网络的特征。引自宋元林《论网络思想政治教育的本质、现状及其有效运用》,《毛泽东邓小平理论研究》2008年第7期,第49页。

合性、高科技性、高时效性、开放性、交互性及虚拟性等。① 张筱荣分析了互动化、匿名化、去权威化、高科技化等特征,② 王树平细化为平等性、知识性、高时效性、交互性、开放性、虚拟性、多元性、层次性、融合性、个性化、权力分散化等11个特征,③ 罗咏辉概括性地阐述了主体特殊性、开放共享性、多元异质性、虚拟现实性及时代敏锐性等5个方面的特征。④ 通过上述梳理发现,多数学者对网络政治文化特征的最大公约数体现在:互动性、虚拟性、多元化、去权威化及高速性等方面,笔者认为还具有内容指向的现实性、传递政治心理的真实性、形成过程的选择性等特征。

一 网络政治文化的互动性

网络政治文化的互动性亦可称为交互性,该特征源于互联网为网民交流提供了相互交流、互动的技术保障,使得传统现实社会"单向度"的政治社会化过程得以改变。李斌认为互动性是指"在网络中,任何人可以通过网络交流思想、发表观点",张筱荣认为"网民……与信息的发布方和其他网民进行平等互动交流",王树平认为"在网络社会可以实现一对一、一对多、多对多的互动交流",等等。概而言之,网络政治文化交互性特征体现为网络的便捷性,使得政治交流、政治沟通等摆脱了现实时空条件的限制,使得网络政治沟通能够"随时随地"进行。而且这种沟通形式不再局限于"一对一"的模式(即便现实社会政治沟通出现的"一对多"形

---

① 李斌:《论网络政治文化的内涵、特征及功能》,《淮阴师范学院学报》2006年第2期,第208—209页。
② 张筱荣:《当代中国网络政治文化发展态势与构建策略》,《甘肃社会科学》2013年第2期,第199—200页。
③ 王树平:《网络政治文化特点及其发展规律研究》,《山西广播电视大学学报》2013年第3期,第22页。
④ 罗咏辉:《校园网络政治文化对大学生的消极影响及对策研究》,《思想政治教育研究》2009年第4期,第59—60页。

式,最多也只能做到依次"一一"发言,若三个以上的人同时发声,将会出现"嘈杂"的局面),而众多网民可以同时就某一个话题,同时表达各自的观点,构成网络虚拟的"广场政治"。在网民的互动交流中,主体身份可以进一步分化为网民与政府、网民与网民等不同的网络行为体。可见,互动的主体是网民(既包括社会网民,也包括政府工作人员),互动的内容是政策、政治制度及与公民生活有关的方方面面。

网民互动的接入设备主要有智能手机、台式电脑、笔记本电脑、平板电脑等工具,政治沟通和交流的网络空间及平台主要有个人微博、QQ 空间、博客、社区(BBS)、新闻下方的"评论栏""留言板"等,沟通的方式主要有点击"消费"信息、发表政治意见和观点、认同别人的意见(通过"点赞"、投票等)、鲜花等,而互动的模式则呈现出"三维立体、四面八方"的网状交错格局。以五位网民为例,他们之间的网络交流互动模式如图3—1所示。

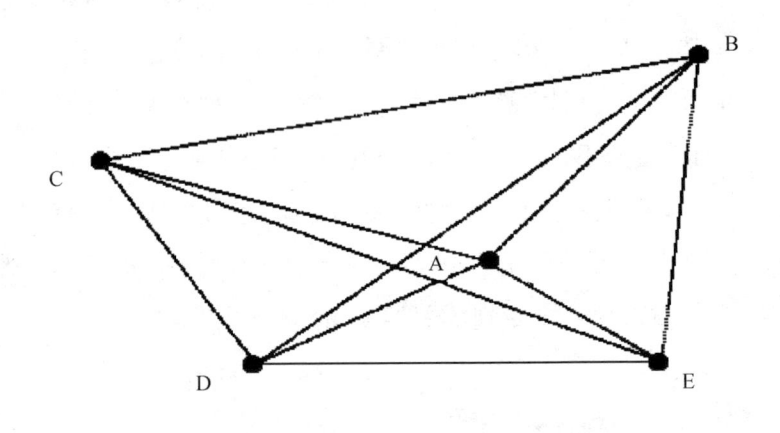

图3—1 五位网民网络交流互动模式

然而,政治型网民只有作为整体性概念时,才能作为网络政治文化的承担者,尽管作为个体的网民是构成群体性网络政治文化主体的前提，但个体之间的网络政治交往模式实难等同于网络政治文化的特征。再有，个体政治型网民表达出来的政治观点、意见及态度等，是作为深层次的政治文化的外显与表象，虽然是对政治心理的直接反映，但毕竟不同于稳定的政治文化，观点和意见的碰撞与交流，并不是网络政治文化的特征。所以，将个体网民主体之间及他们的政治意见所具有的交互性，嫁接给作为整体性概念的网络政治文化，是否合适，值得商榷。

二 网络政治文化的虚拟性

文化作为物质财富和精神财富的总和，决定了其两种存在形式，有形的物质和无形的意识。然而，文化作为无形的意识隐形地存在于人的精神世界，若要理解人的文化背景素养，就需要借助言行、服饰及爱好等这些文化的外显与物化形式。无论是文化物化而成的书籍、建筑风格、饮食风味、家具样式，还是外显的、没有物化的言谈举止，都是能够看得见、摸得着的客观存在。但是，网络政治文化是以一种貌似看得见、听得到的"虚拟"形式而呈现出来。网络政治文化的虚拟性也即"匿名性"。虚拟（Virtual）意指"尽管形式上不被认可或承认，但实际效应上存在的"，[①] 网络政治文化正是这样一种形式"虚拟"而内容上更加真实的新型政治文化类型。之所以虚拟，是因为其直接的主体是虚拟的符号、客体是信息（符号构筑的事实），网络环境的虚拟性以及现实政治文化的对比。

1. 网络政治文化主体身份的虚拟性

网民同时具有现实和虚拟两个身份，在网络中更多地体现为维根斯坦定义的"语言符号主体性"身份。现实社会大环境、"潜规

[①] 严耕：《网络悖论》，国防科技大学出版社1998年版，第31页。

则"的约束，使得作为现实社会中的公民不敢将他们的政治态度直接表露，其政治行为与政治文化存在"错位""背离"的事实。而在网络社会生活中，一组代码、一个角色符号，便成了身份的替代物，而不是其真实的个体，这就使得他们以"活在网上我怕谁"[①]的姿态将对现实政治的各种意见、态度借助虚拟的身份直接表达出来。而这种自我表达出来的政治态度，比外在通过问卷、观测等社会学或心理学手段得出的结论，更为准确。网络赋予了现实人的虚拟身份，但得到的是真真切切的、现实的政治态度。尽管在网络社会中，也存在极端失真的政治态度，但对于研究者而言，此类政治态度的不真实性一眼就能被洞悉。网络本身的虚拟特征转化为网民身份的虚拟性，而且由于相关网络法律的滞后，网民与公民身份的最大差别就是不同身份所赋予的权利的差异。

2. 网络政治文化形成客体的信息化

网络作为信息生产、加工、传播及存储的空间，使网民不需要在亲身经历，或亲眼所见"现实政治"的情况下，通过网络中存储的、被加工过的政治信息就可以了解"现实政治"，并形成一定的态度。可见，网络政治文化形成的前提并不是大多数网民对现实政治的亲身经历，而是极少数网民（包括记者、新闻撰稿人、普通网民等）将现实政治加工成政治信息，而后经由网络被更多的网民所感知。这就难免造成在"加工"环节中存在失真的可能，毕竟人类的语言、图片等符号都难以原原本本地"复制"现实政治。但是，相比前网络时代的通信和传媒来讲，网络传媒传递的信息相对而言更加真实，因为视屏资料比文字、图片等形式的信息，更加具有现场真实性的优点。而所谓的"有图有真相"也难以准确反映现实的真实。"图"也会因信息加工者的主观偏好，或者特殊的政治目的，

---

① 乔冈：《网络化生存》，中国城市出版社1997年版，第309页。

而被进行有倾向性的选择。例如,对于2014年"马航MH17空难"事件的调查结构报道中,英国BBC等西方网络媒体选择的大量图片,都倾向于把"罪魁祸首"引向俄罗斯的"山毛榉9M38系列导弹",而俄罗斯国内大小媒体则无一例外地回避了此类图片。但是,BBC在对1988年证据确凿的美军击落伊朗客机事件报道中,文字方面不仅对事件本身删繁就简,而且在有限的文字中过多集中在为美开脱。类似情况还有费卢杰血腥事件①、郑州李凯强案②、海南法院"微庭审"的许某涉嫌抢劫案、南京市中级人民法院"微庭审"涉嫌"饿死女童"的乐某故意杀人案等。关于选择性报道、差别性报道和目的性报道等,在传播学、美学等研究中,已经有大量的研究。③虽然新闻报道要求真实全面、客观公正,但事实上基于国家利益、社会团体利益等,新闻报道往往会掺杂媒体的政治立场。在2016年美国总统大选的网络报道中,网络媒体的政治属性体现得尤为明显。④况且,即便网络能够真实再现现实政治,而不同网民对同样的政治信息也可能形成千差万别的认知结果。加之,网络政治信息可能存在不止一次的加工,而加工次数越多其真实性就会越差,以及网络信息生产加工和传播审批制度的宽松等,更加使得网络信息的真实性,难以和传统报纸、电视及广播等相提并

---

① 《费卢杰血腥事件:欧美媒体的不同报道》,中国网,2004—0402,http://www.china.com.cn/chinese/zhuanti/528849.htm。

② 《媒体选择性报道让"郑州李凯强案"谬论流传》,搜狐新闻,2010—01—13,http://news.sohu.com/20100113/n269542750.shtml。

③ 此类研究可参见姚必鲜《选择性报道:舆论报道的滥觞与流变——2009年新闻报道伦理失范现象研究》,《长沙铁道学院学报》2010年第1期;《"选择性报道"下的真相谜团》,新浪新闻—新闻观察,http://news.sina.com.cn/z/xuanxexingbaodao/;《加华裔不满主流媒体对西藏问题"选择性"报道》,中国新闻网,http://news.china.com/zh_cn/focus/tibet08/11066916/20080417/14791620.html。

④ 如《亚利桑那共和报》《达拉斯晨报》《休斯敦纪事报》及《纽约时报》等报纸及其网络版,都公开为希拉里·克林顿背书,而对手特朗普没有获得一家大媒体的支持,创造了美国两百年总统大选的"零支持"的记录。资料来源:《为什么美国主流媒体对特朗普零支持?》,新浪新闻,2016—10—08,http://news.sina.com.cn/pl/2016—10—08/doc-ifxwrhpm2546248.shtml。

论。所以，网络政治文化认知的对象不是"原真"的政治现实，而是网络政治信息，并且这类信息还有自身的特殊性。

3. 网络政治环境的数字化的虚拟场域

随着电子政务的兴起，以网络问政、议政、参政及监督等虚拟形式为主的政治生活方式悄然兴起，广大网民对政府政策的反馈，对政府满意度的评价，与政府官员的网络沟通，等等，正逐步推动着网络虚拟政治的发展。网络政治生活主要依赖于"符号"建构的虚拟政治环境，相比传统现实政治生活的直观性、亲历性等"面对面"的同时同地等特征，网络政治生活体现出明显的虚拟特征，即摆脱了时空的约束，政治生活由"现实"转向"虚拟"，由"公民与政治主体"之间的互动，变成"公民—计算机—政治主体"之间三位多体的交互模式，中间介质的增加使得政治参与的真实性、可信性及风险性都大为增加。虚拟政治生活方式的革命，摆脱了现实政治生活中存在的权力威慑与恐吓，使得政治生活的真实性大大提高。所以，网络时代政治生活方式的虚拟化，带来的却是政治生活内容方面更高层次的现实化与真实化。

4. 现实参照的虚拟对比

在网络问世之前，可以将文化分为有形和无形两大类，存在于主观世界之中的意念、观念、习惯和情感等，是无形的文化，最起码是难以用肉眼直接把握和感知的。而反映文化的"物化"作品，如建筑、服饰、饮食、正式颁布的制度、书籍、报刊等，却是有形的文化，或称之为"物化"了的文化。在网络时代，"现实"与"虚拟"的划分，却成为人类生活所有领域都必须面对的历史潮流，政治文化亦如此。对网络政治文化虚拟性的把握，通过与现实政治文化之间的比较更为明了。现实政治文化与网络政治文化在显性层面的差异，主要体现在产生与存在的空间不同，但从解构的视角在微观层面上审视，二者在主体、客体、形成路径及外显方式等要素方面，也都存在较大的差异。主体之别：公民与政治型网民；客体之差：现实政治实践与网络政治信息"消费"；路径之异："四段论"的相似与差异；① 外显之分："被动—统计"与"主动—呈现"；等等。

虽然，与现实政治文化相比，网络政治文化的主体、客体及环境表现出强烈的虚拟特征，然而，将要素的特征赋予网络政治文化，仍值得商榷。虽然，网络政治文化的主体、客体和环境等要素具有虚拟性，但这并不能直推导出网络政治文化的属性，如果像大多数人认为的那样，虚拟性就是网络政治文化的特征之一，那么这个特征也仅仅是网络政治文化存在形式、方式和环境的特征，而非其独有的特点。因为，如果按此类推，那么网络经济、网络共同体、网络文化、网络传媒、网络传媒等，只要与网络相关的领域，都会被贴上虚拟性这一特征标签，那么"虚拟性"也就不再是"特征"，而是"普遍"了。

三 网络政治文化的多元性

政治文化并非铁板一块，② 网络政治文化亦如此。电子媒介在促进文化的集中化的同时，又造成了不可避免的零散化和碎片化。③ 李斌认为"任何国家、民族在任何时候都不可能存在某种纯粹的、

---

① 四段论是指：政治文化形成过程中的认知环节（是什么）→评价环节（怎么样？强调过程）→态度环节（怎么样？强调结果）→情感产生环节，无数次"认知→评价→态度"的循环积淀而成的是较为稳定的政治情感，即政治文化。而网络政治文化的形成过程中，因网络政治信息所附带的政治价值倾向代替了网民独立的评价，致使评价环节和态度环节的缺位，甚至由于"评论胜于新闻事实"的现象导致"认知环节"也缺位。这就是现实与网络政治文化在形成过程中的差异表现。

② 王乐理：《政治文化导论》，中国人民大学出版社2000年版，第56页。

③ ［加］马歇尔·麦克卢汉：《理解媒介——论人的延伸》，何道宽译，商务印书馆2000年版，第2页。

单一的文化",[①] 世界上现存在 190 多个国家和地区大都是多民族，即便是单民族构成的国家或地区，在其内部也存在诸多的家族、部落等细分标准，致使文化主体的多样化导致了文化的多元。王树平站在国际视角认为，不同国家的政治文化在网络中出现了多元共存的态势，这和文化自身的稳定性密切相关。文化的产生标志着其载体的社会意识的集体动向，而在文化的代际传承过程中，这种集体的记忆和心理倾向会以超强感染力影响下一代，即使代与代之间的更迭也无法阻隔文化的传承。诚然，社会个体进入网络之后必然会产生新的文化，但其已经固有的文化不仅不会消失，而且还会影响新的文化的产生。另外，网络主体的多元化、形成对象的多样性、对"网络政治文化"内涵认识的差异化，都在一定程度上决定了网络政治文化的"多元性"特征。

首先，网络政治文化主体的多元性。

网络政治文化的主体是政治型网民，但这一定义依然是一个非常宽泛的概念。政治型网民的概念不比"公民"那么简单，"公民"身份决定了其国籍、政治权利和义务等属性，而政治型网民因网络的特质，隐藏、混淆了诸多的边界。如果每一个国家都没有对网络边界的设置，都没有接入网络的资格审定，那么互联网将是一个全球性的网络社会，不同国籍、不同民族、不同宗教信仰、不同教育程度和不同年龄的政治型网民，都有可能结成新的网络社会共同体，持有共同的网络政治文化。当然，新的政治文化的产生，并不意味原有政治文化的消亡。政治型网民也存在各自秉承原有政治文化的可能，构筑起网络社会中多元政治文化并存的格局。总之，网络社会的开辟，并没有因公民身份向网民身份的转变，而割裂"线下"的政治文化，反而使得线下政治

[①] 李斌：《论网络政治文化的内涵、特征及功能》，《淮阴师范学院学报》2006 年第 2 期，第 208 页。

文化在网络中竞相并发，致使现实政治文化的多元"移居"网络。同时，网络社会政治实践和通过消费网络政治信息等途径，又产生了多元的网络政治文化，致使网络政治文化的多元性，比任何一种政治文化都明显。如果采取前文所做的网络政治文化内涵认定，其也是具有多元性的。

其次，网络政治文化形成对象的多元性。

网络政治文化作为政治型网民网络政治实践和通过消费网络政治信息而认知的结果状态，本身的产生"土壤"就有两部分。

第一，网民基于网络政治实践产生的网络政治文化，包括了"立法"政治文化、"行政"政治文化和"司法"政治文化，其中，后两者的成分居多。现代网络化发达的国家在进行立法工作时，都会有推出相关法律的征求意见稿，在法律的制定过程中还会公布法律确立的程序，以及提供表达意见、建议的邮箱等网络平台。网民在法律的修改、撤废、设立等过程中，通过关注、讨论、表达意见等网络政治行为，无形当中形成了有关"立法"的政治文化。尤其是与网络监管、网络治理及网络经济等领域的相关网络法律，更容易诱发网民对"网络政治"的思考。网络行政因其高效、便捷等优点，已经成为压缩行政成本、简化行政程序、提高行政效率及便民利民的首要选择，成为现代行政发展的大趋势。网民也能够在电子政务的平台上，能够更加方便、快速地完成事宜，如果政府门户网站、电子政务系统的设计简单明了，在线服务的效果、态度能够达到网民的期待，将会孕育健康积极的"行政"网络政治文化，反之。关于司法领域也是网民比较关注、较多参与的网络政治生活领域，如对一些典型案件、影响较大案件的关注和讨论，观看案件审理全程的网络直播，等等。但也出现了一些极端的网络司法参与事件，如网络审判。①

第二，网络政治文化作为网民对网络信息长期认知，在内心积淀而形成的稳定的政治情感，其认知对象的多元、多样等现象，也决定了其自身的多元化特征。网络涉政信息的分类有很多标准，从国家政治权力的职能分类角度看，可以分为立法、行政和司法等方面信息。从国别的地域视角看，可以分为国内涉政信息、国外涉政信息，即会产生国内网络政治文化和国外网络政治文化。从社会领域审视，可以分为宗教型网络政治文化、经济型网络政治文化、军事网络政治文化及安全型网络政治文化等。从性质内质属性看，网络政治文化又可以分为积极型、消极型、冷漠型、支持型、抗争型和颠覆型等类型。基于政治体系结构，可以分为网络政治参与文化、网络政策文化、网络政治承担者文化等。基于存在形式，可以分为网络精神文化和网络制度文化。② 由此看，在网络政治文化的产生过程中，由于网民认知对象的多样性，形成了多元化的网络政治文化。

---

① 网络审判是一个全新的概念，主要有两层含义：一是，网民对现实案件的总体态度，已经超出了理性的、法律的边界，而且很有可能会影响现实的审判，如"哈尔滨草根警察棒杀高衙内案件""药家鑫案件"及"李昌奎案件"等，在开庭审理之前，网络就已经出现了一边倒的"审判结果"；二是，现实司法机关，开通案件审理网络直播室，将现实的案件审理同步上传到互联网，或者是"网络审判是借助计算机和互联网通信技术，将原本需要多方当事人到同一指定法庭接受庭审的模式改为可允许多方当事人在不同地理位置，同时参加庭审的司法便民新举措"。（此概念引自覃帅的《试论我国网络审判制度的建立》）如 2007 年 4 月 10 日，福建省沙县法院使用其自主开发的网络多媒体远程庭审系统进行案件审理。从世界的范围来看，美国的密歇根州对网络审判的应用在世界各国处于领先地位，具有示范作用。更多信息详见郭卫华《网络舆论与法院审判》，法律出版社 2010 年版；鞠海亭《网络环境下的国际民事诉讼法律问题》，法律出版社 2006 年版；冯琳《电子法庭审判模式的法理学思考》，《法治论丛》2008 年第 5 期；任鸣、李国慧《国际刑事审判机构中的"电子法庭"——访前南国际刑庭刘大群法官》，《法律适用》2005 年第 5 期；孙淑红《我国网络审判制度建立的可行性分析》，法律咨询网，2010—12—06. http://www.dyzxw.org/html/article/201012/06/16.shtml。
② 王艳秋：《传播学视域下网络政治文化研究》，《人民论坛》2013 年第 29 期，第 42 页。

再次,网络政治文化理解的多样性。

关于网络政治文化内涵的认识,前文将此大致分为四类,这也导致网络政治文化的多元性。第一种认识,基于现实政治文化的本源性认识,王树平、李修芳等认为,网络政治文化的多元性体现为不同民族、国家、职业、年龄及宗教背景等现实政治文化,在网络中传播、碰撞、交织与并存状态。也就是说,传统与现代、民族与外来、地域与阶层等类型的现实政治文化在网络空间中,共同构成网络政治文化的"多元"局面。第二种认识,基于网络政治实践的视角认为,网民在长期的网络政治参与过程中,由于不同的虚拟政治实践经历,逐渐形成的网络政治文化。第三种认识,网民在消费网络政治信息过程中形成的网络政治心理。第四种认识,网络文化中涵盖的"政治"内容,虽然这类文化不是直接和政治密切相关,但会影响网民的政治心理。网络官场小说如《权力巅峰》《官途》《领导秘书》《红色仕途》等,网络涉政诗词歌赋(打油诗)如"我爸是李刚"、《沁园春·彭水》(后引发"彭水诗案")、"廉江诗案"及"稷山诗案"等,而涉及"官场"的网络影视剧等文化作品,更是琳琅满目,举不胜举。

目前,学术界大都倾向于第一种认识,将网络政治文化的多元特征视为现实诸多政治文化的网络化转型,是现实社会多种政治思潮、多样政治学说的网络并存态势。这反映出学术界还未将网络政治文化,视为一个独立的、新生的文化整体加以对待,致使未能深入内部,进行解构性、系统性分析。按照本研究对网络政治文化的定义,其多元性的特征应该指向在网络政治虚拟"行动"实践(网络政治参与)过程中,在不同类型、性质的网络政治信息"消费"过程中,形成的对电子政府绩效、政府网络工作人员、网络沟通、网络监督及网络议政问政等不同的主观认识,即网络政策制度文化、网络政治过程文化、网络治理文化、网络政治监督文化等。

四 网络政治文化的去权威化

相比前网络时代的政治文化而言,政府在网络政治文化的形成过程中的主导作用被明显削弱,不仅难以控制政治价值的输出,而且丧失了对政治社会化渠道的绝对垄断。前网络时代社会大众政治文化的形成深受政治体系的影响,无论是社会公众切身的政治参与,还是通过有限信息对政治的了解和感知,都摆脱不了现实政治的制约。在有限的政治参与过程中,政治体系拥有绝对政治权力扼杀了政治参与,致使社会大众政治文化是一种"惧怕""胆怯"的政治心理恐惧。并且,在前网络时代,政治体系垄断者所有的政治信息渠道,从学校教育内容的设定,到对书报、电视节目和广播内容的审查,都必须遵守政治体系的价值取向,都必须与现实政治制度高度一致,否则就会被删减。从人类历史看,越是远离网络时代的人类历史,政府对政治信息的管控能力越强,而越是接近网络时代的政治体系,对政治生活产生的政治文化的影响力越低,直到互联网的产生,彻底颠覆了政府对政治信息绝对垄断的局面。

网络自创立之初,就秉承自由、开放、平等等理念,致使技术的属性得以演化为网络、网络政治文化的特质,结果导致后者呈现极大的"去权威化"特征。网络设计的初衷就是平等地交流信息,打破层级过多而导致的信息交流阻塞瓶颈,同时也把现实社会的等级结构变成了平面结构。网络政治文化特征的去权威化即"平等性",指的是在此文化内部没有决定占据主导地位的"亚"文化。尼葛洛庞帝将此比喻为"沙皇退位、个人抬头"。张筱荣则认为,去权威化的网络特性表现在网络政治文化当中便是对权威的颠覆,个性的张扬。[①] 他们立足于文化主体政治地位的基点,参照前网络

---

① 张筱荣:《当代中国网络政治文化发展态势与构建策略》,《甘肃社会科学》2013 年第 2 期,第 199 页。

时代政治文化形成的过程，诠释了网络技术所赋予网民的身份平等、表达自由的特征。毋庸置疑，网络的虚拟性、匿名性和开放性等特质，打破了前网络时代政府对政治社会化的管控、灌输及监督，使得不同的政治观点得以自由表达。这不仅导致网络政治文化的"多元化"，而且致使主导型政治文化难以形成，甚至使得在现实社会占据主导地位的政治文化，在网络社会中也显得"无能为力"，致使网络政治文化体系内部呈现出"主"文化"缺位"与"亚"文化多元并立的态势。

然而，不得不承认的事实是，现实的政治权力正在逐步地向自由的网络渗透，力图扭转"网络权力真空"的局面。这就导致在一定程度上，各国政府作为技术垄断者和行政权力的拥有者，依然对网络政治文化的发展具有较强的引导力。现行的政治体系通过出台相应的网络法律和制度、建立网络管理领导机制、组建职能部门、完善网络治理体系、施行网络实名制、提升网络监管技术，打造集合网警、电子部队、网络管理员及黑客人员的网络监督部队，通过断网联网、网速设置、信息过滤、发表评论及信息炸弹等手段，达到控制信息的种类、数量及性质的目的，以期加强对网络信息的管控能力，引领网民的政治文化发展方向。所以，网络政治文化"去权威化"的特征，只是相对传统现实政治文化而言的，并不能完全摆脱世俗的政治权力。

五 网络政治文化的高速性

网络政治文化的高速性亦称高时效性、时代性等，或者说是"不稳定性"。网络政治文化作为一种依托"网络"发展起来的文化，内化了网络技术的"高时效性"，主要表现在形成、传播、"终结"及内容指向等四个方面。

首先，网络创设了大规模网民共同参与政治生活的"大广场"，提供了大量的政治认知素材、便利的接入渠道及互动性的交互方式，使得网民政治生活实现了随时随地、轻松便捷的革命性转变。这一政治生活场域的转变，打破了地理边界、地理距离的"三维空间"限制，摆脱了时间的"一维性"束缚。网络虚拟社会把现实空间的三维属性转变为无数"窗口"切换的"平面"性，不关乎长、宽、高，只在乎有限界面切换的方式和快慢。网络社会把现实时间一维属性决定的同时"在场"，转变为异时"共场"。网络造成的时空属性变革，缩短了网民政治参与的"距离"和"周期"，降低了获取政治信息的成本和时空限制，使"网络政治文化"形成的时间跨度得以极大地缩短。

其次，相比现实政治文化利用报纸、广播及电视等政治社会化工具而言，网络政治文化的"网络"介质，使其实现了跨地域、超国家的"光速"传播。对此，李斌认为："网络政治文化的高时效性，主要是指文化传播意义上的高实效性。"[①] 毋庸置疑，网络政治文化一经产生，其传播的速度因网络的原因而实现质的飞跃，并且使得网络政治文化的"承载者""传播者""接受者"实现了不同程度的融合，身份的融合也缩短了文化传播的距离和时间。网络不仅压缩了网民与政治信息之间的距离，而且还为网民提供了信息"跟踪"的可能，使得网民能在短时间内获得更多、持续性的信息，为网络政治文化的形成提供了同质的、连续的外在信息刺激。网络的时速高效和信息的连续性，促动了网民政治心理的产生。但是，网络政治文化产生、传播的高速性，也决定了其存在周期的相对短暂（相比现实政治文化），形成快、传播快决定了其变化的速度也就快，这就揭示了为什么网络舆论"一点就爆"，为什么"一边倒"的网络舆论顷刻间会发生180°的转向。

[①] 李斌：《论网络政治文化的内涵、特征及功能》，《淮阴师范学院学报》2006年第2期，第208页。

再次，网络政治文化表现形式和存在符号的周期更短。网络新词、流行语的层出不穷的现象，说明了网络现象周期的短暂，映射出网民政治心理变化的节奏，更间接反映了网络政治文化的波动情况。但是，网络流行语、网络舆论和网络集会等网络现象的瞬息万变，只是网络政治文化表现形式的生命周期，并不能视为一种网络政治文化存在的周期；只是表现在形式的"终结"，而非本质的改变。从性质上看，对抗型、合作型及服从型的性质一旦形成，就难以改变（但相比现实政治文化而言，易变性还是比较明显的）。但是，网络政治文化的性质相较于其表现形式而言，还是非常稳定的。

最后，网络政治文化的功能发挥更加快速化。网络社会基本实现了与现实社会的适时、同步的"映射"，使得内化了网络政治文化的网民，能够及时地针对政治现象，通过发表评论、转发信息等方式，表达内在的政治心理需求，使网络政治文化的功能能够及时体现出来。可以说，网络政治文化的这一特征离开了网络的高效、快速与便捷等优势，都是无法实现的。但相对于现实政治文化而言，网络政治文化功能的发挥，无论是在时间方面，还是在形式上，都呈现出一定的高速性。

网络政治文化转嫁了网络"高速"的优势，才使其在形成过程中认知对象的供给方面，在形成过程的环节和时间方面，在传播速度和影响力快慢等方面，呈现一定的"高速性"。这些构成网络政治文化总体的要素特征，或者内部特征，在一定程度上也导致网络政治文化呈现出相近的特征。然而，文化是积淀的产物，文化中精粹比例的高低、精华部分的轻重，与积淀的历史跨度呈正相关关系。所以，网络政治文化的高速性，尤其是在形成过程、传播速度和功能发挥等方面表现出来的高速性，存在一定的隐患，即这种高速性揭示了网络政治心理和网络政治文化的不稳定，而这又会引发网络治理、网络舆论引导等方面的困难。

六 网络政治文化内容指向的现实性

对网络政治文化内涵的界定中已指明，其主要构成部分是网络对现实政治以信息的形式加以传播，在此过程中形成的政治文化。并且，承担网络政治文化的主体是现实与虚拟双重身份的政治人，构成其客体的主要部分也是现实政治的新闻、意见及舆论等。因此，当前网络政治文化的内容指向是现实的政治，主要体现在主体、客体两方面。

1. 网络政治文化客体承载内容大多是现实的政治问题

"网络政治"与"政治的网络化发展"是两个不同的范畴，网络政治是相对于现实政治而言的，是政治的一部分。网络政治在网络社会中表现出与现实政治"对应"的权力结构及内在关联。而政治的网络化发展则是阐述了网络诞生后，现实政治权力的网络化"增值"过程，亦可理解为对网络管理与监控诞生的"新权力"。由此看，网络政治这一认识是政治网络化发展的阶段性成果，前者是一个相对稳定的状态，而后者则是一个变化较大的过程。所以，网络政治文化内容指向的"现实"与"虚拟"之分，关键取决于对"网络政治"的理解，以及"政治网络化发展"的社会存在事实。就目前国内外网络政治的发展程度而言，西方发达国家的政治网络化水平较高，我国正处在政治网络化发展的起步阶段。即使是网络政治发展程度较高的欧美等发达国家，其现实政治在网络中的信息也明显高于网络政治。因此，分析目前国内外主流网站的政治信息构成发现，大多数政治类信息是对现实政治的反映。

当然，网络政治文化并不排除政治型网民在网络虚拟政治实践中形成的政治认知、态度和情感。但参政议政、政党选举、政治监督等形式的网络虚拟政治实践，却是现实政治的"翻版"与延续，实质上内容指向依然是现实政治。而大量网络涉政信息的内容，都是与现实的政治生活直接相关的。所以，网络政治信息与网络虚拟政治实践都是网络政治文化形成的客体，都是虚拟实践的"对象"，只不过网络政治信息是"认知"性，而网络虚拟政治实践是"行动"实践，但实践的对象均与现实政治密切相关。

2. 网络政治文化的主体是虚拟的现实政治人

网民与公民的身份不一样，却是"二合一"的社会性存在。网络政治文化的承担主体是那些关注政治生活的网民，但网民的符号化身份并不能说明其"虚拟"的性质，而仅仅是一种类似姓名一样的符号身份，符号指向的依然是真实的社会生活中的政治人。正所谓"人的生活和文化情景是不可分割的，我们不应该将主体与网络空间相分离，而应从人在网络空间中的存在视为人在世界中存在的一种新形势"。[①] 网络构建的虚拟世界，需要参与网络生活的行为体以一种虚拟的形式存在——符号。无论是数字、字母，抑或是其他表意符号，都赋予了现实政治人的符号化身份，使得政治人隐藏在屏幕背后，但符号化了的网民在网络社会中的行为仍然是由现实个体所决定的，反映的不是抽象的、虚拟的人，而是活生生的、真实存在的政治人的心理感受。

网络政治文化的客体是真实世界的政治存在，主体是现实社会中的政治人，这就使得其是对现实政治的写照，而不是对虚拟世界的感知。但是，从长远看，随着网络政治的兴起，真正意义上网络政治的文化也将随之而产生。到那时，网络政治的文化所指向的内容就是对虚拟世界政治的反映，但至少目前网络政治还未能从政治体系中独立出来。所以，当前的网络政治文化在内容指向上主要是现实政治，抑或是现实政治的网络化延伸。

---

① 皮海兵：《内爆与重塑——网络文化主体性研究》，广西师范大学出版社2012年版，第8页。

3. 网络政治文化的内容指向也是现实政治内容

网络政治文化作为虚拟的主观存在，在形式上的虚拟并不能应该内容指向的真实和现实属性。基于前文对"网络政治文化"概念的界定，以及上述两点分析，网络政治文化的主体是现实社会中的政治人，客体是现实政治占绝对多数的网络政治信息，由此推断，网络政治文化的内容指向也是现实的政治生活。虽然，网络政治文化是产生于网络空间的政治文化，但是其主体在现实与虚拟之间的身份转化，必定会把网络政治情绪带到现实政治生活中，进而影响其现实的政治行为和政治判断。再则，网络政治文化作为网民消费政治信息的内心积淀，在网络政治信息的构成中，现实政治的信息比重远远大于虚拟政治的信息量，加之，现在普遍理解的"网络政治"是现实政治的网络化延伸，更说明网络政治文化的现实属性。

七　网络政治文化传递政治心理的真实性

在这个时代，我们发现自己转化成信息的形态，日益接近意识的技术延伸。[①] 网络政治文化形式上的"虚拟"并不能掩盖其超强的真实性与可视性。网民借助虚拟的身份直接表达出来的政治态度，比外在通过问卷、观测等社会学或心理学手段得出的结论更为准确；而且这种表达不是无形的语言和行为，而是能够直接观测的文字、图像及表情等可视符号，尽管这些符号都是虚拟比特的编码，但以虚拟"物化"的方式呈现出来。文化作为潜藏在主观世界中的意识，很难被洞悉，即便是传统阿尔蒙德式的实证调研方法，也难以消除被调查者的顾虑，致使对政治文化的把握很难实现精准的目的。然而，网络的虚拟与匿名，使得网民摆脱了对现实利益的困扰，现实中的"心口不一"被"直言不讳"所取代，从而使得

---

① ［加］马歇尔·麦克卢汉：《理解媒介——论人的延伸》，何道宽译，商务印书馆2000年版，第93页。

表达的政治意见和态度更具真实性。另外，网民借助文字、图片、跟帖、顶帖等符号工具表达的政治意见，具有较强的"可视性"和"长期性"，更容易地把握网民的政治生态和便于研究。所以，与其说网络政治文化具有"虚拟"的特征，还不如说其更具真实性、可视性等特征。

网络是"与现实不同但却又有现实特点的真实的数字空间"。[①] 虽然，网络是虚拟的，但网民同时兼有现实与虚拟两种身份，网络中存在的多是现实政治的信息，但是在虚拟的网络环境中，借助符号化身份的网民并不因为身份的虚拟和认知对象的信息化，就会产生虚假的、失真的网络政治文化。相反，恰恰由于上述原因，才使得网络政治文化具备了比其他"亚"政治文化更加真实的特征，因为，在网络条件下"自我表露水平更高且回答更坦率"。[②] 对此，马克·波斯特将其称为"似真性"。[③]

1. 网络政治文化是网民真实政治态度的外化

政治文化这种从特殊中提取出来的普遍存在，使其不能直接被感知，而是需要借助具体的特殊政治问题而间接表达出来。但是在前网络时代，由于诸多现实因素的制约，个体在重重顾虑之下，难以通过特殊政治问题表达自己的真实态度，甚至出现有怒不敢言、有怨不能宣、心口不一、言行错位等情况。致使政治文化出现了本质与现象之间的不对称，使其真实性下降。

然而，在网络社会中由于网民身份的隐蔽性、符号化，网络监管方面存在的技术性难题，网络治理相关法律的缺位及网络参与的群体性导致的法不责众心理的蔓延等原因，致使网民基于个人利益安全的顾虑减少，进而将其在现实生活中不敢表达的或者被压抑的

---

① 陈志良：《虚拟：人类中介的革命》，《中国人民大学学报》2002 年第 4 期，第 58 页。
② Budman, S., "Behavioral Health Care Dot-com and Beyond: Computer-mediated Communications in Mental Health and Substance Abuse Treatments", *American Psychologist*, 2000, 55, p. 300.
③ 马克·波斯特：《第二媒介时代》，南京大学出版社 2000 年版，第 46 页。

政治态度，通过网络"自媒体"平台表达出来。相比之下，没有顾虑的表达更加真实。当然，不排除过激的、虚假的政治谣言，但这些已经超出了正常网络政治文化的范围，应该属于反政治文化的范畴。

2. 网络政治文化的直观性使其更具真实性

柏拉图曾经抱怨书写只是对心灵的临摹，而口头话语才可以揭示内心……语言学家已经注意到同步的计算机中介交流的语体与口头交流的语体有很多相似之处。[①] 文化是隐性的，似乎只能通过文化载体的"外相"而得以观之。但网络政治文化在一定程度上实现了"自我外显"。"非网络型"政治文化藏匿于社会成员内心深处，并且，由于外在环境的约束与人的理性的选择，社会个体的政治行为难以真实地反映其持有的政治文化。而网络政治文化主体身份的虚拟、匿名等特点，使得网民更倾向于直接将其持有的政治态度通过语言、文字等符号直接表述出来，若所有网民都能将自持的政治态度表达出来，那么这就使得网络政治文化更加具有可"直观性"。"非网络型"政治文化是由理论家通过社会成员政治行为的观测而获得，但网民的自我表露，就使得网络政治文化具备了"直观外显"的特征。可见，网络政治文化实现了由"被动观测"到"主动呈现"、由"隐性"到"显性"的转变。

3. 网络政治文化表达形式的直观性

网络政治文化决定着网民对政治信息选择、评论等政治态度，就形式而言，网络政治文化的外显与现实政治态度的表达有着"质"的变化。在现实生活中，社会个体在特定的时空范围内，以实实在在的语言、行动来表达政治态度。但在网络中，打破了政治态度的表达与现实个体之间的"紧密联系"，此地居民可能会对彼

---

① ［英］亚当·乔伊森：《网络行为心理学——虚拟世界与真实生活》，商务印书馆2010年版，第10页。

地政治信息做出评价，评价的内容可以即时发布，也可以定时发布。最主要的是呈现网民政治态度的不再是具体肉眼可直观的言行，而是文字、图片、视频及"表情"等表意符号，这就使得网络政治文化的呈现形式，比现实政治文化多了一个环节。前者是"政治文化→政治态度（通过言行表现）"，后者是"网络政治文化→政治态度→转化成符号组合"，致使对网络政治文化的观察不是通过更直接的具体言行，而是通过具体言行"符号化"而成的反映其内容的信息符号。故，从外显形式上，网络政治文化具有虚拟的特征。

八 网络政治文化形成过程的选择性

在网络政治文化形成过程中，网民对政治信息的消费和网络媒体对信息的供给，都存在明显的"选择性"，网民依据兴趣爱好而选择信息浏览，网络媒体则出于网民消费的需求而选择性供给。[①]

1. 网络媒体选择性地提供政治信息产品

在网络环境中存在着大量各种类型的政治信息，从政治体系的角度看，政治信息主要涉及政治主体、政治过程、政治制度与政策等方面的内容；从政治信息的性质来看，可以分为同质的、异质的、肯定的、否定的、积极的与消极的等类别；就站点来看，政府主导的网站以正面信息为主，非政府网站、个人微博及 BBS 等则更倾向于负面信息，而后者又被多数网民所偏好。究其原因非政府网络"注意力经济"的获利模式，迫使它们必须能够吸引网民，以提高点击率、浏览量等。为此，它们就会投其所好，选择网民关注的政治事件进行报道。加之，它们所具有的"第四种权力"及网民对负面政治信息的猎奇心理，使得网络传媒更会倾向于传播消极方面

[①] 王树亮：《网络政治文化论纲》，《理论与改革》2012 年第 5 期，第 30 页。

的政治信息。因之，出于多方面的考虑，网络对政治信息的报道存在明显的选择性，这就导致网络社会中不同性质的政治信息在数量上的不对等，这给网民的认知选择提供了前提。

2. 网民对网络政治信息的选择性"消费"

麦克卢汉认为"电子时代的人是'信息采集人'"。网络的存储功能，致使大量政治信息长期滞留在网络空间，而且同类信息具有可连接性、连续性等特征，这就给网民提供了认知对象、时间、渠道及方式等方面的可选择性。网民基于自己的价值与兴趣的偏好，在不受时空限制的条件下，有选择地浏览、阅读某类政治信息，而不是"一网打尽"接收所有的政治信息。如果说网络传媒以提供政治信息的方式为网民塑造了政治环境，即便网络未加选择而客观地上载政治信息，但当网络工具理性遭遇网民感性的挑战时，信息的供给与消费之间将不再遵循对等原则。即网民也会主动地、自觉地选择自己感兴趣的政治信息，这就是认知取向的方向性问题。①

第二节　网络政治文化的类型

政治文化是一个庞大的体系，由诸多类型的政治文化构成，并形成一定政治文化格局，致使每一个时期的政治文化都呈现出不同的"生态"。政治文化类型的多样化，源于现实社会政治生活的纷繁复杂和影响因素的千差万别，比如：政治体系按照其内部的职能划分，可以解构为立法、行政、司法、政策和政治人等组成部分，也就会产生与此一一对应的政治文化类型；民族国家构成的民族多样性，也就造成不同民族政治文化并存的格局；在原始社会、奴隶

---

① 王树亮：《网络政治文化论纲》，《理论与改革》2012年第5期，第30页。

社会、封建社会、资本主义社会和社会主义社会的不同时期，不同的政治制度必然会产生不同的政治文化。人类漫长的政治发展历程不仅造就了不同的政治观，而且催生了与之对应的政治文化。古希腊时期的伦理政治观孕育了以"伦理道德""伦理纲常"为内容的政治文化，古罗马时期的法律政治观造就了以法律、法治为核心的政治文化，中世纪的神权政治观培育了以"敬畏神灵"为主题的政治文化，马基雅维利的权力政治观导致以"暴力、军事和强力"为核心的"统治"政治文化，契约政治观推动了以"平等、自由、天赋人权"为核心的政治文化，而马克思主义政治观则促使真正民主政治文化的产生。① 另外，从宗教信仰、民族身份、社会地位、国家视角、地域之别及主体特质等方面出发，也可以对政治文化做出不同类型的界定。

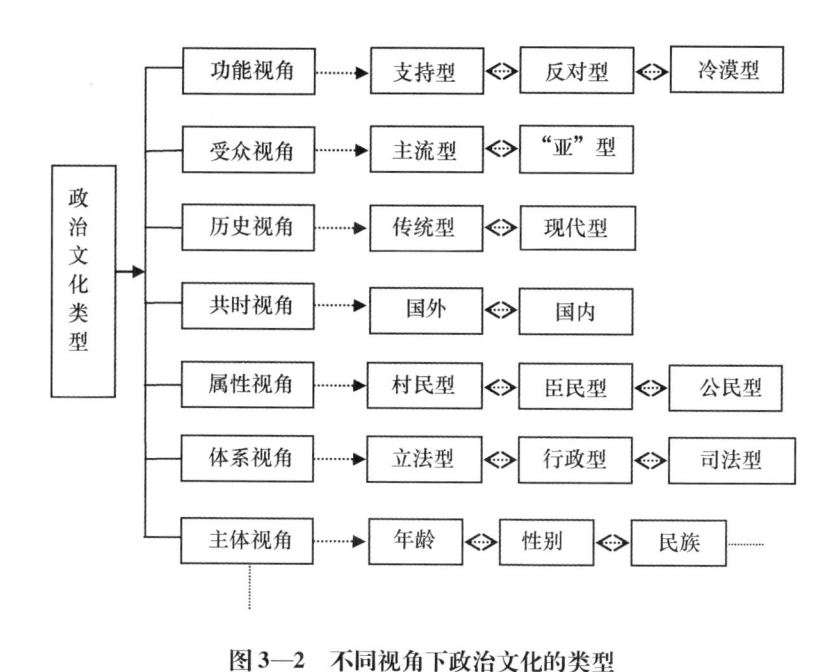

图3—2 不同视角下政治文化的类型

---

① 关于政治观详见吴志华、郝宇青《政治学概论》，中国人民大学出版社2013年版，第8—13页。

政治文化是一个复杂的生态系统，网络政治文化同样也是如此。对网络政治文化类型的界定，如同政治文化一样，基于不同的视角可分不同的类型。基于本研究所使用"网络政治文化"的概念，网络政治文化与政治文化一样，也呈现出类型多样化的趋势。在网络环境下，不是网络信息存在决定网络政治文化，而是信息的被选择"消费"决定着网民的意识形态；不是虚拟政治实践决定网民政治心理，而是网民趋同的政治行为实践肩负着重要功能。然而，网络政治信息的多样（性质方面的正、反；内容指向政治生活的体系、过程和政策；形式方面的文字、图片和视频等）、网络政治行为实践的差异等，造就了不同类型的网络政治文化。第一，就网络政治信息的性质而言，那些长期选择消费负面政治信息的网民，极易形成消极否定的网络政治文化；那些对正面信息感兴趣的网民，则容易形成积极肯定的类型；而那些消极否定的网络政治文化在长期难以影响现实政治问题的情况下，很可能转化为冷漠型或者极端暴力型网络政治文化；然而，网络政治文化如同文化一样，不存在"单质"，大多都是混合的。第二，就网络政治信息和网络政治行为实践的政治生活指向而言，可以将网络政治文化的类型分为政治行为体（领导人、政治家、公务员等）网络政治文化、政治参与网络政治文化、政策制度网络政治文化和政治监督网络政治文化等类型。

一 积极肯定型网络政治文化

网络政治文化的"积极"是指那些较强的主动性、意愿性的网民政治心态，即"动力""热情"等。此类型的网络政治文化表现为网民能够主动、高频率地浏览网络政治信息，并乐于发表自己的政治意见等。区分积极性的高低可以分为四个层次：第一层，较为经常性浏览有关政治的信息，但很少发表个人的政治观点；第二层，高频率地浏览网络政治信息，不仅发表简短的政治意见，而且时常支持（点赞）别人的观点；第三层，高频率地浏览网络政治信息（包括网民的评论），并就一个新闻进行持续性的跟踪关注，经常性地发表系统的、详细的分析和评论等；第四层，不仅关注网络政治信息、发表评论，而且会充当"意见领袖"的角色引领舆论，甚至号召、鼓动网民采取集体行动，进行网络政治动员等。"积极"仅仅表示网民的心理意愿程度，而不表示支持、肯定、赞同、认同的含义。

肯定型的网络政治文化是指那些对现存政治体系持正面评价，支持和拥护现政府的政策，并对政府持有强烈的依恋与信赖的政治心理倾向，在行为上表现出认同、支持及赞同国家的政治制度、政治过程和政策等，并对危害国家利益、损害政府形象、破坏社会安定的行为予以坚决的反对、揭发和抵制等。阿尔蒙德认为肯定型的政治文化是"全体人口的政治认知可能取向于准确的地方，其情感和评价就可能趋于赞成"。[①] 然而，一个国家的公民实难形成高度肯定的政治心理，常常存在肯定与否定的并存。鉴于肯定型的网络政治文化具有维护政治稳定、增强政府公信力和推动社会建设发展的功能，就必须深入分析影响此类网络政治文化的因素。

肯定型网络政治文化的形成是多重因素影响的产物。

一是，现实政治体系的良性运作是肯定型网络政治文化形成的根本所在。不断推进政治体制改革，赢得公民对政治制度的认同；规范行政行为，提高公民对政府的认可水平，健全和完善制度、政策和法律法规出台，争取公民对政策的支持和遵守；等等。通过强化现实政治生活规范性、科学性和文明性，增加正面的网络政治信

---

① ［美］加布里埃尔·A. 阿尔蒙德、西德尼·维巴：《公民文化》，徐湘林等译，东方出版社2008年版，第19页。

息，向网络社会传播更多的"正能量"，减少产生负面信息的干扰。

二是，网民政治素养的不断提升是肯定型网络政治文化形成的主体要求。网民作为网络政治文化的主体，其自身的政治素养直接影响着网络政治文化的类型和性质。具有高素质的政治型网民，能够理性、全面地对待政治信息，进而做出客观、公正的评价，这不仅遏制了极端政治态度的产生和蔓延，而且也避免了"人云亦云"的"吸纳效应"，使得网民"本我"与"真我"[①] 回归。

三是，网络媒体坚守职业道德规范是肯定型网络政治文化形成的"把关人"。网络媒体是传播政治信息的主要生产者和传播者，在经济效益的驱使下，将新闻报道的关注点聚焦于在多大程度上能够吸引网民的"眼球"，这就不可避免地会忽视其生产的网络政治信息的社会效益。为此，网络媒体应大量传播积极、正面的政治价值观和信息，减少、避免对负面信息的失实性报道，坚守新闻准则、遵守职业操守，不仅将有助于营造积极的网络环境，而且有利于萌生肯定型的政治心理。

四是，强化政府对网络的治理是肯定型网络政治文化的形成的保障。网民在现实生活中往往会形成政治"失衡"感，对政府的内外政策持有不同程度的意见，随着该群体身份的转化，会将这种"情绪"复制到网络社会之中，造成网络社会的"混淆视听""鱼龙混杂"等现象。为此，加强政府的网络治理能力，健全网络治理的制度和法律，加强对信息的监管，营造宽松的网络环境，将促使理性、肯定的网络政治文化的产生。

积极肯定型的网络政治文化是统治阶级、现政权和政府所期望的民众心态，也是社会政治稳定的重要基础。但是，现实情况是大

[①] Mckenna, K. Y. A. 等将其表述为"真实的自我"。Mckenna, K. Y. A., GREEN, A. S. and Gleason, "M. E. J. Relationship Formation on the Internet: What's the Big Attraction", *Journal of Social Issues*, 2002.58（1），pp.9–31.

多数国家的网络中，充满了与政府预期背道而驰的"喧哗"，积极肯定政治态度被积极否定的政治态度完全"淹没"，令人担忧。

二 积极否定型网络政治文化

在人们的逻辑思维中，肯定与否定是两个截然相反的概念。否定，即不承认事物的存在或事物的真实性，与不承认、抵制、排斥和批评等意思相近。例如，郁达夫在《文学上的阶级斗争》写道："他们否定生命，否定自我，所以否定一切。"网络政治文化的否定类型是指对政府领导人、公务员的不信任，对政府政策的质疑，甚至对我国基本政治制度的怀疑，等等。积极否定型的网络政治文化是指网民对国家、政府及其工作人员等所表现出的一种强烈的否定的观念，表现为以下四点。

第一，网民在网络政治信息的选择消费过程中，更愿意点击标题，详细浏览"负面"的政治信息，而对正面的信息仅仅停留在阅读新闻标题的层面。在一项课堂调研中发现，在通过手机、电脑上网时，超过60%的高校大学生"会打开负面政治信息（官员贪污腐败被立案调查、官员生活腐化道德败坏被揭发等）的标题，浏览正文"，75%左右的大学生会进一步浏览网民的评论和发表自己的观点。相比之下，深入阅读正面信息的比例则非常低，对弘扬正能量、传播美德的信息熟视无睹、视而不见。

第二，对政府发布信息的不信任。执政党合法性、政府的权威和公信力，都来自人民的信任，取信于民就成为政党、政府工作的重心。然而，网民的政治信任正在上演"狼来了的故事"，"烽火戏诸侯"已经不再是现代人嘲讽古代王侯将相的笑谈，而是"官谣"真真切切地在网络社会中"此起彼伏"，结果导致网民对政府信任感的降低，造成政府公信力的流失，致使出现了"宁可翻墙、不信政府"的社会心态。如2012年12月6日，罗昌平实名举报国家能源局局长刘铁男,当日下午能源局回应:上述消息纯属污蔑造谣,"我们正在联系有关网络管理部门和公安部门,正在报案、报警。将采取正式的法律手段处理此事"。2013年5月12日,新华网发布刘铁男涉嫌严重违纪,使"官谣"成真。同样,2013年5月22日项城市相关部门否认"郑州夜店打字幕欢迎项城田局长"的新闻,但5月28日该新闻被查实。2012年"有关重庆的谣言最后证明全部是真的",2014年3月25日19点"杭州小客车限购"事件(搜狐"名人专栏"刘雪松发表《杭州限牌谣言成真 政府失信可怕》一文[①]),诸如此类,不绝于网。为此,新华网刊文《打大谣,更打"官谣"》。结果,政府每每辟谣,都被网民戏谑、嘲讽,甚至出现了政府越辟谣,谣言越疯传的现象。可见,积极否定的政治心理的惯性是多么的强大。

第三,对负面网络政治信息的大肆"调侃",是积极否定型网络政治文化的又一体现。2009年"杭州70码"事件,点燃了社会长期以来蓄积的对"富二代"的不满情绪,更揭示了网民对"官商勾结""为富不仁"的痛恨。2010年"我爸是李刚"网络政治舆论事件中,网民借助该事件通过"网络对联大比拼""网络诗歌"、打油诗、段子等形式,表达对"官二代"隐性继承政治权力的"骄横"的不满,并将其与随后著名音乐家之子的"飞扬跋扈"捆绑在一起,掀起一场网络"恶搞"大战。再有"故宫拔粪事件""郭美美事件""带套不算强奸事件""上海法官集体嫖娼事件"等,由这些事件引发的"网络狂欢",恰好是压抑在网民内心的对政府不满情绪的释放,在这些事件中网民所表现出来的热情、积极与主动等,恰恰说明"积极否定"型网络政治心理的"群众基础"。

第四,如果说网民对负面的网络政治信息,表现出的是强烈的

[①] 刘雪松:《杭州限牌谣言成真 政府失信可怕》,http://star.news.sohu.com/s2014/xianpai/。

愤慨和不满；那么网民对正面信息的"不屑"与"视而不见"，甚至是负面解读；对负面信息的正面解读与肯定，再一次说明积极否定政治文化的强大"市场占有率"。首先，正面信息被负面解读：2014年4月29日住建部部长姜伟新卸任，网易财经一篇《住建部部长：希望退休后大家评价我没白吃饭》的正面报道，① 却引发了上万网民的强烈嘲讽，大多集中在对其在任期间"房价暴涨"的不满，对其能力的质疑，甚至上升到"为官清廉"的层面。其次，负面信息的正面解读：2014年5月15日著名演员黄海波嫖娼事件，不仅没有引发网民"道德讨伐"，反而网络中充满了赞美与支持之词，究其原因从网民的评价中不难其解，网民评论道"黄海波！宁愿嫖娼都不碰女演员，业界良心、德艺双馨、堪称楷模！没女朋友，没结婚，没出轨。不搞潜规则，不玩女明星。自己花钱解决，促进就业拉动生产，没用公款，不开发票，还想要怎样！娱乐圈的典范，业界良心！……没有和谁有过绯闻，宁愿自掏腰包去嫖娼也不潜规则后辈女星，更不会去包二奶、养小三，这样德艺双馨的男人楷模"。甚至出现了模仿汶川大地震的口号："海波不哭、海波坚强、海波挺住"等网络声音，并对后来6个月的"收容教育"表示"处罚过重"。看似"是非不分""黑白颠倒"的网民心态，实则映射着强烈的"否定型"政治心理，而网民一次又一次的网络狂欢，也是政治参与积极性的最好表现。

三 消极否定型网络政治文化

消极是指对政治体系及其输出信息采取一种迟缓、懈怠的行为，而否定则是指该文化类型与现行政府之间存在矛盾与张力，对政府和政治持有批评、批判的态度。该文化类型与积极肯定型在形

---

① 住建部部长：《希望退休后大家评价我没白吃饭》，http://money.163.com/14/0603/20/9TREUJJC00252G50.html。

成原因方面具有相反性，网民群体在社会中遭遇的政治不平等致使他们政治受挫感的产生，而又不能通过现实的正常渠道表达，就会在网络中表达时出现极端化倾向。

但是相比积极否定的网络政治文化而言，此类网络政治文化在性质上表现出与前者的一致性，都是"否定"，但在行为上却表现为迟缓、冷漠与被动等特征。为何网络的虚拟、匿名特征赋予了网民"畅所欲言"的机会，网民在行为上又表现出"消极"现象呢？其因有三：

（1）网络有风险，发帖须谨慎。尽管网络赋予网民极大的自由权利，但是网络并不是绝对自由的"言论场"，位高权重者依然能够利用手中的资源，把隐藏在屏幕后方的现实个体"揪"出来。因此，网民出于对自身利益的担忧，秉着"多一事不如少一事""小心驶得万年船"等心态，将心中的意见压制下来。随着网络技术的发展，隐藏在电脑屏幕后方的主体也不再绝对安全，通过技术手段依然可以查找，加之网络"实名制"及相关法律法规制度的相继出台，网络赋予网民自由的权利正在被逐步蚕食。如2013年9月17日，甘肃省张家川回族自治县初三学生杨某，因"发帖造谣，并被转载500次以上，以涉嫌寻衅滋事被刑拘"事件，诸如此类不绝于网。①

---

① 2006年重庆市秦中飞因一则针砭时弊的短信诗词失去自由，后该案被认定为错案。2007年山东董伟因在百度贴吧发帖内容涉及"侮辱县委书记"，被公安机关送进高唐县看守所。2007年7月18日山东省普降暴雨，一个名叫"红钻帝国"的女网民因为发帖讨论济南暴雨伤亡而遭举报，警方以散布谣言为由对其进行治安拘留。2007年儋州市两名教师网上发帖反对政府对其所在学校进行迁址，被儋州警方认为涉嫌人身攻击、诽谤市领导，两名教师被行政拘留15日。2009年王帅因在网上发布了河南灵宝市被征农地的现状，而被警察带到上海市第二看守所。2009年山东曹县青年段磊因在网上发帖，举报该县庄寨镇委书记郭峰，县检察院称段磊此举造成了极坏的社会影响，以涉嫌诽谤罪提起公诉。此后，曹县法院以"涉及隐私"为由，不公开审理了此案。2010年范艳琼、游精佑和吴华英因质疑公安机关处理的一桩案件，通过网络发布帖子和视频，而获刑。2010年湖北一男子因拍摄上访者照片被十堰市政府送进精神病院。资料来源：网易新闻，《5年来网络"因言获罪"知多少》，2010—04—15，http://news.163.com/10/0415/05/649OBO2U00014AEE.html。

（2）意见领袖的替代功能，使得大多数网民的积极能动性受到抑制。意见领袖在政治新闻评论中发挥着引领性功能，往往网民想说、想做的，早就被意见领袖付诸"虚拟"实践，致使网民形成了"不看新闻真相、不发布评论、只求点赞"的心理。长此以往，网民表达自我政治意见的动力将会逐步下降，例如网民发表的评论中，出现的"我是来看热闹的"等现象。

（3）政府回应失当，造成的"消极"心态和行为。电子政府、政务微博、政府领导对网民关注问题的及时回复，会促使网民的积极性；反之会使网民消极。在人民网"地方领导留言"板块的统计中发现，30多个省级单位的30名省长、30名省委书记中，对网民提问回复数量为0的有7位，回复数量为个位数的有9位（不包括回复数为0的领导），回复数量小于100的有13位，提问与回复严重不成比例。① 并且还存在地方政府"不回复""乱回复"的现象，如中国青年报记者发现宁夏几个县、区政府部门的官方微博，群众的跟帖、评论很少得到回复。② 再如，广西玉林市博白县公安局交管大队通过其官方微博私信回复网民询问，竟出现"你个白痴"等字眼。③ 依据心理学"刺激—反映"理论，网民政治参与期待的回应屡次未能实现的情况下，参与方式、参与热情就会大打折扣，在网民内心会产生对特定政治参与方式"无效"的认识，致使"积极性"的降低。

另外，导致网民政治参与、政治态度和政治心理消极的原因还有，理性政治型网民在不能辨别网络政治信息真假的情况下不愿轻

---

① 人民网，"地方领导留言"板块，2012年10月26日采集数据，http：//leaders. people. com. cn/GB/178291/212877/index. html。
② 《宁夏区县官方微博跟帖罕见回复被质疑成官员0秀场》，网易新闻，2011—03—30，http：//news. 163. com/11/0330/03/70C7AHN700014AED. html。
③ 《官微私信回复咨询"你个白痴"广西玉林公安部门公开致歉》，新浪新闻，2013—12—19，http：//news. sina. com. cn/o/2013—12—19/020929021759. shtml。

易"表态";主体时间精力等方面的限制等,这些因素共同导致网民消极的政治心态,随着该政治心理的强化而形成固定的思维范式。

　　肯定与否定是对网络政治文化的性质判定,而积极与消极则是对网民行为、意愿的考察。持有肯定的政治态度与积极、消极的行为之间虽有关联,但没有必然的联系;同样,持有否定的政治态度与积极、消极之间的关系亦如此。持有肯定的政治态度可能会采取积极的政治行为,也可能保持沉默;持有否定政治态度的网民,在行为上亦可能出现消极、积极、冷漠的政治行为。所以,在行为上的积极与政治态度的肯定、否定和冷漠之间没有直接关系,态度是隐形存在的,而行为是显性外露的,行为反应态度,而态度决定行为,但不能混淆它们之间"表象"与"本质"的区别。

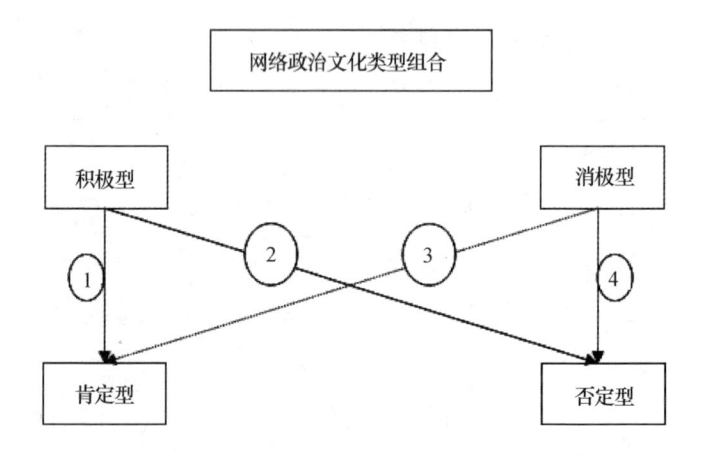

图3—3　不同政治文化类型的组合模式

四　冷漠型网络政治文化

　　冷漠型网络政治文化是一种极端化的类型。在对冷漠型政治文化产生的论述中,以往研究更侧重于消极型政治文化导致恶化的结果，但忽略了积极肯定型的政治文化也可能导致冷漠型的产生，即"刺激过度引发无效反应"。当正面、负面政治信息一开始对网民进行刺激时，产生的政治态度极为明显，当第一波刺激频率增强时，心理波动也比较大。但是，当低频率、高频率，或者高低频率交错进行的刺激长期存在时，政治信息刺激的效果将会与时间成反相关，以致刺激到达一定阶段后再也无法增强特定类型的政治意识的强度，便形成稳定的习惯、习以为常的认知结果，抑或麻木。与前网络时代相比，网民更容易接触到同类型政治信息的刺激，也就更可能导致冷漠型政治文化的产生。如类似"飘过""看客""打酱油"等网络语言，都反映了冷漠的政治态度。

在一些国家网络政治舆论的此起彼伏，并不说明冷漠型网络政治文化的不存在，而是可能揭示了政治型网民更新的迅速，即接连不断的网络政治舆论并不是同一批网民的"杰作"，有可能一些网民已经厌倦而变得冷漠，另一些才刚刚加入，网络政治参与方兴未艾。尤其在那些发展中国家，网络的普及与网民的成长，使得积极的政治型网民逐渐过渡为消极或冷漠的同时，新生的积极型政治网民马上填补了前一代留下的空间，甚至会叠加对现实言论管制的不满，使网络政治态度呈现出貌似火热的假象。但是，当一个国家的网络化水平接近饱和，网民的公民意识达到一定程度之后，网络中的政治态度与舆论也会回归于常态化。

另外，此类型的网络政治文化还存在无法"察觉"的一面。在网络社会中存在多种类型的网民——政治型、娱乐型、工作型、学习型等。政治型网民作为网络政治文化的主体，该群体内部可以分为积极群体、消极群体和冷漠群体，并且该群体的构成也在时时变化，不断地有新的网民加入，也不断有网民"出局"。那些有足够时间精力但从不关心政治的网民，是冷漠型网络政治文化的构成之一；那些不断受挫后表现出对政治"漠不关心"的网民，也是该类型网络政治文化的持有者。无论前者还是后者，在网络政治意见观察、审视和研究过程中，都是"隐形"的存在，难以被察觉。

以上分析，"由外到内"从外界政治环境对网民刺激的角度，讨论了冷漠型网络政治文化产生的原因及机理。但是，在网民政治态度的"输出"过程中，也会产生这一类型的政治文化。当一定数量的网民对某一类型的政治信息发表的政治态度，不被政府重视或者不能引起更多网民的关注，并且此种情形频繁发生后，网民就失去了积极性，内心会产生无能为力、做与不做一个样的思维定式，即冷漠型政治文化的产生。

五 复合型网络政治文化

在政治文化体系内，由于许多次级文化单元的存在，政治文化并非铁板一块，[①] 而是混合的、异质的。[②] 同样，基于不同的标准能够将网络文化分为诸多类型，但每一类型的划定都是研究的需要。在实际的网络社会中，在每一个具体的网民群体层面，甚至在个体网民身上，网络政治文化都是以复合的形态存在。

首先，网络政治文化形成对象的多样性决定了其类型的多元化。网络中存在的政治信息既有涉及政治行为体的信息，也有关于政治体制、政治过程、政策制度等方面的信息；既有传播"正能量"的，也有大量的负面信息；既包含国内政治的新闻，也牵涉国际政治的消息……可见，网络社会中存在着各种各样的政治信息，而这就为网络政治文化的形成提供"客观存在"。

其次，政治型网民政治信息选择的分化致使网络政治文化类型的多样。网民对不同类型的政治信息表现出异质性的态度，对普通

[①] 王乐理：《政治文化导论》，中国人民大学出版社2000年版，第56页。
[②] ［美］加布里埃尔·A. 阿尔蒙德、西德尼·维巴：《公民文化》，徐湘林等译，东方出版社2008年版，第25页。

信息一带而过,对富含超越政治价值的信息表现为积极,至于是积极的赞赏还是积极的批判,则取决于信息本身的性质。但是,通过网民普遍的、经常性的网络政治态度统计,还是可以将网民大致粗略地划分为不同的文化群体。

所以,网络政治文化如同政治文化一样,系统内部也存在诸多类型的"亚"政治文化成分,并且在个体网民身上也有所体现。正如虞崇胜教授认为的那样,"有异才有比较、有比较才有选择、有选择才有进步,这就是人类政治进步的奥秘所在之处"。[1]

网络政治文化与政治文化的类型划分有很大的相似,基本上每一种政治文化都是复合型的存在,体现在单个主体方面也是如此,只不过某一类型的政治文化可能在不同的主体身上体现的各有侧重。相比之下,网络政治文化的类型较前网络时代的政治文化更不稳定,容易受到外在因素的影响,但是在对政治体系、政治稳定、政府权威与合法性等方面,则表现出超强的影响力。

---

[1] 虞崇胜:《政治文明论》,武汉大学出版社2003年版,第166页。

第 四 章

网络政治文化的形成

恩格斯说:"世界不是既成事物的集合体,而是过程的集合体。"①

长期以来,对政治文化的研究偏重于"是什么"和"影响"两个方面,对其形成的过程(外在政治环境熏陶与内在认知内化模式)分析不够。因此,在网络政治文化的分析中,不仅要关注外在于网络政治环境的影响,更要注重个体网民内化政治的思维过程,进而探讨两个空间的互动、互影关系,以及个体向群体的政治文化聚合模式,以期打通存在与意识之间的相互作用关系。

第一节 网络政治文化形成的客体分析

任何文化的产生都无法摆脱缔造该文化的历史存在,正如梁启超所言"凡文化发展之国,其国民于一时期中,因环境之变迁,与夫心理之感召,期而思想之进路同趋于一方向"。② 同样,网络政治文化的形成也离不开网络技术与政治权力的结合,更离不开现实政治社会网络化的大背景。在网络社会中,网络政治新闻、网络政治

---

① 《马克思恩格斯选集》(第4卷),人民出版社1995年版,第244页。
② 梁启超:《清代学术概论》,中国书籍出版社2006年版,第2页。

意见与网络政治舆论等政治信息共同营造着网络政治环境，是网络政治文化的认知客体，对其形成发挥着不同的作用。

一 网络政治新闻是网络政治文化形成的一般客体

1. 网络政治新闻的内涵

新闻是一个比较宽泛的概念，广义上包括社论、消息、通讯、报告文学、录音新闻等，狭义专指信息。本文使用狭义的新闻的概念，以区别网络政治意见与网络政治舆论等。一篇新闻稿件的篇章布局包括标题、导语、主体、背景和结语五个部分。前三者是主要部分，后二者是辅助部分。在信息组成上包含六要素：人物、时间、地点、原因、经过、结果，主要是叙述，偶有议论。为了和国际接轨，将这六要素称为五个"W"和一个"H"即Who（何人）、What（何事）、When（何时）、Where（何地）、Why（何因）、How（如何）。由此看，新闻的主要功能在于描述事实而非评论，这就决定了对政治的评价、态度完全由读者自我产生，而不受他人观点的影响。这是区别于意见和舆论的重要方面。

政治新闻亦称时事新闻或政治要闻，是新近发生的涉及政治、政府及官员的事实报道，是广大群众欲知、应知、而未知的重要政治事实，是经记者、新闻撰稿人等借助文字、图片等符号，将现实政治事件加工而形成的信息形态。网络政治新闻是指发布在网络中与内政、外交等领域相关的各类新闻，在内政方面主要包括国家领导人日常工作，国家发展战略、政治体制改革、政府行政、社会管理、司法建设、廉政建设、公务员队伍建设等，当然，也涉及经济、文化及社会等方面。外交层面上主要涉及国家领导人之间的互访、国际援助、国际摩擦、领土争端、权益纠纷、国家安全、汇率调整、国际合作及移民等方面。

在社会与国家高度融合的态势下，政府可能出现在社会生活的每个领域，这就可能导致政治新闻在内容上涉及诸多方面。另外，本文使用的新闻是狭义上的概念，即专指信息，那么新闻的范围也就不仅限于"新"，还涉及以往的"新闻"，这是由网络超文本链接①所提供的"跟踪服务"。网络的超文本链接，使得新闻超出了"最近事件记录"的原意，成了广泛的政治信息的一种形式。

网络政治新闻存在一定程度的失真问题，即"虚拟仿真学"意义上所指的将政治事实转化为语言、文字、图片及视频等信息形式的过程中，可能导致"信息"与"事实"之间的不对等，信息不能完完整整地描述事实的真实情况。正如鲍德里亚所言："媒介与真实如今处于同一个星云，它的真相是不可得的。"② 主要原因如下。首先，客观原因。将政治事实信息化处理，作为信息符号的表意工具在多大程度上能真实地"再现"事实的本来面目，是信息化处理的一个难题。即便采取了视频资料来代替传统的语言、图片等形式，但作为新闻的视频不可能将事实的原委、整个过程及背景，全部展示。其次，新闻人的能力问题。记者、新闻撰稿人等主体所具有的语言驾驭能力、信息选择、处理及加工等能力，是"主观非故意"导致政治新闻失真的因素。再次，网民对同样信息的反应也是千差万别的，而且不保证偏差、错误认识的可能。正所谓史蒂文森人为的"客体的变形、诡计和策略超越了主体的理解"。③ 最后，主观故意的信息造假。大多数网络政治新闻都是对政治事实的信息

---

① 超文本链接，亦称超链接（linking hypertext; then take measures; hypertext chains）是指从一个文本文档指向其他文本文档或从文本锚点（anchor）指向某已命名位置的链接（link）。具体而言，是指文本中的词、短语、符号、图像、声音剪辑或影视剪辑之间的链接，或者与其他的文件、超文本文件之间的链接，也称为"热链接"（hotlink）。

② ［加］鲍德里亚：《拟仿物与拟像》，洪浚译，时报文化出版企业有限公司1998年版，第68页。

③ ［英］史蒂文森：《认识媒介文化》，王文斌译，商务印书馆2001年版，第245页。

化结果，但也有少数造谣、诽谤和杜撰的"假"信息，这类信息的加工者大都不是职业新闻工作者，而是别有用心的少数人，利用网络达到政治或经济上的企图。

2. 网络政治新闻的特点

（1）时效性强。网络政治新闻因网络的便捷、迅速和发布信息主体的"网民化"，使得此类信息在时效性方面远超传统媒体。传统媒体的新闻报道表现出"隔日新闻"的时间特征，甚至有些信息隔的不止一两天，主要是因为从政治事实的发生、采访、写稿、校对及出版等环节众多，周期较长所致。但这也决定了传统政治新闻的优点在于新闻报道的真实性、完整性都比较强。相比之下，网络时代的政治信息发布，因其主体多、发布平台广、没有严格的审查环节及信息缺乏规范等，使得网络政治新闻成为真正的"新"闻，已经超出了"一发生便被感知"的速度，某些事件在发生过程中网络做到了同步报道。

（2）破除垄断。在前网络时代，政治新闻的发布是政府的专利，报社、电视台及广播电台等信息机构，大都直接或间接地接受政府的领导和监督，尤其在专制国家对新闻的管制更是严格。在网络时代，"国家和政府已经不再垄断一切文化领域和文化事务的领导权、管理权和业务权"。[①] 网络政治新闻的发布打破了政府的垄断，新闻发布的主体分为官方与网民两大类。政府发布的政治新闻多涉及常规的政府工作、人事任免、法律颁布、社会管理及民生建设等领域的正面新闻，主要发布在各单位的官方网站和主流媒体等网络平台。网民发布的政治新闻主要关注于民生、科学、教育、官员监督、执法规范等领域，普遍以监督为主，带有强烈的批评、指责等负面政治态度，主要集中分布在个人日志、个人主页、微博

---

① 施雪华：《政治现代化比较研究》，武汉大学出版社2006年版，第515页。

(Weibo)及论坛等"自媒体"。① 网络政治新闻形成了官网发布积极、正面类新闻,网民发布负面、监督类新闻两大格局,政府发布的新闻较为翔实、全面,网民发布的则通俗易懂、简洁明了。

(3)连续跟踪。网络提供的超文本链接功能,为对网络政治新闻及信息的持续性跟踪提供技术支持。传统媒体对政治新闻大都是一次性报道,即便有类似"连载"形式的报道,也难以使读者获得完整的信息,要么是知因不知果,要么是知果不知因。网络的超文本链接和搜索等功能,使得网民对感兴趣的政治新闻能够便捷地了解其前因后果,或者持续关注发展动态。连续性跟踪主要被各大新闻网站(如搜狐网、网易网、腾讯网、凤凰网、人民网、新华网等)采用。

(4)形式多样。语言文字从文化表达形式的制高点跌落下来,文化符号工具从以语言为中心转向了以图像为中心,即"图像的转向"已经取代了"语言学转向"(罗蒂),当下社会已经在某种意义上成为德波所言的"景观的社会"。网络政治新闻信息撰写的表意符号趋于多样化,由传统单一的文字和少量图片形式,发展到图文并茂、视频、音频等多种形式,使接收信息者由单一的视觉感知,发展到视觉与听觉复合一体的感知。总体而言,语言文字信息在减少,而图片、视频及音频形式在增加。相比之下,网络虚拟空

---

① 自媒体是普通大众经由数字科技强化、与全球知识体系相连之后,一种开始理解普通大众如何提供与分享他们本身的事实、他们本身的新闻的途径。私人化、平民化、普泛化、自主化的传播者,以现代化、电子化的手段,向不特定的大多数或者特定的单个人传递规范性及非规范性信息的新媒体的总称。美国新闻学会的媒体中心于2003年7月出版了由谢因波曼与克里斯威理斯两位联合提出的"We Media"(自媒体)研究报告,里面对"We Media"(自媒体)下了一个十分严谨的定义:We Media是普通大众经由数字科技强化、与全球知识体系相连之后,一种开始理解普通大众如何提供与分享他们本身的事实、他们本身的新闻的途径,典型代表如美国的Facebook和Twitter,中国的Qzone和Weibo等。 (引自:百度百科,http://baike.baidu.com/view/45353.htm)。

间的无限性使得影像资料便于寄存和传播，这是传统媒体难以媲美的。影像形式的政治新闻信息更加直观，信息加工环节较少，更具有真实性。而语言文字的信息存在两个可能失真的环节，一是将事实加工成信息，使用文字诠释事件本身，二者之间实难高度相同；二是读者将语言文字转化为其所指向的事实"意义"，每个人的理解程度、知识背景及判断标准等存在较大的差异，这就导致同样的政治新闻可能产生异质明显的政治评价。所以，现代以影像为主的政治新闻形式，不仅迎合了人们的认知偏好，而且降低了信息的失真程度。

网络政治新闻的特点，很大程度上依赖于网络的优势。由政府主导发布的政治新闻，与传统媒体在新闻自身的内容、结构及用语等方面差异较小，但在时空寄存、接收反馈、类别归档等方面实现了数字化转变。由网民发布的政治新闻大都具有一定的不完整性，而且很多是对正在发生的政治事情的报道，因而具有不断补充的特点。

另外，网民发布的政治新闻还表现出如下特点：①平民化与个性化：美国著名IT专栏作家丹·吉尔默将其专著《自媒体》的副标题撰写为"草根新闻，源于大众，为了大众"（《We the Media：Grassroots Journalism by the People, for the People》）。这便道出了"自媒体"最根本的特点——平民化。从"旁观者"转变为"当事人"，每个平民都可以拥有一份自己的"网络报纸"（博客）、"网络广播"或"网络电视"（播客），"媒体"百姓化、普遍化、大众化，与之相生的便是个性的彰显。②门槛低与运作简单：电视、报纸等传统媒体需要花费大量的人力和财力去运作，并且需要经过国家相关部门的核实、检验和授权，其测评严格，门槛极高，让个人望而生畏。但网络时代"自媒体"的出现，简化了采访、撰稿、编辑、审查、校对、排版、印刷与发行等环节，单个网民运用个人擅长的方式，将自己的见闻编辑成信息"刊登"在个人网络空间中，没有烦琐的审查与高额的成本，使"草根"创造的网络政治新闻更加便捷。③信息庞杂与良莠不齐：每个社会人、政治人都持有各异的政治文化，对同样的政治事件可能萌发相近、相似，或者相去甚远的政治态度。自媒体取消了传统媒体编辑"把门人"的权力，致使各种政治信息"肆意"传播，降低了可信度。

网络政治新闻的特点在很大程度上影响着网络政治文化的形成，其速度快慢、完整程度、真实与否、吸引力大小、"生命"强弱及关注热度等，都会影响网民的政治心态，进而渗透到文化层面。

3. 网络政治新闻塑造网络政治文化的功能

网络政治新闻的内涵与特点决定了其对网络政治文化的作用，主要表现在以下几方面。

（1）网络政治新闻为网络政治文化的形成提供了一般性的认知客体。

网民对政治事件及问题的认识基本上都是通过对网络新闻的浏览而获得的，当然有很多是曾经的"政治新闻"或应称之为"政治信息"。在网络空间中，网络政治新闻是政治信息最大的构成部分，虽然其重点在于陈述政治事实，但借助网络的特质成为其他网民了解政治问题的第一手资料。政治型网民可能每天都会浏览相关感兴趣的政治新闻，在日积月累的认识过程中，某一类占其浏览比重较大的政治新闻所产生的政治意见，就会内化为稳定的政治思维定式，成为一种"先验"的认识类似政治问题的观点，即网络政治文化。所以，网络政治新闻对网络政治文化最大的作用就是提供了大量的素材。

（2）网络政治新闻的连续性为网络政治文化的形成提供了稳定的对象。

网络政治文化的形成始于政治意见的产生，终于该类意见积累所达到的感情化发展。网络中同质政治信息的长期存在，或者某一信息所附带的价值观完全颠覆了大多数人的标准底线，抑或某一政治问题引发了网络传媒对其长期、连续的新闻报道，等等，这些都为网络政治评价活动的开展、意见及态度的产生，提供了客观的、稳定的、连续的认知对象，使得某一类性质的政治信息刺激持续地作用于网民，最终可能导致内化成稳定的政治情感习惯。

（3）网络政治新闻诱发了网民的政治热情并将其政治心理"外显"。

网络新闻的版面设计以类划分、以链接递进、以延伸展开，每个网站的首页按类罗列信息的标题，将整个网站的所有信息都呈现在首页之上。网民浏览的是新闻标题，而非整个新闻的全部（引语、正文、背景、过程等）。网络"点击经济"促使新闻发布者撰写标新立异、极具夸张的新闻标题，以吸引更多的网民点击。尤其是政治类新闻信息，发布者深谙社会公众的政治信息心理消费需求，尽量迎合网民关注的热点，撰写新闻标题。但因政治新闻的特殊性及网络媒体基于职业道德和规范的约束，以及担心发布不负责任信息可能招致政府的施压等多方面的考虑，网络政治新闻的标题虽非常具有"吸引力"，甚至存在夸张的成分，但正文则较为客观。这一网络政治新闻现象，不仅会调动网民的政治积极性，还会诱发网民表达可视的（网民以文字、图片及表情等形式展示自己的政治态度）政治观点。

网络政治新闻在网络政治信息的构成中占据相当大的比例，是网络空间中最为普遍的信息，将最新发生的关乎政治的信息"播"而广之。如果在传统传媒时代，媒体拥有绝对的主动、而读者是被动地接收的话，在网络时代网民虽拥有了较大的自主选择权，可以以较低的成本搜寻感兴趣的信息，但网络的主动权并未完全丧失，甚至这一权力实现了倍增。网络对重大政治新闻的发布，不再仅限于上载到官方网站、各大新闻网站,以等待网民浏览,而是发布在各大论坛、聊天室等公共网络空间,甚至通过在线终端电子设备,自动弹出窗口,强力发布政治新闻。

前网络时代因信息传播技术的落后、交通条件的不发达及政治接触低频率等因素,公众对政治的认知,基本上来源于亲身经历或者口耳相传。但作为"第四媒体"的网络,为网民政治文化的形成提供了大量的政治新闻信息,网民不需要再亲身经历,更多的是分享别人的政治经历或观点,这就为网民的政治文化形成提供了大量的"客体"。

二 网络政治意见是网络政治文化形成的特殊对象

在"双向度的去中心化的交流"[①]的网络氛围中,每一个网民可以自由地表达个体的政治态度,有可能掌握话语权,有条件促成政治意见的自由交流市场,他们从自身的价值标准出发,针砭时弊、分析问题、发表观点。

1. 网络政治意见与网络政治文化的关系

网络政治意见从本质上说是一种态度,是个人或组织在网络媒体上就政治新闻所发表的评价性观点,是网民基于社会公约、交往规则、伦理道德及风俗习惯等价值标准对政治新闻所发表的看法。而且,网络政治意见更侧重强调"个体"性,是一种低烈度的政治舆情。

网络政治意见与网络政治文化是一种互相影响的关系。政治意见反映了网民所持有的政治文化属性,后者是前者的内在价值支撑,决定着前者的性质;反观之,网络政治意见的表达会强化已有的政治心理,并且还会影响其他网民的政治观点,是网络政治文化

---

① [美]马克·波斯特:《第二媒介时代》,范静晔译,南京大学出版社 2005 年版,第 7 页。

形成的特殊对象。前文论述过网络政治文化的两个主要部分：一是，在网下形成的政治文化经过网络传播，被扩大和强化。政治文化作为一种隐性的存在并不能直接外显和传播，必须借助一定形式间接反映。在网络社会中，网民借助对网络政治新闻的评论、转帖、顶帖等行为，反映他们的政治态度。在此过程中，网民一方面将已有的政治文化外化，另一方面，又强化了已有政治心理的强度。二是，在网络中形成的政治文化。网民在浏览政治新闻及相关评论、意见的同时，也会被这些已有的政治意见所同化，不断重塑自己的政治观点。长此以往，网民原有的政治文化会不断发生变化，也可能产生新的政治文化。

网络政治意见虽对网络政治文化的形成具有一定的外在刺激作用，但相比而言，它的作用效果强于网络政治新闻，却次于网络政治舆论。网络政治新闻与信息大多是对现实事件的客观报道，重在陈述事实的时间、地点、过程、原委及影响等信息，很少直接涉及评价。即便新闻信息体现了撰稿人或记者的政治态度，也大都隐含地体现在措辞、语气及图片选取等细微方面。所以，网络政治新闻对网民政治意见、政治文化及舆论的产生都存在一定的影响，但在程度上属于低烈度。网络政治意见直接表现了网民的政治偏好，对新闻所反映对象的好恶，会直接影响其他网民的政治态度。

2. 网络政治意见的"实体"及内在流动结构

（1）网络政治意见的真实"实体"指向是现实政治问题

任何思想都深深地扎根于现实之中，[①] 网络政治意见的"实体"指向也是现实的政治问题。网民的政治意见大多是对网络政治信息的认知的产物，但真正意义上指向网络政治信息所反映的政治问题本身。政治是难以直观的，而其载体——政府却是客观现实的

---

① 丁志刚：《政治价值研究论纲》，《政治学研究》2004 年第 3 期，第 74 页。

物质存在。因此，政治文化很大程度上来源于对政府的认识及与其之间的关系。同样，网络政治文化的直接客体虽是网络政治信息，但这些信息是与政府各方面息息相关的，主要包括：①政府公务员方面：公务员的行政行为规范、服务态度、行政效率、廉洁与否、个人言论及个人私生活等方面的信息；②政府职能方面：对民主政治建设的推动程度，管理社会职能的绩效大小，保护公民合法权益的能力升降，维护社会公平正义措施的有效程度，维护国家安全与利益的手段与措施，促进经济社会和谐发展的能力，以及涉及科教文卫等公益事业的建设水平等方面的信息；③政策法律法规建设及执行方面：虽然当前各国政府都表明是人民的、大多数人的政府，基本上大多采用了共和制，但在具体政策的制定方面还是会出现危害社会多数公民利益的情况。政府依据法律管理社会，但若出现非正义、非公平、不合理的法律，必然会引发公众的抵制与反抗。

在网络社会中，网络政治意见除了来自网络政治信息之外，对政府对网络的管理，也是产生政治意见的重要渠道。政府在网络的畅通与否、速度快慢、网络法律、网站存废，网络政治信息的"生命"长短，以及网民评价平台是否开放等方面，起着主导性的作用，掌握着绝对的权力。政府如何行使网络权力，将直接关系着网民意见的性质。一个依法"办网、管网、治网"的政府，会赢得网民的支持；若一个政府通过严格管制以期达到"噤声"效果，以"断网、关网、封网"来消除网民对政府的批评，只能引发网民更加强烈的意见。这种网络政治意见与针对网络政治信息产生的意见，有着本质的区别，主要体现在意见产生的客体差异方面，前者的客体是政府对网络的监管行为，而后者是现实政治问题的符号化了的信息，真正客体是信息所传递的政治问题。

（2）网络政治意见的内在流动结构

网络政治意见的流动具有一定的规律性与结构性特征，揭示这两个方面的问题将有助于反观网络政治文化形成过程中，政治意见所发挥的作用及其发展的方向等问题。网络政治意见的流动是指网民表达的政治意见在传播过程中，在路径、聚合方式等方面所表现出来的相似性与共同点。网络政治意见的结构性主要包括两方面，纵向层面上的烈度结构与横向层面上的性质与类别聚合结构。

网络政治意见的流动规律性主要体现在路径的相似，主要路径有两种：一是首先发表在个人微博、博客之中，后被大量媒体及网民所转载，这一方式比较适用于"粉丝"量较大的名人微博。二是首先出现在网络公共社区之中，如论坛、聊天室及QQ群等网民数量较多的地方，然后经网民传播，这一路径是草根网民提升影响力的重要途径。

两种政治意见流动的模式在一定程度上反映了网民的政治文化性质及程度，发表在个人微博、博客中的意见，说明网民对意见指向的政治问题反应不是非常强烈；那些发表在网民较多地方的信息或政治意见，则表明网民持有较为强烈的政治心理倾向；那些将政治信息与意见粘贴到各大论坛及尽可能的平台的网络行为，则反映了网民强烈、激愤的政治态度。那些拥有充分时间与精力，但对网络政治信息不屑发表意见的网民，持有冷漠型的政治文化。所以，网民选择何种网络平台来展示自己的政治意见，直接反映了其对政治信息的态度，间接揭示了所持有政治文化的性质与程度。

3. 网络政治意见的特点

（1）主体多元。网络政治意见主体主要由三部分构成：专家或网站内部评论员、记者及撰稿人、草根网民等。从时间上看，最早表达政治意见的是记者及新闻撰稿人，虽然这类主体极力回避个人态度掺杂于实时报道之中，但难掩其个人价值追求的彰显。草根网民紧跟其后，对政治新闻发表及时、感性的评价。专家和评论员在网络政治舆论渐成之际，从理论与制度层面上冷静地分析，发表比较理性的政治意见。不同政治型网民的政治意见的质量与时间顺序正好呈反相关关系，专家和评论员的意见比较科学、理性和全面，记者与撰稿人的政治意见表达得比较模糊与隐蔽，而草根网民群体的政治意见多带有感性、偏激的成分。

（2）性质多样。因网络虚拟身份造成了网民的"无责任"心态，多数政治意见比较偏激、感性、肤浅、缺乏理性思考与深度分析，这种意见多"难登大雅之堂"，甚至危害社会稳定。少数专家及评论员的政治意见，则体现出论点清晰、论据充分、论证有力、逻辑严密等特点，加之该主体的社会名人效应，使其意见极具张力而迅速传播，具有较强的舆论引导力。

（3）数量庞大。网络政治意见表达主体的多样、意见载体的多元及意见输出渠道的多重，都使得网络政治意见实现了量的剧增。从数量方面看，草根网民的政治意见占据大多数，专家与评论员的意见居中，记者和撰稿人所占比例最少。往往政治新闻刚一上网，网民的评论就会大量出现，上千上万条的评论极为普遍。而那些触动网民神经的政治新闻，更是会诱发大量网民的评价。

（4）载体各异。从意见载体来看，草根网民的政治意见多出现在个人博客、微博、论坛，尤其集中在具体时政新闻下方的"我要留言"或"面部表情"之中，专家与评论员的意见多刊发在媒体主页、评论专栏中与官方微博等平台，而记者和撰稿人的意见多数情况下出现在特定网页专栏之中，但微博、论坛也是简报、快报发布的主阵地。

（5）形式灵活。普通政治型网民作为网络政治新闻快餐化和浅阅读的消费者，较少能形成全面、客观的意见，大多是第一感觉的直接流露，意见多是三言两语，开门见山、只表其意。专家与评论员的意见相比而言，就比较全面、理性，在篇幅简短、语言精练的评论中，能够基于客观事实、全面把握地进行理性分析。在文风上，不像报纸那么严肃，网络评论更加通俗易懂、生动活泼，契合了普通网民的阅读需求，甚至能找到"志同道合"者。

4. 网络政治意见具有促成与外显网络政治文化的双重功能

网络政治意见作为网络政治文化形成的特殊对象，其所附带的政治态度与情感倾向，使其具备了塑造、解构与重构网络政治文化的功能。

第一，网络政治意见对网络政治文化的塑造功能。网络政治意见本身就是网民政治态度的外显，是内在政治文化的"物化"，附带着对政治认知的评价，表现为意见的积极与消极、肯定与否定、支持与反对、喜好与讨厌等方面。反过来，已经呈现在网络中的政治意见对后来者而言，也是认知的对象。网民不仅会浏览一般的政治新闻与时政要闻，而且对感兴趣的新闻还会翻看下方的网民留言与评论。这些评论具有较大的相似性，对其他网民的政治意见与看法影响较大。长此以往，势必会不断解构、重塑网络政治文化。

第二，网民在表达政治意见的同时，强化、重塑原有的政治文化。网民较高频率地表达某类性质的政治意见，会强化既定的认知，积淀成习惯的思维倾向。现实社会的诸多约束使得个体平庸化，不敢彰显个性，但网络为自我展示提供了绝佳的平台。网民极力表达标新立异的政治意见，以彰显个人的学识与独到的见解，当被其他网民认可并大量转载时，这种政治意见带来的自豪感就会刺激所表达政治意见的强化。然而，一般网民随意、感性的政治意见很难实现与众不同，大多数都近乎相同或相近。但当普通人的政治意见与政治家、学者及名人的观点相同时，就会使这些网民产生不同程度的优越感，使其对表达的政治意见记忆深刻。另外，网络政治意见被政府采纳，也会使网民在感到自身价值的同时，强化政治意见表达的方式与意见内容的积淀。所以，就网络政治意见的主体向度而言，网民表达的政治意见及结果，会强化其持有的政治态度与情感，进而通过个体到群体的变化影响整个网络政治文化。

网络政治文化的形成犹如滴水穿石，是大量政治意见、政治态度与政治情感等多方面的因素，共同合力、长期作用的结果。网络政治意见只作为其形成的重要影响因素，一方面解构网民原有的政治文化（可能形成于现实社会），另一方面塑造网民在网络政治意见熏陶下的网络政治文化。虽然，网络政治意见在政治态度、政治立场及政治情感等方面比网络政治新闻表现得更加明显，但又不及网络政治舆论。

三 网络政治舆论是网络政治文化形成的"强化剂"

网络政治新闻是陈述政治事实，网络政治意见是对政治的一般评价，而网络政治舆论则是强烈度的政治意见汇集，极大地影响着网络政治文化的形成。网络政治舆论作为短时间内、持有相同或相近政治态度的多数网民政治意见的积聚，不仅反映了网民群体政治心理的趋同，而且建构了一个富有强烈"吸纳能力"的网络政治环境，以此来同化其他网民的政治意见，并借助强大、无处不在的"声音"来增加对网民的刺激频率，最终影响网民政治态度的形成。

1. 网络政治舆论的内涵

舆论是"社会上值得注意的相当数量的人对一个特定问题表示的个人意见、态度和信念的汇集"，[①] 是一种"松散而又复杂的集合"。[②] 德国哲学家克里斯蒂·格里夫认为："舆论是一个国家的大多数公民，每人反省或实际了解某事件所得到的判断后，许多人的共识。"[③] 美国政治学家伯纳德·亨尼斯认为，"舆论是有显著多数

[①] 《简明不列颠百科全书》（第九卷）中文版，中国大百科全书出版社1986年版，第228页。

[②] [美]詹姆斯·M.伯恩斯：《民主政府》，吴爱民等译，中国社会科学出版社1995年版，第426—431页。

[③] Christain Garve, *The New Encycloprdia Britannnica*, Volume 15, p. 221.

的人，对一般重要性的问题，所表达好恶的综合体"。① 从这些定义之中，可以看出舆论概念的三个构成要件：主体的规模性、客体的特定性、结果的集合性。

政治舆论作为舆论的一种类型，有其特定的内涵。潘一禾先生认为，政治舆论就是"把公众对政治问题和与政治问题直接关联的，以及那些虽不属于政治问题，但是有政治意义的意见的集合，即有'政治属性'的意见集合称之为政治舆论"。② 李道揆先生认为："舆论是群众对国家的政治、政府政策、公共问题和对负责处理这些政策和问题的人所公开表示的意见。"③ 可见，李道揆先生将一般的社会舆论与政治舆论视为同一个概念。传播学专家刘建明先生认为："政治舆论是关于政治问题的社会普遍意见。"④ 由此可见，政治舆论的主体应该是那些具备"政治人"身份或公民意识的个体，因同质性的政治意见联合而形成的群体；政治舆论的客体是与"政治"相关的各类政治问题，包括政治家、公务员的所有私人或公共行为、政府出台的政策、行政的方式、司法等各方面；政治舆论的结果状态是相同或相近政治态度、意见的聚合。

网络的出现与普及使得一般社会舆论与政治舆论有了新的发展，"网络政治舆论"⑤ 也就呼之欲出。关于这一概念，美国学者 Bimber, B. 和 Davis, R. 认为"在互联网空间中对公共事务的关注

---

① Bernard, C. Hennessy, *Public Opinion*, *Belmont*, Ca.: Brooks/Cole Publishing Company, 5th ed. 1985. pp. 8 – 13.
② 潘一禾：《观念与制度：政治文化的比较研究》，学林出版社 2002 年版，第 254 页。
③ 李道揆：《美国政府和美国政治》，商务印书馆 1999 年版，第 73 页。
④ 刘建明：《宣传典论学大辞典》，经济日报出版社 1992 年版，第 348 页。
⑤ 网络政治舆论也称网络舆情，英文多采用 Electronic public opinion, Internet public opinion, Online public opinion 等词语表达。相比之下，Electronic public opinion 对载体的规定更为宽泛，包括互联网、手机网、电台及电视"电子媒介"。Online public opinion 对载体的规定则稍微缩小，包括互联网、智能手机等能够登录虚拟空间的高智能媒介。Internet public opinion 则专指互联网。目前，国外对网络政治舆论通用的是 Electronic public opinion (EPO)，可见，国外对"网络"的界定较为宽泛。

并引发的聚集效应,就是政治舆论的新形态"。① 崔蕴芳博士认为:"网民利用网络手段公开发表的对公众事件的意见总和。"② 徐家林认为:"网络舆论是随着网络的发展和普及而出现的一种舆论现象,网络政治舆论是指直接或间接针对政治系统的网络舆论。"③ 由此归纳可知,网络政治舆论是指网民个体对现实或虚拟的政治问题的意见,在网络空间中自由表达、充分交流与互动过程中形成的较为一致的群体性政治态度的聚合。基于上述分析,网络政治舆论的主体是网民,更精确地说应该是关注政治问题的网民,不再是广泛意义上的公众;客体是与政治相关的一切事件,包括网络政治与现实政治两大领域;载体则是以博客、微博、论坛等形式为主的虚拟的网络空间平台。

可见,网络政治舆论不是一般的陈述政治事实的新闻,也不是低烈度的单个网民的政治意见,而是大多数网民针对某一政治问题,在网络中短时间内形成的"意见风暴"。

2. 网络政治舆论与网络政治文化的异同分析

网络政治舆论与网络政治文化这两个概念不像政治文化与政治系统那样泾渭分明,二者同属于政治人的主观形态,都是对政治认知的主观产品,具有一定的相似性。对此,潘一禾先生认为"政治舆论更接近、甚至重叠于政治文化"。④ 但是,作为两个不同的概念,两者必然存在差异,为此值得深入分析。

(1) 网络政治舆论与网络政治文化的相似性分析。

首先,网络政治舆论与网络政治文化有着共同的主体——网

---

① Bimber, B. and Davis, R., *Campaigning Online: The Interner in US Elections*, Oxford University Press, 2003. p. 36.
② 崔蕴芳:《网络舆论形成机制研究》,中国传媒大学出版社2012年版,第19页。
③ 徐家林:《网络政治舆论的极端情绪化与民众的政治认同》,《马克思主义与现实》2011年第3期,第174页。
④ 潘一禾:《观念与制度:政治文化的比较研究》,学林出版社2002年版,第254页。

民。网络空间的行为体主要是政治型网民（Netzens），也被称为"网络草根共同体""公民下议院"，或者桑斯坦"回音室"的制造者。依据他们关注政治的频率及政治能力，可以分为"普通大众（Mass public）、政治信息的制造者（Opinion public）和专注公众（Attentive public）"[①]三类，后者被保罗·拉扎斯菲尔德和卡茨称为"意见领袖"。在网络政治舆论形成过程中，意见领袖发挥着引导性作用，普通大众发表一般性政治意见，是形成舆论的直接推手。总体而言，网络政治舆论与政治文化的主体都是网民，二者的主体存在高度的重合性。

其次，网络政治舆论与网络政治文化对象的相似性。所谓对象，就是形成网络政治舆论与政治文化的外在刺激因素。政治系统中的每一个因素都可能成为舆论的导火索，成为政治舆论的核心议题，尤其是那些严重挑战社会行为规范、道德准则的政治问题，更会成为舆论的素材。[②]而政治文化作为"政治系统和系统的各个部分的态度，以及对系统中自我角色的态度……是内化了的政治系统"，[③]其认知的对象也是整个政治系统。可见，二者在对象指向上大体是一致的。在网络环境下，两者的对象不再局限于现实的政治体系，已经扩散到虚拟与现实的双重政治领域，既涉及现实政治生活中的各类政治问题，也包括政府对网络的治理、官员行为等方面。就对象属性而言，二者都是对"政治信息"的反映，而不是对亲身经历、亲眼所见的政治问题的直接事实。所以，两者形成的前

[①] ［美］詹姆斯·麦格雷戈·伯恩斯：《民主政府：美国政府与政治》，吴爱民、李亚梅等译，中国社会科学出版社1995年版，第427—435页。

[②] 王文宏总结了引发网络舆论的"八个爆炸点"，即涉"官"与涉"腐"，涉及贫富差距，涉及公平正义，涉及民族主义、宗教信仰与中外关系，涉及伦理道德，涉及民生，涉及公共安全，涉及娱乐明星。参见王文宏《网络文化多棱镜——奇异的赛博空间》，北京邮电大学出版社2009年版，第30—31页。

[③] ［美］加布里埃尔·A.阿尔蒙德、西德尼·维巴：《公民文化》，徐湘林等译，东方出版社2008年版，第12—13页。

提都是网络政治信息,但实际客体是现实社会与虚拟空间中涉及政治的客观存在。

最后,网络政治舆论与网络政治文化具有相同的介质——网络空间。网络政治舆论与政治文化的主体是网民,原客体是政治问题,沟通主客体的介质是互联网,并且互联网空间还建构了虚拟的模拟场景,使得网民身份符号化、政治问题信息化,在网民交互的讨论过程中产生了政治舆论,同时影响着政治文化的发育。在网络空间中,信息传播的迅速、信息吸引力的增强,使得更多的网民被纳入政治的议事日程。[1] 在这里每个网民都希望自己成为"意见领袖",能够引起别人关注,而且网络世界的相对匿名性,使个人对自己行为的责任心减少。由于惩罚概率的下降,他们敢于抗议那些有权者。[2] 于是,"人们通过网络可以迅捷地交流思想和情感及大量的各类信息,网络化成为意识形态对话中最值得关注的境遇和场景",[3] 形成虚拟的"广场政治"与"街头政治",使得传统的政治动员、政治参与、政治表达借助网络实现了新的发展。可见,互联网作为一种传播媒介,为相对自发的、灵活的、自治的公共舆论提供了理想的场所,[4] 使网络空间成了"观念的自由市场概念",[5] 成了网民"畅所欲言"地表达政治意见的"广场"。

另外,网络政治舆论与网络政治文化都是主观的政治产品,都是虚拟空间中更加真实的政治态度的表达,都会对现实的政治生活

---

[1] Mitra, A., "Marginal Voices in Cyberspace", *New Media and Society*. 2001. 3 (1). p. 34.

[2] Johnson, T. J., and Kaye, B. K., A Boost or Bust for Democracy? How the Web Influenced Political Attitudes and Behaviors in the 1996 and 2000 Presidential Elections", *Press/Politics*. 2002. 8 (3). p. 32.

[3] 刘先春、关海宽:《网络化境遇中的意识形态间对话》,《理论与现代化》2011 年第 2 期,第 10 页。

[4] Andrew Chadwick, *Internet Politics: State, Citizens, and New Communication Technologies*, Oxford University Press, 2006, p. 89.

[5] J. Herber Altschull, *Agent of Power: The Role of the News Media in Human Affairs*, Longman Inc., 1984. p. 21.

产生直接或间接的影响。因之，两者之间存在诸多的相同点。

（2）网络政治舆论与网络政治文化的差异比较。

网络政治舆论与网络政治文化虽然存在诸多的相似，但作为两个不同的概念被提出来，二者之间也存在诸多差异。

首先，形成向度的差异，网络政治舆论是网民政治意见的横向聚集，而网络政治文化则更多地强调政治意见在个体思维层面上历时纵向的积累之后横向的汇聚。网络政治舆论的形成是网民个体针对某一政治问题所形成的政治意见，借助网络空间平台，在相对较短的时间内集中表达，那些相近的大多数意见便会凸显出来，形成舆论。可见，网络政治舆论是松散的网民个体政治意见在时间和空间二维层面上的横向聚合。网络政治文化的形成在个体意识层面上呈现出"认知→评价→态度→情感"的模式，尤其是"政治情感"的形成依赖于相近政治态度的不断积累，需要一个长期的过程，这就使得网络政治文化的形成体现出历时的纵向的时间跨度。二者的这一区别也可以视为主体数量特征的群体与个体差异。

其次，目标指向的差异，网络政治舆论对象的特指与网络政治文化对象的泛指。虽然二者都是对政治问题的反映，但在具体目标指向上还是存在一定的差异。网络政治舆论多是针对与政治有关的具体问题，尤其是那些严重挑战伦理道德底线、违反社会行为规范及强烈冲击普遍价值观念的政治问题，极易引发网络"声讨"。而网络政治文化多是网民对某一类政治问题所产生的普遍的政治态度，并不专指某一政治问题。对此，潘一禾先生就认为："政治舆论的对象多指向具体的政治事件、政治家及公务员的行为及政策等方面，而政治文化则多指向政治制度和系统等更为基本的方面。"[1]二者的这一差别也可称为对象的特殊性与普遍性，网络政治舆论是

---

[1] 参见潘一禾《观念与制度：政治文化的比较研究》，学林出版社2002年版，第261—262页。

对"特殊"关注形成的"意见风暴",而网络政治文化则是从特殊性中提炼出来的普遍性认知结果的固化。

再次,直观把握的差异,网络政治舆论的直观性与网络政治文化的隐匿性。网络政治舆论可以通过网民的网络"留言、顶、鼓掌、拍砖"等行为的数量,网帖在论坛里的位置(越置顶表明越受关注),及网帖的转载量与跟帖量,等等,对其规模与性质进行较为直观的观测与统计。可见,网络政治舆论具有一定的直观性。然而,网络政治文化作为一种内化于网民内心的政治行为的'软'规则,则是无法对其进行直接观测的。在前网络时代对政治文化的分析大多采用阿尔蒙德的社会学调研方法,然而在网络时代则可以通过网民的言语、行为及网络政治舆论的态度倾向来间接把握。所以,网络政治舆论通过可直观的物化了的行为数量来把握,而网络政治文化则要透过网民政治行为,深入内心世界去探究,二者的这一差异亦可称为现象与本质的区别。

最后,形成时间跨度的差异,网络政治舆论的短暂性与网络政治文化的长期性。这一区别主要从时间角度考量二者的形成快慢与持续期限。网络政治舆论大多指向那些严重的政治问题,这就极易引发网民的"围观",加之网络的便捷与迅速,导致短时期内形成强大的"声暴场"。网络政治文化的形成则需要同一类事件的频繁刺激,而这又不可能在短时间内实现,另外,在个体内心的政治心理积淀更是一个反复、长期的过程。网络政治舆论是政治态度的聚合,而网络政治文化是政治情感的积淀,前者会随着关注问题的解决而消散,也会随问题的突变而发生质的变化,而后者却可以脱离与之对应的政治体系而长期存在,并发挥持续性的作用,并且"一旦形成就具有超强的稳定性"[①]。

[①] Harry Eckstein,"A Culturalist Theory of Political Change",*American Political Science Review*,Vol. 82, No. 3 (Stember, 1988), p. 793.

因之，网络政治舆论是具体的、表层的、暂时的网民政治情绪的爆发，而网络政治文化则是普遍的、深层的、长期的政治情感的积淀，两者之间存在诸多差异。

3. 网络政治舆论是网络政治文化形成的重要推手

网络政治舆论与网络政治文化虽然存在诸多的差异与相似，但是二者均作为对"政治"的主观认识结果，其中也必然存在诸多的内在联系。网络政治舆论既是网络政治文化形成的外在刺激因素，又是后者的外显；网络政治文化既是网络政治舆论的基础性价值支撑，又是后者不断作用的产物，二者互为表里，相互作用。对此，高洪涛认为，"舆论是政治文化的一种表现形式，舆论表现一定有其政治文化的背景"。[①]

（1）网络政治舆论具有解构、建构网络政治文化的双重功能。

第一，网络自身特质决定了网络政治舆论对网络政治文化的强大塑造功能。政治文化虽然是内化了的政治体系，但这一结果的实现依赖于诸多政治社会化手段的合力。客观地讲，政治文化当中只有一少部分是政治参与的结果，这部分仅限于政治过程（选举、议事、游行示威等）和政策的服从（交税、守法等）两方面，其他大部分则是政治社会化的结果。在前网络时代，传统传媒（学校教育、书籍、报纸、电视、广播等）通过向社会传递政治信息，扮演着塑造政治文化的角色，但这些传媒只能由政治体系内向社会输出信息，而不能将社会意见输入政治系统，造成单向的信息传递。网络时代，互联网作为沟通网民与政治体系之间重要的路径，不仅为网民群体提供了大量的政治信息，而且还创造了模拟的虚拟政治空间，使得相近的政治意见大量汇集，形成强大的"舆论磁场"，吸引更多的网民参与，并引起政治体系内部主动输入。相比之下，普

[①] 高洪波：《政治文化论》，中国国际广播出版社1989年版，第139页。

通政治信息对网民的影响甚微，只有那些冲击力较强，挑战网民内在价值底线的政治信息，才可能激起网民的"声讨"，而这恰恰是网络政治舆论产生的前提条件之一，也就是在这种不断的"声讨"过程中，网民的政治文化不断被解构、重构。另外，网络政治舆论与"非网络型"的政治舆论相比，因其具备了模拟的"场景性"和直观性，而比后者的影响力更大。可见，网络政治舆论对网络政治文化的塑造力，比一般社会政治舆论和一般网络政治信息，都要明显得多。

第二，网络政治舆论的性质影响着网络政治文化的性质。网民对政治信息的选择性消费会潜移默化地影响他们的政治文化，当网民积极参与对某一政治相关事件的讨论时，或深陷网络政治舆论时，他们的政治态度则会因群体吸纳效应，更容易发生趋同性的改变。心理学研究表明，个体的理性只有在个体身份充分彰显的情况下，才会得以有效发挥；而在群体性运动或集体声音中，个体的意见和行为更容易被群体同化。网络政治舆论作为网民意见的聚集，在其形成过程中会不断同化各种的意见，使舆论不断扩大，并改变网民的政治态度。尤其是那些在网络中经常参加讨论政治的网民，或者经常关注特定问题的网民，更容易导致他们既有政治文化性质的变化。所以，相比一般网络政治信息而言，网络政治舆论建构的政治环境成为塑造网络政治文化的强力刺激因素。如果网络中接连不断地出现负面的政治舆论，而固定的网民群体又持续地关注、参与这些舆论，那么，这些网民势必会产生消极的网络政治文化。而那些经常关注正面政治信息或者舆论的网民，则更容易形成积极的网络政治文化。相比之下，无论源于媒体"第四权力"的职能偏好，还是网民出于对政治的挑剔，负面政治信息、政治舆论总是无时无刻地、无处不在地充斥着网络，这就极易造成整个网民群体政治文化的消极化发展趋向。

虽然网络政治舆论对网络政治文化的形成、发展起着重要的塑造作用，对非网络型政治文化发挥着解构、重塑的功能，但这是一个非常缓慢的、长期的过程。然而，网络政治文化对网络政治舆论的决定性作用，则是直接的、即时的。①

（2）网络政治文化是网络政治舆论产生的内在价值支撑。

网络政治舆论虽是对具体政治问题的意见汇总，但决定网民政治意见的根源是政治文化，网络政治文化为网络政治舆论提供了基本的政治价值标准、形成模式、政治偏好，甚至影响其性质。可以说"政治文化对意见的表达和舆论的发展划定了某种边界，要求舆论不得超出这种范围"。②可见，网络政治文化是决定网络政治舆论的内在因素。

首先，网络政治文化所蕴含的政治价值，为网民提供了基本的价值判断标准。政治价值来源于一个社会的整个信仰体系，它是这个社会在长期的历史发展中不断磨合、取舍而形成的相对稳定的观念。③网络政治文化更接近于阿尔蒙德所指的"参与—理性"公民政治文化，这种文化是与民主政体相吻合的现代政治文化。因此，网络政治舆论宏观上表现出来的政治参与的扩大、参与程度的加深、参与方式的规范、政治态度的理性等特征，实质上揭示了网民群体微观层面对民主、自由、平等、正义、共和、法制等现代政治价值的追求与信仰。正是网络政治文化所蕴含的政治价值，为网民提供了评价政治问题的依据与参考标准。网络政治文化价值的普遍性与相似性，有效地解释了为何会出现"一呼百应"的现象。政治问题所夹带的价值取向与网民普遍持有的政治价值之间的偏离程

---

① Agre, P. E., "Real-Time Politics: The Internet and The Political Process", *Information Society*, 2002, 18 (5), p. 31.

② 潘一禾：《观念与制度：政治文化的比较研究》，学林出版社2002年版，第262—267页。

③ 施雪华：《政治科学原理》，中山大学出版社2006年版，第928页。

度，直接影响着网络政治舆论的规模。严重背离普遍政治价值的政治问题，可能引发大规模的负面的、否定的网络政治舆论；当政治问题体现的价值与大多数网民持有的政治价值较为接近时，不易产生舆论；当政治问题显示的价值与网民既有的政治价值高度一致，或更高于网民的政治价值时，则会产生积极的政治舆论。可见，网络政治文化不仅为网民评价政治问题提供了考量标准，而且还决定着网络政治舆论的性质。

其次，网络政治文化的形成路径为网络政治舆论的产生提供了基本的模式。"非网络型"政治文化的形成路径为"认知→评价→态度（前三各个环节的多次循环）→情感"，而网络政治文化的形成模式为"认知→态度（循环）→情感"，主要差别在于多数网民在"评价"环节缺位的情况下，直接形成吸收了意见领袖的态度。网络政治舆论形成的图谱大致为政治信息制造（微博、QQ）→论坛转载→网民围观→专家评论→记者深度调查、报道→意见汇集→政治舆论形成。在大量的网络政治信息中，附带着信息制造者的个人观点及专家评论，造成普通网民在认知政治信息是什么的过程中，被附带的"评价"所影响，导致网民自我"评价"的缺失。多数网民的政治态度并不是基于自己对政治问题"评价"基础之上的意见，而是转借意见领袖、专家学者的观点，致使持有千差万别的政治文化的网民，很容易形成大体一致的政治态度，即网络政治舆论。网民对政治信息中裹挟着的政治态度的认同习惯，无疑也是网络政治文化的因子之一。

再次，网络政治文化固有的情感与态度，影响着网民对政治信息的偏好。能否形成网络政治舆论关键取决于某一政治信息在网络空间中是否能够引起多数网民的关注，而网民关注与否看似和兴趣有关，实则依赖于网络政治文化的内核——情感和态度。对政治家、政府持有认同感、归属感和积极态度的网民，更愿意浏览正面的政治信息；而持有消极态度、憎恨心理的网民，或许更关注负面的政治信息。可见，政治文化具有筛选政治信息的功能，决定了政治舆论形成的信息来源。一般认为，政治文化对政治信息筛选机制的典型动因是政治文化对于不符合早已形成的根深蒂固的政治价值的信息，可能形成心理上的抗拒，而对于符合其政治价值的信息则能够加强接受，至少是不会抗拒的。另外，网民在既定网络政治文化基础之上对政治问题的认知，实质上是一种先验式的、非价值中立的方式。因为，既定政治文化中潜藏着的政治情感会对网民造成无意识的思维定式，在网民对政治问题了解之前，就会凭借先前的政治经验做出假设性的判断，并且网民首先接触到的政治信息是新闻标题，至于网民是否会打开链接，则取决于政治情感所决定的政治偏好。可见，能否激起网民群体政治文化主导的政治偏好，就成为网络政治舆论产生的决定性力量。

最后，网络政治文化内在属性决定了政治舆论的性质。高度统一的、协调的、和谐的网络政治文化，能够使得持有该文化类型的网民群体，容易形成强大的舆论。异质性明显的、耦合性较低的网络政治文化体系，会因内部各种政治亚文化之间的张力过大而导致不同网民子群体在面对同一政治问题时，形成差异性明显的舆论分支，甚至支持与反对的舆论针锋相对，不仅不利于舆论的形成，还可能导致政治文化体系内部张力的进一步扩大，使网络政治文化也趋向于被解构的危险。网络政治舆论是对网络政治文化的外显与物化，使得网络政治文化能够通过各种"拍砖、鲜花"等态度符号直观体现，也将无形的政治意识借助虚拟的物质符号表达出来，这充分说明，网络政治文化对网络政治舆论的决定性作用。[1]

---

[1] 参见张博、王树亮：《试论网络政治舆论与网络政治文化的异同与联系》，《甘肃社会科学》2012年第5期，第220—223页。

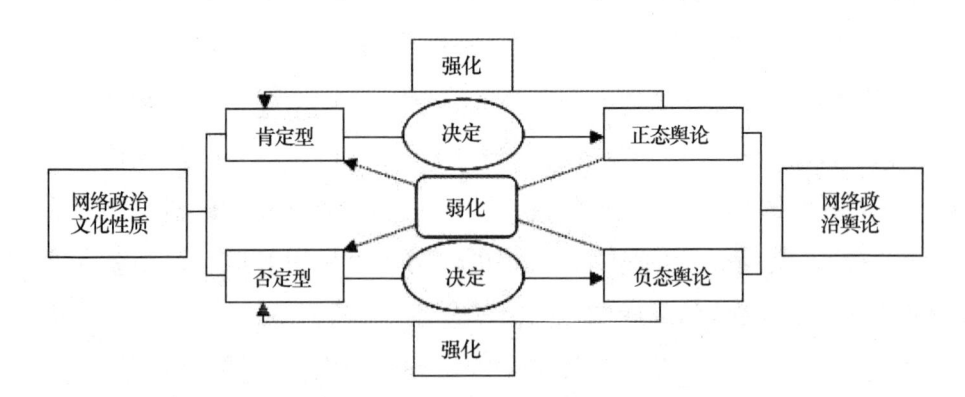

图4—1 网络政治文化与网络政治舆论的关系

第二节　网络政治文化形成的主体性分析

　　网络的产生使得马克思"实践人"的活动场域发生质的变化，由现实的"人面对人、人面对自然、人面对社会"的活动场域，进入虚拟的活动场域。正如皮海兵博士所言："信息网络技术的广泛应用将使人的实践和认识活动的工具、手段和客体网络化，甚至使实践和认识活动的主体也以网络化的形式存在。"[①] 主体网络化的结果是符号化和异化，异化导致了"真我"与"非我"两重角色出现的可能。继而，引发了网民在选择、评价网络政治信息等方面的倾向，改变了物质产生意识的一般心理机制，以及创新了政治态度横向聚集的流动解构。因此，在充分探讨网络政治文化客体三重构成的基础上，进一步分析其主体外在信息消费倾向、内在政治意识产生模式及网民群体文化形成的结构，将更加全面地把握网络政治文化形成的主客体双重向度的呼应、互动机制。

　　[①] 皮海兵：《内爆与重塑——网络文化主体性研究》（序言），广西师范大学出版社2012年版，第26页。

一 政治信息选择倾向是网络政治文化形成的关键

社会存在决定社会意识。这一般性哲学真理并不能在特殊层面上使用,从人的主体角度解释异质文化的存在。如果存在决定意识,那么为什么对同一存在会产生千差万别的认识?就网络政治文化而言,同样的网络政治信息客观存在的前提下,为什么会产生积极、消极、肯定、否定的网络政治文化?对这一问题的回答,应该回到主体性立场上来,深入分析网民更倾向于选择何种性质、何种形式的网络政治信息,才能回答具体的、历史的,印证社会存在决定社会意识的哲学真理。

1. 网民身份在虚拟化过程中存在的"自我异化"

王沪宁认为:"政治文化本身与家庭生活、社会生活、道德生活和伦理生活有着千丝万缕的联系,政治文化弥散在更宏大的社会文化之中。"[①] 网络政治文化虽同样无法超越历史环境的束缚,但因"场域"的革命性变迁,而赋予了该文化主体的"现实背叛"可能。

网民在网络中身份的符号化,是目前多数学者已经关注到的问题。然而,就网民自我的异化(Alienation),却鲜有学者论及。从马克思主义观点看,异化作为社会现象同阶级一起产生,是人的物质生产与精神生产及其产品变成异己力量,反过来统治人的一种社会现象,在异化过程中,人遭到异己的物质力量或精神力量的奴役。当主体在现实与虚拟两个世界中穿梭时,具体的、真实的、社会性的"我"能否保持一致,是当前的网络存在所不能证实的,网民的异化被鲍德里亚称为"主体之死",即自我理性的丧失与"真我"的迷失与否定。

---

① 王沪宁:《转变中的中国政治文化结构》,《复旦大学学报》1988 年第 3 期。

在网络空间中，与其说是主体失去理性，不如说是网络自由来得太快，不是道德的主体死了，也不是理性的主体消失了，而是目前网络中"权力"尚未找到发力的方式，网民在现实生活中受到权力压制的积郁却在网络中找到了释放的"自由"，使得主体自我"异化"，现实的"本我"与在线的"仿我"存在判若两人的可能。网民的自我异化，使"'思维的客体'将其自身建构为一个他者"，[①]有效地解释了现实的理性人，为何在网络中变得感性而偏激，发布过激言论甚至造谣诽谤等现象。网民自我定位的异化，将会直接影响他们对网络这种信息的选择倾向。但是，随着网络管理水平的提高和网民理性的回归，"仿我"异化的主体会找回"真我"的"本我"。

2. 网民对网络政治信息消费具有强烈的选择性倾向

网页取代报纸、书籍等传统媒介，成为网络时代信息发布的新形式。在网络当中，各大网站对网页的布局安排基本以内容为参照系进行板块式划分，如人民网首页分为人民热线、人民访谈、人民电视、人民深度、中国共产党新闻、人民日报系列、地方领导留言板、网友来论、人民调查、热点专题、财经、央企、科教、法制、社会、文体、国际华人、港澳台、军事、汽车、房产、家居、强国论坛、强国社区、强国博客等栏目。基本上各大新闻网站都会传播国内外涉及政治的信息，而且还会对社会关注的热点问题的新闻"置顶"处理。然而，网页的有限性与信息的无限性之间的矛盾，一方面导致网络信息传播的"连接"模式，即"看到标题→点击标题→浏览正文"；另一方面导致网络传播的选择性，即网络传媒出于"点击经济"的利益驱动，为了吸引网民的注意和提高点击率，便会"投其所好"选择性地报道。即便如此，也难以调和网络

---

① 皮海兵：《内爆与重塑：网络文化主体性研究》，广西师范大学出版社2012年版，第7页。

政治信息数量的庞大与网民时间的有限之间的矛盾，这就导致网民不可能浏览全部的政治信息，只能对政治信息进行选择性消费。

网络的存储功能使得大量政治信息能够长期存储在网络空间，而且同类信息以"超级链接"而存在，这就给网民提供了较大的选择性。网民基于自己的价值与兴趣的偏好，有选择地浏览某类政治信息。网络媒体为网民提供了大量的政治信息，然而网民精力的有限与偏好的固有，使他们必须以选择的方式"消费"网络政治信息。然而，就是这一选择决定了网络政治文化的性质。详言之：若长期关注积极的政治信息，就可能形成较为积极的、肯定的政治文化；若过多地关注负面信息，而对积极的信息获知甚少，就会产生消极、否定的政治文化；若长期处在消极、否定的政治态度氛围之中，而且又无法改变政治现实，就可能形成冷漠型的政治文化。可见，选择决定结果，选择不仅存在于政治信息的加工阶段，而且在传播、接收及再加工等阶段也是存在的。所以，网民对政治信息"客体"的选择性消费，直接决定着网民形成的政治意见与态度，间接影响着作为个体的网络政治文化的性质。

过多存在与有限消费共同催生了网络政治信息加工者与消费者的双重"选择"，而且消费选择决定生产选择。那么，网民对网络政治信息的选择，有何倾向，有无规律可循呢？

在自由的网络空间中，"自由的人可以为自己确定目标"，[①] 网民的信息选择也是如此。作为"草根阶层"的网民，在现实社会中受到诸多约束与限制，甚至是不公正待遇。长期的心理积郁和表达渠道的缺失，致使他们在宽松的网络环境中、借助身份的符号化和言论责任的最小化，在无意识的情况下就导致"自我异化"，异化成"非我"，将网络视为对政治、政府不满的"发泄场"，极易将

---

① ［美］赫伯特·马尔库塞：《单向度的人》，张峰译，重庆出版社1988年版，第199页。

对政府、富人、官员的不满情绪,通过关注负面政治信息、发表谴责性言论,来调试内心的不平衡,即"仇富""仇官"心理。所以,很多网民更愿意浏览官员绯闻、反腐事件之类的新闻报道,而对积极的、正面的政治信息则一扫而过。[①] 这就不难解释为什么在"爱美之心人皆有之"的普遍心理价值取向指导下,网络社会竟会出现多数网民对"负面政治信息"的偏爱。

3. 网民对政治客体信息形式的偏好倾向

网民不仅将网络政治新闻的性质作为选择与否的标准,而且还将其呈现的形式作为是否选择"点击"的参考。文字、图片、视频和音频等虽然都是网络政治新闻呈现的主要形式,但网民在选择上相差甚远。比较而言,文字作为一般的信息表意符号,虽被普遍使用却难以迎合网民感官需要。现代生活节奏的加快与压力的增加,使得网民会选择更加轻松的方式来获取信息,而文字传递的信息需要识别(汉字)→编码(输入大脑语言系统)→翻译(理解意义)等环节,相比图片的直观与视频、音频的听觉信息处理而言,就明显烦琐了很多。而且图片、音频和视频带给网民的视觉、听觉冲击是文字所无法媲美的。加之,网页在呈现信息时就会在新闻标题旁边注明是图片、还是视频资料,这样就更加使得网民的"点击"具有了选择性。所以,网民经常会选择那些以图片、视频和音频等形式的政治新闻。

虽然,网民对政治信息的选择是形成网络政治文化的开始,选择信息的种类、性质及呈现的方式等,都会影响随之产生的政治意见,但选择也恰好反映了网民既有的政治文化,即网民持有的政治

[①] 在对兰州商学院长青学院两个不同年级的 300 名学生所做的问卷调查中,对"你会点击下列哪类新闻标题,并进行深入浏览?"的问题调查发现:9% 的学生选择"国家领导人出访、任免及政府日常新闻"选项,62% 的学生选择涉及"涉及贪污腐败、司法不公正、暴力执法、官员桃色事件等新闻",24% 的学生选择了"与中国领土、贸易有关的摩擦事件新闻",5% 的学生选择"其他"。

文化潜意识地决定着选择信息的倾向性。正如雪莉·特克所言："当我从一个窗口跳到另一个视窗的时候，我就启动了我的心灵的一部分。"①

二 网民政治意识形成的内在逻辑进路图谱探究

网络政治文化作为政治文化体系的一个"亚"系统，在个体微观意识层面上的形成过程，表现出与"非网络型"政治文化形成进路的诸多相似与差异。为此，有必要对政治文化的形成内在逻辑进路进行简要梳理，以彰显网络政治文化特有的内在过程图景。

"非网络型"政治文化的形成大致遵循五个基本的环节，② 即"认知→评价→态度→情感（多次循环积淀）→政治文化"。在前网络时代，通信技术的落后和政治参与的有限，致使个体更多的是随机性的、意外的或碰巧地接触政治，主体不具备类似在网络中"选择"政治信息消费的主动性。因此，"非网络型"政治文化的形成，不存在认知之前的"选择"认知对象这一环节。

第一，认知环节（是什么？）。主要包括对现实社会中的政治承担者、政治制度、政治过程、政策及政府行政等各个方面，③ 从内容上可以分为政治的"应然"（理想政治体制和政治相关的知识）和"实然"（实际生活中政治的具体情况）两大部分。这一环节强

---

① Sherry Turkle, *Life on the Screen*, London: Weidenfeld & Nicolson, 1995, p. 13.

② 对此，阿尔蒙德认为政治文化包括认知、情感和评价三个环节，对此，笔者认为这三方面表现的是政治文化的"输出"路径，即"认知"社会政治存在，依据"情感"潜意识产生的标准，做出"评价"。[美]加布里埃尔·A. 阿尔蒙德、西德尼·维巴：《公民文化》，徐湘林等译，东方出版社2008年版，第13—15页。阿尔蒙德的这一认识直接来源于"帕森斯的社会行动理论"，即帕森斯认为社会行动的过程表现为"认知的、情感的、评价的"取向行式。作为一个发展政治学家，阿尔蒙德关注的是政治文化的"输出"及影响，而不是"输入"的形成过程，然而，对政治文化的研究若不能形成整体宏观的把握，就难以在"塑造"政治文化方略上提出合理的建设性意见。政治文化研究"前移"，已经是目前该理论研究亟须突破的瓶颈。

③ 丁志刚在《政治认同的层次分析》一文中，对政治认同的对象进行了详细论述，参见丁志刚、董洪乐《政治认同的层次分析》，《学习与探索》2010年第5期，第94—96页。

调对政治体系对象真实、客观及全面的认识，这是"评价"的前提，也是决定个体所形成的政治态度是否能融入普遍的"共识"之中的基石，即政治文化"普遍性"的彰显。但因个体差异，往往在认知环节上出现各种偏差，致使政治"亚"文化的存在。

第二，评价环节（怎么样？强调过程）。政治文化主体基于社会公约、行为准则、法律法规、道德习俗及个人利益等方面的评价标准，对政治问题进行是否正义、是否公平、是否符合道德伦理和风俗习惯等价值判断。政治评价是个人或群体对政治过程和公共政策的一种价值判断，它通常表现为个人或群体对政治的认同及政治行为的选择。[1] 这一环节不仅决定"政治态度"的属性，也将间接影响最终形成的政治文化的性质，但在这一过程中主体受到外界干扰的因素比较少。

第三，态度产生环节（怎么样？强调结果）。指通过"评价"环节对政治事件在思维层面上做出的"好或坏、优或弊、对或错、好或恶"等肯定或否定结论。态度是评价的结果，评价决定着态度的走向；反过来，态度又可能成为下一次"评价"的潜意识的依据或标准。

第四，情感产生环节。"情感是在认知的基础上产生的，它来源于对一事物真切、深刻的了解。"[2] 无数次"认知→评价→态度"的循环积淀而成的是较为稳定的心理状态，主要反映在社会个体对政治的"承认与否、赞成与否、忠诚与否、爱与否"等"情感"方面。

第五，文化产生环节。政治意见、态度和情感的综合，尤其是政治情感的稳定增长达到潜意识的存在，在政治参与或接触过程

---

[1] 宋仕平：《政治文化：概念、特征与功能》，《民族论坛》2005年第4期，第27页。
[2] 李斌雄、张小秋：《大学生对社会主义核心价值体系的认同研究》，《思想政治教育研究》2007年第4期，第7页。

中，油然而生的"政治情感"表现为一种"特动的取向模式"① 的思维定式时，个体意义上的次级政治文化才得以形成。然而，政治文化并非指"个体"政治态度与情感的积淀，而是相近政治情感的"群体"聚合。因此，当无数"个体"在特殊事件引导下向群体性聚合，并产生普遍存在的政治态度时，政治文化才得以形成。

可见，政治文化在个体思维层面的形成过程中，表现出次序性、阶段性等特征，在各个环节之间层层递进、相互影响，尤其是评价与态度两个环节之间，互相影响甚为密切。总体而言，政治文化的形成是一个由理性到感性、由自发到自觉、由实践到理论、由个体到群体的过程。然而，在网络时代，政治文化的形成却与此有着显著的不同。

网络社会中的政治信息构建着网络政治文化形成的外在环境，网民对政治信息的选择实际上是政治文化的"输出"的一种形式，那么，网络政治信息在个体网民意识层面的"输入"进路是什么呢？与"非网络型"的政治文化形成有无差异呢？对这一问题的分析，实质是回答个体网民在网络政治环境影响下，网络政治文化形成的内在微观图景问题。

网络政治文化的形成实际上是外在网络政治信息，对个体刺激所引发的内在心理机制变化过程，也即网络政治信息"输入"的内化过程。该过程可以分为五大步骤。

第一步，认知对象的信息化。"认知不仅包括信息的数量，而且也包括信息的专业性和准确性，以及组织和处理信息的能力。"②网民接触的已经不再是客观实在的政治，而是网络政治信息，微不足道的网络政治参与及虚拟政治生活并非主要刺激源。然而，新闻

---

① L. W. Pye and S. Verba, *Political Culture and Political Development*, Princeton: Princeton University Press, 1965, p. 22.
② ［美］加布里埃尔·A. 阿尔蒙德、西德尼·维巴：《公民文化》，徐湘林等译，东方出版社2008年版，第31页。

记者、专家评论、相关网络媒体人及普通网民用图片、文字及视频等形式再现的政治现实，都存在不同程度的失真，这就导致认知对象的模糊性、不确定性，甚至虚假性。另外，新闻报道要求简洁明了，虽然网络空间的廉价节约了"刊登"的费用，但网民时间的有限致使很多新闻更加倾向于简练，这就难以使网民全面了解政治问题的真相。即便网络新闻如实、翔实地报道，网民也会因耐心、时间等掣肘而难以全面地了解真相。因此，认知对象的虚拟化与信息化，造成认知偏差存在的可能。

　　第二步，评价过程的复杂化。网民在对客体充分认知的基础上，依据内在价值做出评价，无疑能够对存在形成较为客观的评价。但网民对政治信息的评价过程中，受到诸多因素的干扰，自我独立的评价被引导、被同化。主要因素有三类。一是，网民受到网络政治信息所附带意见的引导。由于网络政治信息是"标题"链接"正文"的形式，网民通过对标题的阅读基本上就形成了价值判断。在信息正文中也裹挟着信息加工者——记者、新闻撰稿人的评价与态度，也会影响网民意见的形成。二是，网民受已有政治文化的影响，对类似的政治新闻做出习惯性的评价。如长期接触类似"哈尔滨城管暴力执法引民愤！"，"郑州城管打人激怒群众车被掀翻"，"城管暴力执法引群众不满、路人欲拍照却遭围殴"等信息后，会形成"城管＝暴力"的印象。当再浏览到带有"城管"字样的信息时，会在潜意识中出现"暴力"的思维惯性。三是，受到其他网民评论的影响。在网络政治新闻下方的留言栏内，寄存着大量的网民评论，其中不乏观点新颖、鞭辟入里的评论，尤其微博"粉丝"量超大的意见领袖，对普通网民的同化效能甚大。以上三种情况会直接导致网民在还未形成评价的情况下就被"既有评价"先入为主，造成网民在评价环节的缺位。可见，网络环境下，过去"内生型自发"的评价让位于"输入型被动"的零评价，导致网民的

"评价"受到严重的干扰甚至完全缺失。

第三步，政治态度的多变性。网络外在刺激信息的"持续的不稳定，使自我失去中心、分散和多元"，[①] 致使态度的易变。评价决定态度，网民评价的非独立决定了产生态度的不稳定。网民的政治态度表现出极不稳定性，这源于他们没有经过充分的认知、深刻的评价这两个环节。网络政治信息的丰富性使得认知难度系数大大降低，网络政治意见与舆论的大环境又使网民自发的评价不足，所形成的态度也就难以保持较强的稳定。如标题一："哈尔滨6警察打死大学生"（2008.10.16），网民一致呈现出同情大学生、批评警察暴力执法的态度。标题二："当代林冲痛打高衙内，哈市6警察是平民英雄"（2008.10.17），网民态度又整体转向。一日之隔网民态度却截然相反，其原因与新闻引导、与网民信息不对称都有着直接的关系，即普通网民在评价环节缺失的情况下，直接吸收了意见领袖的态度。导致"领袖态度变"——"网民态度跟着变"的多米诺骨牌效应，致使作为整体的政治态度的稳定性也随之下降。

第四步，政治情感的不稳定。政治情感是政治态度的积累，内化程度比后者更深一层。网络空间存在着大量的各种性质的政治信息，这就造成网民难以形成稳定的情感归属，在积极与消极、肯定与否定、忠诚与背叛、认同与排斥之间不断摇摆。更甚之，若他们长期关注于某一类政治信息，则会产生非"忠诚"即"背叛"、非"归属"即"背离"的情感极端分立。当然，背叛、否定型的情感在无数次的遭遇政治现实的无奈之后，也可能产生情感的冷漠、麻木，即政治冷漠，如很多网民表示自己仅是"看客""打酱油"或者"飘过"，深层次说明网民对此类问题已经近乎麻木，不想再发表任何意见。足见网络大量的政治信息带来的不只是网民政治积极

[①] ［美］尼古拉斯·尼葛洛庞帝：《数字化生存》，胡泳、范海燕译，海南出版社1997年版，第140页。

性的提高，而可能是政治情感的冷漠。

第五步，网络政治文化形成。长期的网络政治新闻、意见及舆论的熏陶与感染，使得网民内心的政治态度被强化到足够稳定时，网络政治文化便得以形成。网络政治文化与"非网络型"的政治文化在最终形成路径方面的差异并不大，但其流变性、被塑造、非主动等特征明显突出。而且，网络政治文化不再是现实政治的"影像"，而是网络政治信息塑造的产物。

以上基于网络政治文化客体与主体的视角，对其形成过程进行了两个单向度的分析，即外在于网民主体而存在的网络政治场域和内在于网民思维层面的心理机理。同时，就两个向度的契合与互动进行了进行阐述。为了明了地展现两个向度的互动图景，特制作图4—2。

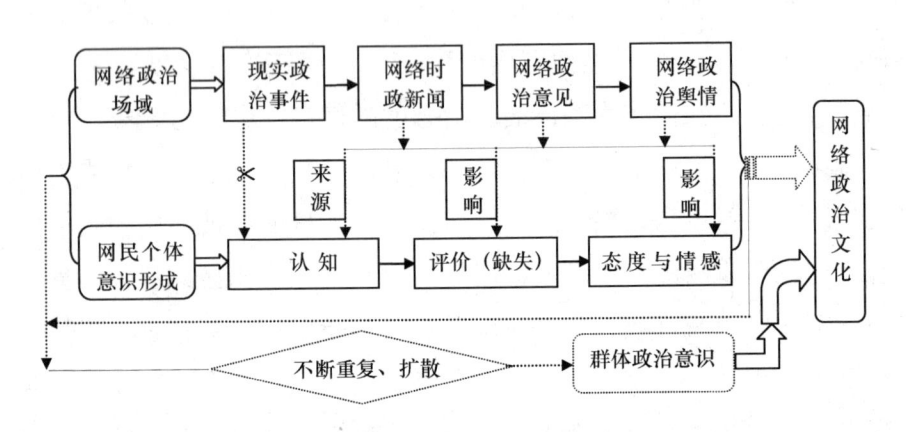

图4—2 个体网民层面"网络政治文化"形成的内外图谱

第三节 个体→群体：网络政治文化的形成

依据马克思主义普遍与特殊的理论，普遍是诸多特殊共性的提取，特殊是孕育普遍的土壤。作为个体的政治文化是构成整个政治文化体系的最小"细胞"，对"细胞"形成过程的分析有助于对其内在结构的认识，但对政治文化宏观的把握与考量，却必须上升到群体的层面，关注于普遍的、整体的与主流的政治文化。因为，个体的政治文化所具有的意义都是有限的，而群体的政治文化所具有的价值却是能够直接威慑政治稳定与社会秩序的。所以，在考察网民个体政治文化形成的基础之上，有必要进一步探究个体到群体的聚合模式。对此，威尔达夫斯基认为，必须从个人的精神分析走向集体偏好的社会学分析和文化分析，才能解释为何那么多人带着那么高涨的热情，响应一个人的号召。①

网络"无中心"特质为网络政治文化的聚合提供了技术支持，在以"节点"为静态中枢、以数据流为线路的网络中，节点之间的平等性克服了技术上的中心的控制。这就为政治态度的汇集提供了"意见零散性"（政治意见存在于各个节点）的前提和汇集的技术可能（网络之间的互联）。至于如何汇集则取决于意见本身的价值，能够被广泛认可的意见，会因吸纳效应导致该节点数据流的明显增强；反之亦然。而不会受到权力的过多干预，致使意见阻滞或非"意向"流动。从聚合的宏观数量分析，由个体网民持有的"特殊"政治文化向群体"普遍"网络政治文化聚合的模式主要有三种。

一 吸纳模式

吸纳模式即领头羊模式，也可以称为同化效应或者从众效应，即个体的"特殊"同化大多数的"一般"，指多数普通网民的政治态度受到意见领袖（包括记者、著名媒体人、专栏作家、评论员及专家学者等）的同化。因为意见领袖的存在，网络信息传播不再是完全平等的，陷入了拉扎菲尔德（Paul F. Lazarafeld）所谓的从媒体到意见领袖再到不活跃人群的"两级流动传播"状态。② 网民在

---

① 转引自王乐理《政治文化导论》，中国人民大学出版社 2000 年版，第 190 页。
② 王丽：《虚拟社群中意见领袖的传播角色》，《新闻界》2006 年第 3 期。

认知"事实"的过程中，无意识地受到网络政治信息中所附带的政治意见的影响，并被吸纳。尤其网民是对那些专业性较强、别具一格的政治意见，普通网民表现出来的不仅是认可，可能还会产生钦佩之情与加以模仿。值得注意的是，这种同化并不是在作为个体的"特殊"的网络政治文化形成之后才开始的，而是网民在对政治信息的"选择环节"上就已经开始，并伴随着每一个环节。而且，这一网民政治文化的群体同质化趋势，是"非网络型"不可能实现的，这要归功于网络媒体提供的"一对多"的信息传播功效。

二 涓流汇集模式

少数向多数的靠拢与聚集，抑或少数自发的汇聚。网络政治参与的效果取决于"围观"的力度与时间跨度，但"因言获罪"依然存在的可能与现实，致使个体网民假以群体的存在来规避个体意见可能招致的风险。如果"领头羊模式"是少数网民对多数网民的引领，那么"涓流模式"将是反向的多数对少数的同化，这是普遍存在的一种意见聚合模式。在网络大量的评论中，网民接触意见领袖观点的可能比较小，虽然电脑提供的记忆与连接功能能够借用类似"粉丝"的形式动态跟踪意见领袖的态度，但对于大多数"看客"而言，捕捉政治意见的随机性更大。大多数网民不是关注具体的"自媒体"，而是浏览腾讯、网易与搜狐等新闻网站，对新闻下方的评论更是青睐有加。所以，多数对少数的同化过程中，也有少数向多数的靠拢。

三 木桶模式

本书虽使用"木桶模式"，但不是其"短板理论"的原意，而是指每一个木板与最短木板都存在等长的共性。在诸多网民个体持有的网络政治文化当中，只有存在"公约数"（相近或相似的政治态度）的情况下，才可能出现从个体千差万别的政治态度中孕育出一般普遍的政治文化。但是，文化都是异质的，很难实现高度普遍的同质。网络政治文化也是如此，大多数网民聚合而成的是主流，但同时还存在诸多由少数网民的政治态度聚合而成的网络政治"亚"文化，使得网络政治文化如同政治文化一样，是一个复杂的体系。所以，在从"特殊"中聚合重叠的"普遍"的过程中，"大普遍"的存在并不能遏制"小普遍"的滋生，使得网民政治文化的聚合在范围、数量及程度上表现出大、小群体和主、次群体之分。

领头羊模式是由少数同化多数，溪流模式是少数网民的"从众效应"，木桶模式则是从多数中提取共性的因子，每一种政治意见的集合模式都"同化与吸纳"共时发生的双向靠拢，而且在意见、态度的聚合过程中，逐步达到网络政治文化的趋同化。

第五章

网络政治文化的影响

毛泽东同志在《新民主主义论》中认为："一定的文化是一定社会政治与经济的反映，又给予伟大影响和作用于一定社会的政治和经济。"[①] 政治文化对政治体系、整个社会的稳定等方面具有巨大的支持与侵蚀功能。

同样，网络政治文化在这方面的作用更加明显。在公民政治素养方面表现为：对网民政治知识水平的提升、对网民"网络公民身份"的强化及对公民政治参与水平的提高；在政治文化层面上表现为：对主导政治文化的"弱化"、对主流政治文化的"强化"、对多元政治亚文化的"同化"、对网民政治心理的"分化"及政治文化体系的"碎化"等；在政治体系层面上表现为：对政治体系输出价值的挑战、对"大政府—小社会"权力结构的重构、对政府权威性与合法性的削弱、对政治运行方式的改变、对民主政治建设的推进及对网络政治发展的"倒逼"；在社会发展方面表现为：对公民社会的成长的推动、对政治动员的驱动及对社会稳定的"双刃剑"效应等。

[①] 毛泽东：《新民主主义论》，《毛泽东选集》第2卷，人民出版社1991年版，第663—664页。

第一节 网络政治文化对网民政治素养的影响

政治文化对社会成员的政治实践活动起着指导及规范作用。[①]网络政治文化既是公民政治素养的表现，又是促进后者的重要保障。

一 对网民政治知识水平的提升

网络政治文化的主体虽是政治型网民，但大都不具备专业的政治知识。但在网络政治信息中附带着大量的政治知识，使得那些非专业型的政治网民能够借助网络政治信息的传播，了解和掌握相关的政治知识，进而提升对政治的认知。另外，在网民相互的交流过程中，通过不同观点的碰撞与磨合，不同的政治态度得以自由激荡，那些科学理性的政治观点得以凸显，而感性、极端的政治态度遭到抛弃，这些都将有助于网民政治知识的增长。

网络政治文化对网民政治知识的扩容功能，源于其形成之初虚拟的政治认知实践。网民消费的网络政治信息大体可以分为三类。一是，电子政府提供的"知识型"信息，这些信息涵盖了政治本质、政治价值、政治体系结构、政治运行机制、政治参与渠道、政党制度、行政管理、政策法律法规及政治领导人等方面。这类信息因其权威性、系统性和完整性，使得网民政治知识的激增成为可能。二是，意见领袖传播的"引领型"信息，此类信息的生产者大多是具有专业政治知识的专家、学者或资深媒体人等网民，他们针对特定的政治事件发表专业性的解读，从而对广大网民进行特定政治价值引导，同时也进一步丰富了后者对政治的了解。三是，网络

---

① 宋仕平：《政治文化：概念、特征与功能》，《民族论坛》2005年第4期，第27页。

新闻媒体发布的"事件型"信息,网络媒体出于"点击"经济利益驱动和网民"猎奇"心理需求的双重考虑,更加注重对政治事件的及时报道,在政党选举、政策评议、行政监督、社会管理及民生民情等信息中夹杂着相关的政治信息,潜移默化地调试着网民的政治认知。四是,普通网民发表的"零散性"信息,网络媒体提供了网民互动的渠道与平台,在类似新闻评论栏目中寄存着大量网民的政治意见,在"评论胜过报道"的情况下,此类信息也将极大地重塑网民的政治知识结构。

网络政治信息生产者的多元化、性质的多样化、渠道的多重化、形式的趣味化及受众的群体化等,共同决定了网络政治文化所具有的对网民政治素养的涵化功能。然而,各类政治信息所传播的政治价值和网民的选择偏好都存在较大的差异。政府输出的信息往往政治价值导向明确,意见领袖则因专业、客观及公正而著称,网络媒体秉承价值中立的立场,而网民的评论则充满了挑剔、诟病与嘲讽。普通政治型网民在信息选择上更是表现出明显的倾向性,热衷于网络媒体和一般评论,而疏忽了政府的权威发布和专业人士的深度分析。总体而言,裹挟着政治文化的各类政治信息,在不同程度上对网民政治知识的积累,都发挥着积极的作用,即便是那些感性、虚假和偏激的负面信息,也增强了网民的辨别能力。

网民政治知识的不断扩容,提高了网民的政治认知水平,增强了对海量信息的识别能力,有助于理性、健康的政治心理发育和参与型政治文化的培育,也将对网民整体政治素养的提高,提供坚实的基础。

二 对网民"网络公民身份"的强化

网络正如莱恩格尔所言的"虚拟社区",俨然是一个政治参与的模拟场,一开始进入该场域的网民或因新奇、隐匿与开放等宽松条件，对某些政治信息做出感性而激进的行为，使网络暴力不断涌现。然而，在网络可视的政治参与、意见交换与相互商讨过程中，普通民众逐渐被理性的意见领袖、专家及学者的政治态度所引导，使得一般网民对问题的看法逐渐趋于理性和全面，回归到"真我"的场域。随着网民主体身份的自我回归，理性人的政治角色化程度将逐步提高，公民意识也将不断增强。可见，网络政治文化不仅有助于网民政治素养的提高与"真我"主体性身份的回归，而且还有助于网民公民身份的培育。

文化是一系列的规范或准则，它使个体行为被限制在社会成员认为合适和可接受的变动范围之中。① 网络政治文化如同文化一样，以潜在规则的方式规定着网民在网络中的政治行为，使网民在涉及政治的言论及行为有一个边界的限制，不制造、不传播没有事实依据的极端言论，不组织、不号召非法的聚集活动，理性地认识网络中的政治信息和合理地表达政治意见，并使之内化为基本的行为规范。

三 对公民政治参与水平的提高

政治参与是"平民试图影响政府决策的活动"，②"是普遍吸引所有的劳动者来管理国家"的过程。③ 公民作为政治参与的主体，其政治行为取决于政治社会化所缔造的政治文化。在网络时代，网络政治文化蕴含的政治参与功能被极大地激发出来，主要表现在以下几个方面。

首先，网络政治文化极大地激发了网民政治参与的热情。在现

---

① 张体魄：《论我国转型期的文化发展与政治稳定》，《探索与争鸣》2003 年第 7 期，第 13—14 页。

② [美] 塞缪尔·亨廷顿：《难以抉择——发展中国家的政治参与》，华夏出版社 1989 年版，第 5 页。

③ 《列宁选集》（第 3 卷），人民出版社 1995 年版，第 464 页。

实社会中，政治生活程序的烦琐、利益的纠葛及时效的迟缓等，严重抑制了公民政治参与的热情；然而网络创设的虚拟环境和网络政治文化的群体效应，将现实政治生活中抑制的政治热情"引爆"，出现了网络政治参与胜于现实政治参与的态势。其次，网络政治文化借助不同主体通过不同渠道发布的不同形式的政治信息，将政治参与的知识、技能、渠道、方式、技巧和经验等，以"润物细无声"的方式浸润网民，使其不断增强对政治参与的了解，规范政治参与的行为。再次，网络政治文化强大的同化能力不断整合"散射状"的网民政治心理结构，"突破了网民的阶层局限与信息局限，进一步增强了网民的力量"，[①] 从而实现了对"发散式"政治参与行为的引导，使政治行为趋于统一。最后，网民通过电子邮件、评论、在线交流及参与网络调查等方式参与政治生活，既是对特定政治价值取向的反映，又是政治参与的实践检验。在虚拟政治实践过程中，网络政治文化得以不断调试，政治参与能力得以不断提升，也为现实政治参与积累了经验。

网络政治文化极大地重塑了网民的政治心理，进而影响着政治参与的行为与方式。但同质化的政治心理基础和网民与公民身份的统一，并未导致现实与虚拟政治行为的趋同，反而出现了较大的反差，表现为感性与理性心理机制的对立，积极与消极政治心态的分化，参与与臣服政治行为的对照，等等。因此，政治参与出现了并立的"二元"结构，现实政治参与→公民身份→现实政治文化→理性心理机制→消极心态→臣服行为；虚拟政治参与→网民身份→网络政治文化→感性心理机制→积极心态→参与行为。然而，并行的两大政治参与机制之间并非彼此隔绝，而是表现为互相影响的趋势，并且随着网络虚拟政治参与理性的回归和不断完善，对现实的

[①] 张筱荣：《当代中国网络政治文化发展态势与构建策略》，《甘肃社会科学》2013 年第 2 期，第 200 页。

影响也将进一步增强。

可见，网络政治文化通过对网民政治参与的动力激发、知识普及、行为规范和环境创设等，促使网民政治参与能力的不断提高，并逐渐引导政治参与走向制度化和规范性。

网络政治文化对网民的影响涉及政治的各个方面，不仅传递政治知识、规约政治行为，而且还传递政治价值、塑造政治气质和建构政治理想，通过多层次的影响，最终会提升网民的整体政治素养，使网民群体的政治文化更加接近阿尔蒙德所言的公民文化，既有适度的理性政治参与，又有适度的行为克制与服从，使网民这种刚开始进入网络"异化"的自我主见回归到"本我"与"真我"的状态。

第二节 网络政治文化重构政治文化体系

政治文化是一个复杂的系统，网络政治文化作为其有机组成部分，对政治文化体系的影响犹如一把"双刃剑"。即网络政治文化"既是主流政治文化的补充"，[1] 给政治文化体系增加了活力；[2] 又使得主导型政治文化的整合功能打了折扣，降低了整合效力[3]。因此，网络政治文化的发展将重新安排各种政治亚文化之间关系，重构政治文化体系的结构。

---

[1] Stephen Chilton, *Defining Political Development*, Lynne Rienner Publishers Inc., 1988, p. 27.

[2] 王卓君：《文化视野中的政治系统——政治文化研究引论》，东南大学出版社1997年版，第119—121页。

[3] 持这一观点的学者有罗斯金，他认为：在政治亚文化非常明显的地方，政治体系有可能受到威胁，详见迈克尔·罗斯金《政治科学》，林震等译，华夏出版社2001年版，第139页；柏维春也认为：一个社会政治的稳定很大程度上取决于非主导政治文化沿着主导政治文化的方向发展，详见柏维春《政治文化传统——中国和西方对比分析》，东北师范大学出版社2001年版，第18—19页。

一 对主导政治文化的"弱化"

政治文化的主导与主流的划分，是依据主体差异、影响方向及方式等因素。主导政治文化是指由政府通过政治社会化渠道输出的符合统治阶级意志的政治价值体系，亦称政治精英文化。由于主导政治文化是统治阶级的产物，在其形成过程中垄断了理论解释的权威地位，把持着社会化的渠道，掌握着一切有利的人力、物力和财力，致使主导政治文化的地位稳固和坚实。然而，网络政治文化的出现则改变了以往政治亚文化难以挑战主导政治文化的局面，使得后者的地位不断被侵蚀。

网络政治文化对主导政治文化，产生了不可忽视的作用。[①] 互联网表达太随意、不理性、情绪化等特性，致使网民极易形成缺乏理性的、公正的、规范的政治心理与情感。而且，网络政治文化借助互联网快速、便捷、畅通、交互、廉价等优势，形成强大的渗透力、吸引力与扩散力，在内容指向、传播渠道、影响范围、速度与程度等方面，对主导政治文化构成极大的挑战。对主导政治文化的影响体现在三个方面：一是，打破了政府对信息的垄断与管制；二是，冲击着传统主导政治的价值观；三是，不断激发网民的参政议政意识。就影响方式而言也有三种：一是，通过同化诸多政治亚文化以实现自身"力量"的最大化，进而威胁主导政治文化；二是，通过直接侵蚀主导政治文化，削弱后者的功能与影响；三是，通过吸纳各种极端政治思潮将自我异化，然后与主导政治文化形成对立之势。在网络政治文化与主导政治文化之间，存在着永恒的张力与冲突，而两者之间的和谐则是短暂的可能。所以，网络政治文化对主导政治文化的挑战，将是当前信息化国家的政府重新考虑如何塑

---

① 李修芳：《浅析网络政治文化》，《中共太原市委党校学报》2006年第5期，第29页。

造国家意识形态的重大挑战。

二 对主流政治文化的"强化"

主流政治文化则是社会普遍的存在，大众持有的对现行政治的政治态度与情感的集合，亦称大众政治文化。主导政治文化与主流政治文化两者可能重合也可能分立，是政治文化体系的两大构成部分，对政治文化的总体性质、功能及发展，发挥着决定性的作用。其他政治亚文化不仅不具备以上两种政治亚文化的功能，难以影响主流与主导政治文化，更别提对整个政治文化的体系的影响；反而受到后者的"映射"。网络政治文化作为"社会性"的政治心理异域表现，与主流政治文化呈现出高度的相似，并不断"推高"后者的覆盖率。

网络政治文化对主流政治文化的影响，主要体现在强化、引导方面。依据本文对网络政治文化与主流政治文化内涵的界定，可发现二者之间的重叠性较大，在内容指向上是一致的，实质上网络政治文化就是主流政治文化借助网络实现了传播、外显与物化，而正是这一工具性的进步使网络政治文化在形式上分离的同时，反过来推动了主流政治文化的发展与强化。主流政治文化在现实社会中大多处于文化层面，而网络政治文化则已转化成可直观的行为，后者的显性致使前者的强化，并且后者借助网络的特质对前者起到了号召、发动和强化的作用，导致主流政治文化不断壮大。

三 对多元政治亚文化的"同化"

网络政治文化不仅对政府主导与社会主流政治文化有着巨大的影响，而且对其他各种政治亚文化，也有同化与激化的功能。网络政治文化区别于以往任何一种亚文化之处在于：一是，其凭借网络的优势在速度、范围及实效性等方面远胜其他政治亚文化的效力，这就决定了其功能的异常强大；二是，网络政治文化是意见相同的集合体，很少受到民族、血缘、历史及身份等因素的影响，超越了其他政治亚文化划定的标准，使其政治态度更具纯粹性，从而获得广泛的承认。由此可见，网络政治文化的影响力，比以往任何一种政治文化都更加明显，这就可能导致要么其他政治文化向它靠拢，被其同化；要么走向反向的极端，与之对立，形成不受网络政治文化影响的政治文化子系统。

网络政治文化作为一种渗透力极强的文化类型，对其他政治亚文化的影响主要体现在两方面。

（1）网络政治文化对多元政治亚文化的同化。网络政治文化在传播、扩散过程中，其较大的吸引力、影响力及感染力等性能，使得其他类型的政治文化被动或主动地形成与之相似的性质。同化的过程因被同化政治文化性质的差异主要有两条路径：一是"边界—内核"路径，即对那些与网络政治文化异质性明显的政治文化，首先实现文化边际的模糊，再渗入其他文化的内核，最后实现同化；二是"内核—强化"路径，即网络政治文化与其他类型的政治文化在内质方面基本相似，通过前者的显性彰显能够促使后者的强化，并使二者趋于一体化。

（2）网络政治文化对多元政治亚文化的斥化。不同类型的政治文化虽存在边界模糊，但内核差异是清晰而长久的，彼此互相影响的结果除了交融、同化及共存之外，还可能出现反向的分离甚至极端的对立。网络政治文化体系亦如此，不仅该体系内部主流与亚文化之间可能分化，而且该体系也可能与现实政治文化对立，但异质文化对立局面一般较少，而且难以实现，因为大众的政治价值一般都比较相近。然而，每一种政治文化所具有的内聚性、异质性及超强的稳定性，决定了其在面临外来其他类型的政治文化"入侵"时会产生排斥性，而排斥性的程度则取决于政治文化之间的异质性差异及自身稳定性的程度等因素。网络政治文化也面临着异质性明晰的政治文化朝反方向发展的可能，即"文化中心收缩"。

总体上看，网络政治文化作为一种与现实政治更加密切的文化，其同化作用要明显大于异化功能。正如本尼迪克特所言："文化在其每一个层面上都是整合的结果，"[1] 只有"整合才能使一个体系在面对内外压力挑战时，维持他自己的能力"。[2]

四 对网民政治心理的"分化"

政治文化体系的高度"碎化"，主导政治文化的"弱化"，网络舆情的此起彼伏以及网络政治信息的庞杂海量等，共同导致网民政治心理的"分化"。首先，多元的政治"亚"文化、多样的社会思潮及多重的网络政治观点等共同作用于网民，使其难以形成稳定的政治心理。其次，主导政治文化整合能力的式微，致使分散的政治心理难以汇聚成稳定的政治情感。再次，网络政治舆论不断触动着网民的政治神经，并以其强大的同化能力，激发了网民的感性、偏执的政治心理。最后，积极肯定的网络政治信息会使网民产生"认同型"政治心理，而消极否定的信息则会导致"对抗型"的政治心态。网民身处不同性质信息的包围之中，必将造成政治心态的复杂化。

五 政治文化体系的"碎化"

网络政治文化对政治文化的"碎化"主要表现在三方面。首先，现实政治文化及其网络化转型，网络政治文化及其现实化"变身"，现实与网络两种政治文化的碰撞、交融产生的"调和"型，

---

[1] [美]露丝·本尼迪克特：《文化模式》，王炜等译，生活·读书·新知三联书店1988年版，第50页。

[2] Amaitai Etzioni, *Political Unification: A Comparative Study of Leaders and Forces*, New York: Institute of War and Peace Study, Columbia University, 1965, p. 329.

共同构筑起政治文化"五位一体"的结构。其次,现实政治文化固有的多元政治"亚"文化,通过网络的"映射",形成"二元对照"的复杂体系。同样,网络政治文化由于认知信息的差异和网民主体属性的不同,也形成多样的"亚"文化,并逐步现实化,这就导致政治"亚"文化数量的激增。再次,从全球视角看,网络降低了有形地理边疆的阻滞,使得各国政治文化自由流动,使一国的政治文化超越了民族与国家的属性,出现了本土与外来政治文化并立的局面。由此看,网络政治文化不仅填补了政治文化体系中的"虚拟"部分,而且对现实政治文化网络化的推动,对跨国政治文化交流的促进,以及自身组成的多元化,等等,共同导致政治文化体系的"碎化"。

第三节　网络政治文化对政治体系的影响

社会存在决定社会意识,而社会意识又反作用于社会存在。网络政治文化借助互联网,潜移默化地改变着人们的政治观念,进而影响着人们的政治行为,直至整个社会生活。网络政治文化对政治体系的影响可以从对政治体系输出的价值、政治体系的运作及国家与社会的权力结构等方面来分析。

一　对政治体系输出价值的挑战

政治文化是指每一种政治制度得以存在的价值依托。[①] 每一个政治体系都会输出与之相适应的政治价值,来塑造个体及社会群体的政治意识。"通过积极宣扬社会各种统治集团的价值观念和利益

[①] 马庆钰:《近50年来政治文化研究的回顾》,《北京行政学院学报》2002年第6期,第25页。

来维护主要的权利结构。"① 但在"新闻自由很少，而网络却无所不在"② 的时代，个体在网络环境中遭遇着多元价值的影响，处于政府与网络信息对垒的夹缝之中。加之，网民对现实社会政治负面事件的感知，及自身生活境遇等多方面的综合考量，势必会形成与政治体系所提倡的政治价值张力较大的政治文化。在这种否定性较强的政治文化形成过程中，首先受到冲击的是政府的公信力，对政府的普遍不信任正成为网络的主流声音。长此以往，政府的合法性与权威性会逐步丧失，国家的基本政治制度也会陷入认同危机之中，政治体系所输出的价值将遭到社会"习惯性"地排斥，最终导致国家期望与社会存在之间二元对立的政治文化格局。

二 对"大政府—小社会"权力结构的重构

网络已在一定程度上以它独立的意志建构了一个权力系统并与现实权力系统并行或交叉运动着，最终改变了现实政治的权力格局和运行状态。网络对现实权力的影响，是研究网络权力的第二种路向。一种比较普遍的观点认为：互联网的发展削弱了现实世界中的权力。③ 如果网络工具能够克服技术性缺陷，有效规避政治选举、政治表达、政治动员及政治监督等方面的舞弊行为，网络嵌入政治生活，将使大国政治的直接民主在具体实施方面成为可能，将会造成由"国家与社会"构成的二元权力格局"天平"向社会方向的逐步倾斜。

政治文化对政治体系的正常运行起着某种支撑作用，④ 当政治文化与政治体系呈现出正相关关系时，支持后者；但当二者之间

---

① [英] 斯道雷：《文化理论与通俗文化导论》，南京大学出版社2001年版，第113页。
② [美] 尼古拉斯·尼葛洛庞帝：《数字化生存》，胡泳、范海燕译，海南出版社1997年版，第187页。
③ 陈潭、罗晓俊：《中国网络政治研究：进程与争鸣》，《政治学研究》2011年第4期，第92页。
④ 宋仕平：《政治文化：概念、特征与功能》，《民族论坛》2005年第4期，第28页。

"异质化"明显时,就会动摇后者的根基。政治文化无论是表现出对政治体系的支持或者反对,都需要社会性群体的聚集,在前网络时代政治结社是一项困难的活动,但在网络时代,却表现得尤为便捷。社会个体因为网络而便捷地结成虚拟的群体,成为挖掘真相的"草根之众"。"大政府、大国家"正在退去,"小政府、弱社会"正逢潮起云涌,强势的、全能的政府在网络中似乎正演变成有限政府,即"加速了政治权力的社会化进程"。① "网络的产生导致政治、经济以及社会的分裂。"②

网络时代之前,国家社会一体,即强国家与弱社会的权力格局,很大程度上是由于国家组织的强大与社会力量的分散所造成的,即民主缺失,或者代议制民主蜕变为形式的民主。随着网络时代的来临,代议民主制逐渐衰落,直接参与式民主变得重要,③ 过去存在的限制直接民主的困难在今天也可以解决。④ 社会自行组织的能力与效能的空前膨胀,使以单个人、家庭甚至民族为单位的社会结构让位于自觉性更强的利益"群体"。单向度的国家管理模式将逐步走向"社会—国家"互动的双向度模式,并且社会会逐步蚕食国家的权力,促使国家的消亡,最终实现社会的高度自治。⑤ 如果说"计算机的目的就是人类的自由,"⑥ 那么网络"这种让机会

---

① 叶海涛:《政治权力的社会化与网络技术的兴起:一种马克思主义的视角》,《学海》2007年第7期。
② 皮海兵:《内爆与重塑:网络文化主体性研究》,广西师范大学出版社2012年版,第9页。
③ [美]约翰·奈斯比特:《大趋势》,梅艳译,中国社会科学出版社1984年版,第161页。
④ 转引自钱振明《网络时代的政治学和网络政治学》,《学海》2000年第2期,第77页。
⑤ C. J. Alexander and L. A. Pal, *Digital Democracy: Policy and Politics in the Wired World*, Toronto, Oxford University Press, 1998, p. xii.
⑥ Theodor Holm Nelson Opening Hypertext. A Memori. in Myron C. Tuman, ed., Literacy Online: The Promise (and Peril) of Reading and Writing with Computers. University of Pittsburgh Press, 1992, p. 51.

均等的新力量",① 将打破社会普遍持有、但作为个体的权力难以集体发力的瓶颈,将社会"自治"的潜力极大地挖掘出来。网络成为实现自由与自治的"桥线",而"传统的中央集权的生活观念将成为明日黄花"。②

三 对政府权威性与合法性的削弱

网络政治文化对网民及大众的政治意识方面的影响,会削弱或加强政府的公信力、权威性及合法性,进而影响其行政效能。否定的网络政治文化会使得网民在政治生活中表现出消极、抵抗等政治行为,并且网络给这种影响的急剧扩大提供了可能。这就可能导致政府的政令不畅、行政受挫、社会管理成本增加及效能降低等情况,若此状况短时间内未能化解,又会反过来进一步加强网络政治文化的消极性。如此恶性循环,政治体系将面临"梗塞"的危险。反之,积极的网络政治文化将有助于政治效能的实现与提高,形成政治体系内、外良性顺畅的互动模式。正如杰弗逊所言:"民意是我们政府的基础,所以我们限于一切的目标是维护这一权利。如果由我来决定,我们是要一个没有报纸的政府还是没有政府的报纸,我会毫不犹豫地选择后者。"③ 杰弗逊的论断在网络传媒时代演变成每一个政府都必须正视网络民意的存在,依据民意的取向设定政治体系的结构,而网络民意又是通过政治信息得以呈现,所以,"数字化信息技术的广泛使用正改变着我们如何被统治以及这种统治的制度"。④

---

① 刘文富:《网络政治——网络社会与国家治理》,商务印书馆2002年版,第239页。
② [美]尼古拉斯·尼葛洛庞帝:《数字化生存》,胡泳、范海燕译,海南出版社1997年版,第270页。
③ 《杰弗逊文集》(下),生活·读书·新知三联书店1993年版,第1325页。
④ C. J. Alexander and L. A. Pal, *Digital Democracy: Policy and Politics in the Wired World*, Toronto, Oxford University Press, 1998, p. xii.

四 对政治运行方式的改变

网络的平等性不仅在个体层面上实现了平等、自由，而且在社会个体、群体与政府权威之间，也出现了虚拟的平等，致使专制体制下"命令式"的社会管理难以被认可，协商、对话及契约精神逐渐上升。在网络热议中，价值的主张形成对政府的约束，网民也在此过程中被唤醒，不再是"沉睡的狗"。作为政治承担者的官员与公务员发现，已不能把公众大脑作为意识形态的"跑马场"，强权的独白已没有了观众。因此，网络政治文化在启发民智的同时，政治体系的运行及政府的行政方式必须完成自我调适，否则将难以继续赢得网民的支持，导致治理的失效与失败。

在网络社会中，政府采用行政、法律及暴力等手段进行管理，通过法律及行政方式控制着接入资格、信息发布、网络费用以及网络畅通与否等方面，当然也可能采取极端手段关闭某些网站，或者切断某个地区的网络等。毋庸置疑，政府通过强制手段对网络诈骗、贩毒及非法聚集等方面的治理取得巨大成效，但在应对网络政治意见、舆情时显得力不从心。不仅未能对网络政治舆论进行有效疏导，反而出现了"越描越黑"的怪现象，究其原因在于，政府对网络权力的行使与网民秉承的观念之间难以契合，网络政治文化内涵的价值取向与行为规范难以认同政府对网络的治理方式。因此，网络权力的实施将逐渐摒弃类似传统的命令、统治等方式，转向协商、契约和对话等形式，这也是市场经济最新形态虚拟经济交往方式所孕育的行为价值规范。

五 对民主政治建设的推进

政治文化影响政治发展的走向。政治文化是政治发展中的一种无形的力量，政治文化内含对政治发展前景的向往，政治文化通过其旷日持久、潜移默化的作用制约或推动政治发展的进程。①

网络政治文化在提高网民政治素养和政治参与能力的基础上，不断推进民主政治的发展。民主的本质在于国体意义上国家权力的人民属性，民主的形式在于政体意义上人民所属权力的行使方式。发达资本主义国家以完美的民主形式掩盖了资产阶级狭隘民主的本质，而发展中国家则因民主形式的残缺（普遍选举的滞后、代议制度的多重"代理"等）致使人民民主的本质备受质疑。然而，网络政治功能的挖掘和网络政治文化熏陶的参与型网民的不断成长，使得民主本质上赋予人民的权力，能够在形式上克服幅员辽阔、人口众多、交通不便及公民政治素养不足等困难而得以广泛和直接行使。这将促使选举普选制的实现、公民社会的成长和权力结构的变迁。

亨廷顿认为："民主政治的核心程序是被统治的人民通过竞争性的选举来挑选领袖……如果用普选的方式产生最高决策者是民主的实质……基本上所有的成年人都可以参加选举。"② 古希腊"广场政治"是在少数人中实现多数直接选举，但在前网络时代的民族国家范围之内，普选、直接的选举却是难以实现的民主价值追求。然而，随着网络时代的来临，网络动员、网络组织、网络竞选及网络投票等虚拟政治选举形式的发展，代议民主制已过时，参与式民主变得重要，③ 过去存在的限制直接民主的困难在今天也可以解决。④ 未来在大国之内，实现选举主体的普遍性和选举方式的直接性也将成为可能。

网络政治文化通过重塑网民政治心理，增加政治知识技能，激

---

① 宋仕平：《政治文化：概念、特征与功能》，《民族论坛》2005年第4期，第28页。
② [美] 塞缪尔·亨廷顿：《第三波——20世纪后期民主化浪潮》，上海三联书店1998年版，第4—6页。
③ [美] 约翰·奈斯比特：《大趋势》，中国社会科学出版社1984年版，第161页。
④ 钱振明：《网络时代的政治学和网络政治学》，《学海》2000年第2期，第77页。

发政治参与积极性,规范政治行为……推动了网络公民社会的快速成长。陶文昭认为,网络在获取信息、增强联络、提供架构及观点交锋等方面,促进了网络公民社会的成长,并指出"网络公民社会是公民社会的一部分"。[①] 在发达国家,现实公民社会为网络公民社会的成长铺就了坚实的基础,而在发展中国家,二者呈现出同时发展、彼此促进的态势。网络政治文化作为内驱力推动的(现实与网络)公民社会的快速发展,将改变"强国家、弱社会"的传统权力格局。[②] 单向度的国家管理模式将逐步走向"社会—国家"互动的双向度模式,并且社会会逐步蚕食国家的权力,促使国家消亡,最终实现社会的高度自治。[③]

六 对网络政治发展的"倒逼"

政治发展只有深入政治人的内心世界并影响人的政治行为,构建起与制度、组织、权力关系相适应的政治文化,并用政治文化引领政治发展,才能使一国政治发展稳步、健康、持续进行。[④] 虽然,目前所言的网络政治文化还不是"网络政治"的文化形态,但这一判断是基于网络政治与现实政治在网络政治文化构成中所占"量"的分析,从"质"的角度看,却存在"网络政治"的文化。因此,无论是现实政治文化的网络化发展还是网络政治的文化,都将对网络政治的发展发挥积极的作用。

首先,权力增值本性的驱动。网络作为继自然、社会之后出现的人类活动的新空间,并极大地反作用于现实社会,决定了管理这

---

① 陶文昭:《推进民主政治:网络公民社会的定位》,《探索与争鸣》2010年第6期,第31页。
② 王树亮:《网络政治文化论纲》,《理论与改革》2012年第5期,第30页。
③ C. J. Alexander and L. A. Pal, *Digital Democracy: Policy and Politics in the Wired World*, Toronto, Oxford University Press, 1998, p. xii.
④ 丁志刚、徐占元:《现代政治文化建设与多民族国家政治发展》,《北方民族大学学报》2011年第1期,第37页。

个空间的权力对政府来讲充满了诱惑,权力增值的本性使每一个国家的政府都尽力获得对网络管理的权力。如果将电子政府、官方微博认为是现实政治网络化"对应复制"的结果,那仅仅是对"现象"的表层认识,而未能洞悉权力膨胀的本质。

其次,现代信息社会发展的需要。现代社会快节奏、高效率、低成本、民主化、自主化等特征,要求上层建筑的与时俱进。否则,管理系统的落后必然阻碍经济社会的发展。电子政府正是信息时代、虚拟经济等多重现代社会因素共同催生的现实政府的"翻版"。

最后,网络政治文化的倒逼。反映网络政治文化的网络民意、舆论以及向现实转化的可能危险,迫使政府采取相应的手段进行疏导。面对网民纷繁多样的"自媒体",政府掌控的传统媒体已经失去了时效性,而时间差的存在通常被认为是政府不作为的表现。因此,政府官方微博等网络虚拟政府平台便应运而生,成为及时回应网民提问的渠道,在一定程度上起到了辟谣、疏导网络舆论的效果。

第四节 网络政治文化对社会的影响

虽然,权力仍然统治、制约并管理着社会,但网络背景下政府手中的权力正在流失,符号的支配者不再严格按照宣传的政治价值行事,"网络使每个人都可以具有影响社会的强大能量"。[1] 在网络社会里,网民通过在社会情绪诱发中吸引观众,形成"围观力量";在互动争辩中寻找真相,不断群体"扒粪";在趋同除异中形成趋同态度,表达"网络集体声音";在同质政治态度不断增强的过程

---

[1] 殷安阳:《论网络时代》,《中州学刊》2002 年第 5 期,第 147 页。

中，迫使政府改变行政方式，满足社会期望。而这一切的实现均依赖于潜在网络政治文化的价值支撑，更取决于该文化塑造的"社会"与"民智"的推动。

一 对公民社会的成长的推动

网络时代亦称为后工业时代，生产力的极大发展促使在工业经济基础上建立的公民社会，在后工业经济的平台上进一步发展。网络为公民的动员、组织及联动提供了技术保障，而网络政治文化则提供了内在的价值支撑，这方面对现实公民社会的成长发挥着积极的作用。网络政治文化具有开放、平等、参与及自治等特征，该文化熏陶下的网民也会逐渐习得政治参与的知识与技能，走出了"村落地域"的时空限制，超脱了"臣民依附"的服从愚忠，朝着理性参与的"公民文化"迈进，使网民成长为具备现代政治文化的"政治人"。"地域"束缚与"臣民"服从恰恰是"公民社会"所必须摒弃的阻碍，[①] 而网络政治文化恰恰为剔除公民社会成长的障碍提供了意识的类武器，将有助于和谐社会的建构。对此，王宗礼教授认为："公民文化：社会主义和谐社会的政治文化基础。"[②]

二 对政治动员的驱动

"人的本质是人的真正的社会联系，所以人在积极实现自己本质的过程中创造、生产人的社会联系、社会本质，而社会本质不是

[①] 公民社会是建立在共同利益、目的和价值诉求之上的非强制性集体，与政治、经济相互独立的空间存在，是介于"公共权力"与"私人权利"之间的一个领域。主要特征体现在：非政府性、非营利性、相对独立性、公开性、开放性、参与性、自愿性、人本主义、多元主义、法治原则等，而这些特征的实现都依赖于对过去"狭隘村落政治文化"和"绝对服从政治文化"的摒弃，才能建构以平等、自由、自治为核心的，以协商、契约为主要形式的公民社会。

[②] 王宗礼：《论构建社会主义和谐社会背景下的政治文明建设》，《政治学研究》2005 年第 3 期，第 37 页。

一种同单个人相对立的抽象的一般的力量,而是每一个单个人的本质。"① 可见,人都有"联系"的内在欲望,尤其是网络的便捷更加激发了网民联系的热情。网络"并不仅仅是一个信息源,它是人们用来进行自我组织的一种方式"。② 作为组织之一的政治动员主要是指"描述政治权威对公众行为的某种诱导或操纵",③ 抑或指"把国家的武装力量由和平状态转入战时状态,以及把所有的经济部门(工业、农业、运输业等)转入供应战争需要的工作"。④ 但在网络时代,网络政治动员除了具备上述一般政治动员含义之外,还有另一层内涵,即网民群体针对政治问题而发起的横向的、自发的聚集。相比之下,一般意义上的政治动员依赖于政府的政治宣传、制度安排、物质支持及鼓励政策等保障措施,才能得以实现。而网络政治动员的深层意义则不具备这些物质支持,但也能推动类似的"网络政治聚集""网络政治舆论"等网络政治行为,其原因在于扎根网民内心的、共同的网络政治文化。这一潜在的行为指导给予网民政治自发动员的原初力量,使自上而下的、政府主导的政治动员演变成平面的、自发的网民主动聚集。而且,这一网络政治的动员在网络中是直观可见的,并可能转化成现实的政治群体性行为。

三 对社会稳定的"双刃剑"效应

政治体系作为整个社会的核心与稳定器,其自身的稳定与否直接影响着整个社会的稳定状况,而其自身能否实现稳定最终取决于

---

① 《马克思恩格斯全集》(第42卷),人民出版社1979年版,第24页。
② [美]埃瑟·戴森:《数字化时代的生活设计》,胡泳、范海燕译,海南出版社1998年版,第52页。
③ [美]詹姆斯·R.汤森、布兰特利·沃马克:《中国政治》,顾速等译,江苏人民出版社1996年版,第102页。
④ 《现代汉语词典》,商务印书馆1996年版,第303页。

政治文化的属性是否与之匹配。在政治文化体系之中，同质的、积极的与肯定的政治文化无疑有助于政治及社会的稳定；而异质的、消极的与否定的政治文化则会使政治与社会面临巨大的挑战。政治文化作为一个体系，其性质取决于主流政治文化的属性，而主流政治文化既可以理解成数量上占优势那部分，也可以认为是在影响力上起主导作用的那部分。网络政治文化虽然难以在数量上占据优势，但其对整个政治文化体系的影响，却是其他亚文化所无法相比的。而且，网民大多是社会的中等阶层及更高阶层群体，他们大多熟悉政治知识，具备一定的政治技能，具有政治参与的能力，如果他们的政治表达与参与得不到足够的重视，不仅会滋生消极的政治态度，而且可能导致非正常的政治参与，最终造成政治与社会的失序与混乱。

  网络改变的不仅是人类的政治生活形式，更是内容与实质的变化。在可预见的未来，随着网络政治监督与政治民主等功能的不断增强，政治生活的面貌将会实现全新的改变，权力的天平将会朝社会倾斜，网络舆论将会限制政府对权力的使用，保障人民的真正安全，[①] 社会自治将会逐步取代政府的统治与管理，最终实现"自由人的联合体"。

---

① 《联邦党人文集》第84篇，商务印书馆1980年版，第427页。

第六章

我国网络政治文化的主体性分析

我国网络政治文化作为政治文化大体系中的一种新形态,其内部的构成要素已经具备,即政治文化的主体、客体和沟通主客体之间的渠道等。因此,对我国网络政治文化的整体把握,就必须首先对其构成要素进行分析。

我国网民数量急剧增长,从1997年的62万猛增至2016年6月底的7.1亿,[①] 20年增长了1127倍。我国网络发展方面,上网设备从1997年的29.9万台计算机,到2016年6月的6.56亿手机用户;[②] 从1994年我国推出第一套网页,到2011年底的866亿个网页;从1986年由北京市计算机应用技术研究所和德国卡尔斯鲁厄大学(University of Karlsruhe)合作启动的我国学术网(Chinese Academic Network,CANET)国际联网项目,到2004年,"中美俄环球科教网络(GLORIAD)"的正式开通。网络应用方面,从1987年9月14日北京市计算机应用技术研究所发往德国的第一封电子邮件"Across the Great Wall we can reach every corner in the world.(越过长城,走向世界)",到2008年第4季度我国电子邮件发送量

[①] 数据来源于中国互联网络信息中心(CNNIC)发布的历次报告,1997年数据来源于《中国互联网络发展状况调查统计报告(1997/10)》,2016年6月数据来源于第38次《中国互联网络发展状况调查统计报告》。

[②] 数据来源于第38次《中国互联网络发展状况调查统计报告》。

的90亿封；从2011年7月微博用户的1.95亿，到2012年7月已经超过2.74亿……从曾经是稀缺资源的互联网，到今天网络的城乡全覆盖、无盲区，从普通网民对自媒体的青睐，到政府微博的普及……我国互联网的发展在网民数量、网络覆盖、网站数量、网络资源等方面，都实现了巨大的发展，也给政治生活造成巨大的影响。

意识形态在网络时代面临着巨大的挑战，网络政治文化作为其中的一个重要部分，也难以回避网络信息自由的冲击。为此，本章基于前文对网络政治文化基本理论的研究框架，首先从网络政治文化的主体、客体及沟通二者之间的网络工具等入手，分析构成整个网络政治文化诸要素的现状。

第一节　我国网络政治文化主体基本特征

网络政治文化的主体是政治型网民，该群体内部又可以细化。中国互联网络信息中心（CNNIC）发布的历次报告中，[①] 将我国的网民分为手机网民[②]、电脑网民[③]、农村网民、[④] 城镇网民[⑤]四大类，但是依据传统政治文化研究的视角和接下来的研究需要，还需要对我国网民的数量及变化趋势、年龄结构、职业构成、收入格局、网

[①] 1997年我国决定由中国互联网络信息中心（CNNIC）与当时的四大互联网络单位共同合作，对我国的互联网发展进程进行统计调查，并于当年11月发布了首次《中国互联网络发展状况调查统计报告》。从1998年起至今，中国互联网络信息中心在每年的1月和7月份会定期发布《中国互联网络发展调查状况统计报告》。截至2013年1月，该报告已经发布了31次，因第31次报告发布时本论文已基本完成，所以本论文数据使用截至第30次报告。
[②] 手机网民指过去半年通过手机接入并使用互联网，但不限于仅通过手机接入互联网的网民。
[③] 电脑网民指过去半年通过电脑接入并使用互联网，但不限于仅通过电脑接入互联网的网民。
[④] 农村网民指过去半年主要居住在我国农村地区的网民。
[⑤] 城镇网民指过去半年主要居住在我国城镇地区的网民。

络行为及受教育程度等方面进行分析，以期为网络政治文化的深入研究提供主体性的基础研究，梳理可能存在影响网络政治文化的主观内在因素。

我国网民基本属性主要涉及以下七个方面：

①网民数量及发展趋势；②我国网民构成的年龄结构统计；③我国网民的职业结构统计分析；④我国网民地域分布统计；⑤我国网民受教育水平统计；⑥我国网民月收入结构统计；⑦我国网民的性别差异统计。

一 我国网民总体数量及发展趋势

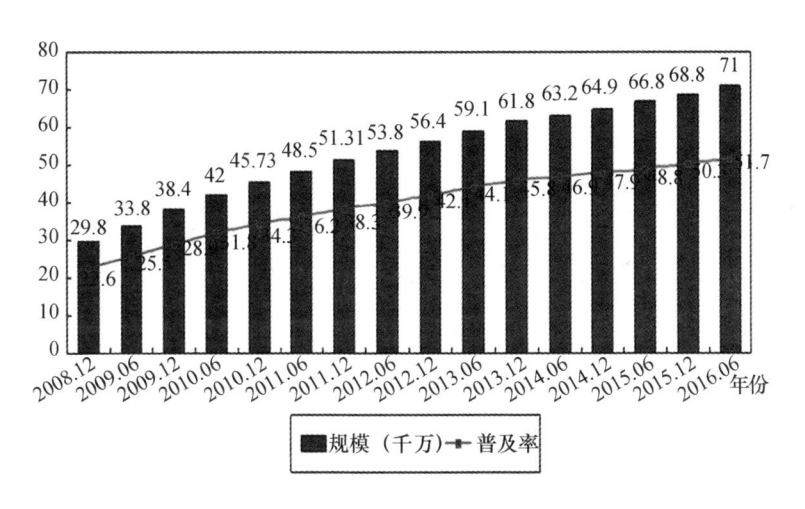

图6—1 2008—2016年我国网民数量规模[①]

2008年我国网民数量以2.98亿的规模跃居世界第一，[②] 相当于美国的总人口，2016年6月底更是达到7.10亿。由图6—1至

[①] 第30、31、32、33、34、35、36、37、38次《中国互联网络发展状况调查统计报告》，中国互联网信息中心（CNNIC）：http://www.cnnic.cn。

[②] 徐翔：《网络文化软实力的内涵与构成要素》，《中国社会科学报》2012年6月27日第8版。

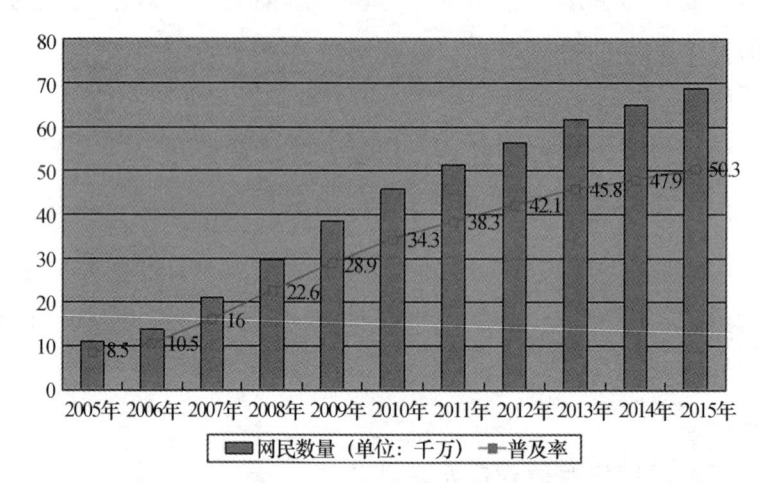

图 6—2 2005—2015 年我国网民数量及普及率①

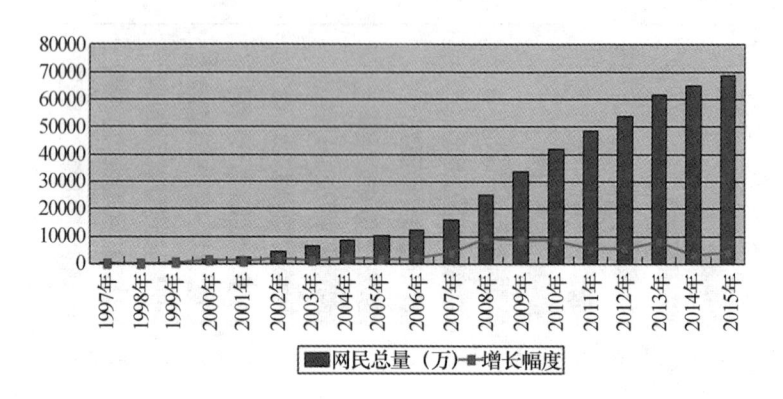

图 6—3 1997—2015 年网民总量及增长幅度统计②

图 6—3 可知，截至 2016 年 6 月底，我国网民规模所占比例已经达到总人口的 51.7%（发达国家的互联网普及率往往高达 80%③），

---

① 第 30、31、32、33、34、35、36、37、38 次《中国互联网络发展状况调查统计报告》，中国互联网信息中心（CNNIC）：http://www.cnnic.cn。

② 同上。

③ 臧雷振：《网络政治学：开启政治 2.0 时代的新议题》，《国外理论动态》2014 年第 1 期，第 106 页。

从1997年第一次CNNIC统计的62万到2016年6月底,我国网民数量在20年的时间里,增长了1127倍,尤其是2008年到2013年12月,年均增长3164万。[①] 从1997年至今,我国网民数量的大幅度增长始于2007年,2008年为增长最快年份,2007年、2008年、2009年、2010年的增长量分别为:3900万、9100万、8500万、8200万,2011年之后年平均增幅便开始回落,进入相对平稳的增长阶段,年增长量为5000多万。但是,数据显示:2014年6月、2014年12月、2015年6月、2015年12月、2016年6月,我国手机网民规模分别达到5.27亿、5.57亿、5.94亿、6.20亿和6.56亿。2016年6月,手机网民群体占到网民总体规模的92.39%。可见,随着移动互联网、智慧城市、WiFi的快速覆盖、移动终端设备的普及、网络资费的降低和网络便捷程度的提高,尤其是智能手机的普及,将使得庞大的流动人口和低收入者,快速转化为网民。

表6—1　　　　2010.6—2016.6 影响"非"网民上网的因素调查[②]　　　单位:%

	技术障碍	年龄问题	时间不足	缺乏设备	不感兴趣	费用较高	无法上网
2010.6	45.2	12.4	23.9	15.1	18.3	3.5	2.0
2011.6	47.9	14.5	23.3	13.2	13.5	2.3	2.2
2012.6	54.8	18.8	20.4	12.1	11.6	2.9	1.9
2013.12	58.1	20.6	17.4	10.0	10.5	—	1.8
2014.12	61.3	28.5	17.3	10.7	11.6	—	3.0

---

① 1998年增长54.5万,1999年增长282.5万,2000年增长1290万,2001年增长968万,2002年增长1922万,2003年增长1220万,2004年增长1900万,2005年增长1600万,2006年增长2000万,2007年增长3900万,2008年增长9100万,2009年增长8500万,2010年增长8200万,2011年增长5500万,2012年半年增长5260万。数据来源于第1—30次《中国互联网络发展状况调查统计报告》。

② 第30次《中国互联网络发展状况调查统计报告》,第11页,中国互联网络信息中心(CNNIC),http://www.cnnic.cn/hlwfzyj/hlwxzbg/hlwtjbg/201207/P020120723477451202474.pdf。2012年和2013年数据来源于第33次报告;2014年和2015年数据来源于第37次报告;2016年数据来源于第38次报告。

续表

	技术障碍	年龄问题	时间不足	缺乏设备	不感兴趣	费用较高	无法上网
2015.12	60.0	30.8	14.6	9.4	9.1	—	3.4
2016.6	68.0	14.8	13.5	9.5	10.9	—	5.3

由表6—1可知，影响我国普通民众"上网"的原因比较多，而且各种因素的影响力也大为不同。总体而言，技术障碍、年龄问题和时间不足成为最为主要的制约条件，其中又以技术障碍影响力最大。显然，作为技术层面的电脑知识是影响网民身份转化的最大因素，所占比重为三分之二左右，而且呈现出逐步上升的趋势。技术障碍在一定程度上与受教育程度、年龄等又存在密切的正相关关系。所以，年龄也是导致"非"网民化的一大因素。此外，无法上网的比例也呈现逐年增加的势头，说明网络技术设施建设、无线网覆盖率等方面，还有待加快建设速度。相比之下，没时间、不感兴趣及设备问题等方面的影响力正在下降，说明只要时间、条件允许，越来越多的普通民众还是喜欢上网的。

随着网民终端产品的低价格走势，高等教育的进一步普及，互联网覆盖的提升，互联网技术的"平民化"，城市化进程的加快以及生产力发展导致的"自我解放"的进一步实现，不懂电脑和网络技术、没时间上网及没兴趣等因素将难以再扮演"拦路虎"的角色，我国网民的数量将会有一个更大幅度的增长。我国网民目前庞大的数量和未来可能存在的较大的增长空间，都要求政府在社会管理、网络治理及网络政治等方面，必须加快建设的进程，否则网络社会将会在发展过程中因强制规范的缺失而变得无序与混乱，更会随着网民数量的增加而变得愈加难以治理。所以，我国网民的数量倒逼着政府必须适度介入网络的发展，而"先发展后治理"的理念将会导致未来治理成本与难度系数的增加。

二 我国网民构成的年龄结构统计

政治文化与公民的年龄呈正相关关系，年龄越大政治心理越成熟，反之越不成熟。与此相似，网民的生理年龄和"网龄"与其政治心理也密切相关，随着年龄的增长，网民的政治知识日渐丰富，政治素养不断提升，政治能力逐渐提高，政治心理逐渐成熟。另外，随着"网龄"的增长，网民对纷繁复杂的网络政治现象，看得愈加清晰，对网络政治信息的识别能力也不断增强，这些都将影响网民的政治心理发育和成长。

表6—2　　　　2007—2016年我国网民年龄结构调查统计[①]　　　单位:%

	10—19岁	20—29岁	30—39岁	40—49岁	50岁以上
2007	18.8	48.3	18.8	8.0	2.8
2008	35.6	31.5	17.6	9.6	5.7
2009	32.9	28.6	21.5	10.7	6.4
2010	28.4	29.8	23.4	12.6	5.8
2011	26.7	29.8	25.7	11.4	4.8
2012	24.0	30.4	25.3	12.4	6.2
2013	24.1	31.2	23.9	12.1	7.0
2014	22.8	31.5	23.8	12.3	7.9
2015	21.4	29.9	23.8	13.1	9.2
2016	20.1	30.4	24.2	13.4	9.0

注：CNNIC发布的数据中，存在年龄交叉的选项，致使年度的年龄结构分布总值超过了100%。

[①] 数据来自CNNIC发布的历次《中国互联网络发展状况调查统计报告》，2008年、2009年、2010年数据分别来自第24、27、28、33次报告；2011年和2012年数据来源于第31次报告；2013年数据来源于第33次报告；2014年、2015年、2016年数据来源于第37、38次报告。

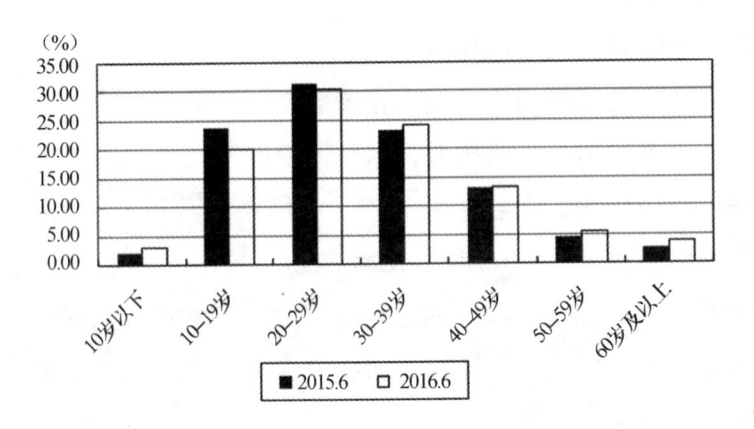

图6—4　2015.6、2016.6网民年龄结构分布

由表6—2和图6—4可知，在我国网民构成的年龄结构中，20—29岁的网民始终占据着绝对比例，10—19岁紧跟其后，30—39岁则是网民构成的第三大主体，而40—49和50岁以上的网民，在整个网民群体中所占比例有限，但呈略微上升的趋势。可见，我国网民在年龄结构方面呈现出年轻化的特点。其中，10—30岁网民所占比例超过60%，20—40岁比例为55%左右，20—50岁比例为67%左右，可见，20—50岁是政治型网民的主要年龄段。10—19岁和30—39岁网民经历"过山车式"的数量变化历程，20—29岁网民数量则呈浅"U"形的变化，40岁以上的网民数量近年来呈逐渐上升趋势。而且，据近三年数据分析发现，我国网民群体在"年龄"方面，呈现出"中间略降、两头微涨"的趋势，即20—40岁的网民比例在逐年略微下降，20岁以下和50岁以上的网民比例在逐渐小幅度上升。

其中，20—35岁年龄段的网民，在现实社会中大都是社会转型期的见证者和亲历者，承受着就业难、高房价、高物价等现实困难，该群体掌握了一定的网络技术，是"微博""博客"等网络平台的主力，网络行为比较活跃，甚至出现了激进的态势。调查发现,20—25 岁（大学未毕业）的网民更倾向于网络评论,而 25—35 岁的网民则更多是浏览信息,很少发言,但"点赞""送花"及"拍砖"等网络行为较频繁。35—45 岁年龄段的网民上网时间有限,大都是利用零碎的时间,通过移动网络接入互联网,但对政治类信息的关注度却较高,也是"意见领袖"的主要群体。45—55 岁的网民比例较小,却是"专家""学者"和优质"网络评论员"的"集中地",是专业性政治网民的主要年龄分布区域。

由此可见,我国网民年龄结构呈现出年轻化的特点,但是政治型网民的年轻化却略微滞后,而且成熟型政治网民的年龄段与网民数量的分布区间正好成"反相关"关系。但是,年轻化的政治型网民结构,因为该群体心理机制的不成熟、易冲动及政治知识、经验不足等,致使网络政治文化潜藏着偏激、消极、否定等因子,这种潜在不稳定性更可能走向极左,或者极右。一项调查发现：网民随着年龄增加,左或右的政治立场比例越高,20 多岁的年轻人的政治立场更加中庸。[①] 所以,分析网络政治文化主体的年龄结构,有助于准确把握不同年龄阶段网民群体的政治心理状况,以便于探索应对之策。

三 我国网民的职业结构统计分析

随着生产力的不断发展,人类生产活动由家庭作坊逐渐走向工厂手工业、机器化大生产、自动化生产和智能化生产。现代化的生产活动造成的不仅是社会分工的逐渐细化,而且也因此改变着社会的结构和社会心理。不同职业的群体持有不同的政治文化,农民、工人、公务员等不同职业的政治心理显然不同,即便在工人阶级内部,不同行业的工人由于社会境遇、福利待遇、政治权利等不同,

---

[①] 《中国网民的立场》,《南方都市报》2013 年 8 月 18 日第 A29 版。

也会形成相差甚远的政治心理。然而，职业的差异不仅影响前网络时代的政治文化，而且也深刻影响着网络政治文化的形成、属性、特征及功能。尤其是传统和现代两种生产方式，不仅决定了从业者的经济收入和社会地位，而且直接反映了从业者应用现代网络技术的能力高低，也就直接关系到不同群体的网络政治文化发展程度。因此，分析当前我国政治型网民的职业结构，将有助于认识和理解网络政治舆论、网络反腐及网络监督等网络政治现象，更有利于准确把握网络政治文化内部的结构与类型。

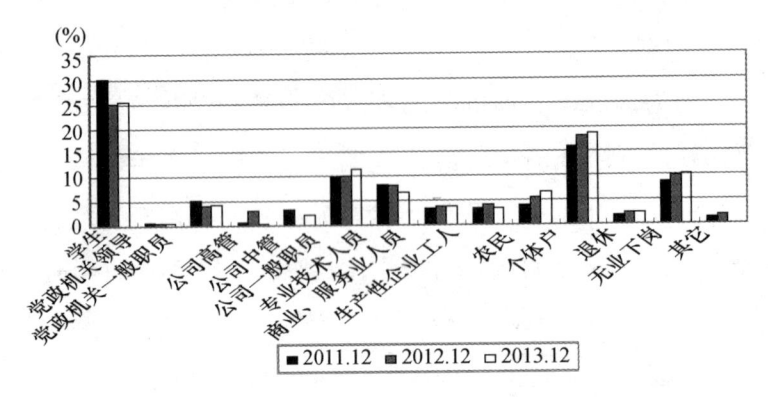

图6—5　2011—2013年CNNIC发布的我国网民职业结构状况①

注：2012年统计的公司管理人员未涉及对"公司中管"统计，故缺少2012年"公司中管"数据。

由图6—5至图6—8可知，我国网民的职业构成比重由高到低依次为：学生、个体户（自由择业者）、公司一般职员、无业下岗人员、专业技术人员、党政机关一般工作人员等。其中，学生所占比例高达30%左右，并有进一步上升的趋势。学生作为网民最大的组成部分，他们正处于心理发展阶段，在认识世界、评价标准等方面尚不成熟，对政治过程、政策及体系等方面的知识了解也比较少。

---

① 依据第29、31、33次《中国互联网络发展状况调查统计报告》数据整理而得。

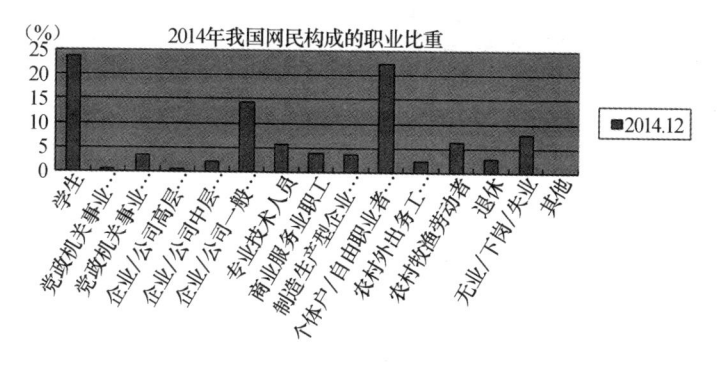

图 6—6　2014 年 CNNIC 发布的我国网民职业结构状况①

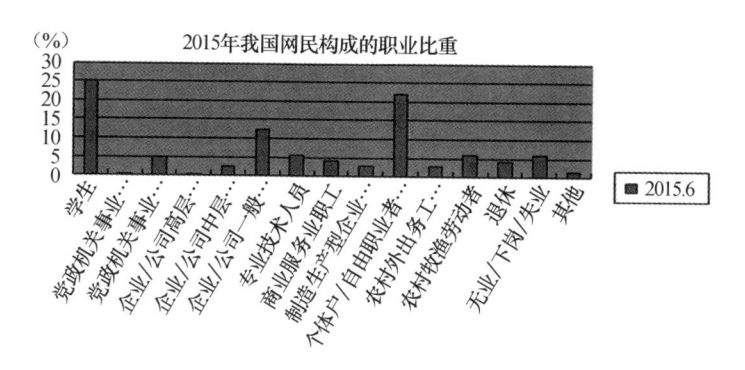

图 6—7　2015 年 CNNIC 发布的我国网民职业结构状况②

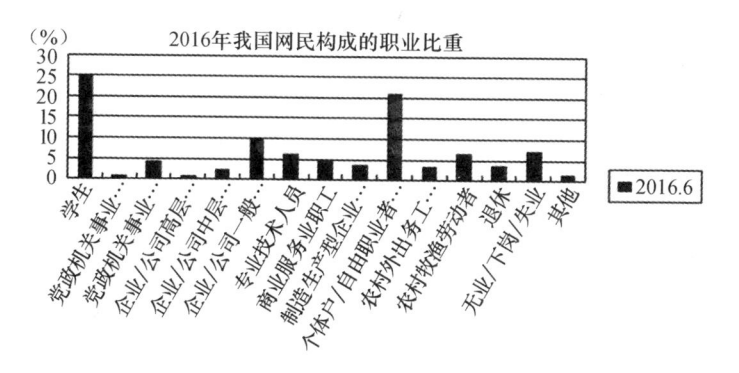

图 6—8　2016 年 CNNIC 发布的我国网民职业结构状况③

---

① 依据第 35 次《中国互联网络发展状况调查统计报告》，第 33 页数据整理而成。
② 依据第 37 次《中国互联网络发展状况调查统计报告》，第 43 页数据整理而成。
③ 依据第 29、31、33 次《中国互联网络发展状况调查统计报告》数据，整理而得。

而网络的纷繁复杂与各种信息的海量存在，极大地影响着他们对政治体系的认知与评价。但是，在学生中仅有一小部分比较热衷于"政治"，而且这"一小部分"也大都局限在大学生群体中，且以男生为主。另外，公司一般职员、个体户及下岗无业人员所占比例也比较大，这几种职业的网民总量所占比例大概维持在40%左右。

调查结果显示，大学生群体与党政官员群体是所有职业中最保守、最中庸，或者说政治立场最不极端的群体。对比自由职业、无业、自营、党政企事业职员、农民、工人等其他几个群体，大学生群体的"左"派占比10%，右派占比23%，中间立场者与党政官员群体相似，在67%左右。①

另外，如果将商业服务人员、农民和企业工人也考虑进来，这些社会弱势群体所占比接近六成。由于这些群体大都是政府"管理""治理"的对象，在政府与社会的关系中处于"被动"的地位，加之他们在现实社会中往往生活艰难、困难重重，这就不难理解为什么网络中充满了暴力、谩骂、侮辱等极端情绪。

四　我国网民地域分布统计

在网络社会中，网络名称和数字地址只能标识每一网页，但无法看出网站、网页以及网民等互联网要素所属的现实地理位置。但是，地理位置与政治心理、政治气质之间的内在关系，早已在孟德斯鸠那里得到详尽阐述。为此，探讨网民所属的地理空间位置，将有助于理解网民的网络行为，及其决定网络行为的内心潜意识。孟德斯鸠不是一个"环境决定论者"，但洞悉了"地域"与"法"之间的关系。草原赋予"豁达"的气质，而山区则阻隔了视线、封闭了思想……人的气质不仅影响个体的性格，而且决定着政治心理的

---

① 《中国网民的立场》，《南方都市报》2013年8月18日第A29版。

取向。网络虽消除了地域的差异，但网民的现实性使其无法摆脱现实的干扰。在我国，东部发达地区的网民和西部落后地区的网民，对政府的态度显然是不同的；同样，生活在边疆地区的网民和身处中原腹地的网民，对政府的评价也是截然不同的。因此，准确把握我国网民的地理分布情况，将有助于细化网络政治文化的内部结构，便于掌握地域性网民的网络政治行为特点，以为网络治理和社会治理模式的创新提供参考。

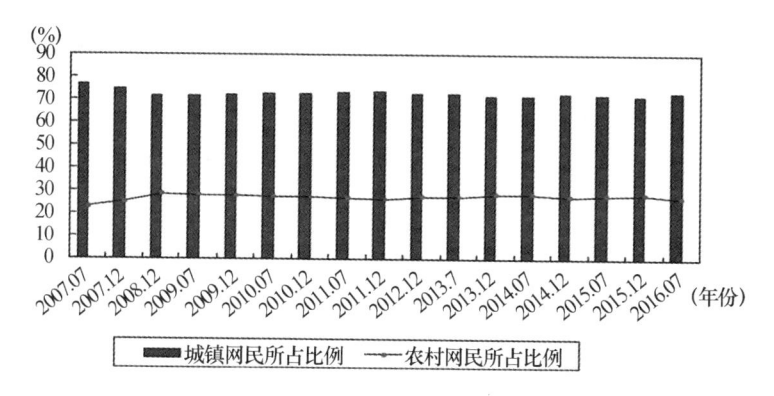

图 6—9　2007—2016 年我国城乡网民规模统计[①]

图6—9附表（1）：

时间	2007.7	2007.12	2008.12	2009.7	2009.12	2010.7	2010.12
城镇	76.9%	74.9%	71.6%	71.7%	72.2%	72.6%	72.7%
农村	23.1%	25.1%	28.4%	28.3%	27.8%	27.4%	27.3%

[①] 表中的数据分别来自中国互联网信息中心发布的历次报告，2007.07 数据来源于第 20 次（第 20 页），2007.12 数据来源于第 21 次（第 19 页），2008.12 数据来源于第 23 次（第 18 页），2009.07 数据来源于第 24 次（第 20 页），2009.12 和 2010.07 数据来源于第 26 次（第 16 页），2010.12 和 2011.07 数据来源于第 28 次（第 18 页），2011.12 数据来源于第 29 次（第 23 页），因第 22 次报告未涉及此项调查，故数据中缺失 2008.07 的相关数据。

图6—9附表（2）：

时间	2011.7	2011.12	2012.12	2013.7	2014.7	2015.7	2016.7
城镇	73.0%	73.5%	72.4%	72.5%	71.4%	72.1%	73.1%
农村	27.0%	26.5%	27.6%	27.5%	28.6%	27.9%	26.9%

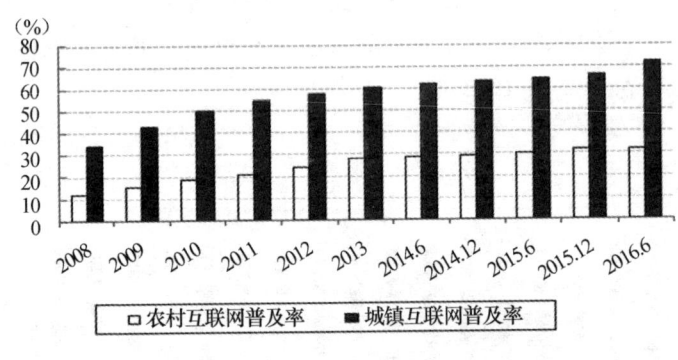

图6—10　2008—2016年我国城乡网络普及率统计[①]

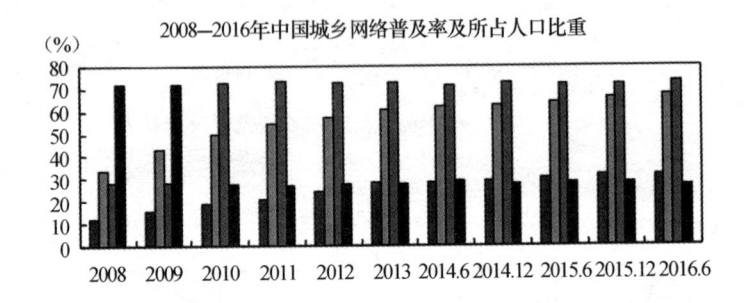

图6—11　2008—2016年我国城乡网络普及率及所占人口比重[②]

由图6—9及其附表、图6—10、图6—11可知，城镇网民是我国目前网民的主体构成，所占比例稳定在72%左右，而农村总网民

[①] 第33、34、35、36、37、38次《中国互联网络发展状况调查统计报告》，中国互联网信息中心（CNNIC）：http://www.cnnic.net.cn。

[②] 同上。

所占比例仅为 27% 左右。2016 年 6 月底，互联网城市普及率 73.1%，而农村只有 26.9%，[①] 相比网络发达国家 80% 的普及率而言，我国城镇普及率还有待提升，而农村网络普及率更是存在巨大差距。并且，城乡之间的"数字鸿沟"状况近十年来基本没有发生较大的变化，农村互联网普及率仅仅上升了 2—3 个百分点，而且波动幅度较小。分析发现：我国网民城镇与农村所占比重的未来走向可能出现三种情况。

一是，如果排除人口流动、城镇化造成的"户籍"变动，城乡人口总体规模保持相对的稳定，那么城乡网民的总量会不断上升，直到达到一个增长极限，并保持平稳。

二是，城镇网民比例提高，农村网民比例下降。因为，随着城镇互联网基础设施的进一步完善，智慧城市的快速发展，城镇自身人口年龄结构的"更迭"，以及城镇化促使的农民身份的市民化等因素，使城镇网民比例大幅度提高。而且，农民市民化的转变群体大都是"网民"，而农民非市民化的群体则很大一部分是"非网民"，农村"准网民"向城镇的流动过程中，造成了农村网民实质性的下降和城镇网民的净增长，致使在城镇和农村出现了网民数量"两级倍差"的现象。

三是，城镇网民比例的下降与农村网民比例的上升。西方发达国家"先城镇化、后城边化"的发展轨迹，揭示了生产方式转变，人口在农村和城市之间流动的基本向度。当城市化发展到一定阶段后，城市人口的重返农村流动会出现，加之农村人口文化素质的提高，可能出现农村网民比例反超城镇的情况。当然，城镇网民和农村网民数量的变化，还与统计的标准有关，是依据网民户口身份，

[①] 中国互联网信息中心：《2011 年中国农村互联网发展状况调查报告》，2012 年，第 5 页，中国互联网信息中心（CNNIC），http://www.cnnic.net.cn/hlwfzyj/hlwxzbg/ydhlwbg/201209/t20120917_36220.htm。

还是以接入互联网的地域划分为标准，将直接影响统计结果。而且，随着户籍制度的改革、生产力的发展、城乡二元经济格局的逐渐弥合等，农民和市民的原初身份，对网络化之后的网民身份、网民能力的影响，将逐步降低。

表6—3　　　　2011年全国各省份网民规模及增速统计[①]

省份	网民数量（万）	普及率（%）	增长率（%）	普及排名	增长速度排名
北京	1379	70.3	13.2	1	9
上海	1525	66.2	23.1	2	1
广东	6300	60.4	18.3	3	2
福建	2102	57.0	13.7	4	8
浙江	3052	56.1	9.5	5	23
天津	719	55.6	10.9	6	17
辽宁	2092	47.8	9.2	7	25
江苏	3685	46.8	11.5	8	15
新疆	882	40.4	7.7	9	28
山西	1405	39.3	12.4	10	10
海南	338	38.9	11.4	11	26
陕西	1429	38.3	10.3	12	22
山东	3625	37.8	8.8	13	26
湖北	2129	37.2	11.9	14	11
重庆	1068	37	7.9	15	27
青海	208	36.9	10.4	16	20
河北	2597	36.1	18.2	17	3
吉林	966	35.2	9.5	18	24
内蒙古	854	36.6	14.4	19	6
宁夏	207	32.8	18.2	20	4
黑龙江	1206	31.5	7.0	21	29

---

① 依据第29次《中国互联网络发展状况调查统计报告》，第18页数据整理而得，中国互联网信息中心（CNNIC），http：//www.cnnic.net.cn/hlwfzyj/hlwxzbg/201201/P020120709345264469680.pdf.

续表

省份	网民数量（万）	普及率（%）	增长率（%）	普及排名	增长速度排名
西藏	90	29.9	10.8	22	19
湖南	1936	29.5	10.8	23	18
广西	1353	29.4	10.4	24	21
四川	2229	27.7	11.6	25	14
河南	2582	27.5	6.8	26	31
甘肃	700	27.4	6.9	27	30
安徽	1585	26.6	13.9	28	7
云南	1140	24.8	11.7	29	13
江西	1088	24.4	14.5	30	5
贵州	840	24.2	11.9	31	12
全国	51311	38.3	12.2	—	—

表6—4　　　　2012年全国各省份网民规模及增速统计[①]

省份	网民数量（万）	普及率（%）	增长率（%）	普及排名	增长速度排名
北京	1458	72.2%	5.8%	1	27
上海	1606	68.4%	5.3%	2	29
广东	6627	63.1%	5.2%	3	30
福建	2280	61.3%	8.5%	4	23
浙江	3221	59.0%	5.5%	5	28
天津	793	58.5%	10.3%	6	18
辽宁	2199	50.2%	5.1%	7	31
江苏	3952	50.0%	7.2%	8	25
山西	1589	44.2%	13.1%	9	13
海南	384	43.7%	13.6%	10	12
新疆	962	43.6%	9.1%	11	21
青海	238	41.9%	14.7%	12	9

---

①　依据第31次《中国互联网络发展状况调查统计报告》，第15页数据整理而得，中国互联网信息中心（CNNIC），http：//www.cnnic.net.cn/hlwfzyj/hlwxzbg/201201/P020120709345264469680.pdf。

续表

省份	网民数量（万）	普及率（%）	增长率（%）	普及排名	增长速度排名
河北	3008	41.5%	15.9%	13	7
陕西	1551	41.5%	8.6%	14	22
重庆	1195	40.9%	11.9%	15	16
宁夏	258	40.3%	24.5%	16	1
山东	3866	40.1%	6.7%	17	26
湖北	2309	40.1%	8.5%	18	24
内蒙古	965	38.9%	12.9%	19	14
吉林	1062	38.6%	10.0%	20	20
黑龙江	1329	34.7%	10.2%	21	19
广西	1586	34.2%	17.2%	22	4
湖南	2200	33.3%	13.6%	23	10
西藏	101	33.3%	12.7%	24	15
四川	2562	31.8%	14.9%	25	8
安徽	1869	31.3%	17.9%	26	3
甘肃	795	31.0%	13.6%	27	11
河南	2856	30.4%	10.6%	28	17
贵州	991	28.6%	17.9%	29	2
云南	1321	28.5%	15.9%	30	6
江西	1267	28.5%	16.5%	31	5
全国	56400	42.1%	9.9%	—	—

表 6—5　　　　2013 年全国各省份网民规模及增速统计①

省份	网民数量（万）	普及率（%）	增长率（%）	普及排名	增长速度排名
北京	1556	75.2	6.7	1	22
上海	1683	70.7	4.8	2	25
广东	6992	64.1	5.5	3	23
福建	2402	64.1	5.4	4	24

---

① 第 33 次《中国互联网络发展状况调查统计报告》，第 20 页，中国互联网信息中心（CNNIC），http：//www.cnnic.net.cn/hlwfzyj/hlwxzbg/hlwtjbg/201301/t20130115_38508.htm。

续表

省份	网民数量（万）	普及率（％）	增长率（％）	普及排名	增长速度排名
天津	886	61.3	9.2	5	17
浙江	3330	60.8	3.4	6	27
辽宁	2453	55.9	11.6	7	13
江苏	4095	51.7	3.6	8	26
新疆	1094	49.0	13.7	9	7
山西	1755	48.6	10.4	10	14
青海	274	47.8	15.1	11	4
河北	3389	46.5	12.7	12	9
海南	411	46.4	7.0	13	21
陕西	1689	45.0	8.9	14	18
山东	4329	44.7	12.0	15	11
重庆	1393	43.9	8.2	16	19
内蒙古	1093	43.9	13.3	17	8
宁夏	283	43.7	9.7	18	15
湖北	2491	43.1	7.9	19	20
吉林	1163	42.3	9.5	20	16
黑龙江	1514	39.5	13.9	21	6
广西	1774	37.9	11.9	22	12
西藏	115	37.4	13.9	23	6
湖南	2410	36.3	9.5	24	16
安徽	2150	35.9	15.0	25	5
四川	2835	35.1	10.7	26	13
河南	3283	34.9	15.0	27	5
甘肃	894	34.7	12.5	28	10
贵州	1146	32.9	15.6	29	3
云南	1528	32.8	15.7	30	2
江西	1468	32.6	15.9	31	1
全国	61878	45.8	9.5	—	—

表6—6　　2014年全国各省份网民规模及增速统计[①]

省份	网民数量（万）	普及率（%）	增长率（%）	普及排名
北京	1593	75.3	2.4	1
上海	1716	71.1	2.0	2
广东	7286	68.5	4.2	3
福建	2471	65.5	2.9	4
浙江	3458	62.9	3.9	5
天津	904	61.4	4.4	6
辽宁	2580	58.8	5.2	7
江苏	4274	53.8	4.4	8
山西	1838	50.6	4.7	9
新疆	1139	50.3	4.2	10
青海	289	50.0	5.5	11
河北	3603	49.1	6.3	12
山东	4634	47.6	7.0	13
海南	421	47.0	2.3	14
陕西	1745	46.4	3.3	15
内蒙古	1142	45.7	4.5	16
重庆	1357	45.7	4.9	17
湖北	2625	45.3	5.4	18
吉林	1243	45.2	6.9	19
宁夏	295	45.1	4.2	20
黑龙江	1599	41.7	5.6	21
西藏	123	39.4	6.9	22
广西	1848	39.2	4.2	23
湖南	2579	38.6	7.0	24
四川	3022	37.3	6.6	25
河南	3474	36.9	5.8	26
安徽	2225	36.9	3.5	27
甘肃	951	36.8	6.4	28

---

① 第35次《中国互联网络发展状况调查统计报告》，第29页，中国互联网信息中心（CNNIC），http：//www.cnnic.net.cn/hlwfzyj/hlwxzbg/201502/P020150203551802054676.pdf。

续表

省份	网民数量（万）	普及率（%）	增长率（%）	普及排名
云南	1643	35.1	7.5	29
贵州	1222	34.9	6.7	30
江西	1543	34.1	5.1	31
全国	64842	47.9	5.0	—

表6—7　　　**2015年全国各省份网民规模及增速统计**[①]

省份	网民数量（万）	普及率（%）	增长率（%）	普及排名
北京	1647	76.5	3.4	1
上海	1773	73.1	3.3	2
广东	7768	72.4	6.6	3
福建	2648	69.6	7.1	4
浙江	3596	65.3	4.0	5
天津	956	63.0	5.8	6
辽宁	2731	62.2	5.9	7
江苏	4416	55.5	3.3	8
新疆	1262	54.9	10.8	9
青海	318	54.5	9.9	10
山西	1975	54.2	7.5	11
海南	466	51.6	10.8	12
河北	3731	50.5	3.6	13
内蒙古	1259	50.3	10.3	14
陕西	1886	50.0	8.1	15
宁夏	326	49.3	10.6	16
山东	4789	48.9	3.3	17
重庆	1445	48.3	6.5	18
吉林	1313	47.7	5.7	19
湖北	2723	46.8	3.7	20
西藏	142	44.6	15.3	21
黑龙江	1707	44.5	6.8	22

---

①　第37次《中国互联网络发展状况调查统计报告》，第40页，中国互联网信息中心（CNNIC），http://www.cnnic.net.cn/hlwfzyj/hlwxzbg/201502/P020150203551802054676.pdf。

续表

省份	网民数量（万）	普及率（%）	增长率（%）	普及排名
广西	2033	42.8	10.0	23
四川	3260	40.0	7.9	24
湖南	2685	39.9	4.1	25
安徽	2395	39.4	7.7	26
河南	3703	39.2	6.6	27
甘肃	1005	38.8	5.7	28
江西	1759	38.7	14.0	29
贵州	1346	38.4	10.1	30
云南	1761	37.4	7.2	31
全国	68826	50.3	6.1	—

2011全球互联网普及率为30.2%，我国有21个省（市、自治区）的互联网普及率超过这一国际平均水平（其中12个省级单位[1]的互联网普及程度超过全国平均水平，另有9省份[2]的互联网普及率高于全球平均水平，但低于我国互联网整体普及率），21个省级单位的网民数量均超过千万，其中上海市和广东省的网民规模增速分列全国第1、2位。同时，互联网普及率地域差异依然延续，北京市高到70.3%，而云南、江西、贵州等省份不到25%，低于全球互联网普及平均水平的省份共有10个[3]。

截至2015年底，超过7000万网民的省份仅有广东省，超过4000万的省份只有江苏和山东，超过3000万的省份只有四川、河南、浙江、河北，超过2000万的省份有辽宁、湖北、广西、福建、安徽、湖南。总体看，2011年超过1000万的省、自治区和直辖市

---

[1] 12个省级单位是：北京、上海、广东、福建、浙江、天津、辽宁、江苏、新疆、山西、海南和陕西。

[2] 9个省级单位是：山东、湖北、重庆、青海、河北、吉林、内蒙古、宁夏和黑龙江。

[3] 10个省级单位是：西藏、湖南、广西、四川、河南、甘肃、安徽、云南、江西和贵州，大都集中在中西部不发达地区。

仅有21个，不足千万的有10个，而2015年超千万网民规模的省区市增加到26个，未突破千万的仅有5个。从2011年到2015年底，新疆、吉林、内蒙古、甘肃、贵州的网民数量均突破了千万规模，即便是仍然未能突破千万级的西藏、宁夏、海南、青海和天津，网民规模也大幅度增长。总体上，全国各省、自治区和直辖市的网民数量，均呈现出上升的趋势。

从网民总量视角分析发现，东部省份的网民数量明显居多，除天津之外，全部的东部省份网民总量都超过了千万。相比之下，2011年超过千万的西部省份只有5个（四川、广西、云南、重庆和陕西），即便是2013年也只有8个，而西部省份总共有12个。从增长幅度来看，2011年增长幅度前十名中西部省份仅有宁夏1个，其余均为东部省份；但2013年这一数据显示西部省份增幅明显强劲（云南增幅第二，贵州增幅第三，青海增幅第四，西藏增幅第六，新疆增幅第七，内蒙古增幅第八，甘肃增幅第十）。可见，西部省份网民数量正快速增长。尽管如此，2015年底在5个未能突破千万级网民规模的省份当中，西北五省区中有3个在列。青海、西藏、宁夏总人口分别为583.42万人（2014年）、317.55万人（2014年）、661.54万人（2015年），以此计算网民比例分别为54.52%、44.71%、49.28%，而海南、天津的总人口分别为903.48万人（2014年）、1516.81万人（2014年），网民比例分别为50.47%、62.61%。另据CNNIC统计发现，截至2009年底，我国网络普及率排名状况为：东部沿海城市排第一（包括辽宁、北京、天津、山西、山东、江苏、福建、浙江及广东），中西部省份排第二（吉林、河北、陕西、青海、新疆、安徽），其他省、自治区和直辖市排第三。[①]

---

① 详见第25次《中国互联网络发展状况调查统计报告》，第14页，中国互联网信息中心（CNNIC）。

从发展历程审视，东部地区从 20 世纪 70 年代后期走上改革开放之路，而网络兴起则始于 90 年代初。近 40 年的改革开放，不仅极大地促进了该地区的快速发展，也使得人们的政治思想在现实社会中得到了锻炼，政治行为得以规范。然而，西部作为少数民族的聚居地，长期受传统的政治文化的严重影响，导致他们政治现代化进程的缓慢。尽管 20 世纪 90 年代末，启动了"西部大开发战略"，但思想的变迁速度远不及经济建设的脚步。

五　我国网民受教育水平统计

国民教育的内容之中，富含着大量的有改观政治生活的知识，使得在学校生活之中学生的政治素养不断提高。网民与公民身份的统一，使该群体的现实受教育层次，或多或少地影响到虚拟主体的网络政治生活。因此，在研究网络政治文化主体特征时，就不能忽视学历层次这一重要因素。

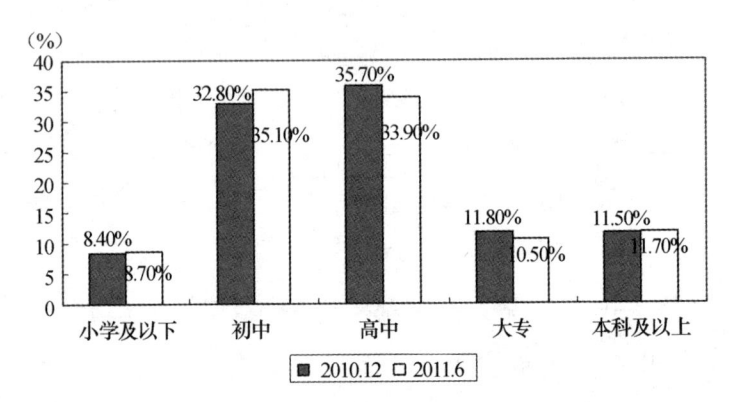

学历	2010.12	2011.6
小学及以下	8.40%	8.70%
初中	32.80%	35.10%
高中	35.70%	33.90%
大专	11.80%	10.50%
本科及以上	11.50%	11.70%

图6—12　2010.12—2011.6 我国网民受教育水平统计①

---

① 第 28 次《中国互联网络发展状况调查统计报告》，第 16 页，中国互联网信息中心（CNNIC），http://www.cnnic.net.cn/hlwfzyj/hlwxzbg/201107/P020120709345279403991.pdf。

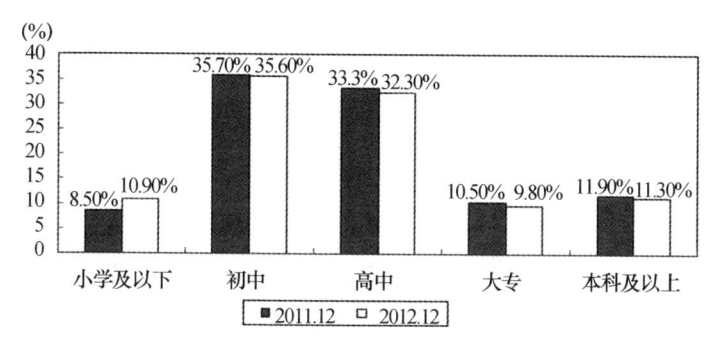

◆ 第六章 我国网络政治文化的主体性分析 ◆ 233

表 6—13 2011.12—2012.12 我国网民受教育水平统计①

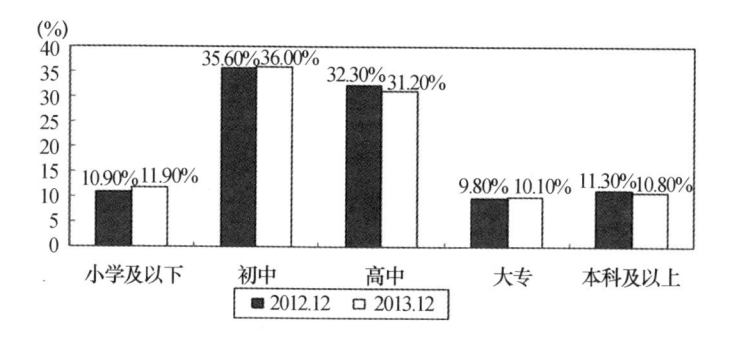

表 6—14 2012.12—2013.12 我国网民受教育水平统计②

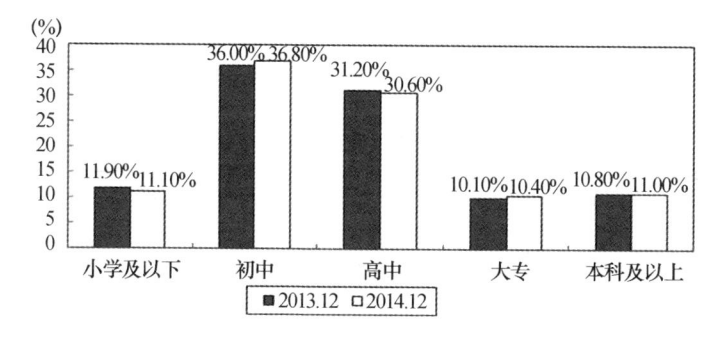

表 6—15 2013.12—2014.12 我国网民受教育水平统计③

---

① 第 31 次《中国互联网络发展状况调查统计报告》，第 18 页，中国互联网信息中心（CNNIC），http：//www.cnnic.cn/gjymaqzx/aqzxhydt/201301/t20130125_38634.htm。
② 第 33 次《中国互联网络发展状况调查统计报告》，第 23 页，中国互联网信息中心（CNNIC），http：//www.cnnic.cn/gywm/xwzx/rdxw/2014/201401/t20140116_43823.htm。
③ 第 35 次《中国互联网络发展状况调查统计报告》，第 33 页，中国互联网信息中心（CNNIC），http：//www.cnnic.cn/gywm/xwzx/rdxw/2015/201502/t20150203_51631.htm。

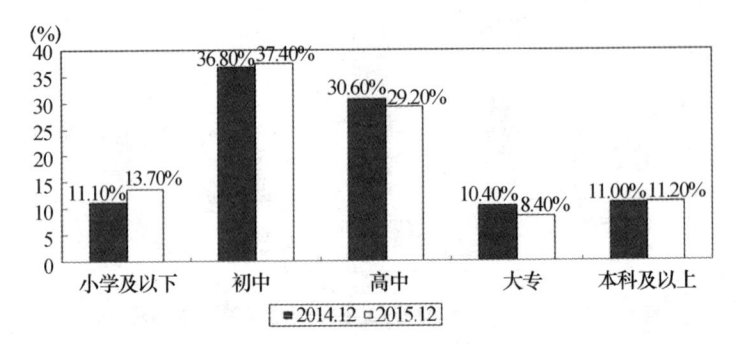

图 6—16 2014.12—2015.12 我国网民受教育水平统计①

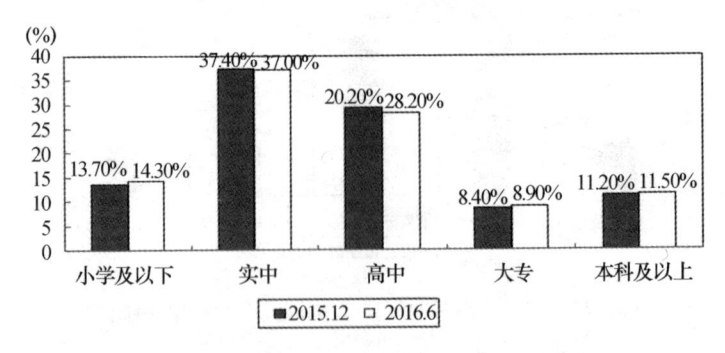

图 6—17 2015.12—2016.6 我国网民受教育水平统计②

表 6—8　　　　2007—2016 年我国网民受教育水平统计（%）③

	小学及以下	初中	高中（中专、技校）	大专及以上
2007	5.9	23.8	39.0	31.3
2008	5.4	28.0	39.4	27.1
2009	8.8	26.8	40.2	24.3

---

① 第 37 次《中国互联网络发展状况调查统计报告》，第 43 页，中国互联网信息中心（CNNIC），http：//www.cnnic.cn/gywm/xwzx/rdxw/2016/201601/t20160122_53293.htm。

② 第 38 次《中国互联网络发展状况调查统计报告》，第 15 页，中国互联网信息中心（CNNIC），http：//www.cnnic.cn/gywm/xwzx/rdxw/2016/201608/t20160803_54389.htm。

③ 2007 年、2008 年、2009 年、2010 年、2011 年、2012 年、2013 年、2014 年、2015 年、2016 年数据分别来自第 22、24、27、29、31、33、35、37、38 次《中国互联网络发展状况调查统计报告》。

续表

	小学及以下	初中	高中（中专、技校）	大专及以上
2010	8.4	32.8	35.7	23.2
2011	8.5	35.7	33.3	22.4
2012	10.9	35.6	32.3	21.1
2013	11.9	36.0	31.2	20.9
2014	11.1	36.8	30.6	21.4
2015	13.7	37.4	29.2	19.6
2016	14.3	37.0	28.2	20.4

图6—12至图6—17、表6—8统计发现：2007年到2016年6月底，我国网民中拥有小学和初中学历的网民50%左右，拥有高学历网民的比例正在不断上升。总体上，拥有小学、初中学历的网民群体，呈逐年上升趋势，而2015年之后，大学本科及以上学历的网民逐年增长，高中、高职、中专和技校的网民群体规模在下降。从不同受教育水平网民群体规模的发展走势看，呈现出低学历（初中以下）群体不断扩容、高中学历略微下降、高学历群体略有上升的总体趋势，并且"中间大、两头小"的网民规模结构，呈现出中间规模逐渐下降、两头略微上升的态势。

据我国最权威的IT门户网站之一的赛迪网报道，美国一家市场研究公司发布报告称，我国网民结构组成与美国网民存在一些差异，67%的中国网民至少拥有大学学历，而美国网民的相应比例仅为40%。正是这27%的差距，使有些人得出了"中国网民更有文化"的判断，或者情感。[①] 并且，随着我国义务教育、高等教育的进一步发展，拥有高学历网民群体的规模还会不断上升，而低学历人群将会下降。

---

① 《什么国家网民素质最高?》，新华网，http://news.xinhuanet.com/edu/2007—11/23/content_7130437.htm。

教育是在国家规划之下有目的的活动。因此，教育具有塑造公民政治文化的强大功能。教育的该功能主要体现在传递和保存功能政治知识的"厚"——具有政治知识传播的连续性与深厚性；传播、交流政治文化的"博"——地域、阶层、民族等差异化的政治文化都会在教育中有所体现；选择、净化政治文化的"精"——政治文化是政治运行的内在价值支撑，统治阶级势必通过有计划的手段，筛选与其意志一致的政治文化，并加以理论化；创造、更新政治文化的"新"——政治的特殊性和不断发展要求不断促进理论创新，以期给予政治现象新的解释，赢得民众的认可与支持；融合、转换政治文化的"合"——在网络任何文化都无法避免"杂交"的趋势，政治文化也正面临着"东西南北"碰撞、交融的趋势。由此看，国民教育内容中潜藏着大量的、系统的政治知识，而这必然会影响到网民的政治心理，并且受教育程度在一定程度上决定了政治文化的性质、水平等内质。反过来就是说，网民受教育水平的高低与其内在的政治文化之间存在着塑造与被塑造、强化与被强化的关系。

六　我国网民月收入结构统计

网民的收入水平并不决定其内心的政治文化，但是影响后者的重要因素。收入水平在一定程度上与政府制定的分配制度密切相关，这会影响网民对政治制度的评价。收入水平还折射出网民的闲暇时间多少（大学生群体除外），一般而言收入高则闲暇时间较为充裕，反之，收入低则闲暇时间亦较少。对于网民来讲，自由时间的多寡直接影响着对网络政治信息"消费"的数量和质量，进而影响到政治态度和政治心理。所以，网民的收入水平是研究网络政治文化的一个重要"窗口"。

表6—9　　　　　2008—2016年我国网民月收入统计[①]　　　　单位:%

年份	无收入	500元以下	501—1000元	1001—1500元	1501—2000元	2001—3000元	3001—5000元	5001—8000元	8000元以上
2008	1.5	26.0	16.2	16.0	13.8	13.7	8.0	2.9	1.9
2009	10.0	18.0	14.5	13.7	13.4	15.4	9.3	2.7	2.9
2010	4.6	19.4	15.1	13.2	14.5	16.2	10.5	3.7	2.9
2011	7.9	17.5	12.5	10.1	11.9	17.9	13.5	5.0	3.8
2012	8.4	14.2	12.3	8.2	10.1	18.0	18.4	5.6	4.7
2013	9.7	11.1	13.3	8.2	10.7	17.8	15.8	7.7	5.1
2014	2.2	15.2	10.7	8.1	10.3	18.8	20.2	8.7	5.7
2015	6.4	14.2	7.3	6.3	7.5	18.4	23.4	10.3	6.2
2016	8.4	12.5	5.7	6.4	7.7	16.2	22.7	11.9	8.4

由表6—9可知，我国网民收入结构呈现出"高收入者上升、低收入者下降"的趋势。2016年6月底和2008年的数据相比，收入在3001元以上的网民群体明显上升，由12.8%上升为43%。与此同时，2000元以下的网民群体比例下降明显，由73.5%下降为40.7%，2001元到3000元的网民群体规模波动则较小。网民收入的情况间接反映了其在现实生活中的从业类型、社会地位及幸福指数，而这些方面又直接或间接地与政府管理、分配制度等有关，这就势必会影响该收入群体网民的政治态度。

网民的社会经济收入与政治态度间的关系，表现为同一社会经济地位的网民，在政治态度的倾向上具有高度的趋同性，反之，低收入网民群体的生活艰难，而渴望公平和平等，也就是有偏"左"的倾向；富有的中高层公民更渴望自由和个人权利，而政治网民来

[①] 2008年和2009年数据来自第25次《中国互联网络发展状况调查统计报告》，2010年和2011年数据来自第29次《中国互联网络发展状况调查统计报告》，2012年数据来自第31次《中国互联网络发展状况调查统计报告》，2013年数据来自第33次《中国互联网络发展状况调查统计报告》，2014年数据来自第37次《中国互联网络发展状况调查统计报告》，2015年和2016年数据来自第38次《中国互联网络发展状况调查统计报告》。

源于社会的中层。① 一项调查发现，"就收入而言，中低收入者（家庭年收入10万元以下）是大多数，年收入在50万元以上答题者占2.5%。从收入和政治立场的关系来看，年收入在50万元以上人群中，持左派观念的比例为8.9%，收入在4万元以下人群中，持左派观念的比例为6.4%。从总的结果来看，收入越高的人，对政治立场的态度越鲜明，年收入在4万元以下的人，中立态度比例达到59.4%；而年收入10万—50万元，甚至50万元以上的人，中立的立场显著下降，持左或右立场的比例则明显增加"。② 唐芳的研究中显示："网民群体中社会经济地位指数得分很低的有近80%倾向于左派，中间阶层的政治稳定性——温和言论为主。"③ 可见，网民收入水平的高低，与其持有的政治文化类型、性质存在密切的关系。

七 我国网民的性别差异统计

性别差异在政治分析中的重要性早已被学术界关注，尤其是女权主义的兴起之后，基于性别视角的研究越来越多。女权主义理论家提出，有关知识的思想依赖于具体的，包括性别在内的一系列社会关系的存在，而这些社会关系又使之变得可信。④ 女性政治学，亦称女权政治学，被誉为20世纪末最为独特和影响深远的发展，并形成了社会女权主义、马克思主义女权主义以及激进女权主义等

---

① 唐芳：《政治网民的社会经济地位与政治倾向》，《中国媒体报告》2009年第3期。
② 南开大学副教授马得勇依据其调查指出，中国网民中，"左"派只有6.2%，右派则占到38.7%，中间立场者占55.1%。总体来看，网民随着年龄增加，"左"或右的政治立场比例越高，20多岁的年轻人的政治立场更加中庸。而2013年5月2日《南方周末》开展的《调查"中国人眼中的民主"》一文中则显示："中国人的政治立场中间偏左"。资料来源：《中国网民的立场》，《南方都市报》2013年8月18日第A29版。
③ 唐芳：《政治网民的社会经济地位与政治倾向》，《中国媒体报告》2009年第3期。
④ 王逢振：《性别政治》，天津社会科学院出版社2001年版。

研究流派。① 性别政治产生于女性获得政治权力之后的现代社会，主要集中在性别差异对政治心理、政治行为、政治能力等方面的差异研究。同样，互联网产生之后，网络对不同性别的政治行为体产生的影响，也随之成为学术界关注的问题。

表 6—10　　　　2007—2016 年我国网民性别比例统计（%）②

	2007	2008	2009	2010	2011	2012	2013	2014	2015	2016
男性	57.2	52.5	54.2	55.8	55.9	55.8	56	56.4	53.6	53
女性	42.8	47.5	45.8	44.2	44.1	44.2	44	43.6	46.4	47

从表 6—10 列出的我国近十年的网民性别比例数据看，女性网民的比例略低于男性，而且男性网民、女性网民的比例相对稳定，波动不大。在城乡网民的性别分布中，城镇网民男女性别比例为 55.1∶44.9，农村网民男女性别比例为 58.2∶41.8。与城镇相比，农村网民的性别结构较不均衡，男性占比高出女性 16.4 个百分点。③ 另外，我国网民还具有民族身份、宗教背景等方面的差异，有待进行深入统计。

2013 年，中国社会科学院政治学研究所与中国社会科学院调查与数据信息中心进行的第一次全国性的"中国公民政治文化"问卷调查显示：男性公民的政治认同和政治参与水平均高于女性公民；少数民族公民的政治认同水平高于汉族公民，但是少数民族公民和汉族公民的政治参与水平差异不显著；城镇户籍公民政治认同水平

---

① 王国鹏：《马克思恩格斯的女权思想——基于"性别政治"视角的解读》，《福建论坛》2011 年第 12 期。

② 2007—2016 年数据分别来自第 21、23、25、27、29、31、33、35、37 次《中国互联网络发展状况调查统计报告》第 14 页、第 16 页、第 16 页、第 18 页、第 20 页、第 17 页、第 22 页、第 32 页、第 42 页、第 14 页，每年数据截止日期均为当年 12 月底，发布报告为次年 1 月份。2016 年的数据来源于第 38 次报告，截止日期为 2016 年 6 月底。

③ 中国互联网信息中心：《2011 年中国农村互联网发展状况调查报告》，2012 年，第 8 页，http：//www.cnnic.net.cn/hlwfzyj/hlwxzbg/ydhlwbg/201209/t20120917_36220.htm。

高于农村户籍公民，但是不同户籍公民的政治参与水平差异不显著；学历高低并未造成公民政治认同和政治参与的重大差异，但是从老、中、青的年龄区分看，大致是年龄越长政治认同和政治参与的水平越高；公民中的共产党员的政治认同和政治参与水平高于共青团员和群众，共青团员与群众之间的差异不显著；不同职业的公民、不同区域的公民以及不同单位性质的公民，无论是在政治认同上，还是在政治参与上，都有显著的差异；但是不同收入公民的政治认同和政治参与差异并不显著。[①]

综上所述，我国网民的基本属性呈现出：网民总量逐步上升，但增幅趋于平缓；以青少年为主，10—29岁的网民占到了70%左右；学生是网民的主体，所占比例高达30%左右，其次是个体户和自由择业者，所占比例为15%左右，而其他职业的网民所占比例都在10%以下；初、高中学生网民比例高达75%左右，大专以上仅占25%左右；中等收入、低收入者是网民的主体，但低收入和高收入的比例正在不断上升。男性网民相比女性网民而言所占比例略高，但男性、女性网民各自所占比例相对较为稳定。

第二节 我国网民的移动互联网转型

台式电脑和互联网的问世，极大地消除了地域之间的"壁垒"，实现了"坐地日行八万里，巡天遥看一千河"的梦想，但人无法自由活动，被死死地绑在电脑之前。然而，随着科技的不断进步，笔记本电脑、上网本、平板电脑和智能手机等移动终端设备的大量问世，移动互联网正成为网民打发闲暇、零碎时间的首选。移动网络（mobile web）也即移动互联网，是指基于浏览器的Web服务，如

[①] 《首次全国性"中国公民政治文化"调查揭晓》，新华网，http://news.xinhuanet.com/video/2013—08/10/c_125147586.htm。

万维网，WAP 和 i-mode（日本）使用移动设备，如手机、掌上电脑或其他便携式工具连接到公共网络，不需要台式电脑，也没有一个固定的固定连接。移动互联网的快速普及，使得网民能够更加便捷地第一时间获取网络政治信息、发表政治态度和阐述个人政治观点。但是，移动互联网的覆盖面积、资费标准及移动终端设备的特点等，也使得网民对网络政治文化的消费更具"选择性"。

一 我国网民入网设备情况统计

目前，我国网民正处于由"固定上网"到"移动上网"的分化期、转型期，台式电脑、笔记本电脑的使用率不断下降，而智能手机、平板电脑等移动上网工具正在迅猛上升，致使网民规模出现了新的增长点，网民数量迅猛扩容。网民上网方式由"静态"到"动态"的转向，使得网络技术的革命性巨变催生了网民网络化程度的提高，进而使得网民可以全天候、不间断地存在于网络之中。并且，网络技术的进一步发展，使得网络生活的连续性、持续性和完整性大幅度提高。

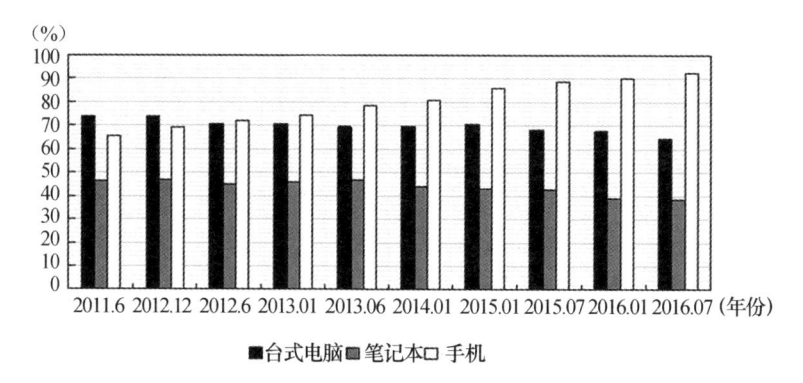

图6—18　2011.6—2016.7 我国网民接入互联网终端设备使用情况[①]

[①] 根据第30、31、32、33、34、35、36、37、38 次《中国互联网络发展状况调查统计报告》相关数据整理而得。

表 6—11　　2009.12—2016.6 我国网民接入互联网终端设备使用情况① 　　　　单位：万台

	2009.12	2010.6	2010.12	2011.6	2011.12	2012.6
台式机	28186	30912	34484	35890	37662	38825
笔记本	11789	15456	20899	22407	24013	24237
手机	23347	27678	30273	31768	35558	38016

	2013.6	2013.12	2014.6	2014.12	2015.6	2015.12	2016.6
台式机	41074.5	43074.6	43987.2	45949.2	45691.2	46577.6	45866
笔记本	27717.9	27253.8	27618.4	28036.8	28390	26625.6	27335
手机	46393.5	50058	52708.8	55684.2	59385.2	61988.8	65675

网民接入互联网的终端设备主要有三种，②每种设备的实际使用数量都在上升，但上升幅度、所占比重却差异明显。具体而言，2009 年到 2016 年 6 月底，台式电脑、笔记本电脑和智能手机的网民实际增长量分别为 1.768 亿、1.5546 亿和 4.2329 亿，智能手机网民增长量比前两种方式的总和还多 0.9103 亿，但台式电脑和笔记本电脑的用户规模比重却逐渐下降，而手机网民规模则明显上升。2012 年 6 月手机用户超过台式电脑和笔记本，成为接入互联网的第一终端设备。可见，随着移动互联网与智能手机的不断发展，手机上网将成为网民的首选，这就把网民从固定的电脑屏幕前解放出来，实现了全天候、不间断的网络生活。

---

① 2009.12—2012.6 数据来源于第 30 次《中国互联网络发展状况调查统计报告》，2013.6、2013.12 数据来源于第 33 次《中国互联网络发展状况调查统计报告》，2014—2016 数据分别来自第 34、35、36、37、38 次《中国互联网络发展状况调查统计报告》。

② 除台式电脑、笔记本和手机等终端之外，依据摩根士丹利（Morgan Stanley）2011 年移动互联网全球市场报告显示：目前移动终端设备还有阅读器（如 Kindle）、平板电脑、MP3、PDA（即"掌上电脑"）、车载 GPS/ABS、移动视频、家庭娱乐设备、游戏机及无线家电等 10 余种，且在未来随着"物联网"的发展，各种终端有可能实现一体化的趋势。另外，电视上网也成为重要的方式，2016 年 6 月底，电视上网用户比例高达 21.1%，而台式电脑、笔记本电脑、平板电脑、手机比例分别为 64.6%、38.5%、30.6%、92.5%。

但是，手机用户存在的安全风险，也是不容忽视的问题。2015年95.9%的手机网民遇到过手机信息安全事件。手机网民中未关注、关注过、主动采取过措施保护隐私的比例分别为56.2%、35.8%、8%，未造成损失、影响到工作生活和造成经济损失的比例分别为52.7%、26.4%、8.9%，在遇到安全问题之后，通过社交媒体公布安全事件、向相关部门举报投诉、向安全联盟反映问题和未采取任何措施的比例分别为10.7%、10.1%和8.1%、26.4%。[①] 可见，手机网民的安全问题不容乐观，如果蔓延至政府信息披露、电子政务和官方微博，将会造成政府公信力、国家信息安全等重大问题。

二 我国网民接入互联网情况统计

网络接入方式的选择将直接影响到网民对网络信息的获取速度，对网络新闻的持续性关注，对政府信息的获知效率，对自身生活便利与否等多方面，会涉及网民对政府互联网建设、移动互联网建设和无线网络建设的满意程度，更会影响到网民政治心理的缓解与剧增，网民网络政治行为的规范与失范，等等。为此，统计分析我国网民的网络接入方式，将是展开网络政治、网络政治文化和网络政治参与等研究的重要前提。

1. 我国宽带网民规模情况统计

我国家庭电脑上网宽带网民[②]的规模，呈现出逐渐增长的总体趋势，但2010年成为重要的分水岭。2010年之前，宽带网民的规模保持着较高的增长速度，但是2010年至今，家庭宽带网民规模

---

① 中国互联网络信息中心：《2015年中国手机网民网络安全状况报告》，2016年9月，第3页，http://www.cnnic.net.cn/hlwfzyj/hlwxzbg/。

② 家庭电脑上网宽带网民，是指在家使用电脑上网的网民中，使用宽带（xDSL、CABLE MODEM、光纤接入、电力线上网、以太网、WiFi）接入互联网的网民，但不限于仅使用宽带接入互联网的网民。

的增长趋缓。就宽带网民在网民总体中的比例而言，也呈现出比例不断下降的趋势。这一发展趋势说明，网民对固定网络的依赖程度逐渐下降，对家庭宽带的使用率逐渐降低。

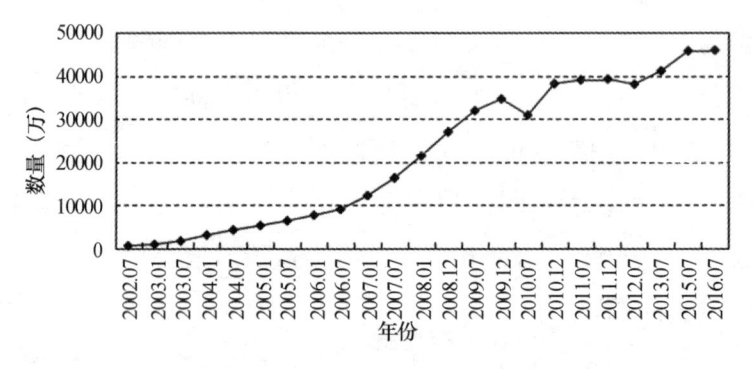

图6—19　2002.7—2016.7我国宽带网民规模统计①

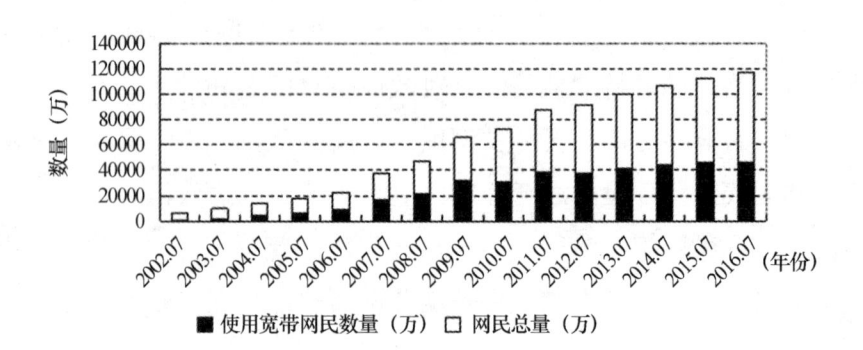

图6—20　2002.7—2016.7我国宽带网民数量及占网民总量比例统计

2. 我国手机网民数量基数递增及增长幅度趋势明显

从2008年底到2016年6月，我国手机网民数量增长了5倍多，由占网民比例的39.40%上升到92.5%，2016年上半年新增网民中的61.0%为手机网民，新增手机网民中有2355万人是由原有PC网

---

① 数据来源于历次《中国互联网络发展状况调查统计报告》。

民中转化而来，这一规模较 2015 年底增加了 1202 万。① 手机网民的即时通信使用率高达 91.9%，手机网络新闻使用率 78.9%，手机搜索使用比例为 79.8%，手机音乐、手机视频、手机教育在线课程的比例分别为 67.6%、67.1%、10.6%。可见，随着智能手机网络功能的快速拓展，手机通信、新闻浏览、音乐和视频、个人网络空间及网络银行等领域不断整合，使智能手机成为最受欢迎的网络终端。

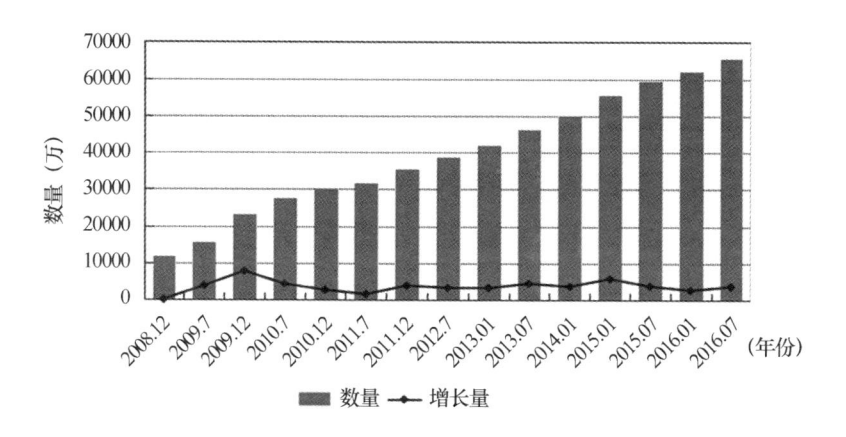

图 6—21　2008—2016 年我国手机网民数量及增长量统计

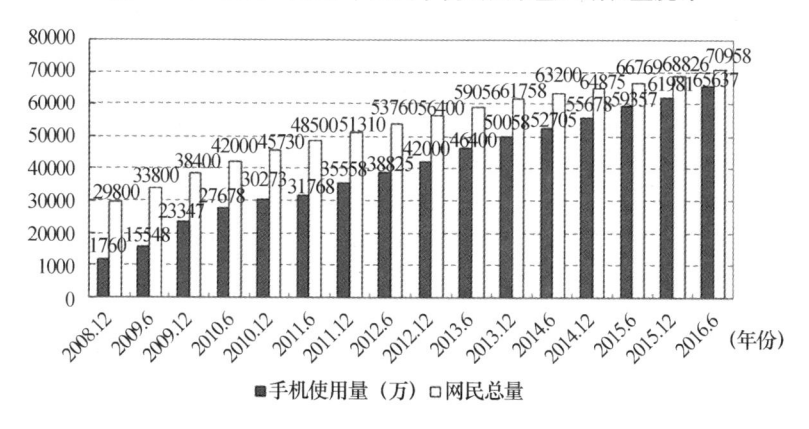

图 6—22　2008.12—2016.6 我国手机网民数量及占网民总量比例统计②

---

① 中国互联网信息中心第 38 次《中国互联网络发展状况调查统计报告》，第 12 页。
② 2008 年、2009 年、2010 年、2011 年、2012 年、2013 年、2014 年、2015 年、2016 年数据分别来自第 24、27、29、31、33、35、37、38 次《中国互联网络发展状况调查统计报告》。

移动互联网和手机终端的发展对中国互联网的普及具有重要的意义，对于我国广阔的农村地区，以及庞大的流动人口来说，使用手机接入互联网是更为廉价和简便的方式。相比电脑，手机对农村网民的增长发挥了更加重要的作用。在农村通过电脑使用固网的成本依然较高，而通过手机终端接入移动互联网就显得尤为低廉，这将促使农村人口快速实现网民身份的转化。

3. 我国宽带网民与手机网民规模比较分析

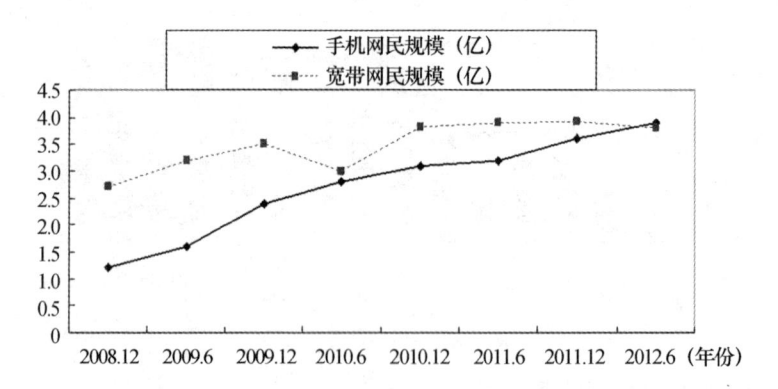

图6—23 2008.12—2012.6 我国宽带网民与手机网民规模比较分析[1]

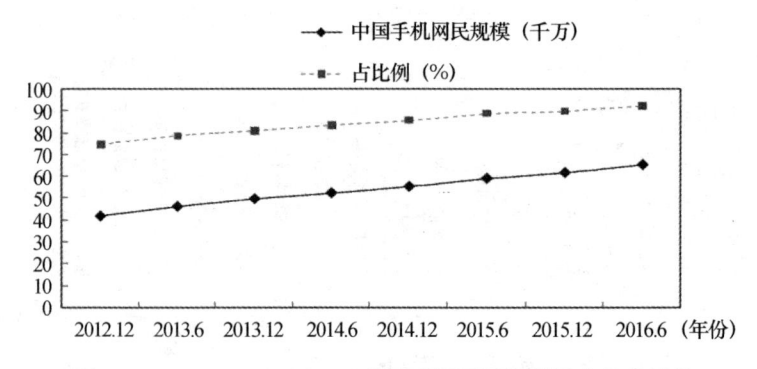

图6—24 2012.12—2016.6 我国手机网民规模及占比统计[2]

---

[1] 2008年、2009年、2010年、2011年、2012年数据分别来自第24、27、29、31次《中国互联网络发展状况调查统计报告》。

[2] 2012年、2013年、2014年、2015年、2016年数据分别来自第31、33、35、37、38次《中国互联网络发展状况调查统计报告》。

由图6—23、图6—24可知，在2012年7月之前宽带网民一直是我国网民的主体构成，保持着大约28%的增长比例。但在2009年10月之后，随着3G、4G智能手机普及的快速推广，宽带网民的规模就受到严重的挑战，一度出现了15.9%的下降，直至2010年3月之后，宽带用户规模才小幅度回升，在2010年10月之后，宽带网民规模趋于稳定并逐渐略微下滑。而手机网民规模增长幅度较大，保持了年均46.5%的增长幅度，并于2012年7月首次超过宽带网民规模，2016年6月底的数据显示，手机网民仅仅比网民总体数量少5400万。可见，宽带网民规模因宽带固定特征的局限，未来可能会进一步下滑，而手机网民规模在智能手机、移动网络等基础设施进一步加快建设的促动下，可能会出现大幅度的上涨。

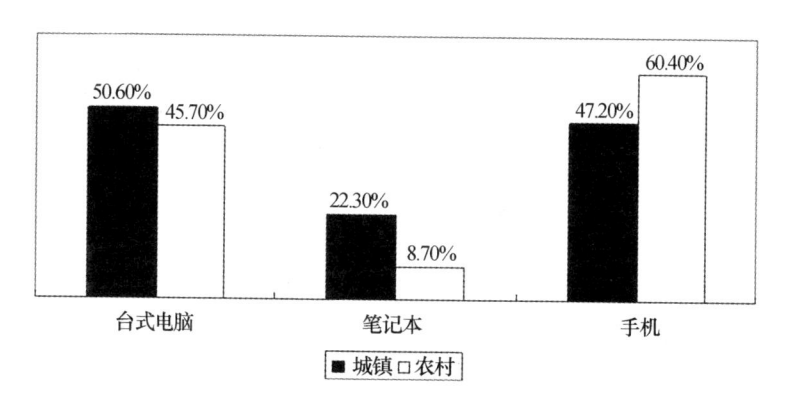

图6—25 2012年城镇和农村新增网民接入互联网终端工具比较[①]

通过图6—25、图6—26可知，在2012年新增网民中，农村网民所占比例达到51.8%[②]，这一群体中使用手机上网的比例高达60.4%，同期新城镇网民中使用手机上网的比例仅有47.2%，比前

[①] 第30次《中国互联网络发展状况调查统计报告》，第14页，中国互联网信息中心（CNNIC），http：//www.cnnic.cn/hlwfzyj/hlwxzbg/hlwtjbg/201207/P020120723477451202474.pdf。

[②] 同上书，第13页。

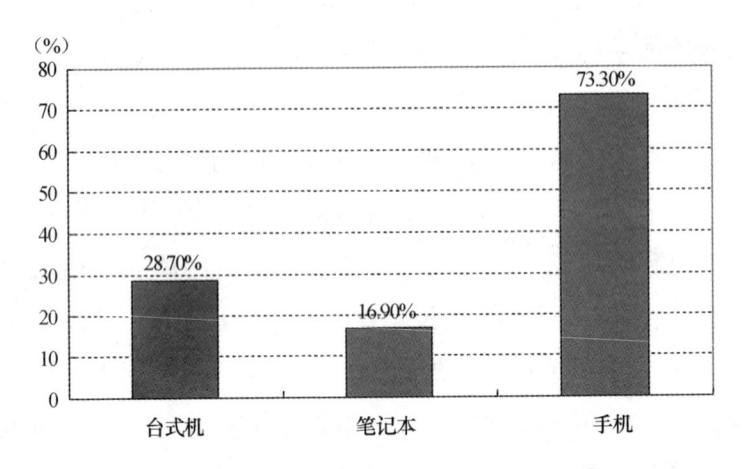

图 6—26　2013 年新增网民接入互联网终端工具比较

者低 13.2 个百分点；农村新增网民使用台式电脑与笔记本电脑的分别只占 45.7% 和 8.7%，都低于城市新增网民。但是，在 2013 年的新增网民中，手机网民的比例远远高于使用台式机和笔记本的比例。这一结果显示，在农村网民的增长过程中手机比电脑发挥了更加重要的作用。目前，虽然广大农村地区的信息化基础设施建设已经有了长足的发展，但是通过电脑使用固网的成本依然较高，致使手机成为农村网民增长的便利的终端。

台式电脑和手机成为上网的主要终端，并且在 2012 年 6 月的统计中，手机网民首次超过台式电脑网民；城镇网民占据着绝对的优势，是农村网民的 2 倍多，并且东部发达地区的城镇的网民比例远高于中西部的城镇网民比重。

第三节　我国网民的网络政治行为方式

在基本理论的探讨过程中，将网民分为学习型、娱乐型、经济型及政治型等不同的类型，而这一分类的标准则是参照网民的网络行为来划分的，也只有通过对网民的网络行为进行统计和分析，才能把握网民网络行为的倾向与偏好。在此基础上，才能进一步洞察隐藏在网络行为表象之下的心理状态，最终洞悉网民主观世界的政治心理、政治文化。为此，对网络行为的统计分析，就成为必不可少的环节。

一 我国网民网络行为的统计分析

政治文化决定着政治行为，反过来，政治行为恰恰是政治文化的"外现"，同样，网民的政治行为也揭示潜藏在内心深处的政治文化，而且或许比以往任何时候都较为"准确""真实"地反映了网民的内心的政治生态。为此，分析网民的网络政治行为，是研究网络政治文化的第一手宏观资料。

表6—12　　2008—2009年我国网民网络行为分布统计[①]

应用	2008年	2009年	增长率	使用率排名	增长率排名
网络音乐	83.7%	83.5%	28.8%	1	11
网络新闻	78.5%	80.1%	31.5%	2	9
搜索引擎	68.0%	73.3%	38.6%	3	7
即时通信	75.3%	70.9%	21.6%	4	15
网络游戏	62.8%	68.9%	41.5%	5	6
网络视频	67.7%	62.6%	19.0%	6	16
博客应用	54.3%	57.7%	36.7%	7	8
电子邮件	56.8%	56.8%	29.0%	8	10
社交网站	42.6%	45.8%	24.4%	9	14
网络文学	29.3%	32.3%	26.8%	10	13
论坛/BBS	30.7%	30.5%	28.6%	11	12
网络购物	24.8%	28.1%	45.9%	12	5

---

① 第25次《中国互联网络发展状况调查统计报告》，第31页，中国互联网信息中心（CNNIC），http://www.cnnic.net.cn/hlwfzyj/hlwxzbg/201001/P020120709345300487558.pdf。

续表

应用	2008 年	2009 年	增长率	使用率排名	增长率排名
网上银行	19.3%	24.5%	62.3%	13	4
网上支付	17.6%	24.5%	80.9%	14	1
网络炒股	11.4%	14.8%	67.0%	15	3
旅行预订	5.6%	7.9%	77.9%	16	2

表6—13　　2009.12—2010.6 我国网民网络行为分布统计①

应用	2009.12	2010.6	增长率	使用率排名	增长率排名
网络音乐	83.5%	82.5%	8.0%	1	14
网络新闻	80.1%	78.5%	7.2%	2	15
搜索引擎	73.3%	76.3%	13.9%	3	7
即时通信	70.9%	72.4%	11.7%	4	10
网络游戏	68.9%	70.5%	11.9%	5	9
网络视频	62.6%	63.2%	10.4%	6	12
博客应用	57.7%	55.1%	4.5%	8	16
电子邮件	56.8%	56.5%	8.9%	7	13
社交网站	45.8%	50.1%	19.6%	9	4
网络文学	42.3%	44.8%	15.7%	10	6
论坛/BBS	30.5%	31.5%	13.1%	12	8
网络购物	28.1%	33.8%	31.4%	11	2
网上银行	24.5%	29.1%	29.9%	14	3
网上支付	24.5%	30.5%	36.2%	13	1
网络炒股	14.8%	15.0%	11.0%	15	11
旅行预订	7.9%	8.6%	19.4%	16	5

① 根据第26次《中国互联网络发展状况调查统计报告》，第24页数据整理而得，中国互联网信息中心（CNNIC），http://www.cnnic.net.cn/hlwfzyj/hlwxzbg/201007/P020120709345290787849.pdf。

表6—14　　　　2009.12—2010.12 我国网民网络行为分布统计①

应用	增长率排名	用户数量（万）2010.12	使用率 2010.12	用户数量（万）2009.12	使用率 2009.12	增长率
搜索引擎	5	37453	81.9%	28134	73.3%	33.1%
网络音乐	16	36218	79.2%	32074	83.5%	12.9%
网络新闻	14	35304	77.2%	30769	80.1%	14.7%
即时通信	7	35258	77.1%	27233	70.9%	29.5%
网络游戏	13	30410	66.5%	26454	68.9%	15.0%
博客应用	6	29450	64.4%	22140	57.7%	33.0%
网络视频	12	28398	62.1%	24044	62.6%	18.1%
电子邮件	15	24969	54.6%	21797	56.8%	14.6%
社交网站	4	23505	51.4%	17578	45.8%	33.7%
网络文学	10	19481	42.6%	16261	42.3%	19.8%
网络购物	1	16051	35.1%	10800	28.1%	48.6%
论坛/BBS	8	14817	32.4%	11701	30.5%	26.6%
网上银行	2	13948	30.5%	9412	24.5%	48.2%
网上支付	3	13719	30.0%	9406	24.5%	45.9%
网络炒股	9	7088	15.5%	5678	14.8%	24.8%
微博客	17	6311	13.8%	—	—	—
旅行预订	11	3613	7.9%	3024	7.9%	19.5%
团购	17	1875	4.10%	—	—	—

表6—15　　　　2010.12—2011.6 我国网民网络行为分布统计②

应用	增长率排名	用户数量（万）2011.6	使用率 2011.6	用户数量（万）2010.12	使用率 2010.12	增长率
搜索引擎	10	38606	79.6%	37453	81.9%	3.1%
即时通信	4	38509	79.4%	35258	77.1%	9.2%

---

① 第27次《中国互联网络发展状况调查统计报告》，第28—29页，中国互联网信息中心（CNNIC），http://www.cnnic.net.cn/hlwfzyj/hlwxzbg/201101/P020120709345289031187.pdf。

② 第28次《中国互联网络发展状况调查统计报告》，第24页，中国互联网信息中心（CNNIC），http://www.cnnic.net.cn/hlwfzyj/hlwxzbg/201107/P020120709345279403991.pdf。

续表

应用	2011.6 增长率排名	2011.6 用户数量（万）	2011.6 使用率	2010.12 用户数量（万）	2010.12 使用率	2010.12 增长率
网络音乐	9	38170	78.7%	36218	79.2%	5.4%
网络新闻	11	36230	74.7%	35304	77.2%	2.6%
博客应用	5	31768	65.5%	29450	64.4%	7.9%
网络游戏	12	31137	64.2%	30410	66.5%	2.4%
网络视频	8	30119	62.1%	28398	62.1%	6.1%
电子邮件	14	25172	51.9%	24969	54.6%	0.8%
社交网站	16	22989	47.4%	23505	51.4%	-2.2%
网络文学	15	19497	40.2%	19481	42.6%	0.1%
微博客	1	19497	40.2%	6311	13.8%	208.9%
网络购物	7	17266	35.6%	16051	35.1%	7.6%
网上支付	3	15326	31.6%	13719	30.0%	11.7%
网上银行	6	15035	31.0%	13948	30.5%	7.8%
论坛/BBS	17	14405	29.7%	14817	32.4%	-2.8%
网络炒股	18	5626	11.6%	7088	15.5%	-20.6%
团购	2	4220	8.7%	1875	4.1%	125.0%
旅行预订	13	3686	7.6%	3613	7.9%	2.0%

表6—16　　　　2010—2011年各类网络应用使用率[①]

应用	2011 增长率排名	2011 用户数量（万）	2011 使用率	2010 用户数量（万）	2010 使用率	2010 增长率
即时通信	6	41510	80.9%	35258	77.1%	17.7%
搜索引擎	9	40740	79.4%	37453	81.9%	8.3%
网络音乐	12	38585	75.2%	36218	79.2%	6.5%
网络新闻	14	36687	71.5%	35304	77.2%	3.9%
网络视频	8	32531	63.4%	28398	62.1%	14.6%
网络游戏	11	32428	63.2%	30410	66.5%	6.6%

---

① 第29次《中国互联网络发展状况调查统计报告》，第33页，中国互联网信息中心（CNNIC），http://www.cnnic.net.cn/hlwfzyj/hlwxzbg/201201/P020120709345264469680.pdf。

续表

应用	2011			2010		
	增长率排名	用户数量（万）	使用率	用户数量（万）	使用率	增长率
博客	10	31864	62.1%	29450	64.4%	8.2%
微博	1	24988	48.7%	6011	13.0%	296.0%
电子邮件	15	24577	47.9%	24969	54.6%	-1.6%
社交网站	14	24424	47.6%	23505	51.4%	3.9%
网络文学	13	20267	39.5%	10481	42.6%	4.0%
网络购物	4	19395	37.0%	16051	35.1%	20.8%
网上支付	3	16676	32.5%	13719	30.0%	21.6%
网上银行	5	16624	32.4%	13948	30.5%	19.2%
论坛/BBS	16	14469	28.2%	14817	32.4%	-2.3%
团购	2	6465	12.6%	1875	4.1%	244.8%
旅行预订	7	4207	8.2%	3613	7.9%	16.5
网络炒股	17	4002	7.0%	7088	15.5%	-43.5%

表6—17　　2011.12—2012.6 我国网民对各类网站使用率[①]

应用	增长率排名	增长率	2012.6		2011.12	
			用户数量（万）	使用率	用户数量（万）	使用率
即时通信	8	7.2%	44514.9	82.8%	41509.8	80.9%
搜索引擎	11	5.2%	42860.5	79.7%	40740.1	79.4%
网络音乐	10	6.4%	41060.0	76.4%	38585.1	75.2%
网络新闻	9	6.9%	39231.7	73.0%	36686.7	71.5%
微博客	3	10.9%	35331.3	65.7%	31863.5	62.1%
网络视频	7	7.6%	34999.5	65.1%	32530.5	63.4%
网络游戏	14	2.1%	33105.3	61.6%	32427.9	63.2%
微博	4	9.5%	27364.5	50.9%	24988.0	48.7%
电子邮件	12	5.1%	25842.8	48.1%	24577.5	47.9%
社交网站	13	2.6%	25051.0	46.6%	24423.6	47.6%

---

① 第30次《中国互联网络发展状况调查统计报告》，第25页，中国互联网信息中心（CNNIC），http://www.cnnic.cn/hlwfzyj/hlwxzbg/hlwtjbg/201207/P020120723477451202474.pdf。

续表

应用	增长率排名	增长率	2012.6 用户数量（万）	2012.6 使用率	2011.12 用户数量（万）	2011.12 使用率
网络购物	5	8.2%	20989.2	39.0%	19395.2	37.8%
网络文学	16	-4.0%	19457.4	36.2%	20267.5	39.5%
网上银行	1	14.8%	19077.2	35.5%	16624.4	32.4%
网上支付	2	12.3%	18722.2	34.8%	16675.8	32.5%
论坛/BBS	6	7.7%	15586.0	29.0%	14469.4	28.2%
团购	17	-4.4%	6181.4	11.5%	6465.1	12.6%
旅行预订	15	1.2%	4257.5	7.9%	4207.4	8.2%
网络炒股	18	-5.5%	3780.6	7.0%	4002.2	7.8%

表6—18　2011.12—2012.12 我国网民对各类网站使用率[①]

应用	增长率排名	增长率	2012.12 用户数量（万）	2012.12 使用率	2011.12 用户数量（万）	2011.12 使用率
即时通信	10	12.7%	46775	82.9%	41510	80.9%
搜索引擎	12	10.7%	45110	80.0%	40740	79.4%
网络音乐	9	13.0%	43586	77.3%	38585	75.2%
网络新闻	—	—	—	—	—	—
博客/个人空间	6	17.1%	37299	66.1%	31864	62.1%
网络视频	8	14.3%	37183	65.9%	32531	63.4%
网络游戏	13	3.5%	33569	59.5%	32428	63.2%
微博	5	23.5%	30861	54.7%	24988	48.7%
电子邮件	15	2.0%	25080	44.5%	24578	47.9%
社交网站	11	12.6%	27505	48.8%	24424	47.6%
网络购物	4	24.8%	24202	42.9%	19395	37.8%
网络文学	7	15.2%	23344	41.4%	20268	39.5%
网上银行	1	33.2%	22148	39.3%	16624	32.4%
网上支付	2	32.3%	22065	39.1%	16676	32.5%

① 第31次《中国互联网络发展状况调查统计报告》，第29页，中国互联网信息中心（CNNIC），http://www.cnnic.cn/gywm/xwzx/rdxw/rdxx/201302/W020130115444339760410.pdf。

续表

应用	增长率排名	增长率	2012.12 用户数量（万）	2012.12 使用率	2011.12 用户数量（万）	2011.12 使用率
论坛/BBS	14	3.2%	14925	26.5%	14469	28.2%
团购	3	28.8%	8327	14.8%	6465	12.6%
旅行预订①	—	—	11167	19.8%	4207	8.2%
网络炒股	16	-14.5%	3423	6.1%	4002	7.8%

注：第31次《中国互联网络发展状况调查统计报告》中，未涉及对"网络新闻"的统计故用"—"表示。

表6—19　　2012.12—2013.6 我国网民对各类网站使用率②

应用	增长率排名	增长率	2013.6 用户数量（万）	2013.6 使用率	2012.12 用户数量（万）	2012.12 使用率
即时通信	10	6.3%	49706	84.2%	46775	82.9%
搜索引擎	14	4.3%	47038	79.6%	45110	80.0%
网络音乐	11	4.7%	45614	77.2%	43586	77.3%
网络新闻③	3	17.5%	46092	78.0%	—	—
博客/个人空间	7	7.6%	40138	68.0%	37299	66.1%
网络视频	13	4.5%	38861	65.8%	37183	65.9%
网络游戏	15	2.9%	34533	58.5%	33569	59.5%
微博	8	7.2%	33077	56.0%	30861	54.7%
电子邮件	16	-1.7%	24665	41.8%	25080	44.5%
社交网站	12	4.7%	28800	48.8%	27505	48.8%
网络购物	4	11.9%	27091	45.9%	24202	42.9%
网络文学	9	6.4%	24837	42.1%	23344	41.4%
网上银行	6	8.7%	24084	40.8%	22148	39.3%
网上支付	5	10.8%	24438	41.4%	22065	39.1%

① 本文中旅行预订定义为最近半年在网上预订过机票、酒店、火车票和旅行行程，与之前报告中定义有差异，本次报告增加了网上火车票预订。

② 第32次《中国互联网络发展状况调查统计报告》，第28页，中国互联网信息中心（CNNIC），http://www.cnnic.cn/hlwfzyj/hlwxzbg/hlwtjbg/201307/P020130717505343100851.pdf.

③ 网络新闻：2012年12月份未调查网络新闻的网民数。

续表

应用	增长率排名	增长率	2013.6 用户数量（万）	2013.6 使用率	2012.12 用户数量（万）	2012.12 使用率
论坛/BBS	18	-5.5%	14098	23.9%	14925	26.5%
团购	1	21.2%	10091	17.1%	8327	14.8%
旅行预订①	2	18.7%	13256	22.4%	11167	19.8%
网络炒股	17	-4.9%	3256	5.5%	3423	6.1%

表6—20　2012.12—2013.12 我国网民对各类网站使用率②

应用	增长率排名	增长率	2013.12 用户数量（万）	2013.12 使用率	2012.12 用户数量（万）	2012.12 使用率
即时通信	8	13.8%	53215	86.2%	46775	82.9%
搜索引擎	10	8.5%	48966	79.3%	45110	80.0%
网络音乐	12	4.0%	45312	73.4%	43586	77.3%
网络新闻	11	6.6%	49132	79.6%	46092	78.0%
博客/个人空间	6	17.0%	43658	70.7%	37299	66.1%
网络视频	7	15.2%	42820	69.3%	37183	65.9%
网络游戏	15	0.7%	33803	54.7%	33569	59.5%
微博	16	-9.0%	28078	45.5%	30861	54.7%
电子邮件	13	3.4%	25921	42.0%	25080	44.5%
社交网站	14	1.0%	27769	45.0%	27505	48.8%
网络购物	3	24.7%	30189	48.9%	24202	42.9%
网络文学	5	17.6%	27441	44.4%	23344	41.4%
网上银行	9	12.9%	25006	40.5%	22148	39.3%
网上支付	4	17.9%	26020	42.1%	22065	39.1%
论坛/BBS	17	-19.3%	12046	19.5%	14925	26.5%

---

　　① 旅行预订：本文中旅行预订定义为最近半年在网上预订过机票、酒店、火车票和旅行行程。

　　② 第33次《中国互联网络发展状况调查统计报告》，第36页，中国互联网信息中心（CNNIC），http://www.cnnic.cn/hlwfzyj/hlwxzbg/hlwtjbg/201403/P020140305346585959798.pdf。

◇ 第六章 我国网络政治文化的主体性分析 ◇ 257

续表

应用	增长率排名	增长率	2013.12 用户数量（万）	2013.12 使用率	2012.12 用户数量（万）	2012.12 使用率
团购	1	68.9%	14067	22.8%	8327	14.8%
旅行预订①	2	61.9%	18077	29.3%	11167	19.8%
网络炒股	—	—	—	—	—	—

注：第33次《中国互联网络发展状况调查统计报告》中，未涉及对"网络炒股"的统计故用"—"表示。

表6—21　2013.12—2014.6 我国网民对各类网站使用率②

应用	增长率排名	增长率	2014.6 用户数量（万）	2014.6 使用率	2013.12 用户数量（万）	2013.12 使用率
即时通信	6	6.0%	56423	89.3%	53215	86.2%
搜索引擎	10	3.6%	50749	80.3%	48966	79.3%
网络音乐	5	7.6%	48761	77.2%	45312	73.4%
网络新闻	14	2.4%	50316	79.6%	49132	79.6%
博客/个人空间	15	1.8%	44430	70.3%	43658	70.7%
网络视频	13	2.5%	43877	69.4%	42820	69.3%
网络游戏	3	8.9%	36811	58.2%	33803	54.7%
微博	16	-1.9%	27535	43.6%	28078	45.5%
电子邮件	11	3.6%	26867	42.5%	25921	42.0%
社交网站	17	-7.4%	25722	40.7%	27769	45.0%
网络购物	2	9.8%	33151	52.5%	30189	48.9%
网络文学	7	5.5%	28939	45.8%	27441	44.4%
网上银行	4	8.7%	27188	43.0%	25006	40.5%
网上支付	1	12.3%	29227	46.2%	26020	42.1%
论坛/BBS	12	3.0%	12407	19.6%	12046	19.5%

---

① 网络新闻：2012年12月份未调查网络新闻的网民数，此处为2013年6月份数据。
② 第34次《中国互联网络发展状况调查统计报告》，第26页，中国互联网信息中心（CNNIC），http://www.cnnic.net.cn/hlwfzyj/hlwxzbg/hlwtjbg/201407/P020140721507223212132.pdf。

续表

应用	增长率排名	增长率	2014.6 用户数量（万）	2014.6 使用率	2013.12 用户数量（万）	2013.12 使用率
团购	8	5.4%	14827	23.5%	14067	22.8%
旅行预订	9	4.9%	18960	30.0%	18077	29.3%
网络理财	—	—	6383	10.1%	—	—

表6—22　　2013.12—2014.12 我国网民对各类网站使用率[①]

应用	增长率排名	增长率	2014.12 用户数量（万）	2014.12 使用率	2013.12 用户数量（万）	2013.12 使用率
即时通信	7	10.4%	58776	90.6%	53215	86.2%
搜索引擎	11	6.7%	52223	80.5%	48966	79.3%
网络音乐	13	5.5%	47807	73.7%	45312	73.4%
网络新闻	12	5.6%	51894	80.0%	49132	79.6%
微博客	1	24.2%	10896	16.8%	8770	14.2%
网络视频	14	1.1%	43298	66.7%	42820	69.3%
网络游戏	8	8.2%	36585	56.4%	33803	54.7%
微博	16	-11.4%	24884	38.4%	28078	45.5%
电子邮件	15	-2.9%	25178	38.8%	25921	42.0%
社交网站	—	—	—	—	—	—
网络购物	4	19.7%	36142	55.7%	30189	48.9%
网络文学	10	7.1%	29385	45.3%	27441	44.4%
网上银行	6	12.8%	28214	43.5%	25006	40.5%
网上支付	5	17.0%	30431	46.9%	26020	42.1%
论坛/BBS	9	7.2%	12908	19.9%	12046	19.5%
团购	2	22.7%	17267	26.6%	14067	22.8%
旅行预订	3	22.7%	22173	34.2%	18077	29.3%
互联网理财	—	—	7849	12.1%	—	—

注：第35次《中国互联网络发展状况调查统计报告》中，未涉及对"社交网站"的统计，故用"—"表示。

[①] 第35次《中国互联网络发展状况调查统计报告》，第43页，中国互联网信息中心（CNNIC），http：//www.cnnic.net.cn/hlwfzyj/hlwxzbg/201502/P020150203551802054676.pdf。

表6—23　　　　2014.12—2015.6 我国网民对各类网站使用率①

应用	增长率排名	增长率	2015.6 用户数量（万）	2015.6 使用率	2014.12 用户数量（万）	2014.12 使用率
即时通信	9	3.1%	60626	90.8%	58776	90.6%
网络新闻	4	6.9%	55467	83.1%	51894	80.0%
网络音乐	13	0.5%	48046	72.0%	47807	73.7%
搜索引擎	10	2.7%	53615	80.3%	52223	80.5%
博客/个人空间	12	1.7%	47457	71.1%	46679	72.0%
网络视频	5	6.5%	46121	69.1%	43298	66.7%
网络游戏	6	3.9%	38021	56.9%	36585	56.4%
网络购物	7	3.5%	56.0%	36142	55.7%	56.0%
微博	—	—	—	—	—	—
电子邮件	15	-2.6%	24511	36.7%	25178	38.8%
微博客	18	-17.9%	20432	30.6%	24884	38.4%
网络文学	16	-3.1%	28467	42.6%	29385	45.3%
网上银行	3	8.8%	30696	46.0%	28214	43.5%
网上支付	2	17.9%	35886	53.7%	30431	46.9%
论坛/BBS	17	-7.0%	12007	18.0%	12908	19.9%
团购	11	2.2%	17639	26.4%	17267	26.6%
旅行预订②	8	3.3%	22903	34.3%	22173	34.2%
互联网理财	14	0.0%	7849	11.8%	7849	12.1%
网上炒股或炒基金	1	47.4%	5628	8.4%	3819	5.9%

注：第36次《中国互联网络发展状况调查统计报告》中，未涉及对"微博"的统计，故用"—"表示。

---

① 第36次《中国互联网络发展状况调查统计报告》，第25页，中国互联网信息中心（CNNIC），http://www.cnnic.net.cn/hlwfzyj/hlwxzbg/hlwtjbg/201507/P020150723549500667087.pdf。
② 旅行预订：本文中旅行预订定义为最近半年在网上预订过机票、酒店、火车票或旅游度假产品。

表 6—24　　　2014.12—2015.12 我国网民对各类网站使用率①

应用	增长率排名	增长率	2015.12 用户数量（万）	2015.12 使用率	2014.12 用户数量（万）	2014.12 使用率
即时通信	11	6.2%	62408	90.7%	58776	90.6%
网络新闻	8	8.8%	56440	82.0%	51894	80.0%
网络音乐	12	4.9%	50137	72.8%	47807	73.7%
搜索引擎	9	8.4%	56623	82.3%	52223	80.5%
网络视频	5	16.4%	50391	73.2%	43298	66.7%
网络游戏	10	7.0%	39148	56.9%	36585	56.4%
网络购物	7	14.3%	41325	60.0%	36142	55.7%
网络文学	15	1.0%	29674	43.1%	29385	45.3%
电子邮件	14	2.7%	25847	37.6%	25178	38.8%
网上银行	3	19.2%	33639	48.9%	28214	43.5%
网上支付	2	36.8%	41618	60.5%	30431	46.9%
论坛/BBS	16	-7.8%	11901	17.3%	12908	19.9%
团购	13	4.4%	18022	26.2%	17267	26.6%
旅行预订②	4	17.1%	25955	37.7%	22173	34.2%
互联网理财	6	15.0%	9026	13.1%	7849	12.1%
网上炒股或炒基金	1	54.3%	5892	8.6%	3819	5.9%
社交应用③	—	—	53001	77.0%	—	—
互联网医疗	—	—	15211	22.1%	—	—
在线教育	—	—	11014	16.0%	—	—

---

① 第 37 次《中国互联网络发展状况调查统计报告》，第 52 页，中国互联网信息中心（CNNIC），http://www.cnnic.net.cn/hlwfzyj/hlwxzbg/201601/P020160122469130059846.pdf。

② 旅行预订：本文中旅行预订定义为最近半年在网上预订过机票、酒店、火车票或旅游度假产品。

③ 社交应用：本报告中的社交应用仅包括社交网站、微博以及各垂直社交应用。即时通信工具用户规模较大，作为典型应用单独呈现，不包含在社交应用里。

◇ 第六章 我国网络政治文化的主体性分析 ◇　261

表 6—25　　　2015.12—2016.6 我国网民对各类网站使用率①

应用	增长率排名	增长率	2016.6 用户数量（万）	2016.6 使用率	2015.12 用户数量（万）	2015.12 使用率
即时通讯	9	2.8%	64177	90.4%	62408	90.7%
网络新闻	10	2.6%	57927	81.6%	56440	82.0%
网络音乐	14	0.2%	50214	70.8%	50137	72.8%
搜索引擎	6	4.7%	59258	83.5%	56623	82.3%
网络视频	11	2.0%	51391	72.4%	50391	73.2%
网络游戏	16	-0.1%	39108	55.1%	39148	56.9%
网络购物	4	8.3%	44772	63.1%	41325	60.0%
网络文学	8	3.7%	30759	43.3%	29674	43.1%
电子邮件	14	1.1%	26143	36.8%	25847	37.6%
网上银行	13	1.2%	34057	48.0%	33639	48.9%
网上支付	3	9.3%	45476	64.1%	41618	60.5%
论坛/BBS	17	-9.1%	10812	15.2%	11901	17.3%
团购	—	—	—	—	—	—
旅行预订②	12	1.6%	26361	37.1%	25955	37.7%
互联网理财	2	12.3%	10140	14.3%	9026	13.1%
网上炒股或炒基金	7	4.3%	6143	8.7%	5892	8.6%
社交应用	—	—	—	—	—	—
互联网医疗	—	—	—	—	—	—
在线教育	5	7.0%	11789	16.6%	11014	16.0%
网上外卖	1	31.8%	21.1%	11356	16.5%	21.1%
网络直播服务③	—	—	53001	77.0%	—	—
在线政务服务	—	—	15211	22.1%	—	—

注：第 38 次《中国互联网络发展状况调查统计报告》中，未涉及对"团购、社交应用、互联网医疗"等网络应用的统计，故用"—"表示。

---

①　第 38 次《中国互联网络发展状况调查统计报告》，第 24—25 页，中国互联网信息中心（CNNIC），http://www.cnnic.net.cn/hlwfzyj/hlwxzbg/hlwtjbg/201608/P020160803367337470363.pdf。

②　旅行预订：本文中旅行预订定义为最近半年在网上预订过机票、酒店、火车票或旅游度假产品。

③　本次调查的网络直播服务包括体育直播、真人聊天秀直播、游戏直播和演唱会直播。

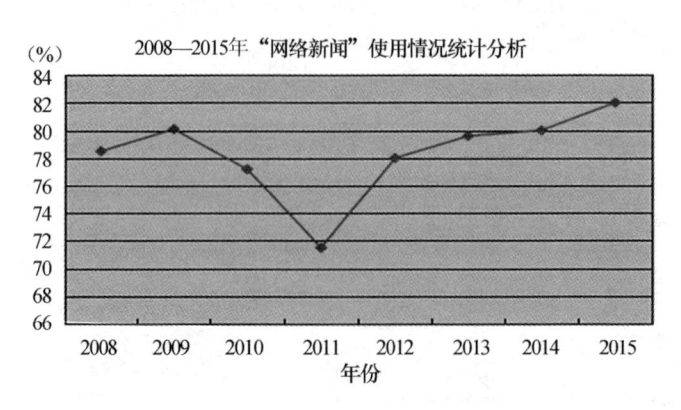

图 6—27　2008—2015 年"网络新闻"使用情况统计分析①

通过对表 6—12 至表 6—25、图 6—27 的分析发现：我国网民的主要网络行为分别是网络音乐、网络新闻、搜索引擎和即时通信，近十年这 4 项网络行为的平均使用比重分别是 79.6%、78.17%②、76.46%、77.40%。网络购物、网上银行和网上支付所占比例略小，维持在 35%—40% 之间，这些网络行为自 2009 年之后，就呈现出快速增长的态势，未来有可能进一步增长。网络新闻、社交网站、论坛/BBS 及网络文学等能够在一定程度上反映网民对政治信息兴趣的网络行为，呈现出略微下降的趋势，而博客、微博和个人空间（QQ 空间）等网络行为则呈上升趋势，尤其是微博增速迅猛，2010 年微博增长 208.9%，2011 年增长 296%，而 2012 前半年增长仅为 9.5%，增长已现回落之势，2015 年的数据统计中已不再统计"网络微博客"的网络行为所占比例，而 2016 年又增加了"网络政务服务"行为比例，这就为研究网民的网络政治行为提供了直接的参照数据。

---

① 第 25、29、33、37、38 次《中国互联网络发展状况调查统计报告》，第 31、33、36、52、25 页，中国互联网信息中心（CNNIC）。网络新闻：2012 年 12 月未调查网络新闻的网民数，此处为 2013 年 6 月的数据。

② 2012 年、2016 年的"网络新闻"数据使用的是当年 6 月数据。

在诸多的网络行为中,网络新闻是与网民政治意识、政治心理、政治文化、政治思想等直接相关的,最能反映网民内心政治生态的网络行为。网络新闻的使用率间接说明了网民对政治的热衷程度;浏览网络新闻的性质反映了网民政治文化属性;消费网络新闻的类型是进一步划分网民类别的参照。尽管在网络新闻中还可以细分为网络涉政新闻、网络娱乐新闻、网络体育新闻、网络影视资讯等,但除了网络涉政新闻会直接影响到网民的政治态度之外,其他类型的新闻也会间接调试网民的政治心理。如在奥运会期间,网络体育新闻中内嵌着强烈的爱国主义、民族主义价值导向,网民消费网络体育新闻的同时,也唤醒了他们内心深处的民族心,提升了对国家、中华民族及政治制度等各方面的认同程度。所以,78.17%的网络新闻使用率,直接说明绝大多数网民,都是比较关心政治生活的,都是网络政治文化的主体、载体——政治型网民。

随着移动互联网的强劲发展,移动终端的优越性进一步体现。我国手机网民的网络行为统计,成为CNNIC统计报告的重要构成内容。鉴于手机网络终端日益成为获取咨讯的重要途径,手机网民群体规模的举足轻重,以及通过智能手机开展网络生活水平的提高等原因,统计网民通过智能手机的网络行为,将是研究网民政治态度、政治心理产生机制和政治文化积淀的重要方面。

表6—26　2013.12—2014.6我国网民各类手机互联网应用的使用率[①]

应用	增长率排名	增长率	2014.6 用户数量(万)	2014.6 使用率	2013.12 用户数量(万)	2013.12 使用率
即时通信	13	6.6%	45921	87.1%	43079	86.1%

---

① 第34次《中国互联网络发展状况调查统计报告》,第27页,中国互联网信息中心(CNNIC), http://www.cnnic.net.cn/hlwfzyj/hlwxzbg/hlwtjbg/201407/P020140721507223212132.pdf。

续表

应用	增长率排名	增长率	2014.6 用户数量（万）	2014.6 使用率	2013.12 用户数量（万）	2013.12 使用率
搜索	11	11.2%	40583	77.0%	36503	73.0%
网络音乐	7	21.8%	35462	67.3%	29104	58.2%
网络新闻	14	6.6%	39087	74.2%	36651	73.3%
网络视频	8	19.1%	29378	55.7%	24669	49.3%
网络游戏	9	16.9%	25182	47.8%	21535	43.1%
微博	15	-4.0%	18851	35.8%	19645	39.3%
邮件	10	16.6%	14827	28.1%	12714	25.4%
网络购物	4	42.0%	20499	38.9%	14440	28.9%
网络文学	12	9.8%	22211	42.1%	20228	40.5%
网上银行	3	56.4%	18316	34.8%	11713	23.4%
网上支付	2	63.4%	20509	38.9%	12548	25.1%
论坛/BBS	6	24.5%	6890	13.1%	5535	11.1%
团购	5	25.5%	10220	19.4%	8146	16.3%
旅行预订	1	65.4%	7537	14.3%	4557	9.1%
社交网站	16	-13.2%	13387	25.4%	15430	30.9%

表6—27　2013.12—2014.12 我国网民各类手机互联网应用的使用率[1]

应用	增长率排名	增长率	2014.12 用户数量（万）	2014.12 使用率	2013.12 用户数量（万）	2013.12 使用率
即时通信	9	17.8%	50762	91.2%	43079	86.1%
搜索	10	17.6%	42914	77.1%	36503	73.0%
网络音乐	8	25.9%	36642	65.8%	29104	58.2%
网络新闻	12	13.3%	41539	74.6%	36651	73.3%
网络视频	7	26.8%	31280	56.2%	24669	49.3%
网络游戏	11	15.3%	24823	44.6%	21535	43.1%
微博	15	-13.0%	17083	30.7%	19645	39.3%

[1] 第35次《中国互联网络发展状况调查统计报告》，第44页，中国互联网信息中心（CNNIC），http://www.cnnic.net.cn/hlwfzyj/hlwxzbg/201502/P020150203551802054676.pdf。

续表

应用	增长率排名	增长率	2014.12 用户数量（万）	2014.12 使用率	2013.12 用户数量（万）	2013.12 使用率
邮件	14	10.4%	14040	25.2%	12714	25.4%
网络购物	4	63.5%	23609	42.4%	14440	28.9%
网络文学	13	11.9%	22626	40.6%	20228	40.5%
网上银行	3	69.2%	19813	35.6%	11713	23.4%
网上支付	2	73.2%	21739	39.0%	12548	25.1%
论坛/BBS	6	36.8%	7571	13.6%	5535	11.1%
团购	5	45.7%	11872	21.3%	8146	16.3%
旅行预订	1	194.6%	13422	24.1%	4557	9.1%

表6—28　2014.12—2015.6 我国网民各类手机互联网应用的使用率①

应用	增长率排名	增长率	2015.6 用户数量（万）	2015.6 使用率	2014.12 用户数量（万）	2014.12 使用率
即时通信	11	6.4%	54018	91.0%	50762	91.2%
搜索	12	5.9%	45434	76.5%	42914	77.1%
网络音乐	13	5.2%	38556	65.0%	36642	65.8%
网络新闻	6	10.6%	45959	77.4%	41539	74.6%
网络视频	5	13.3%	35434	59.7%	31280	56.2%
网络游戏	10	7.6%	26699	45.0%	24823	44.6%
微博客	16	-5.0%	16227	27.3%	17083	30.7%
邮件	14	1.3%	14228	24.0%	14040	25.2%
网络购物	4	14.6%	27041	45.6%	23609	42.4%
网络文学	7	10.1%	24908	42.2%	22626	40.6%
网上银行	9	8.4%	21471	36.2%	19813	35.6%
网上支付	2	26.9%	27579	46.5%	21739	39.0%
论坛/BBS	15	1.2%	7662	12.9%	7571	13.6%

---

① 第36次《中国互联网络发展状况调查统计报告》，第25页，中国互联网信息中心（CNNIC），http：//www.cnnic.net.cn/hlwfzyj/hlwxzbg/hlwtjbg/201507/P020150723549500667087.pdf。

续表

应用	增长率排名	增长率	2015.6 用户数量（万）	2015.6 使用率	2014.12 用户数量（万）	2014.12 使用率
团购	8	8.7%	12906	21.7%	11872	21.3%
旅行预订	3	25.0%	16772	28.3%	13422	24.1%
炒股或炒基金	1	89.8%	3695	6.2%	1947	3.5%

表6—29 2014.12—2015.12年我国网民各类手机互联网应用的使用率[1]

应用	增长率排名	增长率	2015.12 用户数量（万）	2015.12 使用率	2014.12 用户数量（万）	2014.12 使用率
即时通信	15	9.8%	55719	89.9%	50762	91.2%
搜索	14	11.3%	47784	77.1%	42914	77.1%
网络音乐	12	13.6%	41640	67.2%	36642	65.8%
网络新闻	9	16.0%	48165	77.7%	41539	74.6%
网络视频	7	29.5%	40508	65.4%	31280	56.2%
网络游戏	13	12.5%	27928	45.1%	24823	44.6%
微博客	—	—	—	—	—	—
邮件	8	18.7%	16671	26.9%	14040	25.2%
网络购物	4	43.9%	33967	54.8%	23609	42.4%
网络文学	10	14.5%	25908	41.8%	22626	40.6%
网上银行	5	39.7%	27675	44.6%	19813	35.6%
网上支付	2	64.5%	35771	57.7%	21739	39.0%
论坛/BBS	11	13.7%	8604	13.9%	7571	13.6%
团购	6	33.1%	15802	25.5%	11872	21.3%
旅行预订	3	56.4%	20990	33.9%	13422	24.1%

---

[1] 第37次《中国互联网络发展状况调查统计报告》，第53页，中国互联网信息中心（CNNIC），http://www.cnnic.net.cn/hlwfzyj/hlwxzbg/201601/P020160122469130059846.pdf。

续表

应用	增长率排名	增长率	2015.12 用户数量（万）	2015.12 使用率	2014.12 用户数量（万）	2014.12 使用率
炒股或炒基金	1	120.5%	4293	6.9%	1947	3.5%
在线教育课程	—	—	5303	8.6%	—	—

注：第37次《中国互联网络发展状况调查统计报告》中，未涉及对"微博客"网络应用的统计，故用"—"表示。

表6—30 2015.12—2016.6年我国网民各类手机互联网应用的使用率[①]

应用	增长率排名	增长率	2016.6 用户数量（万）	2016.6 使用率	2015.12 用户数量（万）	2015.12 使用率
即时通信	11	8.3%	60346	91.9%	55719	89.9%
搜索	8	9.7%	52409	79.8%	47784	77.1%
网络音乐	14	6.5%	44346	67.6%	41640	67.2%
网络新闻	13	7.5%	51800	78.9%	48165	77.7%
网络视频	9	8.7%	44022	67.1%	40508	65.4%
网络游戏	12	8.3%	30239	46.1%	27928	45.1%
微博客	—	—	—	—	—	—
邮件	15	4.0%	17343	26.4%	16671	26.9%
网络购物	4	18.0%	40070	61.0%	33967	54.8%
网络文学	10	8.5%	28118	42.8%	25908	41.8%
网上银行	7	10.1%	30459	46.4%	27675	44.6%
网上支付	3	18.7%	42445	64.7%	35771	57.7%
论坛/BBS	16	-1.7%	8462	12.9%	8604	13.9%
团购	—	—	—	—	—	—
旅行预订	6	10.7%	23226	35.4%	20990	33.9%
炒股或炒基金	5	12.1%	4815	7.3%	4293	6.9%

[①] 第38次《中国互联网络发展状况调查统计报告》，第25页，中国互联网信息中心（CNNIC），http://www.cnnic.net.cn/hlwfzyj/hlwxzbg/hlwtjbg/201608/P020160803367337470363.pdf。

续表

应用	增长率排名	增长率	2016.6 用户数量（万）	2016.6 使用率	2015.12 用户数量（万）	2015.12 使用率
网上外卖	1	40.5%	14627	22.3%	10413	16.8%
在线教育课程	2	31.8%	6987	10.6%	5303	8.6%

注：第38次《中国互联网络发展状况调查统计报告》中，未涉及对"微博客、团购"等网络应用的统计，故用"—"表示。

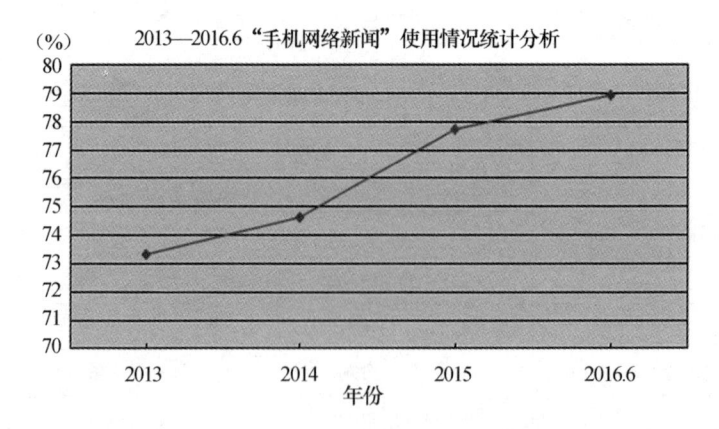

图6—28 2013—206.6"手机网络新闻"使用情况统计分析①

由上述我国网民手机网络行为的统计数据可知，智能手机的网络应用已经完全可以和电脑相比，甚至已经超越了电脑的网络应用领域。截至2016年6月，我国手机网民规模达6.56亿，网民中使用手机上网的比例为92.5%，仅通过手机上网的网民占比达到24.5%，网民上网设备进一步向移动终端集中。同时调查显示："网络新闻用户规模为5.79亿，网民使用比例为81.6%。其中，手机网络新闻用户规模为5.18亿，占移动网民的78.9%。"② "随着

---

① 第35、37、38次《中国互联网络发展状况调查统计报告》，第44、53、25页，中国互联网信息中心（CNNIC）。

② 第38次《中国互联网络发展状况调查统计报告》，第28页，中国互联网信息中心（CNNIC），http：//www.cnnic.net.cn/hlwfzyj/hlwxzbg/hlwtjbg/201608/P020160803367337470363.pdf。

移动通讯网络环境的不断完善以及智能手机的进一步普及，移动互联网应用向用户各类生活需求深入渗透，促进手机上网使用率增长"，①"手机端大部分应用均保持快速增长"，②其中，网络新闻以78.9%的使用率，排名第三。由此看，网络新闻在手机网络行为中占有绝对的比重，已经成为网民获取信息的重要渠道。

二 我国网民浏览信息选择的网络渠道及所占比例

1. 网民使用互联网各类网站获取信息分析

我国互联网信息中心（CNNIC）分析师通过对"网上看新闻方式的调查"数据分析发现：①70.0%的网民采用不超过4种方式看新闻；②73.5%的网民主要采用不超过2种方式看新闻；③我国网民主要通过四种方式看网络新闻（见表6—31）：

表6—31　　　　　　网民选择网络信息的网络平台③

看新闻的平台	使用比例
通过大型综合门户网站（如腾讯网、搜狐网、新浪网、网易等）	49.6%
通过行业类、专业类网站（股票、旅游）	30.2%
通过全国性媒体的新闻网站（如人民网、新华网）	14.0%
通过本地媒体的新闻网站	6.2%

通过上述统计分析，我国诸多类型的网民中，政治型网民所占比例很难估计。浏览新闻的网民不确定其浏览的是政治新闻、还是

---

① 第38次《中国互联网络发展状况调查统计报告》，第1页，中国互联网信息中心（CNNIC），http：//www.cnnic.net.cn/hlwfzyj/hlwxzbg/hlwtjbg/201608/P020160803367337470363.pdf。

② 第38次《中国互联网络发展状况调查统计报告》，第23页，中国互联网信息中心（CNNIC），http：//www.cnnic.net.cn/hlwfzyj/hlwxzbg/hlwtjbg/201608/P020160803367337470363.pdf。

③ 李长江：《网络新闻传播方式中的70%现象》，中国互联网络信息中心，http：//www.cnnic.net.cn/hlwfzyj/fxszl/fxswz/201209/t20120928_36584.htm。

娱乐新闻，微博、博客/个人空间及论坛/BBS 网民，同样难以对其网络行为的政治偏向做出准确的统计。为此，2012 年 6 月、11 月在兰州两所高校，进行了有针对性的访谈调查，结果见表 6—32。

表 6—32　　　　　高校大学生与社会成员浏览政治类新闻调查

高校大学生浏览政治类新闻调查①				社会成员浏览政治类新闻调查			
经常	有时	偶尔	从不	经常	有时	偶尔	从不
比重 63.2%	28.3%	6.4%	2.1%	43.1%	38.2%	16.3%	2.4%

根据中国高等教育发展计划的统计，2010 年 7 月份我国大学生数量为 2960 万人，每年扩招增幅为 1.3%—1.6%，2011 年大学生数量应在 2998 万—3007 万。如果以本次为调查样本进行保守推算，"经常"浏览政治类新闻的大学生为 1894.7 万，"有时"为 848.4 万人，"偶尔"为 191.9 万，"从不"为 63 万。若将"经常"和"有时"浏览政治类新闻的网民定性为政治型网民，那么大学生中政治型网民的数量估计为 3000 万左右，占网民总量的 5.3% 左右。一项对上海地区 4 所高校的本科生和研究生使用微博现状进行的调查显示，大学生每天已经把微博作为获取资讯、记录生活、抒发情绪、信息交流不可缺少的工具。②

至于其他职业群体中政治型网民数量的多少及比例大小的统计，需要对各类网络应用的具体统计，例如政治类新闻与娱乐新闻的点击率，各大论坛/BBS 中政治类话题所占的比例，微博、博客

---

① 这一调查问题设计为"你多久看一次有关政治方面的新闻？（如政策发布、强拆、官员任免等）"；"经常"是指每天都浏览政治类新闻，并对部分新闻点击进行深度阅读；"有时"是指一周不少于 5 次接触网络政治类新闻；"偶尔"是指在网络上一周少于 2 次（包含 2 次）关注政治类新闻的网民；"从不"是指在网络中从不关注政治信息的网民。

② 《调查显示微博渐成大学生获取信息资源主流渠道》，新浪网，http://news.sina.com.cn/m/2011—09—13/170523148897.shtml。

及个人空间中转载、发表的有关政治类新闻的数量与比例，等等。只有通过对这些网站信息"被消费"程度的统计，才能大致估计我国政治型网民的总体规模、所占比例及年龄、收入、职业、地域等特征。因此，需要对网络政治文化形成的"客体"——网络政治信息，进行进一步的调查统计分析。

2. 信息获取的媒介使用调查

电视、报纸、书籍及广播等媒体曾经一度是获取信息的主要渠道，但是随着互联网的兴起，传统媒体逐渐备受冷落，而新兴媒体则独占鳌头。随着互联网的问世、普及率的大幅度提高和网络设备的平民化，互联网逐渐成为现代社会获取信息的主要渠道。但是随着移动互联网的快速发展，作为互联网主要介质的台式电脑、笔记本电脑的使用率下降趋势明显，而智能手机则呈快速发展之势。2012年至2014年仅仅2年时间，手机新闻客户端用户规模直线上升。用户群体的年龄特征逐渐减弱，中老年用户使用比率增速可观。手机获取新闻的方式主要包括手机浏览器、微博、微信、各种新闻客户端等渠道。其中选择使用新闻客户端浏览新闻的用户数字已接近4亿，而在所有手机获取新闻的方式中只占比56.3%。这说明，将近7亿用户主要通过手机获取新闻，以新闻客户端、搜索、微博、微信等不同的形式。

2014年4月，浙江省第五次公民科学素质调查显示：手机、互联网等新媒体成为公民获取信息渠道主要来源，所占比重为68.72%。[①]另一项针对重庆市民信息获取渠道的调查发现：前三大主要媒体渠道选择依次为：网站占68.73%，手机新闻客户端占63.52%，电视占61.24%，前三大媒体总人数占比均达2/3。在选择优先性上，网站占33.3%，手机新闻客户端占19.3%，手机微

---

① 《互联网新媒体成浙江青年人获取科技信息新途径》，新浪网，http://news.sina.com.cn/c/2014—04—30/152530041182.shtml。

博占 11.1%，手机短信占 3.6%，新媒体总占比达 67.3%，表明在传统媒体与新媒体的较量中，市民更倾向于选择方便使用、易于接触的新媒体获取新闻信息。在传统媒体中，电视占 27.1%，报纸占 2.9%，广播占 2.0%，杂志占 0.7%。①

最近我做了一个调查，问题是：你获取新闻的主要途径什么？问卷说明：新闻时时都在发生，获取新闻的途径也越来越多，你通常是怎样获知新闻的？结果如下：
问题1:你获取新闻的主要途径是什么？

1	看电视新闻	31.5%	173票
2	读报纸	18.5%	102票
3	手机短信	10.5%	58票
4	上网	36.6%	201票
5	听别人讲	2.7%	15票

图6—29 关于网民获取信息的渠道调查②

目前，互联网成为获取信息的主要途径，超过电视和报纸。网络、电视和报纸的被使用率分别为：网络 82.6%，电视 64.5%，报纸 57.9%，2007 年这一数据为网络 85.0%，电视 66.1%，报纸 61.1%。而杂志、书籍和广播等形式，仅占 10%—20%。可以看出，对于网民这个特定群体来说，网络是其获取信息的最主要途径，其次是大众化的电视，然后是纸质的平面媒体，最后是广播。

由美国科技网站 GigaOM 和美国皮尤研究中心（Pew Research Center）针对移动和社交做的调查报告，也印证了我国网民信息获取渠道的趋向。该报告数据显示移动和社交的数据正在持续增长，用户通过手机和社交网络获取新闻已成为一种新趋势。与 2010 年相比，用户通过移动设备获取信息的比例提高了两倍；而通过社交

---

① 重庆市互联网信息办公室课题组：《重庆市民获取新闻信息渠道及媒体影响力调查报告》，重庆日报网，http://www.cqrb.cn/html/2013—11/21/content_ 28728914.htm。
② 《网民"ma 莎拉蒂"所做的调查》，http://data.jfdaily.com/blog-article/42810.html。

网络上获取信息比例达 3 倍。通过报纸和广告获取新闻的比例仍在继续下滑。尽管通过电视获取新闻的比例也在下滑，但仍好于报纸和电台。以美国用户为例，喜欢看报纸的用户每天正以 23% 的趋势下降，虽然该比例与 2012 年调查相比仅仅少了几个百分点，但是与十年前相比同比下降了一半。

More Americans Getting News Digitally and from Social Networks

	2010	2012	Change
Got news yesterday	%	%	
NET Online/Mobile*	34	39	+5
Online	34	34	0
Cell, tablet, other mobile	--	17	--
Social networking	9	19	+10
Email	14	16	+2
Twitter	2	3	+1
Regularly get news...			
Online	46	46	0
Search engines	34	33	-1
Social networking	7	20	+13
Mobile device	9	15	+6
Email	12	13	+1
Blogs	9	12	+3
Podcasts	3	5	+2
Twitter	2	3	+1

PEW RESEARCH CENTER 2012 News Consumption Survey.
* 2010 survey asked only about news online. 2012 also asked about news on cell phones, tablets and other mobile devices.

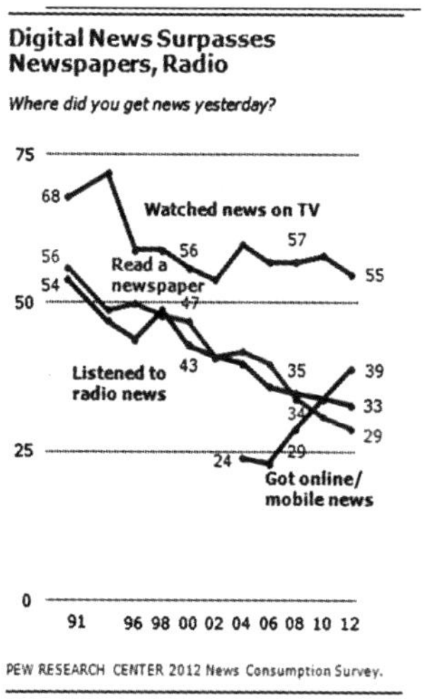

图 6—30 美国公民获取信息的主要渠道使用情况①

通过分析发现，传统媒体在人们信息获取渠道中的应用比例正逐渐下降，而互联网的普及催生了电脑的使用率激增，但是随着移动互联网的普及，智能手机正成为信息获取的主要渠道。

3. 网民对不同类型的网络政治信息的青睐程度也大为不同

图 6—31 显示，我国网民对不同形式的网络信息的选择，依然偏重于“文字”类型的方式，同时“视频”与“图片”信息也占

① 《数据显示移动设备成获取新闻的首选渠道》，CSDN，http：//www. csdn. net/article/2012—10—06/2810546-mobile-insights-news-consumption。

较大的比重。通过 2010、2011、2012 年的 CNNIC 报告统计发现，网民对"视频"与"图片"信息的选择比重不断提高，传统"文字"信息略有下降。这一选择影响着网民对信息认知是否全面、是否正确客观等，将是政治型网民认知网络政治信息结果的一个重要分析方面。另外，据 2006 年中国互联网络信息中心（CNNIC）发布第 18 次《中国互联网络发展状况统计报告》调查表明：网民一天中使用互联网时间的差异较大，凌晨 5 点达到最低点，上网的网民比例为 4.1%；一天中上网时间出现三个峰值：第一个峰值时间为 10 点，网民上网比例为 31.6%，第二个峰值时间为 15 点，网民上网比例为 42.3%，21 点达到一天中的最高峰，网民上网比例为 60.9%。上网时间、上网设备在一定程度上影响到获取信息形式的选择，进而影响到获取信息的完整性和准确性。

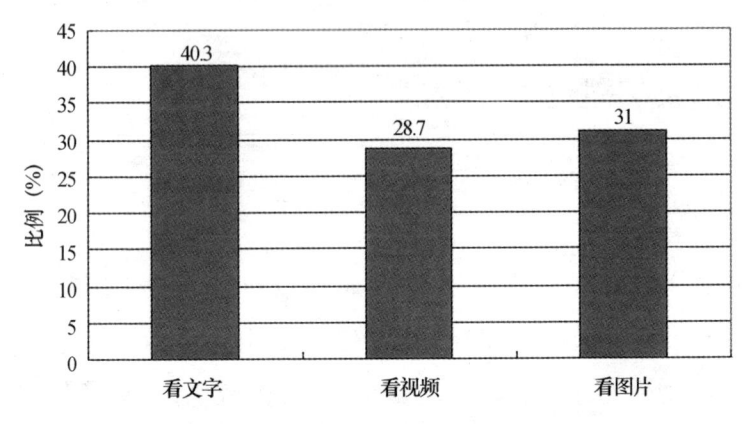

图 6—31　2009 年网民对网络不同形式信息的选择情况统计①

三　反映我国网民政治态度倾向的网络行为

由上述对网民所有网络行为的统计发现：我国网民的网络政治

---

① 中国互联网信息中心：《社会大事件与网络媒体影响力研究》，2009 年 7 月，第 25 页，http：//h. cnnic. research. cn/download/report/rid/7。

行为集中体现在网络新闻、微博客、社交网站、论坛/BBS等方面。这些网络应用不仅所占比例较高，而且较为稳定。统计分析发现，有相当规模的网民比较热衷于浏览网络政治信息，并且这一规模正在不断扩大，主要体现在通过网络获取信息依赖程度的提高，网上"冲浪"时间的增加，浏览新闻次数与时间的增多，以及通过网络"发生"概率的增长，等等。这些数据说明，我国公民网络政治生活的程度、深度和广度都在不断拓展，必须引起学术界的高度关注。

表6—33　　2009年我国网民对互联网信息渠道价值的认同度①

信息渠道价值		
	重大新闻首选互联网	74.2%
	使用互联网的时间增加了	72.0%
	上网看新闻的次数增加幅度	70.5%
	使用的新闻网站数量增加幅度	68.3%
	互联网是你发表意见的主要渠道	60.8%
	互联网比电视、报纸上的信息更全面	85.9%
	在网上发表个人观点和意见的次数增加了	47.3%

表6—34　　　　网络政治信息消费的选择倾向调查②

网络政治信息类别	所占比例
有关领导人的一般公务行为信息	8.3%
政府发布的政策、法规及制度等信息	12.7%
执法失当、发布信息失真等信息	41.6%
贪污腐败、行贿受贿、生活腐化等信息	37.4%

---

① 中国互联网信息中心：《社会大事件与网络媒体影响力研究》，2009年7月，第34页，http://h.cnnic.research.cn/download/report/rid/7。

② 本调查是笔者在2014年4—8月，针对大学生（500人）、党政机关公务员（197人）、高校教师（156人）、国有企业员工（248人）、非国有企业职员（390人）、个体劳动者等群体（180人）进行的问卷调查。

在针对网民对网络政治信息的消费选择行为的调查中发现：网民对负面信息的关注度较高，选择进一步打开链接进行全面阅读的比例较高，但也出现了只读"标题"，不详细了解就直接评论的网络行为。相反，网民对一般政治信息则不大敏感，大都只浏览标题，不进行深入阅读。

第一，大学生热衷于负面信息而对正面信息较少关注。

在课堂教学中，不加预测、不加提醒，随机打开腾讯、搜狐、凤凰、新浪、网易等网络媒体的主页，通过投影仪投影到大屏幕上。提问"你会打开哪些新闻，进一步了解详情？"通过测试发现：大学生对常规性政治新闻较为冷漠，如领导人出访、接访、调研、考察及参会等新闻，政府日常例会、工作安排及制度发布，等等。但是，对负面信息却高度敏感，统计发现，该群体对贪污腐败、巨额受贿、生活腐化及道德沦丧等涉及官员的信息，抱有高度的兴趣。大学生对此类信息的兴趣程度与信息传达的价值同社会道德、公德之间的背离程度成正比，越是偏离社会公德、挑战社会道德的信息，越能引发他们的关注；相反，越是体现社会公德、家庭美德和职业道德的新闻，越容易被忽视，甚至出现了"积极事件"招来负面批评的现象。总而言之，大学生群体对负面网络政治信息的关注度较高。

第二，公务员偏向涉及"领导"的信息而对负面信息关注略低。

在采访中，主要围绕5个问题展开：①"您一般上网时喜欢浏览哪些信息？"（采访者可以做一定的提示：比如提醒被试者，娱乐类、体育类、财经类、政治类等），被试者大部分都选择了政治类信息。②"您经常浏览政治类的哪些信息？"（采访者可以做一定的提示：比如提醒"正面的还是负面的？""积极的还是消极的？"，"领导人的还是政府的？"等）。党政机关的网民对中央和地方领导人的报道更体现出浓郁的兴趣，尤其对本地方领导人的报道，对本地政府的决策、制度等，选择较多。③"您平时看的负面信息多，还是正面信息多？"在回答这一问题时，大多被试者毫不犹豫地、肯定地回答"正面多"，但同时也较为"隐晦"地表达出对负面信息的关注，只是相比其他群体而言，对负面信息消费的总量略微式微。④"您平时会对网络政治信息发表评论吗？"多数被调查者都借工作繁忙之由，给予否定的答案。⑤当问及"您有发表评论的意愿和冲动吗？"时，肯定回答居多。

第三，教师和国有企业员工的网络信息选择呈现出较为"平衡"的态势。

在对教师和国有企业相关从业者的访谈中发现，这两类群体在网络信息的选择方面，呈现出较为"均衡"的态势，即在信息性质方面：对正面与负面、积极与消极、肯定与否定的信息关注基本平衡，但负面信息对这两类群体也具有一定的吸引力；在内容方面，对政治过程、政治领导人、政策和行政等信息，均有涉猎……虽然，两类群体对网络信息的关注表现出一定的"平衡性"，但由于行业的差异型，都较为关注政策法规等方面的信息，如退休、养老、公积金提取等。

第四，非公企业员工和个体劳动者热衷于"政策"类和负面信息。

相比之下，非公企业员工和个体劳动者更热衷于"政策"类信息和负面信息。在政策类信息方面主要关注的是交通运输费用（地铁票价、动车票价等）、物价（房价、菜价、肉价等）、最低工资、社会救助、教育制度、医疗改革及就业公平等方面。相比之下，该群体对负面信息的关注高居榜首，是被调查对象中比例较高的群体。本研究中对大学生、教师、国有单位职工及非公企业员工和个体劳动者进行了同样的试验，将2014年7月5日网易—新闻频道首页和新浪首页（上半部分），通过QQ截图之后，配以"如果您在浏览信息时，遇到如下新闻，您会选择哪些新闻，点击标题进行深入阅读？"将图片和文字打印出来，分发给不同行业的被调查者（无记名调查，不涉及被调查者的任何信息）。调查数据显示，非公企业员工和个体劳动者对负面信息的关注程度较高。

小结：

我国网民主体的特征、兴趣爱好、网络生活方式等，都影响着其政治心理的发育，为此，对其研究有助于理解当前我国网络政治文化的总体发展态势。我国网民的总体特征主要表现为规模大、年轻化、东部多、西部少、学生化、受教育水平偏低、中等偏下收入居多以及网络行为倾向明显等特点。网民的网络政治文化主要反映在其网络行为、网络应用等方面。基于本研究对网络政治文化所做的界定，我国网民的网络政治信息消费行为主要体现在喜欢视频、图片类新闻，而逐渐冷淡传统文字信息；对负面信息的选择概率较高，而对正面信息涉猎梳理有限、了解不深；对新兴智能手机的依赖程度较高，逐渐减少了对台式电脑、笔记本电脑等终端的使用。

第 七 章

我国网络政治文化形成的客体

政治信息①是网络政治文化形成的外在刺激对象,是网络政治文化形成过程中的客体存在。政治信息可以细分为政治新闻(时政新闻②)、政治意见和政治舆论三部分,在我国各类网站当中,政府网站、综合类网站是政治新闻的主要发布平台,自媒体、政府网站中的"××信箱""留言板"等平台是政治意见的主要发布渠道,而论坛/BBS 则是政治舆论的主要形成空间。据中华人民共和国国务院新闻办公室发布的《中国互联网状况》报告显示:"绝大多数政府网站都公布了电子信箱、电话号码,以便于公众反映政府工作中存在的问题。"③ 因此,在研究我国不同类型网站有关政治信息的发布数量、性质、更新周期等问题时,也从这些平台入手,加以统计分析。

第一节 政府网站输出的信息属性

政府网站主要分两类,一是政府门户官网,二是有政府背景的

---

① 在中国互联网信息中心发布的相关统计报告中,大都使用"政府新闻""政府职能信息"及"法律社会事件",本书以这些项目调查结果作为"政治信息"的研究资料。
② 时政类新闻信息包括有关政治、经济、军事、外交等社会公共事务的报道、评论,以及有关社会突发事件的报道、评论。引自《互联网新闻信息服务管理规定》,中华人民共和国中央人民政府网站,2005 年 9 月 25 日,http://www.gov.cn/flfg/2005—09/29/content_73270.htm。
③ 中华人民共和国国务院新闻办公室:《中国互联网状况》,人民出版社2010 年版,第12 页。

传统的媒体的网络版。两者虽然都是政府主导型网站，但在信息发布类型方面存在较大的差异，政府门户网站以发布一般政治信息，主要涉及领导人政治活动、规章制度、干部任免等常规、积极正面信息为主；而政府主导下的官方网络媒体则涉及领域更为广泛，不仅包含政治类信息，而且涉及财经、住房、教育、体育、娱乐及股票等领域，输出的政治信息也更为宽泛，积极与消极、正面与负面、鼓励与批评等，均有不同程度的涉及。另外，输出形式也较为灵活，除了通过门户网站首页发布正规的新闻之外，还积极采用微博、微信、E-mail 等形式。因此，将政府类网站加以不同视角下的区别对待，有助于把握不同类网络平台、网络渠道及网络信息对网民政治心理的影响。

一 政府网络化进程及信息发布调查

当前，网络的政治功能正逐步被挖掘出来，成为政治体系内外交流的重要平台。"政府网站是'互联网+政务'、'互联网+公益服务'的重要实施平台，是信息化条件下政府密切联系人民群众的重要桥梁和政府履职的重要平台。"[1] 从发展趋势来看，政府网站将会在转变政府职能、实现治理体系和治理能力现代化的过程中发挥出更加积极的作用。各级政府部门都十分重视网络的政治、行政及监督职能，为此，各级政府大都建立门户网站，并通过市长信箱、网络留言、微博客等形式，加强与社会之间的互动与交流，使得网民接触到真实可靠的信息。

1. 政府网络平台建设快速发展

第一，政府网络平台建设呈现出规模化、多样化的趋势。

政府网络化趋势成为网络时代、信息时代不可回避的潮流。目

---

[1] 《第十四届（2015）中国政府网站绩效评估结果发布》，中国电子政务网，http://www.e-gov.org.cn/article-157704.html。

前，我国各级各类政府机关和部门的网络建设，已经取得巨大成就。政府门户网站、电子政务平台建设、官方微博微信平台建设和政府网站手机客户端等多样化的政府网络平台，已经在社会管理过程中发挥着重要的功能。

我国政府从1997年开始，全面启动"政府上网工程"。2000年的数据显示，我国网络媒体发布新闻的网站数量"已达700多家，其中包括300多家主流媒体网站、100多家政府网站和300多家民营商业网站"。① 截至2009年底，各级政府已经建立门户网站4.5万个，75个中央和国家机关、32个省级政府、333个地级市和80%以上的县级政府都建立了政务网站。② 另据统计，截至2010年12月28日，我国各级政府及组织机构网站数量达到75282个。其中，中央级政府网站有122个，省级政府网站有2314个，地市级政府网站有19033个，县区级以下政府网站有53813个。截至2015年11月底，各级各类政府网站达到84094个，其中国务院各部委网站数量为2295个，地方这一数据为64158个。并且，2015年各级各类政府网络平台建设的水平不断提高，在抽查的746个各级政府网站中，总体合格率为85%，不合格网站112个。其中，国务院各部委的政府网站合格率为98.5%，北京、辽宁、青海等地政府网站的合格率为100%，超过80%的各级政府网站都会在24小时内转发国务院发布的信息，超过90%的网站都设有国务院信息专栏。③

另外，政务微信、政务微信公众平台的建设快速发展，成为政府网络化发展的又一新媒体、新平台。据企鹅智酷发布的2016版《微信数据化报告》显示：微信月活跃用户为6.5亿，微信支付累

---

① 潘洪其：《网络媒体需要自律》，《北京青年报》2000年5月16日第2版。
② 中华人民共和国国务院新闻办公室：《中国互联网状况》，人民出版社2010年版，第9页。
③ 《一些政府网站、微博等更新不及时》，《人民日报》2016年8月24日第17版。

计超过2亿,公众账号超过1000万,城市服务上线16个省、78个市。① 另据《2016微信春节大数据报告》显示,微信用户达到6.5亿,海外用户160万,音视频通话时长达4.22亿分钟,比2015年除夕多了3倍。微信红包的参与人数达到4.2亿人,收发总量达80.8亿个,是前一年除夕10.1亿个的8倍。② 可见,我国微信用户数量已经接近网民数量,这就要求政府必须走"微信化"道路。2013年10月11日,中华人民共和国中央人民政府门户网站官方微博和官方微信,在新华微博、腾讯微博和微信开通,标志着我国政府网络平台迈入新的发展阶段。2013年5月政务微信仅有1000余个,到2016年初政务微信公号已经突破10万个,③ 政务新媒体实现了突飞猛进的发展,"两微一端"(微博、微信和移动客户端)在很多政务民生领域已成为常态。

2015年的研究报告显示:我国各级政府门户网站的运维保障水平提升明显,门户网站的可用性、更新性、回应情况有着较为明显的改善,运维保障水平提升显著,"四不"问题得到有效解决。各级政府依托电子网络平台,进一步提升政府数据的综合利用水平、便民服务,不断创新服务手段、提升服务意识,以互联网思维指导政府网站建设。各级政府不断完善信息公开体系,一些政府网站全面公开发布行政权力清单、责任清单,进一步加大政府信息公开力度。各地方各部门越来越重视互联网的舆情引导和互动交流,利用微博、微信、移动终端等新渠道,以及新闻发布会、热线电话等传统渠道,提升交流互动效果。总体而言,我国"互联网+政务"战略已经取得阶段性胜利,在平台搭建、日常运营、技术保障、信息

---

① 《2016版微信数据化报告》,中商情报网,2016年3月21日,http://www.askci.com/news/chanye/2016/03/21/165411r6fm.shtml。

② 《2016微信春节大数据报告》,《人民日报》2016年2月29日第20版。

③ 《中国政务微信公众号数量已经突破10万》,中国新闻网,2016年1月18日,http://www.chinanews.com/cj/2016/01—18/7721824.shtml。

更新、反馈效果等方面,及时满足了社会发展和人民生活的需要。

政府网站的数量已经初具规模,建立了从中央各部委到县级单位的网站体系,甚至一些发达地区的乡镇及政府也开通了网站和微博。但是,各级政府网站被访问的情况如何呢?网民访问政府网站的主要时间、频率、数量及目的是什么?以及政府网站是否存在问题?

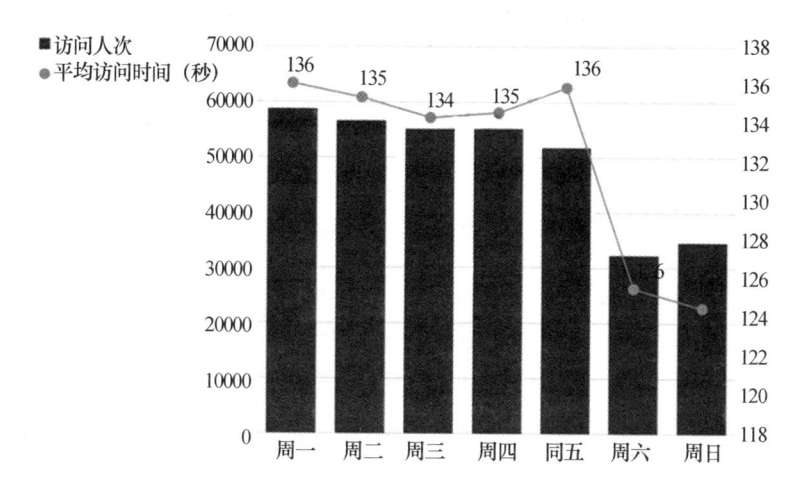

图7—1　政府网站被访问时间及访问量①

虽然,政府网络建设快速发展,但与此同时存在的问题也不容忽视。

一是,地区之间的政府网站数量差距明显。

政府网络平台的建设和当地的经济发展水平密切相关,呈现出正相关的关系。经济发展水平比较高,产业结构和经济类型偏向现代化、知识化、服务化和管理型的地区,政府网络化程度较高。福建省、湖南省、广西壮族自治区的地市级政府开通政府及部门网站

---

① 国家信息中心(网络政府研究中心):《2013年中国政府网站发展数据报告》,http://www.hengshan.gov.cn/main/zfxxgk/xxgkml/gzdt/zwdt/5b4f76fc-1b98-4688-9b88-5e106e0562b 5.shtml。

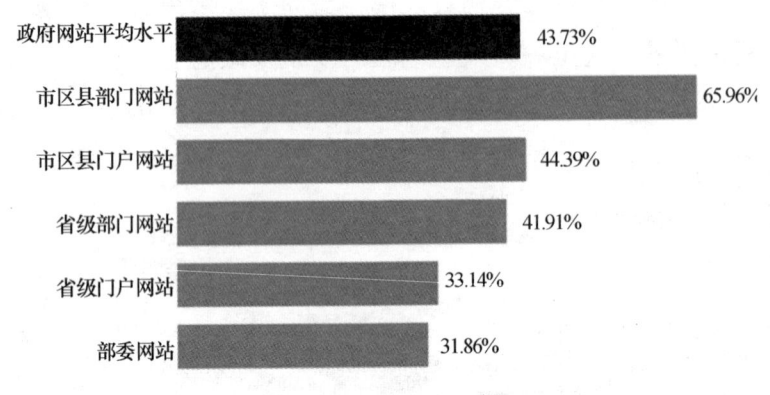

政府网站	百分比
政府网站平均水平	43.73%
市区县部门网站	65.96%
市区县门户网站	44.39%
省级部门网站	41.91%
省级门户网站	33.14%
部委网站	31.86%

图7—2 各级政府网站被访问的数量统计①

的数量，多的已突破100个，普遍为80个左右，少的也有60个左右；吉林省、山西省、甘肃省、安徽省的地市级政府开通政府及部门网站的数量就相对比较少，多的为60个左右，普遍为30个左右，少的只有几个。全国总体情况体现出东部、东南部地区的政府网络化进程明显较快，而西部、中部的各级政府网络化水平有限。这种差距不仅体现在政府网络平台开发、电子政务平台建设水平、官方微信平台数量等方面，也体现在各级各类政府网络平台的日常管理。

二是，政府网站运行管理存在一定的不足。

政府网络化平台的建设日益增进，数量和规模都不断上升，但是出现了诸如"死站""老站""空站"等现象，甚至出现了极少数地方政府网站6年不更新，超半数网民提问不反馈等严重问题。②网站缺乏专业网络技术人员维护、管理人员网络素养欠佳等问题，

---

① 国家信息中心（网络政府研究中心）：《2013年中国政府网站发展数据报告》，http://www.hengshan.gov.cn/main/zfxxgk/xxgkml/gzdt/zwdt/5b4f76fc-1b98-4688-9b88-5e106e0562b5.shtml。

② 《国务院办公厅关于2016年第二次全国政府网站抽查情况的通报》，中国电子政务网，2016年7月25日，http://www.e-gov.org.cn/article-160733.html。

在基层政府单位也十分突出。网站信息更新缓慢、甚至长期不更新的情况也具有一定的普遍性。甚至,部门政府网站出现了链接非法网站等问题。2016年9—10月,国务院办公厅政府信息与政务公开办公室随机抽查了各地区和71个国务院部门政府网站共867个,抽查合格率88%,比第二季度提高3个百分点。其中,国务院部门(含内设、垂直管理机构)政府网站抽查合格率为98%,各地区政府网站抽查合格率为86%。① 另外,各级各类政府网站内容不实用,平台建设不完善,导致关注度不高,也是比较明显的问题。"领导之窗、信息公开、政务服务等栏目一应俱全,但真正做到频繁更新的只有领导之窗,对于群众更为关注的信息公开和政务服务,绝大多数仅限于查询办事信息和下载申请表格,既缺少办事流程介绍,也没有网上办事窗口,对群众办事带来的实质作用不大。"②

三是,政府网站首页瘦身势在必行。

政府网络平台建设不同于现实政府机关部门的构成,在面积有限的电脑屏幕上要安排几乎等量的内容,一方面给政府网络平台管理的工作者,提出严格的要求,另一方面也要求网民必须具备一定的网络能力,否则可能出现"上了网、办不了事"的情况。因此,政府网络平台的建设必须考虑适用性、便捷性,但是,一些网络平台的容量却"浩海如烟""云里雾里",不仅没有起到电子政务便民的效果,反而增加了难度。据《2013年中国政府网站发展数据报告》显示,目前我国政府网站首页平均长度为3.4屏,其中部委网站的页面最长,平均为4屏,最高的达到7屏。总体上看,第一屏点击量平均占比为57.8%、第二屏占比19.3%,即前两屏集中

---

① 《2016年第三次全国政府网站抽查结果公布》,《光明日报》2016年11月18日。
② 《一些政府网站、微博等更新不及时、内容不实用、互动不畅通》,《人民日报》2016年8月24日第17版。

了 77.1% 的点击量，页面长度超过两屏之后，使用效率大幅下降。① 可见，政府网络平台的建设必须根据平台类型、功能和性质，提供特定的内容、栏目和板块。

四是，政府网络平台安全问题突出。

国家互联网应急中心提供给《瞭望东方周刊》的数据显示，在 2012 年各省被篡改的政府网站中，广告链接类型的篡改事件占政府网站篡改事件的 75.05%；区县级政府部门网站篡改事件占政府网站篡改事件的 59.06%。2013 年上半年，我国境内被篡改的网站数量增长了 63.6%，而被篡改的政府网站数量增长了 153.1%。每年有几千个政府网站页面被篡改，同样还有相当数量使用"gov. cn"域名的网站被黑客植入"暗链"，或者是广告、或者是点击访问后就会中毒的木马链接。从近两年来直接掌握的资料看，政府网站安全状况值得引起足够的重视。② 在《中国互联网站发展状况及其安全报告（2015）》中也显示，"2014 年共有 1763 家政府网站被篡改攻击，1529 家政府网站被植入后门，严重影响了网站正常运行，造成政府信息和用户信息的泄露"。③

可见，政府门户网站的数量虽"一路高歌猛进"，快速增长，其质量却令网民"大跌眼镜"，致使网民登录政府门户网站后，找不到相关的信息，不仅没有起到"便民、利民、为民"的作用，反而让网民做了"无用功"。结果，网民认为政府是在搞"形式主义"，为了在形式上跟上"时代"，致使网民不仅从政府门户网站得不到"正能量"的信息，反而滋生了否定心理。因此，政府上网工程不仅要建设好网站，而且还要创新思维观念，创新内容形式，

---

① 国家信息中心（网络政府研究中心），《2013 年中国政府网站发展数据报告》，http://www.hengshan.gov.cn/main/zfxxgk/xxgkml/gzdt/zwdt/5b4f76fc-1b98-4688-9b88-5e106e0562b5.shtml

② 吴铭：《政府网站安全危机》，《瞭望东方周刊》2014 年 1 月 28 日。

③ 《第十四届（2015）中国政府网站绩效评估结果发布》，中国电子政务网，http://www.e-gov.org.cn/article-157704.html。

创新传播方法，创新服务途径，维护和治理好网站。

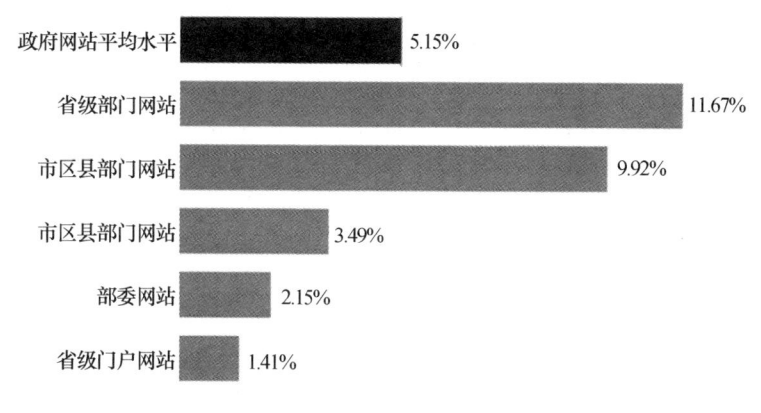

政府网站类别	断连错连率
政府网站平均水平	5.15%
省级部门网站	11.67%
市区县部门网站	9.92%
市区县部门网站	3.49%
部委网站	2.15%
省级门户网站	1.41%

图 7—3　各级政府网站断连错连情况①

第二，政府官方微博微信迅猛增长相伴而生的缺陷。

微博的快速发展，使得政府网络平台"微博化"，政务微博刚刚初见端倪，微信又汹涌而至，致使政府微信平台又把微博彻底取代。技术的快速发展，赋予了政府网络化的便利，但像飞信到微博再到微信的发展速度，却令政府"目不暇接"，但网络化的快速推进倒逼着政府、社会必须与其同步。网民使用微博、微信的移动性、便捷性，在智能手机上得到很好的体现。同时，网民对政府网络平台的访问，也大都通过移动客户端。《2013年中国政府网站发展数据报告》显示，政府网站用户中，使用移动终端访问的用户占比稳步提高，已由2012年的1.99%上升至2013年的5.03%。其中，省级门户网站移动终端用户使用率占比最高，达8.32%，比去年提高5个百分点。与商务网站相比，政府网站移动终端用户占比

---

①　国家信息中心（网络政府研究中心）：《2013年中国政府网站发展数据报告》，http：//www.hengshan.gov.cn/main/zfxxgk/xxgkml/gzdt/zwdt/5b4f76fc-1b98-4688-9b88-5e106e0562b5.shtml。

明显偏低。[1]

我国政务微博客发展迅速,截至 2011 年 12 月 10 日,在新浪网、腾讯网、人民网、新华网四家微博客网站上认证的政务微博客总数为 50561 个,其中党政机构微博客 32358 个,党政干部微博客 18203 个。[2] 在已经开通的政府微博客中,新浪网认证的党政机构微博客 12103 个,党政干部微博客 10652 个;在腾讯网认证的党政机构微博客 13911 个,党政干部微博客 6748 个;在人民网认证的党政机构微博客 2401 个,党政干部微博客 71 个;在新华网认证的党政机构微博客 3943 个,党政干部微博客 732 个。从地域上看,浙江(5139)、江苏(2048)、广东(2011)排前三名,超过千个微博客的省份有 10 个,相比之下西藏仅有 21 个,天津仅有 93 个,排名倒数。而党政干部的微博客开通情况只有黑龙江(3388)、北京(1939)、江苏(1572)、浙江(1167)过千,其他省份党政干部微博客数量在 400—1000 的有 10 个,微博数量在 400 以下的有 17 个。另据人民网舆情监测室主任分析师刘鹏飞发布的信息显示,截至 2012 年 6 月底,新浪政务微博总数已达 45021 个,其中党政机构微博数 25866 个,党政官员微博数 19155 个。这些网络新闻信息平台的开设,为网络政治文化形成所需要的客体,提供了便利的获取渠道。

政府微博客的开通在信息的输出方面实现了由"被动"吸引网民了解,到"主动"传达的转变,政府发布的信息能够及时传达给每一位"好友",使其及时了解政府的相关工作动态。但是,在这一新形式的快速发展的同时,相关工作的不足与问题也逐渐暴露出来,主要有以下几个方面。

---

[1] 国家信息中心(网络政府研究中心):《2013 年中国政府网站发展数据报告》,http://www.hengshan.gov.cn/main/zfxxgk/xxgkml/gzdt/5b4f76fc-1b98-4688-9b88-5e106e0562b5.shtml。

[2] 国家行政学院电子政务研究中心:《2011 年中国政务微博客评估报告》,第 6 页,http://www.chinaegov.org/publicfiles/business/htmlfiles/ChinaEgovForum/s761/201202/19097.html。

一是,"空壳、形式"微博微信平台一定存在。

部分官方微博为了吸引网民、提高点击率和增加微博内容容量,把一条新闻拆成几个,甚至把完整的规章制度拆成几部分,部分微博仅在开通时发过一条"问候"帖,之后就再无更新,它们既不回应网友反映的问题,也没有原创内容。如人民网统计的各省省长和书记回复网民网贴的数量可以看出,部分领导干部对网民视若无睹,极少回复网民的问题。2011年11月17日,北京市微博上线,11月28日,"上海发布"微博平台上线。然而,一个星期后"上海发布"粉丝达35万,而"北京发布"粉丝仅为7万多。相比"上海发布",其他更多的政务微博均存在发言甚少更无互动的情况,遭到"形式化"的指责。2011年8月人民网发布的"十大政务机构微博排行榜"中,7个是公安政务微博,更多政务微博存在信息少、更新慢、缺互动、带官腔等问题。人民网舆情监测室同时发布的报告表明,在政务机构微博中,微博信息发布数100条以下的占60%,在500条以上的只占8%。[①] 这样的网络化实难输出迎合网民兴趣的信息,更不会吸引网民的注意力。

二是,服务性差、内容空洞、远离社会热点问题。

部分政府部门没有认识到微博的本质和功能,没有充分利用微博的及时性等优势,只是扮演"搬运工"的角色,把政府网站上的、其他媒体上的信息复制粘贴到自己的微博上,把微博当作政府网站的缩减版,没有承担应有的公共服务职能。一部分政府机构并没有把微博定性为一项常态性工作,表现为信息发布不及时、无规律,有的微博开通以后就没有发言,有的微博是一天发几条,接着几天甚至几周没有信息发布。另外,官方微博发布信息中"官话、空话、套话"等党八股现象严重。这样的微博,很难吸引读者的注

---

① 《政府官方微博被指形式化发帖甚少几乎无互动》,《京华时报》2011年12月5日。

意，并引发读者言辞激烈的"评论/转发"。

三是，互动不足、沟通形式单一。

从相互影响的层面看，政务官方网络平台单向度的信息发布，这只是做到单方向的信息传递，即政务微博微信对博友、微友的影响，而未能做到网民的反馈机制。互动的频率较低、互动的时效性差，严重影响到网民对政府工作效率的质疑。互动是微博微信问政、参政、监督的关键所在，是判断微博关注度活跃度的标准之一。网民关注微信微博，说明他们期望了解相关信息，想第一时间获取对自己有用的信息。有些官员和政府机构的粉丝相当多，但发布信息却极少，更不用说形成互动了。但是，只有通过与网民的实时、高效互动，才可以发现存在的问题，特别是网民的意见、观点和态度，是进一步完善和改进政府网络平台的关键。也只有在政府与网民的互动中，才能快速地解惑答疑、增信释疑，才可能把舆情化解在萌芽状态。

四是，官方微博微信的"神回复""乱回复"。

官方网络平台代表的是政府，在与网民的互动过程中，官方网络平台发布的信息，对网民疑问的反馈等，都直接影响着网民对政府的态度。但是，一些政府网络平台不回复、少回复的现象依然存在，中国软件评测中心发布的《2015年中国政府网站绩效评估总报告》显示，各地方政府网站回应关切方面仍处于较低发展水平，平均绩效指数仅为0.24。① 甚至出现了极少数的"乱回复""侮辱性回复"的情况，主要有两种：第一种是针对社会质疑，政府网络平台积极扮演辟谣者的角色，结果官方的"辟谣"却成了"谣言"，被"辟谣"的信息却成了铁证如山的"事实"。如"杭州限牌""国家能源局为刘铁男洗刷清白"等，这无疑极大地动摇

---

① 《一些政府网站、微博等更新不及时、内容不实用、互动不畅通》，《人民日报》2016年8月24日第17版。

了网民对政府的信任,导致政府公信力的流失。第二种是针对网民咨询、提问给予乱回复。如 2013 年,安庆网友"回忆 80 后的岁月"发微博反映家乡自来水出现浑浊。对此,安庆市环保局官方微博回复称:"长风乡位于长江之滨,自来水厂的源水应取自长江,根据长江水质监测结果显示,长江安庆段水质符合国家地表水二类水质标准,满足饮用水质要求。"因答非所问,被网友戏称"神回复"。

五是,政府网站在微博等社交媒体的影响力有待提升。

《2013 年中国政府网站发展数据报告》显示,政府网站微博来源用户占比仍微不足道,政府网站在微博等社交媒体的影响力仍然不足。在政府网站用户来源中,约 0.62% 的用户来自微博平台。其中,90% 来自新浪、腾讯两个微博平台,新浪微博占 70.08%。此外,搜狐、人民网、网易、和讯、新华、凤凰网等微博平台也为政府网站带来了一定的流量。① 微博作为时代的产物,比传统网络信息的发布更为便捷,但受到 140 字数量的限制,往往不能详尽地发布相关问题的细节,并且利用不好就会适得其反。官方微博如同政府门户网站一样,存在一定的问题,有些是共性的,有些则是特有的。如果网民在官方渠道得不到需要的消息,便会被逼到"翻墙""道听途说"的境地。但是,官方若发布虚假、失真的信息,不仅会误导网民,而且还会引发网民的不满情绪,长此以往,定会将网民的政治心理推向恶性循环的发育之路。为此,加强政务微博建设,是一项长期而艰巨的任务。目前已有 16 个省专门出台颁布"红头文件"制度化办理网友留言。2011 年,贵州省委书记栗战书集中回复 20 条网友留言,其中采纳了一位网友提出的加强干部队伍作风建设的建议。

---

① 国家信息中心(网络政府研究中心):《2013 年中国政府网站发展数据报告》,http://www.hengshan.gov.cn/main/zfxxgk/xxgkml/gzdt/zwdt/5b4f76fc-1b98-4688-9b88-5e106e0562b5.shtml。

2. 政府门户网站发布涉政类信息及问题

从马克思主义政治学有关政府与社会关系和政治体系内外互动的理论来看，政府门户网站所提供的政治文化客体可以分为两个方面：一是政府"输出"的网络政治文化客体，主要包括政府新闻、政府职能/业务介绍、统计数据/资料查询、法律法规/政策/文件、办事指南/说明、办公/业务咨询、政府通知/公告、办事进程状态查询、企业/行业经济信息、便民生活/住行信息、表格下载等方面。二是社会"输入"的网络政治文化客体，主要依赖政府门户网站开设的"××信箱""民意征集""××（官员）在线与网民互动""在线访谈"及"留言板"等渠道，使普通网民的意见、愿望及要求"输入"政治体系内。

表7—1　　2002—2005 政府网站输出各类政治信息所占比重统计①

	政府新闻	政府职能/业务介绍	统计数据/资料查询	法律法规/政策/文件	办事指南/说明	办公/业务咨询	政府通知/公告
2002	85.9%	90.3%	40.9%	85.7%	68.0%	39.3%	67.9%
2003	71.1%	82.2%	54.1%	83.7%	74.8%	68.1%	63.0%
2004	59.4%	61.2%	37.1%	60.4%	49.0%	38.0%	44.1%
2005	71.7%	79.3%	64.1%	85.9%	78.3%	—	67.4%
均值	72.0%	78.3%	49.1%	78.9%	67.5%	48.5%	60.6%

由表7—1可知，大多数政府门户网站都提供一般性的服务信

---

① 表中数据来自中国互联网络信息中心发布的2002年、2003年、2004年、2005年《中国互联网络信息资源数量调查报告》，第13、29、33、29页，资料来源于中国互联网信息中心，《2002年中国互联网络信息资源数量调查报告》，http://www.cnnic.cn/gywm/xwzx/rdxw/2003nrd/201207/t20120710_31356.htm；《2003年中国互联网络信息资源数量调查报告》，http://www.cnnic.cn/gywm/xwzx/rdxw/2004nrd/201207/t20120710_31385；《2004年中国互联网络信息资源数量调查报告》，http://www.cnnic.cn/gywm/xwzx/rdxw/2005nrd/201207/t20120710_31428.htm；2005年《中国互联网络信息资源数量调查报告》，http://www.cnnic.cn/gywm/xwzx/rdxw/2006nrd/201207/t20120710_31472.htm。

息和政府新闻,排在前三位的是"法律法规""政府职能"和"政府新闻"。一般性的政府信息为网民了解政治过程、政策制定等问题,提供了认知的对象。而作为网民比较关注的"政府新闻"而言,政府门户网站发布的大都是政府日常工作领域内的信息,很难吸引网民的"消费"兴趣,而政府新闻网站则弥补了这一缺陷,不仅将各类信息糅合成一个综合性的信息平台,而且将各种性质的政治信息也一并纳入进来,为网民网络政治文化的形成打造了一个综合性的网络政治认知空间。《2013年中国政府网站发展数据报告》显示,政府网站首页上的信息公开、办事服务、政民互动三类栏目的用户关注度分别为17.11%、7.46%、4.34%,信息公开专栏是网民最为关注的栏目,其中部委网站信息公开栏目的关注度高达22.82%。[1]

政府除了通过门户网站单向地向社会发布信息之外,还设置了多种"双向互动"渠道,其中在线提问、留言就是沟通政府与社会的便捷渠道。从人民网—地方领导留言板频道的数据来看,网民"输入"与体系"输出"严重不对等。2012年10月26日对人民网—地方领导留言板数据进行统计显示:地方主要领导人对网民留言回复超过千余条的领导有8位,所占比例为13.3%,回复在10条以下的有9位,所占比例为15%(不包括零回复的7位),零回复达到7位,占总统计人数的12%。这一网络回复的情况,反映了部分省部级官员对网络重视的不足。[2]

综上所述,政府网络化进程在不断加快,政府门户网站、政务微博、党政干部个人微博等网络平台建设之快,值得肯定。但与此同时,各类政府网络平台、渠道建设的水平也有待提高。另外,在

---

[1] 国家信息中心(网络政府研究中心):《2013年中国政府网站发展数据报告》,http://www.hengshan.gov.cn/main/zfxxgk/xxgkml/gzdt/zwdt/5b4f76fc-1b98-4688-9b88-5e106e0562b5.shtml。

[2] 人民网:"地方领导留言"板块,数据采集时间2012年10月26日,http://leaders.people.com.cn/GB/178291/212877/index.html。

政府各类平台发布政治信息方面，也有待大力改进，不仅应提供社会生产生活所需的各类信息，而且应该加强社会呼吁信息的发布，并建立健全信息发布机制、制度，以规范信息的准确性和时效性，提高政府信息输出的质量，以保证网民能够及时获取准确、有效的信息，形成正确的政治认知。

二 政府新闻网站发布政治类信息的调查统计

政府新闻网站主要是指具有政府背景的网站，例如：人民网是《人民日报》建设的以新闻为主的大型网上信息发布平台，新华网是依托新华社建立的重点新闻网站，环球网是中国拥有独立采编权的中央重点新闻网站，光明网是《光明日报》的网络版。据中国互联网协会发布的中国网站前100名排行榜显示，新华网排名21位、中华网排名22位、人民网排名27位、环球网排名83位、光明网排名96位。[①] 因此，该部分对政府新闻网站的政治类信息的统计分析，也以新华网为例，进行分析。

新华网是由总网、30多个地方频道及新华社的十多个子网站组成的、以新闻报道为主的官方网站，单日更新量4500条左右，具体包括国内、国际、社会、汽车、科技、财经、娱乐、读书、IT、法制、教育、校园、证券、体育等14个新闻类别。因此，对其所提供的网络政治文化客体进行统计就需要限定范围，本次统计主要对"时政要闻""网民论政"及"舆情在线"等板块和频道进行统计。

统计目的主要有两方面：一是，涉及政治类、政府、司法等领域的信息数量情况及所占总新闻的比重等；二是，正面、负面政治类信息的数量比例。通过调查与观察，笔者认为正面的政治类信息主要涉及政治、政府、司法、国企、教育及与政府相关的社会新

---

① 中国互联网协会：《中国网站排名》，2012年10月9日，百度百科，http://www.chinarank.org.cn/top100/Rank.do。

闻，也在统计范围之内。就政治类信息的性质而言，主要分正面与反面两大类，正面信息一般涉及政府在民生领域内的积极措施，积极纠正公共事业存在的问题，简化行政、严惩腐败、提高服务水平、社会管理创新、维护社会治安、加强三公经费管理、加强自身学习及努力维护国家利益等。负面的政治信息一般包括：强拆、房价、特权、特供、就业难、上学难、司法不公、贪污受贿、警民冲突、官员雷人言语、物价居高不下、高考制度改革、户籍制度改革、官员个人生活腐化、钓鱼执法及高额三公经费等，正常的政府人事调整不计入正负面的信息统计。

1. 新华网的政治类新闻发布情况

对该网站发布政治类信息的统计，主要从"时政要闻"和"新华网评"两个频道入手。2012年10月28日对新华网—"时政要闻"频道进行数据采集，[①] 采集信息数据时间跨度从10月8日到10月28日，共246条，其中涉及政治、政府、国企及教育等与政治相关的信息86条（未统计没有正、反面倾向性的一般政府信息），正面报道30条，所占比例12.2%；负面报道56条，所占比例为22.8%，比正面信息高出10个百分点。2012年10月27日对"新华网评"频道进行统计，统计数据日期区间为2012年8月16日至2012年10月24日，共统计50条信息，其中与政治、政府相关的有42条，重复7条，实际有效政治类信息35条，其中正面信息0条，负面信息35条，所占该板块信息比例为70%。负面信息主要涉及乱收费、行政失当、贪污腐败、警察参与绑架、部分公务员高薪酬、政府指责房价下降及打造"地王"、国企乱排污及不正当竞争、政府公共支出捉襟见肘与办公大楼豪华、政府监管不力引发矿难、虚设高职位等方面。

[①] 新华网—时政要闻频道，http://www.xinhuanet.com/politics/szyw.htm。

2. 网民在新华网发布的政治类意见情况

该部分数据来源于新华网—网民论政频道①，统计时间为2012年10月29日，数据采集区间为10月1日—10月29日。网民关注、热议的新闻总数为87条，其中涉及政治、政府及与其相关的信息44条，负面信息34条，正面信息6条，不具有明确正、反倾向的及有关政策的问卷信息4条，负面信息所占比例为77.3%。

3. 新华网网络政治舆论情况调查统计

新华网—舆情在线频道主要包括每日监测、舆情解码、舆情研究、舆情观察、舆情扫描等板块，并推出了《新华舆情》手机报（电信版、移动版）、城市网络形象排行榜（舆情应对能力）榜单、《社会管理综合治理网络舆情周报》等反映网络舆情的多项研究调查。从行政层级上，本文选取"地方舆情"和"部委舆情"板块进行统计，从社会信息分类视角，选取"公共管理""反腐倡廉"和"司法事件"三个板块进行统计，数据分别如下。

新华网—舆情在线—地方舆情频道，② 数据采集时间为2012年11月1日，数据采集区间为10月24日—11月1日。总共采集信息50条，涉及政府相关的信息41条，所占比例为82%，其中正面信息10条，占与政府相关信息的24.4%，负面信息26条，占与政府相关信息的63.4%。

新华网—舆情在线—部委舆情频道，③ 数据采集时间为2012年11月1日，采集数据时间段为9月27日—11月1日。总共采集信息50条，涉及国务院教育部、环保部、卫生部、人社部、质检总局及最高法院等20个部委所发布的信息，其中正面信息28条，所占比例为56%，负面信息10条，占与政府相关信息的20%。

---

① 新华网—网民论政频道，http://www.xinhuanet.com/wmlz.htm。
② 新华网—舆情在线—地方舆情频道，http://www.news.cn/yuqing/dfyq.htm。
③ 新华网—舆情在线—部委舆情频道，http://www.news.cn/yuqing/bwyq.htm。

新华网—舆情在线—舆情扫描板—公共管理板块,[①] 数据采集时间为 2012 年 11 月 1 日,采集数据时间段为 10 月 9 日—11 月 1 日。总共采集信息 50 条,涉及与政府直接相关的信息 29 条,其中正面信息 6 条,所占比例为 20.7%,负面信息 15 条,占与政府相关信息的 51.7%。

新华网—舆情在线—舆情扫描板—司法事件板块,[②] 数据采集时间为 2012 年 11 月 1 日,采集数据时间段为 9 月 29 日—11 月 1 日。总共采集信息 50 条,涉及与政府直接相关的信息 14 条,其中正面信息 0 条,负面信息 12 条,占与政府相关信息的 85.7%。

新华网—舆情在线—舆情扫描板—反腐倡廉板块,[③] 数据采集时间为 2012 年 11 月 7 日,采集数据时间段为 6 月 28 日—11 月 2 日。总共采集信息 50 条,正面信息 4 条(珠海横琴新区挂牌、瓮安保留被毁县委楼警醒官员、南京网上政府采购反腐系统升级及治理公款吃喝),所占比例为 8%;负面信息 38 条,所占比例 76%,涉及个人贪污腐败案件 31 条,"天价奢侈品与腐败"信息 6 条,豪华办公楼集体腐败 1 条;通报贪腐情况 7 条;揭秘"贪内助"现象 1 条;正常报道新闻 1 条。

通过上述调查统计发现:新华网在新闻报道、网民意见表达及网络舆论(涉及地方舆情、公共板块、司法事件及反腐倡廉等板块)等频道发布的政治类信息都占据了较大比例,尤其是负面政治类信息所占比例较高,只有在部委舆情板块中,正面信息超过负面信息的数量。

---

① 新华网—舆情在线—舆情扫描—公共管理板块,http://www.news.cn/yuqing/gggl.htm。
② 新华网—舆情在线—舆情扫描—司法事件板块,http://www.news.cn/yuqing/sfsj.htm。
③ 新华网—舆情在线—舆情扫描—反腐倡廉板块,http://www.news.cn/yuqing/ffcl.htm。

三 政府网站新闻更新的周期统计分析

表7—2　　　　政府不同职能信息更新频率统计①　　　　单位:%

	每日	每三日	每周	每两周	每月	每三月	每六月	六月以上	不固定
政府新闻	36.4	9.1	10.6	1.5	4.5	4.5	—	—	33.3
部门介绍	1.3	—	6.4		3.8	5.1	5.1	41.0	37.2
政府职能/业务介绍	1.4	—	—	1.4	4.1	6.8	2.7	31.5	52.1
统计数据/资料查询	16.9	3.4	8.5		8.5	6.8	5.1	13.6	37.3
法律法规/政策	2.5	1.3	5.1	—	7.6	3.8	—	7.6	72.2
办事指南/说明	1.4	1.4	2.8	—	5.6	5.6	5.6	22.3	55.6
政府通知/公告	11.3		8.1		4.8	—		1.6	74.2
企业/行业经济信息	22.0	2.4	22.0	—	—		4.9	9.7	39.0
便民生活/住行信息	9.5	2.4	4.8	2.4	11.9	—	2.4	11.9	54.8
表格下载	6.0	—	8.0	—	8.0	4.0	4.0	18.0	52.0
友情链接	—			1.2	2.4	2.4	1.2	40.4	52.4
其他	15.8	5.3	10.5	5.3	15.8	—		5.3	42.1

通过对政府官方门户网站、新闻网站及信息更新的周期等方面统计分析来看，政府官方门户网站主要承担以单向信息输出为主、以内信息外互动为辅的功能，重在向社会输出政府日常工作、领导人活动、政策法规、人事任免、经济贸易、政府部门与职能及便民服务等常规性信息。为网民认知政治体系、政治过程、政治制度、政治结构、政治家及

---

① 数据参见2005年《中国互联网络信息资源数量调查报告》，第30页，新华网，http://news.xinhuanet.com/it/2004—04/01/content_1396588.htm。

政策等，提供了一般性的"活"资料。政府新闻网站大多提供的信息比较全面，涉及社会生活的方方面面，但与政治、政府相关的信息还是占据了绝对的板块，而且提供网民评论、留言等平台。就实际统计的新华网两个频道而言，一般类日常政府新闻和正面新闻所占比例为2/3，而负面新闻仅占1/3左右。由此可见，政府新闻网站对现实政府运行中存在的问题，不仅没有刻意回避，反而直面发布，彰显了正确对待问题的态度，将赢得网民的支持与信任。

第二节 商业新闻网站发布的政治信息概况

商业网站提供的主要服务包括：新闻、搜索引擎、网站/网页浏览（不含新闻）、免费电子信箱、收费电子信箱、软件上传或下载、邮件/电子杂志订阅、网络游戏、网络聊天、BBS论坛/网上社区/讨论组、网站短信、免费主页空间、收费主页空间、网上购物（B2C电子商业）、域名注册、B2B电子商业服务、拍卖/集体议价、网上股票交易、网上订票、网上酒店预订、网上教育、网上医院、在线求职招聘、在线数据库服务、VOD点播、多媒体娱乐等。[①] 政治信息作为商业综合类网站的重要组成部分，在各个网站中占据着重要的位置和相当的版面，并且出于对网民"猎奇心理"的准确把握，往往通过"标题党"等形式吸引"眼球"，致使此类网站在传播网络政治信息时，出现了不同程度的偏差和失真。

一 综合类商业门户网站发布政治类信息的调查统计

通过对目前我国综合性商业网站[②]的观察，新浪网在国内网络

[①] 《2003年中国互联网络信息资源数量调查报告》，第49页，新华网，http://news.xinhuanet.com/it/2004—04/01/content_1396588.htm。

[②] 同上。

新闻传播中的影响力最大,而网易凸显"无跟帖,不新闻""做有态度的新闻门户"的办网精神,腾讯网依托 QQ 通信工具推出腾讯手机版,影响逐步增强。据中国互联网协会发布的前 100 名网站数据,腾讯排名第 2、新浪排名第 4、凤凰排名第 5、搜狐排名第 6、网易排名第 8。① 另外,考虑到手机腾讯网、腾讯网(迷你版②)使用的广泛,本文将新浪、腾讯网及手机腾讯网、腾讯网(迷你版)作为调查统计的对象,统计时间为 2012 年 10 月 26 日—2012 年 10 月 31 日每天下午的 14∶00,统计重点是三个网页所传播的政治类信息的相关情况。

表 7—3　　　新浪网③与腾讯网④传播政治类信息的调查统计　　　单位:条

时间	新浪网传播政治类信息统计				腾讯网传播政治类信息统计			
	信息总量	政治类信息总量	正面数量	负面数量	信息总量	政治类信息总量	正面数量	负面数量
10.26	66	37	2	11	41	13	2	6
10.27	69	39	4	13	38	11	3	5
10.28	61	36	3	11	44	13	2	7
10.29	59	37	5	9	39	12	2	6

---

① 中国互联网协会:《中国网站排名(2012)》,百度百科:http://www.chinarank.org.cn/top100/Rank.do。

② 网民上网遇到的迷你网页前三位分别是腾讯 82.9%、迅雷 55.65%、搜狐 41.04%,因调研问卷此条目是多选题,所以数据超过 100%,在此数据的基础上,进行百分比数据处理最后数据为:腾讯 26.2%、迅雷 17.6%、搜狐 13%、新浪 9.8%、暴风 8.9%、飞信 8.7%。在迷你网页浏览中"新闻"比例高达 87.83%。数据来源:中国互联网调查社区(CNNIC RESEARCH),迷你首页使用率调查,2013 年 1 月 4 日,http://h.cnnic.research.cn/sv/result/sid/12465。

③ 新浪网—新闻频道:http://news.sina.com.cn/china/,主要对该频道的国内要闻、内地新闻、港澳台新闻、综述分析、深度报道、评论、热点网评这 7 个板块的信息进行统计,不包含对相同信息的重复性统计,也不对每个板块"更多"信息进行统计,只统计该网页一个窗口中的信息。

④ 腾讯网—新闻频道:http://news.qq.com/,主要对该频道的国内新闻板块的信息进行统计,不包含对相同信息的重复性统计,也不对每个板块"更多"信息进行统计。

续表

时间	新浪网传播政治类信息统计				腾讯网传播政治类信息统计			
	信息总量	政治类信息总量	正面数量	负面数量	信息总量	政治类信息总量	正面数量	负面数量
10.30	64	35	2	12	40	12	3	5
10.31	62	31	2	10	42	11	1	6
平均	63.5	35.8	3	11	40.7	12	2.2	5.8

通过对新浪网—新闻频道和腾讯网—新闻频道的统计发现，新浪网新闻频道20多个板块每天发布的新闻总量大约为440条，而腾讯网新闻频道20多个版块每天发布的新闻总量则高达650条左右。而通过对这两个网站涉及政治类信息相关板块的调查统计却发现，传播政治类信息的比例都比较小，新浪网这一比例为16%，腾讯网这一比例仅为7%。新浪网刊载政治类信息的比例为9.1%，而腾讯网只有2.3%，而且，负面新闻的比例明显高于正面信息的比例，尤其是对网民普遍都比较关心的负面新闻，相关报道会持续一周左右的时间，常规性政府新闻，没有明显正、反倾向的新闻所占比重较小。

早在2003年发布的《2003年中国互联网络信息资源数量调查报告》中显示，在各大商业网站提供的信息消费中，新闻份额仅占27.3%（排名第6）。这与我国相关制度密切相关，在2005年修订的《互联网新闻信息服务管理规定》中对商业门户网站作了两点限制："一是转载新闻信息或者向公众发送时政类通讯信息，应当转载、发送中央新闻单位或者省、自治区、直辖市直属新闻单位发布的新闻信息，并应当注明新闻信息来源，不得歪曲原新闻信息的内容；二是不得登载自行采编的新闻信息。同时，规定'新闻信息'是指'时政类新闻信息，包括有关政治、经济、军事、外交等社会公共事务的报道、评论,以及有关社会突发事件的报道、评论'",① 使得商业网站的新闻报道大受限制,但商业网站因其综合性使得新闻成了网民"顺便"不得不关注的网络行为。导致"没有传统媒体背景的商业门户网站在网络新闻传播中占有优势地位"。② 可见,综合类商业网站对网络政治文化形成提供的认知对象,在数量上非常有限,并且呈下降趋势,但在新闻性质方面选择偏向明显。

二 商业网站简约版发布政治类信息调查统计

表7—4　　手机腾讯网③和腾讯网(迷你版)④ 的政治类信息统计

	手机腾讯网			腾讯网(迷你版)		
	正面	负面	政治类信息总量	正面	负面	政治类信息总量
10.27	7	13	34	4	6	20
10.28	2	12	32	0	6	16
10.29	3	14	31	2	6	19
10.30	5	9	34	3	5	16
10.31	4	10	33	3	6	18
11.1	3	11	35	1	5	21
11.2	6	12	34	2	7	20
均值	4.3	11.6	33.3	2.1	5.9	18.6

①　国务院新闻办公室、信息产业部:《互联网新闻信息服务管理规定》,《中国信息界》2005年第18期。
②　高钢、彭兰:《三级力量作用下的网络新闻传播——中国网络媒体结构特征研究》,《国际新界》2007年第6期,第23页。
③　手机腾讯网首页包括头版头条、国内新闻、国际新闻、图片新闻、策划评论、军事新闻、社会新闻、历史文化、热点新闻等板块,本统计不涉及上述中的国际新闻、图片新闻、历史文化三个板块,其他均统计。
④　腾讯网(迷你版)首页包括新闻、财经、娱乐、时尚、视频、网购、汽车、科技、游戏、微博等板块,本研究以"新闻"板块为研究对象,只统计该板块内与政治、政府相关的信息。

鉴于移动互联网的快速发展，网民浏览信息便捷性的需求，以及类似网页的自动弹出功能等考虑，本文选取了手机腾讯网和腾讯网（迷你版）这两个网页作为调查统计的对象。通过统计发现，手机腾讯网10多个板块每天发布的新闻总量大约为80条，而腾讯网（迷你版）15个板块每天发布的新闻总量为200多条。通过对这两个网页涉及政治类信息的调查统计却发现，手机腾讯网的政治类信息所占比例高达41.6%，而腾讯网（迷你版）这一比例仅为9%。

三 综合类商业网站形成网络舆论调查统计

综合类商业门户网站除了发布即时性的政治类新闻之外，还以持续报道、论坛热帖及热议博文的形式呈现了网络政治舆论，为此，本书依据新华网"舆情在线"[①]频道每天发布"舆情研究"，对腾讯、网易、新浪等商业网站因网民围观形成的网络舆情，分成"热点新闻""热点博文"及"论坛热帖"三个统计子栏目。本书选取2012年10月15日至2012年10月29日，这11天的网络舆情资料作为网络政治文化形成的对象之一的研究材料，对其进行系统分析。（其中10月20、21、27及28日为休息日，没有相关数据）。

首先，新华网—舆情研究的热点新闻栏目11天的数据均来源于腾讯新闻与网易新闻等商业网站，总共55条，与政府相关的信息35条，所占比例为63.6%，负面信息所占比例为60%。其中，来自腾讯新闻的新闻数量为25条，有关政治、政府、国企及银行的20条，国际新闻5条（3条关于中日"钓鱼岛"，2条关于韩国海警射杀中国渔民，这5条新闻均为负面信息），国内新闻15条，正面新闻2条，负面新闻13条（涉及政府官员打人、红会改革受阻、银行高额滞纳金、假宽带、政府不满房价下降、银行"拾金不

[①] 新华网—舆情在线频道，http://www.news.cn/yuqing/。

还"、官员"16万吃大闸蟹"等)。来自网易新闻的数量为30条,有关政治、政府、国企及银行的15条,国际新闻3条(2条与中日"钓鱼岛"有关,1条关于美国教授承认中国市场经济),国内新闻12条,正面新闻1条,负面新闻11条(政府巨额招待、强拆、"房叔"、建筑不合格、"80后"官员贪污、警察参与绑架、官员"16万吃大闸蟹"等)。

其次,新华网—舆情监测的热点博文栏目11天的数据显示,涉及政治、政府及与其相关的信息共24条,分别来自腾讯博客6条,网易博客4条,凤凰博客6条,新浪博客5条,搜狐博客3条,该栏目一共统计热点博文55条,其中政治类占43.6%,正面博文3条,负面博文21条,占所有政治类信息比例的87.5%。

最后,新华网—舆情监测的论坛热议栏目11天的数据显示,涉及政治、政府相关的新闻分别来自:凤凰论坛9条(共17条),发展论坛8条(共11条),猫扑论坛4条(共24条),天涯论坛1条(共2条),中华论坛1条(共1条)。总共统计55条,其中涉及政治类的博文数量为23条,占总量的41.8%,正面博文2条,负面博文21条,占所有政治类信息比例的91.3%。

在新华网所做的"网络舆情"调查分析中显示,来自商业网站的新闻、博文及论坛热帖,尤其是负面政治信息所形成网络政治舆论占到了各个栏目新闻总量的绝大多数,数据分别为热点新闻类是60%,热点博文类是87.5%,论坛热帖是91.3%。

第三节 网络媒体传播政治信息的差异性分析

网络时代,信息的生产超越了前网络时代政府"垄断"的局面,主要体现在信息的生产者、传播渠道、监管主体等方面。就网络信息的传播来看,不同的网络媒体、网络平台所发布的网络信息都有一定的倾向性，政府门户网站多倾向于时政新闻、政策法规、民生民情、社会服务等常规性信息，政府微信公众平台倾向于适时信息发布、重要通知等信息。综合类商业网络媒体发布的信息较为多样化，涉及政治、经济、文化、体育、股票等领域。而以广大网民为主体的自媒体，发布的信息则体现出网民个体的兴趣爱好，这既为识别网民类型提供了便利，又为准确把握网民持有的政治文化，提供了研究的直观对象。可见，不同网络媒体传播的网络信息各有侧重，这就需要准确掌握各类网络媒体传播涉政信息的数量、质量、性质等情况，进而结合网民对网络媒体的不同青睐，才能深入研究网民内心的政治心理"生态"。

一 政府网站以输出常规网络政治信息为主

从各大网站发布政治类信息的数量和性质来看，政府官方网站发布政治类信息数量最多，占其所发布信息总体的比例也最高，但其发布的信息大多为政府日常工作信息，很难能吸引网民的注意力，点击率有限。政府新闻网站发布的政治类信息数量居中，所占比例大约为1/3，正、负面信息比例适中，负面信息所占比例略微高一点，网民浏览量明显高于官方网站。大型商业综合性网站作为综合性的信息发布平台，包罗了社会生活的方方面面，使得网民在涉猎非政治类信息的同时，不经意地就会浏览政治类信息，并且这些网站都将政治类信息列为"第一板块"，甚至重大政治类信息还会通过自动弹出窗口、手机短信群发等形式，强制性"发布"。但政治类信息所占商业性网站信息量比例较低，仅为10%左右，并且大都为转载政府新闻网站，信息性质多具有明显的负面特征。

二 自媒体侧重传播政治监督等方面的信息

自媒体发布的政治类信息呈现出数量少、性质明显、吸引力强、时效性强等特点。网民使用手机、照相机等电子设备将随手拍到的信息，发布在QQ空间、人人网、微博、博客等网络平台上。但由于多数网民抱着"多一事不如少一事"的行为原则，较少传播涉及政府等敏感领域的信息。但是，当个人利益受到严重损害，而正常渠道又难以维护和发挥作用时，或者网民亟须传播某方面信息，但又缺乏有效渠道时，自媒体就成了"行之有效"的渠道。另外，发布在自媒体上的信息不像制作正式新闻那样，没有严格的程序与规范等要求，不需要精心的文本写作与编辑，大都采用简短的文字，或者图文并茂的形式进行发布，致使此类信息比其他网络媒体更具时效性。这类信息除了在撰写风格上"别具一格"外，发布者大都力求引起较大关注，为此通常会采用"雷人"标题，可谓"不惊悚无新闻"，导致短期内吸引大量的网民围观。

三 综合类网站兼具政府网络平台和自媒体双重特色

各大网站提供的论坛/BBS和社区等网络空间所传播的政治类信息呈现出交互性强、观点广泛、效果显著等特点。这类交互性较强的网络平台，传播的政治类信息数量较少，但较为集中、讨论较为深入，跟帖、转帖数量较多。政府官网、新闻网页及网民个人的自媒体网络平台虽具有"一对多"的传播的功能，但都难以实现被同时浏览、被讨论的效果。然而，论坛/BBS和社区发布的信息却因论坛成员的同时在线，能够实现及时围观、广泛讨论和"瞬间放大"的效应，并且在此过程中，差异性的网民政治观点能够实现碰撞、磨合与聚合。

小结：

网络政治信息作为网民政治认知的主要对象，关乎着网民的政治心理发育和该群体的政治文化发展趋势；然而，网络政治信息的存在并不是影响网民政治文化的关键，网民的网络政治信息"选择性"消费,才是决定网络政治文化的关键所在。通过上述分析发现,不同类型的网络媒体发布、传播的网络政治信息差异性较为明显。政府门户网站以发布政策、法律法规为主,官方新闻网站以发布领导人政治活动、日常工作、人事任免等为主,二者以发布一般性、正面信息为主。商业网站较为综合,既转载政府发布的信息,又发布各类网评及其他媒体的信息等,正面、负面均有涉及。而自媒体发布的信息则更倾向于监督、揭丑、扒粪等负面信息。在信息形式上,商业网站输出的信息形式更加灵活多样,更具吸引力;政府发表的信息则古板、老套,难以引发关注;自媒体发布的信息简单、明了,也具有一定的吸引力。上述情况致使网民的关注度呈现出较为明显的分化,对商业网站关注度较高,对政府媒体关注次之,对自媒体关注居三,对政府门户网站关注较少;对视频、图片信息关注较多,而对文字信息的关注逐渐下降。

通过对我国网络政治文化的主体、客体分析,在主客体之间互动的影响下,网络政治文化形成的大致路径,用图7—4加以表示。

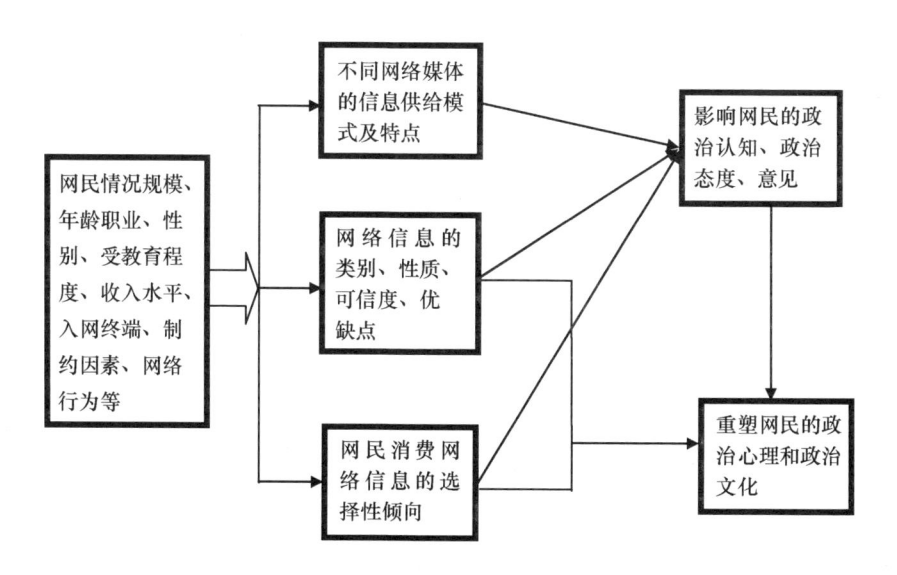

图7—4 网民与网络信息互动产生的网络政治文化图谱

第八章

我国网络政治文化形成的技术条件

网络作为物质性的技术,不仅建构了一个虚拟的"现实"世界,提供了网络政治文化形成的诸多客体,而且为广大网民提供了数以万计的"入口"和表达政治观点的平台。所以,网络既是虚拟的政治环境,又是沟通网络政治文化主体、客体之间的桥梁。为此,要深入研究中国网络政治文化这一课题,就不能绕过对"网络"这一重要介质的分析。

在我国,互联网经过30多年的发展,上网线路从有线固定宽带到无线移动宽带,上网设备从台式电脑到智能手机等移动终端,上网速度逐渐提高,资费标准逐渐下降,随时随地上网已成现实。在网络治理方面,我国政府逐步出台了200多部法律法规(大多是规定、办法、公约、条例等),对网络的发展、建设、应用、维护与安全等,提供了制度性保障。目前,我国网络建设主要体现在三个方面:一是网络硬件物理技术建设,二是网络媒体引导舆论建设,三是网络空间治理管理建设。

第一节 网络普及与基础设施建设高速发展

20世纪70年代至今,各个国家都非常注重网络的建设。美国计划到2020年实现在1亿个家庭中普及100M宽带的目标,欧盟也计划在2020年之前，保证境内居民的50%能够享受30M的高速宽带服务。在2012年国务院常务会议批准《"十二五"国家战略性新兴产业发展规划》中也明确提出"宽带中国"的国家战略，在2014年中央网络安全和信息化领导小组第一次会议上提出"网络强国"战略，在《中共中央关于制定国民经济和社会发展第十三个五年规划的建议》中指出："牢牢把握信息技术变革趋势，实施网络强国战略，加快建设数字中国。加快构建高速、移动、安全、泛在的新一代信息基础设施，推进信息网络技术广泛运用，形成万物互联、人机交互、天地一体的网络空间"，着力于"完善新一代高速光纤网络、构建先进泛在的无线宽带网、加快信息网络新技术开发应用、推进宽带网络提速降费"等方面。我国互联网建设在基础设施、核心技术、软件保障和人才队伍等领域，已经取得了巨大成就，在"网络强国战略"的指导思想下，网络基础设施、网络安全、网络治理及网络国际合作等方面，都将不断推进。

一　我国网络建设的总体概况

我国政府投入大量资金推动互联网的基础设施建设。从1997年到2011年底，全国共完成互联网基础设施投资5.55万亿元人民币，其中，1994—2009年投资4.3万亿元，[①] 2010年投资0.07万亿元，2011年投资1.18万亿元，[②] 建成辐射全国的通信光缆网络1205万千米。到2011年底，我国基础电信企业互联网宽带接入端口达到2.3亿个，国际出口带宽达到1548811Mbps，拥有7条登陆海缆、20条陆缆。99.3%的乡镇和91.5%的行政村接通了互联网，96%的乡镇接通了宽带。就移动互联网建设而言，2011年中国移

[①] 中华人民共和国国务院新闻办公室：《中国互联网状况》，人民出版社2010年版，第5页。

[②] 中国互联网信息中心：《2011年中国农村互联网发展状况调查报告》，2012年，第8页，http://www.cnnic.net.cn/hlwfzyj/hlwxzbg/ydhlwbg/201209/t20120917_36220.htm。

动、电信与联通三家营运商完成 3G 专用设施投资资金 941 亿元，建设基站 79.2 万个，完成所有城市和县城及部分乡镇的覆盖，其用户达到 11873 万户。① 2012 年中国工业与信息化部预计，未来三年内仅光纤宽带投资将超过 1500 亿元，在当年该产业的基础电信业完成固定资产投资 3700 亿元，加上互联网企业的投资，总投资将超过 5000 亿元。截至 2016 年 6 月底，我国 IPv4 地址数量为 3.38 亿个，拥有 IPv6 地址 20781 块/32，我国域名总数为 3698 万个，其中 ".CN" 域名总数半年增长为 19.2%，达到 1950 万个，网站总数为 454 万个，半年增长 7.4%，国际出口带宽为 6220764 Mbps，半年增长率为 15.4%。②

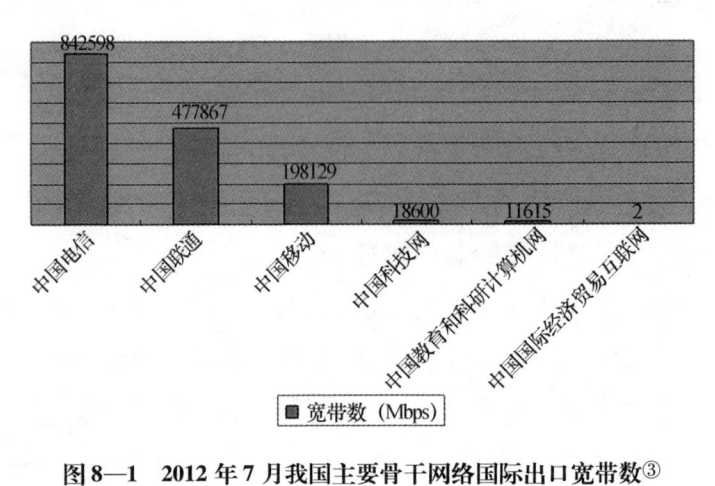

图 8—1　2012 年 7 月我国主要骨干网络国际出口宽带数③

说明：Mbps 表示传输速率，也叫"带宽"，单位是 Mbps（兆位/秒），1Mbps 代表每秒传输 1048576 位（1Mb = 1024Kb = 1024 × 1024Bytes），即每秒传输 1048576/8 = 131072 字节。

---

① 工信部运营局：《3G 进入规模化发展阶段》，2011 年 12 月 26 日，http://www.miit.gov.cn/n11293472/n11293877/n14395765/n14395861/n14396092/14400422.html。
② 第 38 次《中国互联网络发展状况调查统计报告》，第 5 页，中国互联网信息中心（CNNIC）。
③ 依据第 30 次《中国互联网络发展状况调查统计报告》第 23 页整理而成，中国互联网信息中心（CNNIC），http://www.cnnic.cn/hlwfzyj/hlwxzbg/hlwtjbg/201207/P020120723477451202474.pdf。

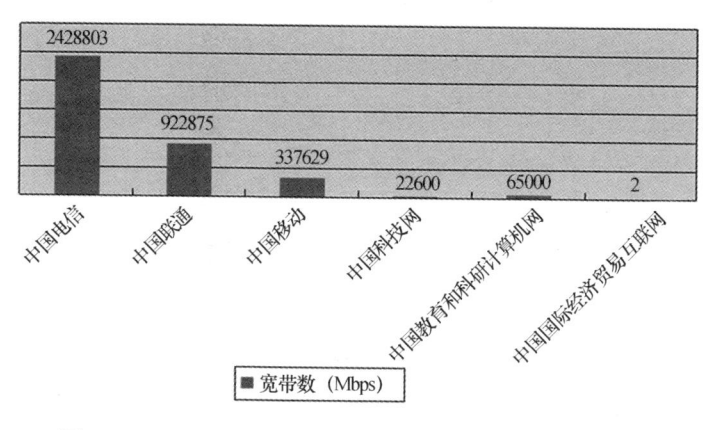

图 8—2　2014 年 7 月我国主要骨干网络国际出口宽带数①

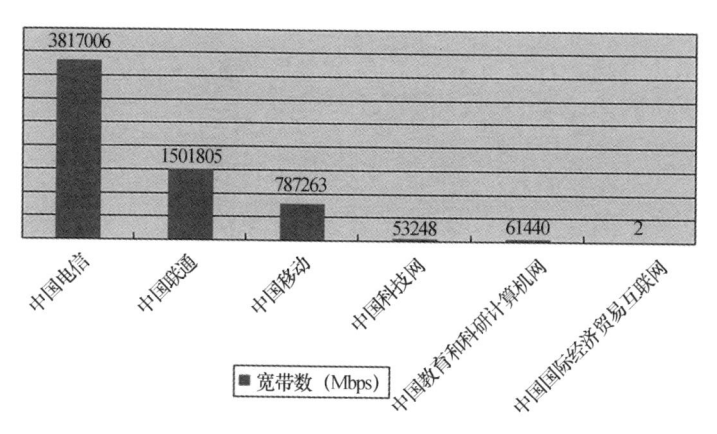

图 8—3　2016 年 7 月我国主要骨干网络国际出口宽带数②

由图 8—1 至图 8—3 可知，中国电信、中国联通、中国移动这三家通信公司，是我国目前接入国际互联网的主要渠道，宽带数（网速）优势明显。由于中国电信公司同时兼营固网与移动网络，

---

①　依据第 34 次《中国互联网络发展状况调查统计报告》第 24 页整理而成，中国互联网信息中心（CNNIC），http：//www.cnnic.cn/hlwfzyj/hlwxzbg/hlwtjbg/201207/P020120723477451202474.pdf。

②　依据第 38 次《中国互联网络发展状况调查统计报告》第 8 页整理而成，中国互联网信息中心（CNNIC），http：//www.cnnic.cn/hlwfzyj/hlwxzbg/hlwtjbg/201207/P020120723477451202474.pdf。

所以其拥有的宽带数明显高，是中国联通的近2倍，是中国移动的4倍，所以普通网民在使用智能手机上网时，明显感觉电信网速要比移动、联通的网速快很多。

就我国平均网速而言，根据全球最大的CDN服务商美国Akamai公司公布的最新数据显示，2011年第四季度世界平均网速达2.7Mbps，我国大陆平均网速为1.4Mbps，全球排名位居第90名，远低于世界平均水平，不过网速同比增幅达到了43%。① 据蓝汛公司发布的最新报告，2012年上半年和第三季度该数据就上升为2.19Mb/s、2.31Mb/s，② 增速明显。

移动互联网建设速度明显加快，但基础设施依然有待急速提升。在2012年11月第九届"中国光谷"光电子国际博览会上，中国工程院院士邬贺铨指出，过去短短的18个月中国移动互联网流量增加了10倍。2011年国际权威组织全球移动通信协会（GSMA）报告指出，印度和中国（不含港澳台地区）是手机宽带连接速度最慢的两个国家。截至2010年底，我国平均手机联网速度仅为6.25kb/s，而日本和韩国的平均速度高达175kb/s，是我国手机入网速度的28倍。

移动终端设备的普及飞速发展，而移动网络基础设施发展滞后。艾媒咨询（移动互联网第三方数据研究机构）发布的《2011年Q4中国智能手机市场监测报告》显示，仅"2011年第四季度中国智能手机市场销量达到2283万部，中国智能手机用户保有量为2.23亿"。③ 平板电

---

① 《报告称中国大陆平均网速全球排名第90位》，中国新闻网，2012年10月12日，http://finance.chinanews.com/it/2012/10—12/4243916.shtml。
② 《中国上网速度排名：上海电信最快新疆垫底》，中国广播网，2012年11月12日，http://tech.cnr.cn/sytj/201211/t20121112_511332367.html。
③ 转引自《我国手机网速"全球倒数第二"？》，天津网，2012年2月22日，http://epaper.tianjinwe.com/mrxb/mrxb/2012—02/22/node528.htm。

脑销量500万部，增长989.6%。① 中国移动、中国电信和中国联通三家主要电信企业，除了建设3G专用设施和发展TD-LTE网络外，计划到2012年底在全国建设100万个WiFi热点②，预计总投入200亿—300亿元。③ 相比之下，仅占我国国土面积（仅指陆地面积）1/40的英国电信已建设280万个WiFi热点。在当前我国移动互联网应用当中，一方面是优质移动互联网终端设备的高速发展与普及，另一方面则是陈旧、老迈的移动互联网提供的"龟速"服务，硬件与软件的矛盾，倒逼软件网络服务能力的提升。

二 我国移动互联网设备发展迅猛

移动终端成为移动互联网竞争的关键。2001年中国移动"移动梦网"的推出标志着使用移动终端设备上网成为新的模式，开启网络的"移动"新时代。发展至今，三星、苹果、诺基亚、索尼、华为、小米、联想、中兴及酷派等电子设备商，都致力于移动互联网终端设备的制造，随着智能手机、平板电脑和电子阅读器的价格下降，移动终端成为我国网民入网的新渠道。移动智能终端在2010年超过PC机销量，作为上网终端的比例也超过后者，在2011年由谷歌和益索普调查公司共同发布的报告中指出，智能手机在我国城市扩散态势迅猛，全国普及率为35%，居世界第三。④ 并且2012年上半年在绝对数量上也超过后者，成为我国网民的第一大上网终端

---

① 《2011—2012中国移动终端市场发展研究报告》，赛迪顾问，2012年2月，转引自官建文、唐胜宏《中国移动互联网发展报告（2012年）》，社会科学文献出版社2012年版，第106页。

② WiFi是一种可以将个人电脑、手持设备（如PDA、手机）等终端以无线方式互相连接的技术。WiFi是一个无线网络通信技术的品牌，由WiFi联盟（WiFi Alliance）所持有，目的是改善基于IEEE 802.11标准的无线网络产品之间的互通性。相比3G，WiFi主要优势是传输带宽高（一般为11Mbps）、网络建设成本低，尤其是智能终端一般都具有接入的功能。

③ 官建文、唐胜宏：《中国移动互联网发展报告（2012年）》，社会科学文献出版社2012年版，第5页。

④ 《中国城市智能手机普及率已进入全球前五》，通讯产业网，2011年11月8日，http://www.ccidcom.com/html/chanpinjishu/zhongduan/html/chanpin/201111/08—160659.html。

(手机接入互联网的网民数量达到 3.88 亿，相比之下台式电脑为 3.80 亿[①])。"手机网民在手机用户中的渗透率为 36.5%"，[②] 也就是说我国 10 亿手机用户将是移动互联网潜在的网民。正如摩根士丹利认为的那样，"手机上网用户将会很快全面超过电脑上网用户"。[③]

另外，智能终端与网络的"联手"也成为中国移动互联网的一大特点。2011 年阿里云计算机有限公司与天语手机公司合作，由前者研发"阿里云 OS"移动操作系统并应用到后者研发的智能手机之上，随后，百度·易平台与戴尔联手推出"易手机"，腾讯联合 HTC 发布社交型手机 HTC ChaCha，中国移动、联通及电信纷纷联合智能手机生产商推出"合约""定制"手机等，使作为通信工具的手机成为移动上网的终端设备。在中国实现了硬件手机、软件研发及网络服务"三家联姻"的移动互联网发展战略布局，"随时随地"上网、高速上网成为可能。

三　我国互联网网速地区差异明显

我国互联网速度从整体、地区及省市等角度分析，会发现存在较大的差异。固网宽带与移动互联网网速呈现出固网稳定、移动互联网增速明显的特点。在移动互联网中，中国移动、中国电信及中国联通三家营运商的网速表现出各有侧重、地区差异明显等特征。

---

① 第 30 次《中国互联网络发展状况调查统计报告》，第 4 页，中国互联网信息中心 (CNNIC)：http://www.cnnic.cn/hlwfzyj/hlwxzbg/hlwtjbg/201207/P020120723477451202474.pdf。

② 《我国手机用户突破 10 亿专家：形成良性竞争态势》，人民网，2012 年 3 月 3 日，http://www.finance.people.com.cn/GB/70846/17285116.html。

③ 摩根士丹利研究所：《全球移动互联网研究报告》，2009 年 12 月 15 日，http://www.doc88.com/p-70781626263.html。

第八章 我国网络政治文化形成的技术条件

为此，本章选取2012年北京蓝汛国际控股有限公司（China-Cache）①发布的相关数据，进行分析。

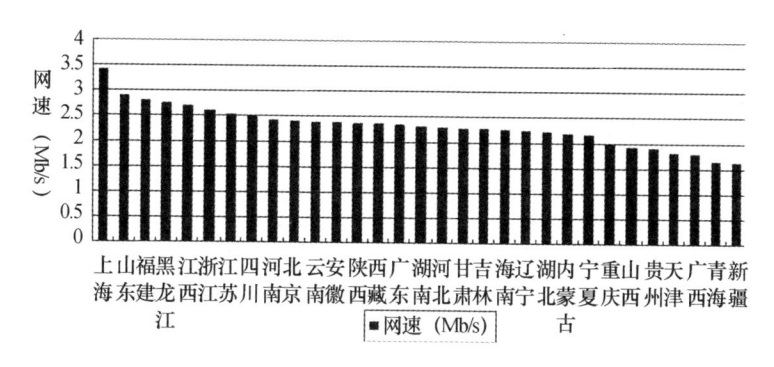

图8—4 2012年第三季度各省份平均宽带接入情况②

蓝汛发布的数据显示，2012年第三季度我国平均网速约为2.31Mb/s，上海市以3.44Mb/s的平均网速位居榜首，而新疆则以1.65Mb/s垫底。各省份平均网速超过2Mb/s达到25个，东部和西部省市差距较大。在网速排名前十位均为东部省份，而后十位中西部省份所占比例高达60%。此外，在部分省份出现了网速与当地经济发展成反相关的情况，其中天津市、重庆市和新疆维吾尔自治区表现尤为突出，在这些经济快速发展的地区，网速却不尽如人意。

---

① 北京蓝汛通信技术有限责任公司：http://www.chinacache.com/，北京蓝汛官方微博，http://e.weibo.com/chinacachecc?ref=http%3A%2F%2Fwww.sogou.com%2Fsogou%3Fquery%3D%25B1%25B1%25BE%25A9%2B%2B%25C0%25B6%25D1%25B4%25B9%25D9%25B7%25BD%25CE%25A2%25B2%25A9%26_ast%3D1353049856%26_asf%3Dnull%26w%3D01029901%26pid%3DAQxRG—2531%26duppid%3D1%26p%3D50040113%26dp%3D1%26sut%3D7417%26sst0%3D1353049912523。

② 数据来源于北京蓝汛官方微博，转引自章芳《三季度我国平均网速约2.31Mb/s 上海蝉联榜首》，飞象网，2012年10月25日，http://www.cctime.com/html/2012—10—25/20121025121559739.htm。

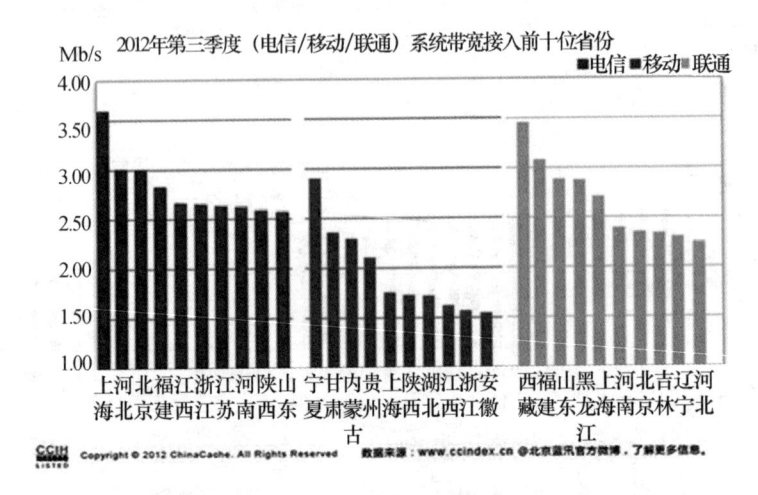

图8—5 2012年第三季度（电信/移动/联通）系统宽带接入前十位省份[①]

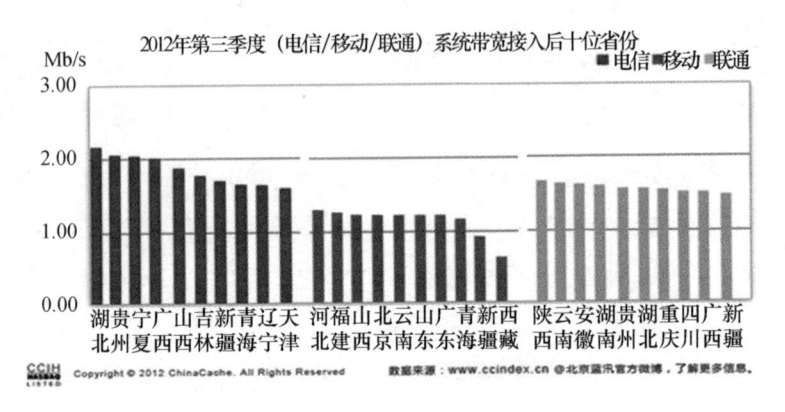

图8—6 2012年第三季度（电信/移动/联通）系统宽带接入后十位省份

蓝汛发布的调查数据显示，中国移动公司以1.52Mb/s的平均网速垫底，而同期中国联通与电信的平均网速分别为2.06Mb/s和2.34Mb/s。即便在同一省份，三家运营商的网速均值也存在较大的

[①] 数据来源于北京蓝汛官方微博，转引自章芳《三季度我国平均网速约2.31Mb/s上海蝉联榜首》，飞象网，2012年10月25日，http://www.cctime.com/html/2012—10—25/20121025121559739.htm。

差异。以 2012 年 11 月 16 日的甘肃为例,① 当天全国平均网速为 2.8Mb/s,高于均值的省份有 9 个,而低于均值的则有 22 个,甘肃省以 2.31Mb/s 的网速位居全国倒数第 5。从三家营运商来看,甘肃省电信网速为 2.24Mb/s,位居全国倒数第 8,同期全国电信网速均值为 3.0Mb/s;甘肃省移动网速为 3.51Mb/s,位居全国第 2,同期全国移动网速均值为 2.8Mb/s;甘肃省联通网速为 2.13Mb/s,位居全国第 18,同期全国联通网速均值为 2.57Mb/s。可见,在甘肃省,移动网速明显高于电信和联通。

三大运营商的网速差异不仅表现在各省份的不同,而且在南北大地区上表现出的差异也十分明显。移动与电信网速呈现出"南高北低"的特征,移动网速前十名中有 5 席是南方省份,北方省份则占据 4 席,另外 1 席是中部的安徽;但在其后 10 名中,仅有福建、云南、广东 3 个南方省份。电信前 10 名中南、北省份各 5 席,但在其后 10 名中北方省份占 7 席。联通网速则表现出与移动、电信相反的情况,呈现出"南低北高"的特征,前 10 名当中南方省市仅有 3 席,后 10 名中南方省市则占 7 席。

网速是影响网络政治文化的重要技术条件,单个网民所拥有的上网终端设备和所享受的网络服务等方面的差异,致使网速呈现出较大的差异,而这又将直接影响着网民获知政治类信息的便捷程度、快慢速度及全面与否等问题。另外,网速的快慢也将影响政治类信息的"生产",面对网民的质疑、困惑与对信息的渴求,政府及时公布网民迫切期待的信息,无疑将起到辟谣、澄清事实的作用,但网络的畅通与否、速度给力与否,将直接影响政治体系的"信息输出效能"。如果说通过信息流动的形式"互联网在政府与

---

① 关于甘肃省三家移动互联网营运商的数据来源于北京蓝汛官方微博链接的"网络感知平台",该平台即时公布移动、电信、联通三家公司的全国互联网平均速度及各省份的平均网速。数据采集时间为 2012 年 11 月 16 日,http://www.ccindex.cn/。

公众之间架起了直接沟通的桥梁",①那么,网速将是决定政府与网民沟通绩效的重要的技术保障。

第二节 新闻网站规模趋稳逐步规范

新闻网站的数量决定着网民获取信息的渠道,网速的快慢决定着网民获知信息的完整性,而网站建设和管理的水平又决定着网民获知信息的质量。所以,新闻网站的数量,影响着网民获得政治信息的渠道;而新闻网站的质量,则决定着网民接触政治信息的质量。

一 我国互联网网站总体规模及变化趋势

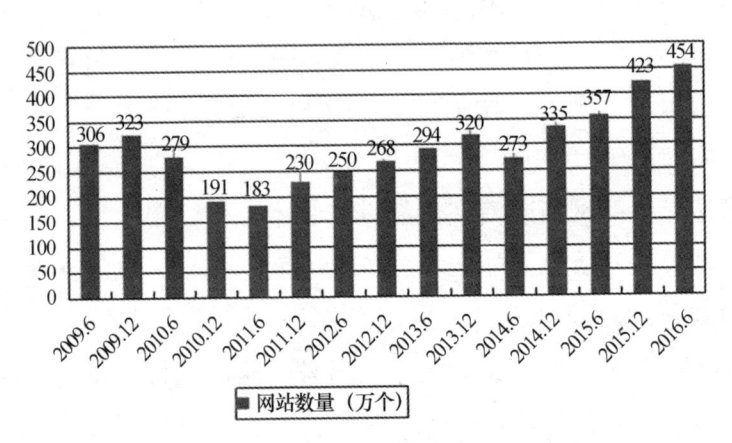

时间	网站数量（万个）
2009.6	306
2009.12	323
2010.6	279
2010.12	191
2011.6	183
2011.12	230
2012.6	250
2012.12	268
2013.6	294
2013.12	320
2014.6	273
2014.12	335
2015.6	357
2015.12	423
2016.6	454

图8—7 2009年6月—2016年6月我国网站数量变化情况统计②

说明：数据中不包含.EDU.CN下网站。

---

① 中华人民共和国国务院新闻办公室：《中国互联网状况》，人民出版社2010年版，第13页。

② 第30、38次《中国互联网络发展状况调查统计报告》，第22、8页，中国互联网信息中心（CNNIC）。

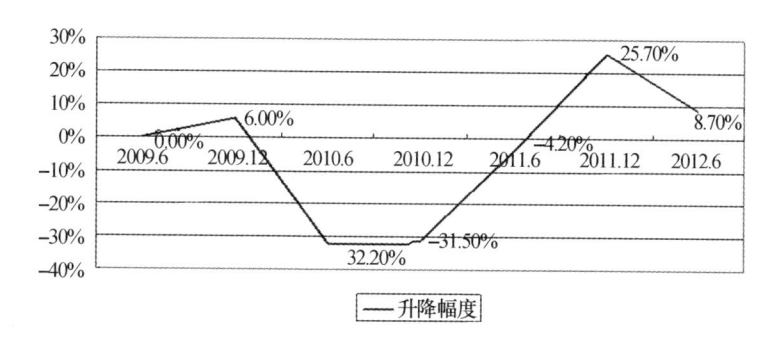

图8—8　2009.6—2012.6 我国网站数量升降幅度曲线

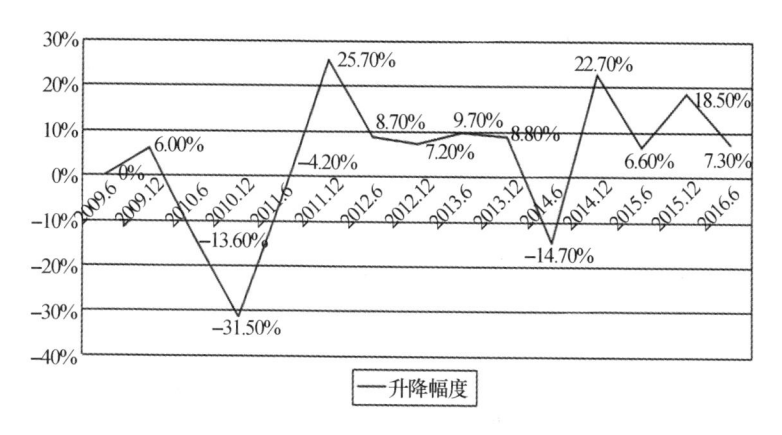

图8—9　2009.6—2016.6 我国网站数量升降幅度曲线

我国网站数量在2009年达到了最高值，随后便逐步下降，至2011年7月后回升。2011年初由中国社会科学院发布的《新媒体蓝皮书》指出，由于受金融危机的影响和政府监管力度的加强，2010年上半年网站跌幅下降13.7%，全年跌幅为41%，仅社交网站跌幅就达34.8%，但同年度的网页数量比2009年增长了78.6%。截至2016年6月，我国网站的数量的已经回升到454万个。

二 我国互联网不同类型的网站规模及所占比例

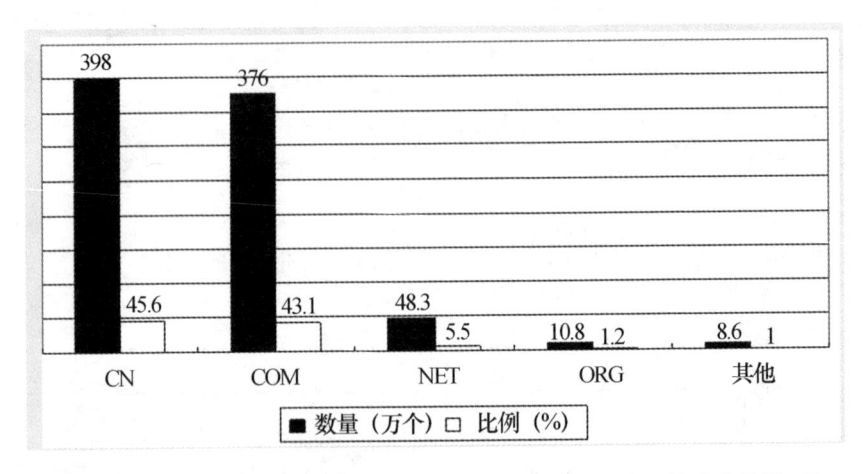

图8—10 2012.7 我国不同类型网站数量及所占比例统计（按域名统计）①

注：CN表示中华人民共和国国家及地区顶级域名；COM表示商业机构、公司域名后缀；NET表示网络服务公司的域名后缀；ORG表示非营利机构、协会等社会组织的域名后缀。

由图8—10可知，我国国家及地区顶级域名和商业机构的网站是目前构成我国网站构成的主体，所占比例分别为45.6%、43.1%，而网络服务公司网站、非营利机构的公益事业及协会等社会组织的网站，所占比例非常有限，总比重不及10%。

---

① 此表中数据不包含中国分类域名中的"中国"类别（2010年6月25日，第38届互联网名称与编号分配机构（ICANN）年会决议通过，将".中国"域名纳入全球互联网根域名体系。7月10日".中国"域名正式写入全球互联网根域名系统（DNS），该域名数量为311399个，所占比例为3.6%。数据依据第30次《中国互联网络发展状况调查统计报告》第21页整理而成，中国互联网信息中心（CNNIC），http://www.cnnic.cn/hlwfzyj/hlwxbg/hlwtjbg/201207/P020120723477451202474.pdf。

表 8—1　　2002—2005 年不同类型网站数量占网站总量的比例[①]

年份	企业网站	商业网站	政府网站	个人网站	教育网站	公益性网络	其他网站
2002	79.6	9.1	2.6	4.5	3.4	1.6	2.7
2003	70.1	9.2	3.1	5.8	5.7	5.3	1.2
2004	60.0	11.2	3.6	12.3	4.9	4.8	1.5
2005	60.2	4.6	4.7	21.6	5.2	4.1	1.0

注：在我国已经发布的历次《中国互联网络信息资源数量调查报告》和《中国互联网络发展状况调查统计报告》中，按照网站主体性质的不同，将我国目前的网站分为政府网站、企业网站、商业网站、教育科研网站、个人网站、公益性网站以及其他网站等。

通过表 8—1 可知，企业网站近年来虽呈逐步下降趋势，但 2005 年所占比例仍然高达 60.2%，政府网站、个人网站呈较快上升趋势，而公益事业网站、教育科研网站及商业网站变化幅度较小。相比之下，政府网站的数量近年来快速增长，已经在网站数量、网页数量中占据相当大的比例。这就政府信息的发布提供了稳定的渠道和平台。尽管，目前一些政府网站还存在死网站、更新慢、质量低等问题，但是网站数量的增加已经说明政府对网络的重视。

[①] 数据来源于由国务院信息办推广应用组主持，中国互联网络信息中心承办的历次《中国互联网络信息资源数量调查报告》，分别是《2002 年中国互联网络信息资源数量调查报告》，第 11 页，http：//www.cnnic.cn/gywm/xwzx/rdxw/2003nrd/201207/t20120710_ 31356.htm；《2003 年中国互联网络信息资源数量调查报告》，第 12 页，http：//www.cnnic.cn/gywm/xwzx/rdxw/2004nrd/201207/t20120710_ 31385.htm；《2004 年中国互联网络信息资源数量调查报告》，第 21 页，http：//www.cnnic.cn/gywm/xwzx/rdxw/2005nrd/201207/t20120710_ 31428.htm；《2005 年中国互联网络信息资源数量调查报告》，第 21 页，http：//www.cnnic.cn/gywm/xwzx/rdxw/2006nrd/201207/t20120710_ 31472.htm。该报告 2006 年之后再没有发布，致使近年来这一数据在本书中未能涉及。

三 网页（Web Page）数量及浏览情况统计分析

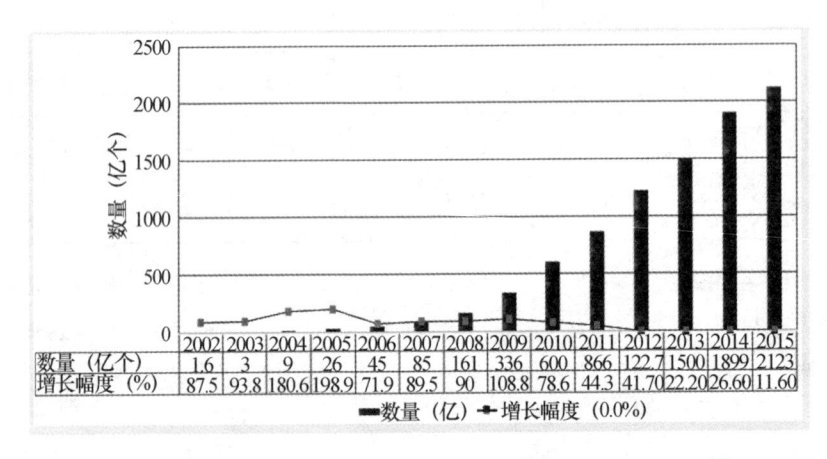

年份	2002	2003	2004	2005	2006	2007	2008	2009	2010	2011	2012	2013	2014	2015
数量（亿个）	1.6	3	9	26	45	85	161	336	600	866	122.7	1500	1899	2123
增长幅度（%）		87.5	93.8	180.6	198.9	71.9	89.5	90	108.8	78.6	44.3	41.70	22.20	26.60	11.60

图8—11　2002—2015年我国互联网络网页数量及增幅统计[①]

　　我国互联网络的网页数量由2002年的1.6亿个增长到2011年底的866亿个，增长了541.3倍，平均年增幅为104.39%。可见，十多年来，我国网页保持了每年翻一番的高速增长。虽然，图8—11数据没有直接反映新闻网站具体的数量增减情况，但近年来政府网站、官方微博及自媒体的快速增长，是显而易见的。

---

① 2002年数据来源于《2002年中国互联网络信息资源数量调查报告》，第46页，中国互联网信息中心（CNNIC），http://www.cnnic.cn/gywm/xwzx/rdxw/2003nrd/201207/t20120710_31356；2003—2009年数据来源于第25次《中国互联网络发展状况调查统计报告》，第23页，2010年、2011年数据来源于第29次《中国互联网络发展状况调查统计报告》，第28页，2012年数据来源于第31次《中国互联网络发展状况调查统计报告》，第25页，2013年数据来源于第33次《中国互联网络发展状况调查统计报告》，第33页，2014年数据来源于第35次《中国互联网络发展状况调查统计报告》，第16页，2015年数据来源于第37次《中国互联网络发展状况调查统计报告》，第10页。

表8—2　　2005年我国各类网站页面被访问情况统计分析（%）①

比例 平均值	政府网站	企业网站	商业网站	教育科研网站	个人网站	其他公益性网站	总体
50个以下	17.6	51.5	27.3	36.2	35.5	7.0	39.6
51—200个	29.4	23.5	15.6	29.8	20.0	23.3	22.5
201—1000个	31.4	16.4	22.3	17.0	21.6	30.2	20.2
1001—5000个	11.8	5.1	6.8	4.3	12.3	18.6	8.8
5000个以上	9.8	3.5	27.3	12.8	10.6	20.9	8.8

由表8—2可知，我国40%的网民平均每天访问网站的数量在50之下，20%的网民日均浏览网站量在50—1000个之间，访问网站数量增加与网民比例呈反相关关系，其中，日均浏览超过5000个网站的对比中，商业网站比例最高。政府网站的访问量维持在一个适中的水平，一定程度上反映了政治型网民的规模。

第三节　网络信息治理模式基本成形

截至2013年底，我国境内的网页数量约有1500亿个，比2012年增长了22%左右，新增了273亿个，恶意网址总量突破了4亿，仅百度推广就拒绝了33万余家网站。② 2014年3月21日，由国家工信部作为指导单位、国家互联网应急中心和中国互联网协会主办的"中国互联网站发展状况及其安全报告（2014年）发布会暨网站发展与安全趋势论坛"指出：国内互联网发展势头良好，但是安全问题形势严峻，受境外攻击、控制明显增多，境外黑客势力结合国内黑客群体，建立炫耀式、利益式网站，造成恶劣影响；2013年

---

① 中国互联网络信息中心：《2005年中国互联网络信息资源数量调查报告》，第22页，http://www.cnnic.cn/gywm/xwzx/rdxw/2006nrd/201207/t20120710_31472.htm。
② 《中国境内网页数量约1500亿个恶意网址突破4亿》，《北京晚报》2014年5月13日。

被篡改的中国网站数量24034个，同比增长46.7%，其中政府网站是受显示篡改的主要群体；76160个中国网站被植入后门，有些后门存活时间长达数年之久，使网站被黑客长期暗中控制；2013年发现仿冒页面URL地址为30199个，其中美国境内的IP地址承载了近42%的钓鱼页面。黑客入侵网站挂马或植入钓鱼欺诈、广告链接，对网民形成直接危害，网站也受到信誉和钱财损失。①

美国法理学家博登·海默曾言，法律是人类最大的发明，其他发明使人类学会如何驾驭自然，法律使人类学会如何驾驭自己。随着网络的发展与普及，网络治理日益成为各国政府面临主要问题之一。据有关机构对世界42个国家的调查表明：大约30%的国家正在制定有关互联网的法规，而70%的国家在修改原有的法规以适应互联网的发展。② 美国、日本、欧盟及韩国等互联网普及程度较高的国家和地区，都出台了相应的互联网管理政策，但这些国家在治理策略方面各有侧重：美国、日本等国家更加注重发挥网络行业组织的功能，政府以消极态度对网络进行行政监管（"9·11"事件之后加强了立法、行政的监管力度），被称为"宽松治理模式"。欧盟的网络政策倾向于表达自由、比较原则和尊重隐私等方面，政府更加注重网络行业自律，被称为"行业自律模式"。而新加坡、沙特阿拉伯和中国等国家更倾向于政府主导下的网络治理，被称为"严格控制模式"。③ 无论各国政府对网络治理策略的差异有多大，但"依法治网"都成为特殊中的"普遍"。

我国政府一方面积极推动互联网技术的发展，另一方面加强对网络的治理。早在2000年江泽民同志就指出网络建设的基本方针

---

① 《安全联盟发布2013年中国网站发展安全报告》，新浪网，http://tech.sina.com.cn/roll/2014—03—21/17209261560.shtml。

② 汪玉凯：《加强网络治理是各国政府的重要职责》，光明网，2012年6月8日，http://world.gmw.cn/2012—06/08content_ 4305986.htm。

③ 参见东鸟《网络战争：互联网改变世界简史》，九州出版社2009年版，第43—44页。

是"积极发展、加强管理、趋利避害、为我所用"。① 十多年来，我国政府肩负着网络治理的主导角色，通过制定法律法规、提高技术水平、健全职能部门及人才队伍建设等方面，不断加强对互联网加以治理。至今，基本上形成了"坚持依法管理、科学管理和有效管理互联网，努力完善法律规范、行政监督、行业自律、技术保障、公众监督和社会教育相结合的互联网管理体系"。②

一 我国互联网络管理法制框架的建设初步形成

2011年底全球互联网覆盖率已经达到28.7%，比2010年增长了44%，数字虚拟社会场域与现实物理世界之间存在巨大的差异。伴随着网络社会的兴起，构建网络法治建设体系逐渐成为世界多数国家的目标，美国、德国、英国及韩国等国家的网络法律建设起步较早，体系较为完整，③我国互联网法治建设取得了积极进展，已经颁布的涉及网络管理的相关法律法规、条例规定及公约通告等文件200多部。2016年11月7日，第十二届全国人大常委会第二十四次会议审议通过了《中华人民共和国网络安全法》，这对于加强网络安全、提高网络治理能力、维护网络主权、实现由网络大国迈向网络强国，提供了法律保障。

十多年来，我国互联网立法已经步入快速发展的轨道，初步形成了以网络专门立法和其他立法相结合、涵盖不同法律层级、覆盖互联网主要领域的网络法律制度。

自1994年起，我国政府颁布了一系列与互联网相关的法律法规，涉及立法机关、行政机关与司法机关及各个职能管理部门出台

---

① 《加快发展我国的信息技术和网络技术》，九届全国人大三次会议和全国政协九届三次会议讲话，2000年3月3日。
② 中华人民共和国国务院新闻办公室：《中国互联网状况》，人民出版社2010年版，第14页。
③ 参见苏宏元《网络传播学导论》，中国社会科学出版社2010年版，第139—141页。

的法律法规。总体性宏观法律主要有：《全国人民代表大会常务委员会关于维护互联网安全的决定》《中华人民共和国电子签名法》《中华人民共和国计算机信息网络国际联网管理暂行规定实施办法》《中华人民共和国计算机信息系统安全保护条例》《网络信息服务管理办法》《计算机信息网络国际联网安全保护管理办法》及《中国互联网管理条例》等，从总体上对网络建设做出了宏观性规定。

具体可操作法律主要有：涉及技术性域名地址的文件主要有《中国互联网络域名管理办法》《关于互联网中文域名管理的通告》《中文域名注册管理办法（试行）》《中文域名争议解决办法（试行）》《中国互联网络域名注册暂行管理办法》《中国互联网络域名注册实施细则》及《互联网 IP 地址备案管理办法》等；涉及国家信息安全的主要有《信息系统国际联网保密管理规定》《信息网络国际联网安全保护管理办法》《信息系统安全保护条例》《互联网信息服务管理办法》《维护互联网安全的决定》及《信息网络传播权保护条例》等。

涉及信息传播、新闻及版权类的文件主要有：《互联网新闻信息服务管理规定》《中国互联网行业自律公约》《中国互联网网络版权自律公约》《中国互联网视听节目服务自律公约》《互联网文化管理暂行规定》与《互联网著作权行政保护办法》等；对于网络商业活动、个体网民网络应用等方面，也有相关制度性规定，如：《互联网上网服务营业场所管理条例》《互联网电子邮件服务管理办法》《互联网视听节目服务管理规定》《博客服务自律公约》与《电子认证服务管理办法》等。另外，适用于网络治理的原有法律法规经过修订、解释，也可适用于互联网治理，如《中华人民共和国刑法》《中华人民共和国民法通则》等。

我国初步形成覆盖网络安全、个人信息保护、电子商务以及网络知识产权等领域的网络法律体系，这些法律法规、规章制度等分别由中国的立法机关、司法机关及行政机关等相关部门制定,"使政府有关部门能够直接介入对网络准入的控制和网络内容的管制"。① 对网络治理提供了法律支撑。尤其是中国网络信息管理的相关法律建设,就网络信息发布主体性质、监管部门、授权形式、不同主体发布信息的类别及惩罚措施等方面,做出了明确而翔实的规定,使得网络政治文化形成的客体,在法律层面得到治理的依据。②

二 我国网络治理组织的建构与完善

恩格斯指出:"随着法律的产生,就必然产生出以维护法律为职责的机关——公共权力,即国家。"③ 网络治理是指国家政府机关、网络企业和网络社会组织等行为体,按照自己的角色制定和适用互联网的发展和使用过程中的原则、标准、规范、决策步骤和共同规划,"网络治理倡导的是合作治理,它是指一种全新的通过公私部门合作,非营利组织、公民社会等广泛参与提供公共服务的治理模式"。④ 由此可知,网络治理涉及立法、计算机网络技术、行政执行及调研服务等职能部门,所以对网络治理职能部门提出了治理有据、执行有力、分工明确、职能细化等要求。我国互联网治理的部门日益增多,在1998年之前,我国网络网治理的机构主要是原电子工业部和邮电部,1998年之后参与网络治理的部门扩大到了信

---

① 胡泳:《众声喧哗——网络时代的个人表达和公共讨论》,广西师范大学出版社2008年版,第319页。

② 在2000年9月20日国务院颁布实施的《互联网信息服务管理办法》中,第十五条明确规定了网络信息发布的"九不准",即反对宪法所确定的基本原则的;危害国家安全,泄露国家秘密,颠覆国家政权,破坏国家统一的;损害国家荣誉和利益的;煽动民族仇恨、民族歧视,破坏民族团结的;破坏国家宗教政策,宣扬邪教和封建迷信的;散布谣言,扰乱社会秩序,破坏社会稳定的;散布淫秽、色情、赌博、暴力、凶杀、恐怖或者教唆犯罪的;侮辱或者诽谤他人,侵害他人合法权益的;含有法律、行政法规禁止的其他内容的,不准发布。

③ 《马克思恩格斯选集》第2卷,人民出版社1995年版,第539页。

④ [美]斯蒂芬·戈德史密斯、威廉 D. 埃格斯:《网络化治理——公共部门的新形态》,孙迎春译,北京大学出版社2008年版,第21页。

息产业部、公安部、文化部、教育部、安全部等在内的十多个部门，涉及国家行政、立法及司法等部门，网络行业自律组织和网络自治单位等三大类。

第一类，政府网络治理的相关机构。中国政府加强对网络治理的机构建设，并初步形成纵向权责分配与横向职能协调的网络治理机构体系，不仅涉及直接对网络治理的行政机构，而且涵盖立法、司法等相关部门。这类网络治理主体因其具有国家职能部门的权力，因而对网络的治理具有强制性。在职能方面，这类管理组织主要负责网络法律法规建设、行政管理监督等，主要通过法律规范、行政管理、经济和技术等手段，进行直接管理，尤其体现在对网络政治类信息的管控方面。

具体而言，这类机构主要有：2014年2月27日，中央网络安全和信息化领导小组成立，标志着互联网事业上升为国家战略。习近平总书记强调，"中央网络安全和信息化领导小组要发挥集中统一领导作用，统筹协调各个领域的网络安全和信息化重大问题，制定实施国家网络安全和信息化发展战略、宏观规划和重大政策，不断增强安全保障能力。"[1] 中共中央宣传部是主管我国意识形态工作的最高职能部门，在网络治理中发挥着中流砥柱的方向性作用。国务院信息产业主管部门：主要有工业和信息化部、国务院新闻办公室、新闻出版总署和国家广播电影电视总局等机构。国务院新闻办公室负责"推动网络中国媒体向世界说明中国"，下设五局主要负责国内外网络新闻的协调工作，九局负责网络文化建设和管理。在国务院新闻办公室内部建构起网络新闻指导、发布、监督与治理专职部门之后，各地方政府新闻办也成立了相应的机构，形成自上而下的治理体系。新闻出版总署主要负责审核互联网从事出版信息服

---

[1] 习近平：《总体布局统筹各方创新发展努力把我国建设成为网络强国》，《人民日报》2014年2月28日第1版。

务的申请,对网络信息加以适时监管。国家广播电影电视总局下属的网络视听节目管理司是主要负责指导,网络视听节目的服务业务的审批与内容监管。文化部下属的网络文化处,负责网络文化产品的传播与经营活动及对其内容的监督。中国互联网络信息中心(CNNIC)是经国务院批准的、对我国网络进行管理与服务的半管理半服务组织。该中心主要负责互联网地址资源注册管理、互联网各种调查研究及数据的发布、政策调研、目录数据库服务及科技研究等。国家保密局、教育部、公安部、电信部门、团中央及国家安全部等职能部门,也是网络治理的主体。另外,还有中国电子政务网、公安部网络安全保卫局等部门。

第二类,网络行业自律组织。网络行业自律组织的快速发展,形成网络治理的必要辅助自治组织。自律作为一种软性手段成了必要的补充,甚至是更有效的方法,为世界各国所重视。[①]

网络自律机制包括行业自律、网站自律以及网民自律。行业自律的动力来自非政府组织的推动。如中国互联网协会就通过自律章程、发表自律宣言、组织以网络文明为主旨的宣传教育活动,以促进网络的各利益相关者遵守网络的相关法律和规范。网站自律的动力来自网站对社会责任的认识,许多网站都在其管理章程中加入了约束网站和网民行为的条款。网民自律的动力则来自道德水准的提高,网民的积极参与也是维护互联网信息传播秩序的强大力量。通过各种途径的宣传,加强对网民的法律教育,增强网民的责任意识,使在其行使自身权利的同时,遵守法律法规和社会公约,尊重他人的权利。

在我国网络的治理主体中,网络社会中不同行业根据已经实施的法律法规,以行业为单位成立了各种网络行业自制组织,对网络

[①] 苏宏元:《网络传播学导论》,中国社会科学出版社2010年版,第158页。

建设、信息发布等方面肩负着重要的管理职能。网络优胜劣汰的竞争主要体现在网民对网络信息的选择方面，那些被网民认可、信任与社会责任感较强的企业会得到更多网民的支持，网民会经常性地浏览该网站的信息。如新浪、搜狐和网易建立的"诚信自律同盟"。这类治理组织大都是相关网络行业的"联合体"，为本行业发展的规范化、制度化及标准化等考虑，在自愿的基础上通过联合、协商等方式，确立一套本行业的网络行为规范和准则。这类管理组织一般不具有强制性，只对参与该自律组织的网络企业具有非强制性的监督权力，而对其他企业则不具有约束能力。

第三类：网络企业自身管理。我国网络自治单位不断加强，分工更加细化。网络企业被明确地界定为网络治理的主体，拓展了现有理论治理主体过于单一的局限，形成"多面治理、复合治理"的主体结构。网络综合性新闻网站的编辑对于登载信息的筛查、审核与发布，从网络政治信息发布的第一站"过滤"了网民所接触的政治信息产品，对于网络政治文化的形成发挥了关键性的"把关者"的作用。这类管理者大都是由网络企业公司内部独立负责，直接针对该网站的维护与运行，对该网页刊发的信息进行管理。

三 我国网络信息管理体系初步形成

互联网海量信息中掺杂的造谣、诽谤、色情、诈骗、恐怖、暴力、赌博及邪教思想等不良的信息，不仅危害着网民的身心健康，而且涉及政治类的负面信息，尤其是那些子虚乌有杜撰的造谣虚假信息，极大地损害着我国政府的形象，侵蚀着政府的权威及挑战着中国共产党执政的合法性，致使网民的政治文化不断被负面政治类信息所刺激。因此，加强网络政治类信息管理，建构积极型网络政治文化形成的客体资源，也是我国网络治理的一个重要领域。

第一，网络信息管理法律法规的制定与实施。我国政府就网络信息管理出台了一系列法律法规，① 使得网络信息在制作、编审、发布、传播与监督等方面，具备了治理的依据。在这些法律法规中主要对从事新闻业务的网站所应具备的条件、设立程序、上载新闻内容与性质、禁止性条件、网络安全、惩罚纠正、维护网络秩序、网上知识产权保护以及净化网络环境等方面，做出了明确规定。有助于促进国内网络媒体的建设与发展，有助于规范网络政治类信息的发布与传播，有助于抵御有害信息的渗透，有助于维护国家信息文化安全，这就使得网络中政治类的信息得到法制框架内的管控，使网民接受的政治类信息具备了明确、真实、客观的法律保障。

第二，网络信息管理机构的设置与建设。2000年之前，我国网络信息监管由各职能部委交叉进行，主要涉及强力部门公安部、安全部与保密局等，商业网络管理部门、商用密码管理办公室以及信息产业部都在管理，致使出现了交叉管理、滞留盲区、职责不清、协调困难等问题。进入21世纪，我国相继成立了"国家计算机网络与信息安全管理中心""国家互联网应急中心"（建成了联系31家省级单位的网络应急体系）、"网络警察"等部门，形成了国家、部委与基层的三级网络信息管理体系。尤其是公安系统的网络信息管理机构，已经形成纵向垂直管理、横向职能拓展的管理格局。从1998年起，我国公安机关逐步扩大计算机信息监管队伍建制，成立"公共信息网络监察处"，并在一级分局内成立了相应的科（股），

---

① 涉及网络信息管理的法律法规主要有《互联网信息服务管理办法》（2000年9月25日国务院新闻办公室、信息产业部发布实施）、《互联网电子公告服务管理规定》（2000年10月8日中华人民共和国信息产业部颁布实施）、《互联网出版管理暂行规定》（2002年8月1日由新闻出版总署和信息产业部联合出台并施行）、《互联网上网服务营业场所管理条例》（2002年11月15日国务院第363号令）、《互联网等信息网络传播视听节目管理办法》（2004年10月11日国家广播电影电视总局第39号令）、《互联网文化管理暂行规定》（2011年2月17日中华人民共和国文化部第51号令）、《互联网著作权行政保护办法》（2005年4月30日国家版权局、信息产业部发布）、《信息网络传播权保护条例》（2006年5月18日国务院第468号令）、《全国人大常委会关于维护互联网安全的决定》（2000年12月28日第九届全国人民代表大会常务委员会第十九次会议通过）等30多部。

形成从公安部到基层分局的垂直网络信息管理体系；在职能方面，公安部门的网络信息管理由单一的网络刑侦工作，逐步扩展到技术监督、调查取证、预防为主、动态监控等方面，并将手机网站、视频网站、聊天室、即时通信、视频下载服务、微博客及论坛/BBS等纳入网络信息管理的重点，使得网络信息得到有效治理。

我国网络信息治理体系的建立，在法律层面上为网络信息的管理提供了依据，使得有法可依；在管理主体方面，形成了政府、行业与网络公司"三位一体"的管理主体体系，明确了网络信息管理的责任人；在管理机构设置方面，形成了职能部门交叉管理与综合管理的"统分模式"，使得管理实现了机制化与组织化。通过法律制度、组织机构的建设，使得我国网络社会中传播的政治类信息得到了有效的管理，为网民形成政治文化提供了较为符合客观实际的政治信息，为网络政治文化的形成提供了可能。

第 九 章

我国网络政治文化现状

政治文化理论的研究范畴涉及诸多方面，既有对其自身性质、类型、演变及功能等内质属性的研究，也涉及其对政治行为、政治结构、政治体系及政治稳定等多方面影响的探究。网络政治文化作为政治文化体系内的一个特殊的、具体的重要构成部分，对其研究也应从这两个方面进行考量。

第一节 我国网络政治文化的要素与定位

一 我国网络政治文化形成的"三重要素"已经具备

我国互联网经过 30 多年的发展，已经在硬件、软件等方面取得长足的发展。从网民数量看，我国网民数量占总人口的 51.7%，随着教育水平、生产力水平的提高及科技进步引发的上网设备的价格走低，中国网民群体的数量将会有一个大幅度的上升，保守在 3 亿左右。[①] 在我国网民群体中，经常浏览网络政治信息、政治新闻的比例大概为 79%，这是我国网络政治文化的主体，随着社会成员对政治生活的逐渐关注，未来网络政治文化主体的数量将会不断增加。

[①] 2010 年第六次全国人口普查统计数据显示各年龄阶段的比例为：0—14 岁为 19.4%（2.57 亿）；15—59 岁为 69%（9.2 亿）；60 岁或以上比例为 11.6%（1.54 亿）。保守以 15—59 岁为网民的潜在群体进行估算，除去现在的 5.38 亿网民，潜在数量大约为 3.82 亿。

从网络技术与虚拟政治环境角度分析，随着移动互联网的发展，手机屏、电视屏与电脑屏"三屏合一"，购物、通信、学习及娱乐等多重网络应用"合多为一"，移动网络基站的增多，移动网络技术的提高，正决定性地以革命的方式改变着现实生活，使得上网更加便捷。网络虚拟政治社会快速发展，政府官网、微博、新闻网站及论坛等网络社区迅速发展，企业、商业和个体"自媒体"更是增长迅猛，使得网民在虚拟社会的政治生活愈加便捷。模拟现实政治的网络政治环境，为网民的网络政治生活提供了虚拟而真实的场域。

从网络政治文化形成的客体角度分析，我国已经有150多家经过国务院新闻办批准的新闻网站，原来的传统新闻机构绝大多数也已完成网络化的转型。另外，以微博客为代表的"自媒体"平台的发展，致使每天网络中会涌现大量的涉及中国政府、中国政治、行政执法、公务员行为及反腐倡廉等方面的政治类信息。这些政治类信息的存在无疑为网民的政治认知提供了丰富的资料，使现实政治超越了地域和时间的限制，被大多数网民通过"政治信息"的方式所感知。

通过以上分析会发现，我国已经具备了网络影响下的政治文化发展的基本条件，即我国政治文化承担者——政治型网民的出现，并且这一群体保持着稳定规模的同时，呈现出不断增长的趋势。我国网络政治文化客体——网络政治信息存在的现实，不仅每天会有大量的关于中国政治、政府及公务员等信息会发布在互联网上，而且网络巨大的存储功能使得大多数信息能够长期存在，并且不同时期的政治信息能够通过某一关键词进行"类"的检索。我国网络技术的发展，尤其是移动互联网的推广及移动终端接入网络设备的革命性发展，使得庞大的网民群体与海量政治信息之间的"沟通"成为可能。这就为我国网络政治文化的形成，提供了承担者、认知对象、认知工具及渠道等要素。

二 我国网络政治文化是四种政治文化的"复合体"

文化是积淀的结果,网络政治文化亦如此。我国网络政治文化作为文化、政治文化的一个分支,同样具备积淀所形成的相对稳定的属性。就目前来看,我国网络政治文化主要包括三部分:现实政治文化的网络化发展、网络政治孕育的文化产品与网络政治信息塑造的政治文化。

1. 现实政治文化的网络化发展是组成部分

具有现实政治人与虚拟政治型网民双重身份的公民,将他们在现实社会政治生活中形成的政治态度和情感,借助互联网进行传播以使同类的政治态度便捷地、显而易见地聚集,形成文化群体性的显性存在。这种现实政治文化的网络化发展主要有两种方式:一种是泛泛地直接表达网民持有的在现实政治生活中形成的政治文化,不针对具体的事件;另一种是借助网络中某一政治信息,表达自己的政治态度与观点。在两种方式中,第一种大多是具有专业政治知识背景的知识分子,所呈现的政治态度较为理性与客观;第二种大多是普通网民依据个人的政治价值标准和政治偏好,对网络政治信息进行评价、评论过程中投射出来的政治心理。总而言之,这一网络政治文化主要是在现实政治生活中形成的借助网络传播与呈现,并影响其他网民的政治观点,进而使该政治文化得以扩散。

2. 我国网络政治孕育的网络政治文化是必要补充

我国网络政治主要包括网络问政、网络政治监督、网络政治权力、网络政治民主、网络政治参与、电子政府及网络反腐倡廉等方面,尤其是涉及政府对网络的立法、管理及建设等方面的权力及其行使等。我国网络政治的文化是我国网民在网络政治实践中,对我国网络政治上述方面的认知、态度及长期积淀而内化形成的、稳定的政治"潜"意识。目前,广大网民真正持有的基于我国网络政治产生的文化，仅仅是我国网络政治文化的必要补充部分，还不是网络政治文化的主体构成部分。

3. 网络政治信息塑造的政治文化是主体构成

我国网络社会中存在的政治信息成为广大网民认知政治的重要对象，网民不再需要亲身实践或经历政治事实，只需在网络中通过政治信息便可了解政治，在长期的网络政治信息消费中潜移默化地形成对政治的基本印象。目前，这是我国网络政治文化的主体构成部分，所占比例远超前两种。这一类型的政治文化的真实对象大多是客观现实社会的政治，也涉及少量的网络政治，但直接对象是基于现实与虚拟政治加工而成的网络政治信息。网络信息"一对多"的服务方式致使多数网民可以模拟化为政治信息中的当事人，分享相同或相近的政治感受与政治态度，以至相近政治态度的产生与聚集，产生群体性存在的由网络政治信息塑造的网络政治文化。

4. 网络文化是网络政治文化的外延扩展

网络文化虽然不像网络政治文化那么具有严格的学科规范，也不具备政治文化的研究方法、理论框架和对社会现实的解释功能，但是，网络文化作为网络时代的文化新形式，其中包含的涉及政治的部分，也深刻影响到网民的政治心理。网络文化中大量存在着涉及政治的内容，而且表现形式更容易被广大网民接受。如网络影视，电影、电视剧及新闻视频等文化作品中，有很多是涉及"政治"的题材，其中以影视形式反映的政治生活更容易影响网民的政治心理。网络文学作品中的小说、散文、诗歌等，也有大量涉及政治的作品，如伟人传记、领导秘书、军事解说、历史档案等。这些网络文化作品涉及的政治信息，通过艺术、美学、故事等形式展现给网民，相比古板严格的政治信息而言，更具吸引力，也更具政治心理的影响力。

所以，我国网络政治文化是一个"复合"的政治文化体系，既包含现实政治文化的网络化发展，又包含网络政治实践孕育的社会政治意识形态，还包括网络政治信息塑造的观念产品。其中，第一种是现实政治文化的"本体"借助网络这一工具实现的扩散，是现实的虚拟化发展；第二种是真正意义上的"网络政治文化"，但由于现实与虚拟政治之间界限的模糊，很难依据产生政治文化的政治实践厘清二者之间的边界。第三种在我国网络政治文化体系中占据着相当大的比重，但其形成的对象不仅包括现实与虚拟的政治实践，而且包括现实与虚拟的政治文化。可见，我国网络政治文化并不是单一内容指向的概念，而是一个政治文化的"复合体"。

第二节 我国网络政治文化的特征厘定

我国网络政治文化除了一般网络政治文化所具有的虚拟性、时效性、高科技性、开放性与直观性等特征，宏观上还表现出不稳定性、异质多样性与非均衡的两极化等特点。

一 我国网络政治文化具有明显的异质性

在上述对我国网络政治文化组成的分析中，基于形成对象的差异将其分为三大类。从功能属性来看又可以分为积极、消极与冷漠三种。当前我国网络政治文化呈现出积极与消极的两极化发展趋势，但消极否定型表现得更为明显，政府发布消息的信任度越来越下降，小道消息、翻墙信息却被广大网民追捧。如 2010 年浙江乐清发生的钱云会案件，[①] 表现出网民对官方信息的极度不信任与对

---

① 钱云会于 2005 年当选浙江乐清蒲岐镇寨桥村村主任后，因土地纠纷问题率领村民上访，5 年上访过程中 3 次被投入看守所。2010 年 12 月 25 日上午 9 时，钱云会在一起交通事故中被工程车撞死。随后，网友爆料钱云会是被"有些人故意害死的"，更有名为"李海燕"等的目击证人陈述钱云会被害死的经过，一度致使乐清市公安局召开几次新闻发布会澄清仅是一起普通的交通肇事故。随后，网民提出六大质疑并成立三组公民独立调查团，直至关键证据钱云会身前佩戴微录手表记录案发真相公布后，才真相大白，但仍有大量网民持质疑态度，可见政府信任危机是多么严重。

民间信息的强烈偏好。冷漠型也有一定的存在，如网民大量留言"我只是路过""看客""打酱油"等。但在网络中鲜见对政府积极的评价，正面的政治舆论更是少之又少。另外，就同一政治信息广大网民发表的差异性评论，也可以看出网民群体内部存在异质的政治文化。由此可见，我国网络政治文化体系内部存在诸多性质的"亚"文化单元，也可称之为多样性的复合文化体系。

二 我国网络政治文化呈现出两极化分化的格局

我国网络政治文化在多样性、异质性明显的同时，还表现出两极化特征，即积极与消极、肯定与否定、理性与感性，并且这种两极化呈现出不平衡性，即消极、否定与感性的特征要明显大于积极、肯定与理性。在对网络信息的评价中，可以看出质疑、挑剔、诋毁、盲目从众甚至爆粗口等评价占相当大的比例，充分反映出在网民潜意识层面已经形成的政治文化中包含着较大比例的激进感性与消极否定的因素。但也不乏理性冷静的评论，那些具有政治知识与技能的网络政治精英网民会理性、客观地分析网络政治信息，澄清普通网民对政治制度、政策等方面的误解。总体而言，我国网络政治文化中的感性、否定与消极因素比较多。

三 我国网络政治文化的不稳定性比较明显

文化虽具有稳定的内核，但在具体表现形式上呈现出不确定性。网络政治文化是群体性网络政治态度的积淀，反过来网络政治态度恰好印证了网民持有的政治文化，政治态度的易变揭示了内在政治文化的不稳定，当然这也和网络技术主导下呈现的网络政治信息的完整性、客观性、准确性及真实性等方面密切相关。如2008年哈尔滨警察打死大学生案件，当该事件第一时间以"哈尔滨6警察打死大学生"为标题发布时，网民一边倒地指责警察暴力执法；

当"草根警察怒杀林衙内"的新闻刊出时,网络舆论又走向反面。这一事件既说明网络政治文化对象的引导力,也反映出网民内心对警察这一群体的基本印象。长此以往,网络信息将失去网民的信任,网民也将难以形成稳定的政治态度与情感。

第三节 我国网络政治文化的类型

阿尔蒙德等在《公民文化》这一政治文化开山之作中,采用历史纵向的视角基于人类历史的发展事实,将政治文化模式分为三种:村落地域型政治文化、臣民依附型政治文化、参与型政治文化,[①] 并提出"系统性混合"概念以说明政治文化的传承性所导致的多数政治文化都是复合的形态。后来,阿尔蒙德和鲍威尔在《比较政治学:体系、过程和政策》中依据政治体系的功能将其分为体系层次、过程层次和政策层次,依此而产生了政治文化的内部结构——体系层次文化、过程层次文化和政策层次文化,[②] 并将政治体系层次分为三大类:①特定的角色和机构,如立法机关、行政机关和官僚机构;②角色的承担者,如具体的君主、立法者和行政长官;③具体的公共政策或决定的执行。

一 "感性—参与型"为主

依据阿尔蒙德对于政治文化类型的划分来审视我国网络政治文化的类型可以发现,我国网络政治文化基本上正处于"感性—参与型",并且这种虚拟空间的文化类型与现实的臣民依附型文化形成强烈的反差。从网民对网络政治信息所做评价、对有关政治类问卷

[①] [美]加布里埃尔·A. 阿尔蒙德、西德尼·维巴:《公民文化》,徐湘林等译,东方出版社2008年版,第4页。

[②] [美]加布里埃尔·A. 阿尔蒙德、小G. 宾厄姆·鲍威尔:《比较政治学:体系、过程和政策》,曹沛霖等译,上海译文出版社1987年版,第35—48、91—95、274—387页。

的作答、对政府工作的评价及向"××信箱"发邮件等行为可以看出,网民对政治参与的热情和积极性是以往现实社会所没有的。如新浪调查对 2010 年"我爸是李刚事件"的调查显示,91.4% 的网民关注该事件,27.1% 的网民参与网络"造句、写诗、写歌",83% 的网民不认同"肇事者以道歉换取谅解"。[①] 通过搜狗、百度等搜索工具以"我爸是李刚"为关键词检索发现,截至 2012 年 12 月 9 日搜狗工具检索到 88 页有关信息,以每页平均 10 条新闻计算,总计 880 条,百度这一数据为 76 页,大约 760 条。与此同时,博客、论坛及新闻评论更是铺天盖地。虽然这仅是一件交通肇事案,但背后所牵涉的是网民对"官二代"与"隐性权力世袭"的敏感。另外,在"表哥""车爷""房叔""郭美美""卢美美""故宫博物院失窃案""宜黄强拆"及"孙志刚事件"等一系列涉及政府的网络信息的事件中,网民的"围观""坐等""扒粪"甚至"人肉"等行为,更是表现出网民积极的政治参与。

网民的积极参与表面上体现了网民对事件本身的兴趣,但深层次上揭示了网民内心深处的政治文化心理倾向。与此同时,从网民的网络行为及网络评价中可以看出,多数网民表现出感性与盲目,甚至出现了借助网络政治信息发泄心中不满的网络行为惯性。相比之下,理性冷静客观的评论所占比例却比较少。这主要与网民群体自身特点、掌握信息情况、网络舆论导向等方面有关。随着网民受教育水平的提高和对政治知识、经验与技能等增加,未来理性的成分将会不断增加。

二 "理性—臣服型"为辅

与网络政治文化的"感性—积极参与"形成鲜明对比是现实社

[①] 《你怎么看"我爸是李刚"?》,新浪调查,2012 年 12 月 9 日,http://survey.news.sina.com.cn/result/51661.html。

会中"理性—臣服型"政治文化,并且这两种类型截然不同的政治文化甚至叠加在同一个主体身上。在网络社会中由于身份虚拟而使个人利益在得到最大限度保护的情况下,网民能够在不经过周密思考的情况下,较为感性地发表政治意见。但在现实社会中,由于我国传统政治文化中"人治、权威、依附、等级与中庸"等思想的代际延续和出于对自身利益的考虑,现实社会中的个体经过缜密思考和利弊权衡所表达出来的政治意见与态度,表现出超然的理性与保守。故,在现实社会中,透过现实个体的政治行为和态度实难把握政治文化的真实属性,但在网络社会中,网民的网络政治行为很大程度上反映了网民真实的政治态度。整体而言,我国"网上""网下"两种政治文化截然相反,网络政治文化的"感性—积极参与"很难跨越虚拟世界的边界跨入现实中来,这就为"言论自由"在现实社会中的实现向政府提出制度性要求。

虽然,网络政治文化的形成更加依赖于趋同政治态度的汇集,而不再过多被宗教、民族、地域、职业及收入等方面的因素所影响,但这些因素的客观存在依然影响着部分网民的网络政治行为,并孕育了诸多的网络政治亚文化。这些网络政治亚文化虽所占比例十分有限,但其影响仍然是不可忽视,它们借助网络得以传播并借助网络空间凝聚了具有相同政治价值观的一批网民,表达特定的政治思想和态度。这些网络政治亚文化与现实结合更为紧密,属于我国"复合型"网络政治文化的第一类范畴。

三 表现形式多样化

我国网络政治文化还存在一定的反政治文化、监督政治文化、调侃政治文化、宣泄政治文化、仇官仇富等类型。"反文化是一种反社会的敌对文化",① 该文化旨在诋毁、攻击现政治体系以求瓦解现行主导政治文化的根基。在中国网络社会中，还潜藏着各种分裂势力、极端宗教势力、狭隘民族主义分子及境外敌对势力等散布信息，这些网络信息都带有强烈反对政治制度、特色社会主义道路及诽谤我国的民族、宗教政策的色彩，攻击马克思主义和中国特色社会主义理论体系，为其政治图谋的实现在网民中"培育"文化根基。这类网络"反"政治文化与异质、激进与否定的政治文化不同，后者虽表现出对与主导政治文化之间的张力，但本初动因不是出于"取代"价值追求，而是指出弊端、希冀完善之目的。

网络政治文化的监督类型是广大网民把在现实社会中不愿、不敢实施的对政治权力的监督行为，通过网络予以付诸"虚拟实践"② 已达到现实监督之目的，在此过程中形成的对监督对象、监督过程、监督手段及监督效果等方面的认知与感觉的总和。近年来，在我国网络社会中网民对"三公"经费、公车使用、政府采购、决策机制、行政执法方式、政策制度及领导干部行为作风等问题的高度关注，在充分履行政治监督权力的同时，也在网民意识层面上形成政治监督的习惯性行为倾向。并且，随着政府对网络政治监督、网民举报与曝光等问题所给予的高度关注度、及时反馈与问题的解决，更加强化了网民的网络政治监督的思维模式与行为偏好，使得政治监督这一行为内化的意识惯性在网民政治心理层面不断强化。

---

① 柏维春：《政治文化传统——中国和西方对比分析》，东北师范大学出版社 2001 年版，第 17—19 页。

② 杨富斌将虚拟实践定义为：是指人们运用计算机技术、网络技术和虚拟现实技术等现代信息技术手段，在赛博空间（Cyberspace）或电脑网络空间中有目的、有意识地进行的一切能动地改造和探索虚拟客体的客观物质活动。引自杨富斌《虚拟实践的涵义、特征与功能》，《社科纵横》2004 年第 1 期。张明仓将虚拟实践定义为：是主体按照一定的目的在虚拟空间使用数字化手段进行的双向对象化的感性活动。引自张明仓《走向虚拟实践：人类存在方式的重要变革》，《东岳论丛》2003 年第 1 期。

网络政治文化的调侃类型是网民借用幽默文学文笔，表达政治态度一种的形式。在我国网民对政治的评论中，存在着大量以图片恶搞、文学抨击、诗词调侃、网络流行语及网络政治题材的小说、影视等形式表达的政治意见，并逐步受到众多网民的追捧与效仿。这种经过文艺手段加工的政治意见，所反映的网民政治心理，虽赋予了表达的灵活、形式的多样、接受的乐意与传播的广泛，但其揭示网民内心政治态度与情感的真实程度却未下降。但也值得注意这种"网络的狂欢"在政治态度表达的明晰程度上，不如直接的网络政治意见那么浅显易见。总之，网民委婉的对政治信息的调侃方式，已经成为一种意见表达的思维取向，并丰富了我国网络政治文化的"外显"形式。

网络政治文化的宣泄类型是网民借助具体的网络政治信息或事件采用非理性，甚至造谣、恶伤、诽谤等手段，表达长期在政治经济社会中的积郁的一种方式，这一政治文化主体往往是在政治经济生活中处于不利地位，对社会持有极大意见的群体，在我国网民群体中也存在一定比例的该群体。中国经过近40年的改革开放，在社会总体上呈现出高速发展的同时，也造成贫富差距、物价上涨、阶层分化、就业医疗上学困难、官本位思想回潮及贪污腐败等一系列社会问题的集中涌现，导致在改革开放中未能得到实惠，或者低收入群体的心理产生巨大的落差。同时，现实社会利益表达渠道的不畅通、各种潜规则、部分地区制度的不透明及政府强制打压"意见者"等行为，又致使社会个体不敢在现实中表达对利益的诉求，但表达的欲望又十分强烈时，借助网络这一相对安全、便捷又存在潜在较大影响力的工具来发泄心中的不满与情绪，就成为这些弱势群体的最好选择。

我国网络政治文化的诸多类型并不是单立的，而是混合于一体。在这一混合态势之中，不同类型的子单元既可能是"等量"关系，也可能存在主次之分，既可能和谐共存，也可能张力趋大。

第四节　我国网络政治文化的影响

我国网络政治文化并不能直接发力于网络政治、现实政治，而是通过网络政治文化决定的网民政治态度、意见和行为，形成的强大"围观"压力，来影响政治体系的运行。

一　将有助于推进政治体制的改革

我国的政治体制改革是以不改变中国特色社会主义政治总路线与权力结构为前提，以领导体制、行政机构、干部人事制度及行政法规等方面为内容的政治管理体制的改革，以期促进政治制度的完善，调整社会关系与缓解社会矛盾，提高政治与行政管理效能，以及促进社会经济、文化事业等方面的发展为目的。

我国网民的政治心理发展有助于以推动高度民主、法制完备、富有效率、充满活力为目标的社会主义政治体制的实现。"互联网文化作为一种新的文化形态，为我国民主政治发展新平台的开辟创造了条件。"[1] 网民的政治态度不仅是衡量服务型、阳光型、廉洁型、高效型政府的指标，更是政府提高管理能力的"倒逼力"。政府机构设置的科学性、人员配置的合理性、决策的规范性、工作人员的服务态度等方面，越来越成为网民热议的话题，在反映网民政治文化取向的同时，也被政府高度重视并不断在改革具体方案中予以回应。其中，以电子政务、领导信箱、官方微博、网络直通车等形式为主的网络政治建设，在很大程度上就是网民网络问政"倒逼"的"影子政府"，是现实政治运行与政府管理方式创新的新

---

[1] 刘先春、王晓敏：《互联网文化视域下的党内民主建设论析》，《理论学刊》2011 年第 9 期，第 18 页。

发展。

我国网络政治文化承载着的网民的政治态度与期望，为我国政治体制提供了改革的预期目标与参照系。我国政府对网络的充分应用，说明政治体制的改革不仅需要"顶层设计"的宏观战略性规划，同样也需要倾听社会的声音。在网络时代，政治体制改革的方向依然需要党中央国务院和专家学者的大智慧，同时更需要关注网络中涌现的网民群体性意见，才能不断使政治体制改革更加朝着中国式民主迈进，才能推进建立坚持党的领导、人民当家做主与依法治国为基础的民主政治体制。尽管网民因潜在网络政治文化所呈现的政治观点各异，但也不乏理性冷静的分析。尤其是专家学者的睿智之见，更是散见于众多评论之中，不仅引导网络政治文化的发展，而且是政府政治体制改革不容忽视的"网络声音"。当然，也存在非理性、非客观的政治意见，诸如三权分立、军队国家化、直接民主及多党制等政治观点，就是脱离中国政治实际与现实而一味崇尚外国政治体制的"声音"。总体来看，来自网民"草根"群体的政治态度，整体上依然将是政治体制改革值得参考的民意。

二 有助于激发网民的政治参与热情

我国"感性—积极参与型"网络政治文化在激发网民政治参与热情的同时，使得政治过程更加透明、科学、公开、公正。我国网络政治文化虽然还有很不成熟的特征，但这种"感性—积极"参与的文化在很大程度上促使更多的网民关注政治生活，尤其体现在每年的两会、党的重要会议、政府会议、政策的出台和政策的执行等过程中，充分彰显了网民参与的内在文化动力因素。如在个人所得税起征点的政策出台过程中，在关于延长退休年龄的问题方面，在对政府"强拆"、城管执法过程中的行为方式，对司法案件的判决过程等方面，网民所表现出来的观点和态度，很大程度上影响了政府的行为，迫使政府不得不考虑网民的建议。

三　有助于促进政策制度的发展与完善

我国网络政治文化对我国政策制度的影响，主要体现在网络政治舆论压力下倒逼政府对某些政策、法律法规做出被动性调整。近年来受到网民强烈诟病的制度主要有以下几个方面。

1. 收容遣送制度：2003年"孙志刚事件"引发了网民对收容遣送制度的大讨论，并有8名学者上书全国人大要求对收容遣送制度进行违宪审查。① 随后，2003年6月20日温家宝总理签署国务院令公布《城市生活无着的流浪乞讨人员救助管理办法》，并于6月22日经国务院第12次常务会议通过、正式公布，决定自2003年8月1日起施行，致使1982年5月12日由国务院发布的《城市流浪乞讨人员收容遣送办法》得以终止。然而，略带"禁迁徙、止流民"封建管理色彩的收容遣送制度的终止与新制度的出台，并未停止网民对新制度的持续关注。随着2012年12月郑州等地"冻死农民工"事件的频发，《城市生活无着的流浪乞讨人员救助管理办法》再次被推到风口浪尖上，"行动与心动"的差别，成为网民拷问该制度落实的新议题。

该制度的废止说明以下几个问题：①我国公民法治意识的增强与政治知识、技能与经验水平的提高；②网民政治参与内在因素——政治文化驱动力的增强；③网络理性政治文化的成长过程中"精英"政治观点的引领性作用得以充分体现。

---

① 2003年5月14日，华中科技大学法学院俞江、中国政法大学法学院腾彪和北京邮电大学文法学院许志永三名博士向全国人大常委会递交关于审查《城市流浪乞讨人员收容遣送办法》的建议书，认为收容遣送办法中限制公民人身自由的规定，与中国宪法和有关法律相抵触，应予以改变或撤销（这是中国公民首次行使违宪审查建议权）。2003年5月23日，贺卫方、盛洪、沈岿、萧瀚、何海波5位著名法学家以中国公民的名义，联合上书全国人大常委会，就"孙志刚事件"及收容遣送制度实施状况提请启动特别调查程序。

2. 劳动教养制度：因"非法上访"、转载网帖等问题，[①] 被公安机关做出的劳教惩罚，引发了网民对该制度的热议与质疑。《中华人民共和国宪法》第三十七条明确规定："中华人民共和国公民的人身自由不受侵犯。任何公民，非经人民检察院批准或者决定或者人民法院决定，并由公安机关执行，不受逮捕。禁止非法拘禁和以其他方法非法剥夺或者限制公民的人身自由，禁止非法搜查公民的身体。"[②] 但劳动教养制度可以在不经过司法程序的情况下，凭借公安机关或党政部门设立的劳动教养委员会做出的决定，就可以限制公民人身自由1—3年不等，甚至延期为4年，这明显与宪法的规定相抵触。网民已将此制度视为"地方维稳的工具"，对此存在与使用的合法性提出极大的质疑。使用搜狗以"劳教制度"为关键词进行检索发现仅人民网相关新闻就有92页，千余条，其他新闻网站关于该制度的讨论更是浩如烟海。在网民的持续关注下，2012年9月，兰州、济南、南京、郑州等四个城市被列入劳教制度的改革试点。2012年10月9日中央司法体制改革领导小组办公室负责人姜伟表示，改革劳动教养制度已经形成社会共识，相关部门做了大量的调研论证工作，广泛听取了专家学者和人大代表的意见和建

---

① 2005年袁玉文因反映其本人军人转业未得到相应安置引发的劳教案，2009年常州访民吴产娣、朱玉妹、陆菊华因在北京乘公交"未付公交费"（没有充分证据证明三人逃票）被劳教一年，被称为"一元劳教案"，2011年的任建宇转载"负面言论和信息"帖招致的劳教案（后被撤销），2012年永州"上访妈妈"唐慧案（后被撤销），刘春山的"八旬老翁进京上访被劳教"案（参加过解放战争和抗美援朝战争），郭学宏"被劳教的法院副院长"案，赵梅福的"研究生妈妈来京探望儿子被疑为上访受劳教一年"案，南通王琴的"准备上访"被劳教一年案，等等。

② 1996年10月1日起实施的《中华人民共和国行政处罚法》第九条规定："法律可以设定各种处罚，限制人身自由的行政处罚，只能由法律设定"，第十条第一款规定："行政法规可以设定除限制人身自由以外的行政处罚"。2000年7月1日实施的《中华人民共和国立法法》第八条第五项规定："对公民政治权利的剥夺、限制人身自由的强制措施和处罚，只能制定法律。"可见，限制人身自由的强制措施和处罚，只能由法律制定，而确立劳教制度的几个规定，如《国务院关于劳动教养问题的决定》《关于劳动教养的补充规定》及《劳动教养实施办法》等，是由行政部门和公安机关出台的"自侦自查自审自判"的部门规定，均非"法律"。

议，正在研究具体的改革方案。

网民热议引发的劳动教养制度的改革，彰显了网民对政治公平与正义、依法治国理念与法治精神的熟知与推崇，揭示了在网民政治文化中政治认知与政治知识的提升。

另外，户籍制度、高考制度、分配制度及公务员个人财产申报制度等，正成为时下网络社会中网民热议的议题，从网民观点中可以看出他们秉承的政治价值、政治思想、政治心理及政治文化的基本特征。我国网络政治文化总体概貌需要从这些网络行为和政治观点中去把握、提炼与总结，同样对我国网络政治文化的分析，也绕不开这些浅显直观的网络政治行为。

四 有助于推动政治社会化

政治社会化涉及政治体系、社会及二者之间的沟通渠道三个方面，具有公信力的政治体系是前提、实现社会信任是目标、中间渠道是关键，"信用是信任的根据，信任是信用的表现，二者相辅相成"，[①] 渠道则是沟通主客体的技术与渠道保障，这三方面是政治社会化得以实现的重要环节。

在前网络时代政治社会化是单向流动的过程，由政府向社会输出政治体系主导的政治价值，而社会仅仅是被动地习得、形成与政府期望相吻合的认知结果——政治文化，在此过程中学校、报纸、电台、电视等政府主导的工具都成为政治社会化的工具。但在网络时代政治社会化出现了由单向→双向、由被动→主动的转变，而且政府主导下的政治社会化愈加困难重重，社会化的效果异质性日渐突出。但总体上，网络时代政治社会化的速度、程度、广度都比前网络时代有了巨大发展，主要体现在以下三方面。

---

① 匡和平：《农民政治社会化进程中的政治信任》，《西南大学学报》2012 年第 5 期，第 29 页。

首先，网络时代我国政治社会化具备优质的输出内容。经过改革开放近40年的政治体制改革，我国政治生活的方方面面都形成了较为稳定、合理的制度与秩序，政府向社会输出的产品显得尤为稳定、连贯和科学，这就为网民的政治认知提供了优质的对象。

其次，网络时代中国政治社会化拥有理想的网民群体。我国网民数量占总人口的近40%，其中受教育程度在高中以上的占近60%，收入在1500—3000元之间的比例为45%左右，网络行为中"新闻"阅读比例为80%等情况说明，网民基数大、中等收入居多、受教育水平较高、关注政治生活比例较大，为我国政治的社会化提供了良好的"受众"条件。

最后，网络时代中国政治社会化拥有便捷的工具。我国网络的发展虽仅经历了25年，但网络软硬件建设水平已经取得显著的成绩，网络普及率达到40%，遍及城乡的网络覆盖已经基本完成，网络接入设备及各项管理制度基本确立，为网络政治传播提供了保障。

我国网络政治文化在网络中以网民政治意见、态度与舆论等方式呈现出来，在这些呈现方式中蕴含着大量的政治知识、政治经验、政治技能等政治生活的信息，使得少数专业网民传递的政治知识能扩延至大多数网民，从而提高整体网民的政治文化水平。

五 对政府公信力、合法性和权威性的"双刃剑"效应

我国网络政治文化是网民对政府形成的总体感知，其中既有与政府期望的正面组成部分，也有负面构成元素。网络政治文化中积极的、正面的成分无疑有助于提高政府的权威、合法性与公信力；而负面的、消极的构成元素，则会侵蚀政府的形象，导致政令不畅、管理成本增加，政府与社会对立情绪的增长，甚至引发社会动荡、政治不稳定等问题。

目前，在我国网络政治文化中积极的成分所显现的程度与作用并不明显，反而消极负面的成分显示出较强的影响力。主要表现在以下几个方面。

首先，网络政治文化对政府公信力的削弱。政府作为为社会成员提供普遍服务的公共性组织，其公信力的程度高低取决于其自身履行职责的方式与效能，尤其受其政令是否稳定、言行是否一致等方面的影响。因此，政府公信力的获取实际上取决于公众对其信任与认可的程度，是一种社会性的普遍心理状态。我国政府在行政过程中出现的一些问题，引发了网民对政策的质疑，致使政府公信力下降。如在中央对房价大力度调控的背景下，地方政府却采取各种手段打"擦边球"，购房奖励（扬州）、首付降低（武汉）、税费减免（湖南）、住房公积金放款（重庆）、贷款政策（武汉、郑州、南昌、蚌埠、济南等）、土地松绑（北京、成都）、购房落户（长春）、限价上调（中山）、户籍放款（从化）等，再如"领导视察悬浮照片""让领导先走"及"为领导服务"等，使得社会对政治产生怀疑。类似事件的频发在网民内心形成政府的质疑，并且还会习惯地将该心理倾向加以无边界地扩散，应用到对所有的政治信息处理过程中，致使网络谣言不断，不信任的心理得以增强，导致政府公信力的下降。

其次，网络政治文化挑战政府的合法性。"政府公信力的高低、强弱直接关系着政府合法性的基础。"[①] 当政府公信力受到质疑时仅仅表示社会对其产生了不信任的感觉，但当这种不信任下降到一定程度时就危及该政府的合法性。显然，我国网络政治文化中存在的消极与异质文化的子单元，还仅仅局限于对政府某一些具体政治过程、政策、法律法规等输出产品的本身，还未牵涉到合法性的问

---

① 刘建华：《网络舆情视角下的地方政府公信力的政治考量》，《宁夏社会科学》2012年第3期，第4页。

题。但当这种质疑的网络政治心理进一步恶化、扩散与蔓延，不断被强化和扩散后，就可能危及政府合法性的问题。所以，我国网络政治文化中孕育的对政府公信力质疑的文化因子，因积极采取合理的措施加以引导和重塑，及时消解该心理存在的基础，建构有助于提高政府公信力的文化品质。

六 对主导政治文化形成巨大的冲击

我国网络政治文化虽是整个政治文化体系中的一个亚文化，但在功能、影响等方面表现出其他亚文化难以堪比的优势，尤其表现在对主导、主流政治文化地位与作用等方面的挑战。

主流与主导政治文化的区别在于各自承担主体的差异，主导政治文化由政治体系主张并力图推广为社会的政治价值，更具理论性、思想性与系统性；主流政治文化则是社会大多数持有的政治认知，表现出模糊、散乱等特征。在我国，主流与主导两种类型的文化并非完全割裂，当政治社会化取得高度预期结果时，两者是"合二为一"的，但当政治体系输出与社会期待断裂时，两者就出现了分化。总体而言，目前我国"双主"政治文化具有较高的统一性。

在我国政治文化体系中，主导政治文化与社会主义意识形态、中国特色社会主义理论体系及社会主义核心价值等理论之间存在密切的联系。自"五四"运动伊始，以马克思主义为核心的新文化便开始在我国传播。新中国成立以后，尤其是改革开放以来，随着社会主义基本政治制度和经济制度的不断发展、完善与和创新，马克思主义的主导地位也不断得以巩固，并成为中国意识形态的核心。这就决定了我国的主导政治文化必须与社会主义意识形态保持高度的一致，否则，偏离社会主义意识形态的政治文化就难以被称为主导政治文化。对此，吴韶兰和余凡等学者认为，中国社会主义政治文化包括社会主义意识形态和马克思主义政治文化观，其主要内容为特色社会主义理论。① 马颖章和贾绍俊等则对中国特色社会主义核心价值体系对政治文化建设的指导性功能进行了充分阐述。② 更有学者指出:"在我国,主导政治文化就是马克思主义思想及其基本理论。"③ 而在纯理论层面上,俞可平指出:"政治文化的实质就是政治意识形态中同向性的方面。"④

基于阿尔蒙德的政治文化理论,我国主流政治文化应该是社会大多数对中国特色社会主义政治的认识、积淀与内化形成的一种普遍性的政治心理。阿尔蒙德指出,政治文化是"一国人口对政治主体(政府机构、官员、政党组织、政策决定等)的认知、情感和评价的特有模式"⑤。但也有学者持相反的意见,周小华和唐莹莹就认为:"我国当前主流政治文化就是中国特色社会主义政治文化,是对中国特色社会经济与政治发展的认知结果,是在中国改革开放条件下形成并发展起来的政治观念、政治态度、政治价值取向的总和,体现了我国人民对追求我国特色社会主义民主政治的理念和要求。"⑥ 后者实际上强调的是精英政治文化,而前者侧重的是大众政治文化,比较而言"主流"应该更侧重于普遍性。

目前,在对我国网络政治文化的研究中,不承认主流与主导政治文化的差异性存在,是一种不关照现实的回避主义;而过分强调两者之间的边界与异质性,又是对二者统一性的漠视。客观而言,

---

① 参见吴韶兰《转型时期中国政治文化分析》,《中共太原市委党校学报》2010 年第 1 期;余凡:《新时期主导性政治文化的确立及其在改革开放进程中的作用》,《探索》2009 年第 1 期。

② 参见马颖章《社会主义核心价值体系是政治文化建设的根本》,《求实》2009 年第 1 期;贾绍俊:《社会主义核心价值体系的政治文化功能》,《学术平台》2009 年第 6 期。

③ 冯石、刘焕明:《论全球化与构建当代中国政治文化》,《黑龙江社会科学》2009 年第 1 期,第 64 页。

④ 俞可平:《权利政治与公益政治》,社会科学文献出版社 200 年版,第 90 页。

⑤ [美] 加布里埃尔·A. 阿尔蒙德、西德尼·维巴:《公民文化》,徐湘林等译,东方出版社 2008 年版,第 4 页。

⑥ 周小华、唐莹莹:《改革开以来中国特色社会主义政治文化的发展》,《理论导刊》2009 年第 4 期,第 4 页。

网络政治文化与主流政治文化之间的张力并不明显，而与主导政治文化之间的差异较为明显。因此，我国网络政治文化对主导政治文化形成巨大的挑战，主要表现在对社会主义意识形态与理论、社会主义共同理想、中国特色社会主义道路、基本政治制度、指导思想及各级政府等质疑情绪的蔓延与趋强。

我国网络政治文化的形成与影响力发挥是一个交互动态发展的"糅合"过程，在网络政治环境塑造网络政治文化的同时，后者也对网络政治环境和现实政治的运作产生全方位、多层次、宽领域的影响。因之，必须加以高度重视网络政治文化的影响。

第十章

我国网络政治文化存在的问题及原因

我国网络政治文化的研究不仅需要采用解构的方法，系统地对其主体、客体、网络政治环境与沟通介质等方面进行分析，而且更需要从整体、宏观上对其发展进程、性质、内容、类型及影响等方面，进行较为全面、客观、准确的把握，以为揭示我国网络政治文化存在的问题与探析应对之策打好基础。

第一节 我国网络政治文化存在的问题

文化本身并不存在问题，都是现实生活的反映。如果存在有问题的文化，那就不能将之称为"文化"，或者只是此种文化与现时价值、观念及生活不相吻合而已。对于政治文化而言，"有问题"的政治文化多数是与现行政治制度、政治价值相左的意识。我国网络政治文化尚处在发展阶段，还未形成稳定的类型，并且存在一些问题，主要表现为出碎片化、情绪化及不稳定等方面。

一 "碎片化"导致凝聚力不足

政治文化本是一个庞大的体系，在网络政治文化出现之前，这个体系囊括了主流、主导、民族、地域、本土、植入、职业及阶层等类型，并且在该体系内部各种政治亚文化之间彼此碰撞、交融，存废代新。相比之下，网络时代政治文化体系内部各种"单元"之间的张力表现得尤为明显，各种成分竞相逐流、异质与边界更加明晰，"加速了（网络）社会的破裂"。①

我国网络政治文化因其形成对象的数量、性质与类型等方面的多元化、多样性，因其主体自身所具有的内在属性与特质的差异所决定的他们"消费"与处理政治信息的偏好，因网络传播造成的"从众心理"与"吸纳效应"等原因，致使网络政治文化也成为一个由多元"亚"文化组成的庞大的体系。在这个庞大的体系中，前网络时代的各种亚文化和主流、主导文化都获得新的发展形态，并产生了基于狭义意义上网络政治的意识产品，使得该体系涵盖的分支更加多元，并且由于网络传播的"技术增量"与信息处理功能，导致亚文化之间的比重难以进行较为精确的测量，呈现出各种亚文化之间、亚文化与主流、主导文化之间，在影响力等方面的难分伯仲。

我国网络政治文化内部多元、异质子单元架构的结构，决定了外在"碎片化"的呈现景观。每一种政治文化都是多元混合的复合体，可以说"多元"是每一个文化体系所具有的共性特征，多元既可以产生"和而不同"②与"和而以进"③的共存互进状态，也可能导致"碎片化"的分裂态势，关键取决于各子文化单元之间边界的模糊与明晰程度。我国网络政治文化中各个子单元因其现实"母本"主体性的差异，在网络虚拟场域中表现的不是边界的模糊与重叠，而是张力与特殊性的强化，致使每一种亚文化都刻意收缩其边界的延伸范围，并彰显自身最核心的价值内核，以示"个性"观点的"吸引"价值，最终导致网络政治文化体系内部的断裂与龟裂

---

① Angsioco, "Addiction to Virtual Connectiona Can Have Toll On Real Communities", *The Seattle Times*, Opinion Section, August 2003, 24, C4.
② 《江泽民文选》第3卷，人民出版社2006年版，第522页。
③ 虞崇胜：《政治文明论》，武汉大学出版社2003年版，第221页。

状态。

我国网络政治文化"碎片化"的内部结构，展现的不仅是各政治亚文化之间的低耦合程度，而且应和着"结构—功能主义"理论的适用性，即碎片化内部结构导致文化凝聚力的下降。尤其是网络技术作用产生的"亚"与主流、主导政治文化功能的不确定性，使得极具引导、引领功能的主流与主导政治文化在网络社会中的"同化"功能大为下降，"吸纳"效能的下降使得网络政治文化不仅难以内聚成稳定的内核，而且导致诸多亚文化因"向心力"的弱化呈"散射状"朝着不同向度自由发展，进而使其主导的网络行为变得随意性、随机性大为增强，给网络治理与社会管理增添了不确定因素。

二 "情绪化"导致政治行为的失范

前文在论述网络政治文化与网络政治意见、态度及舆论等关系时指出，前者与后者之间是决定与被决定、塑造与被塑造、影响与被影响的双向互动关系。我国网络政治文化与情绪化之间并没有直接的印证关系，而是与网民的政治意见、态度及行为能够形成直接的对照。但理论研究应该不止于能够解释情绪化的表象，而应挖掘潜藏的、稳定的内隐价值内核——网络政治文化。正如丁志刚教授所言："政治理论是探讨、解释和预见政治现象的思想体系。"[①]

我国改革开放 30 多年不仅是物质文明的飞速发展，同时也是精神文明跨越式发展的历程。但短暂的历史跨度造就的是物质文明与精神文明建设之间极大的进程差异，文化变迁的速度不仅远不及经济建设的短期效应，而且文化发展呈现出断裂、隔阂、断层与迷茫的缺陷，"三俗"文化所彰显的不仅是社会价值取向的偏离，更

---

① 丁志刚:《政治价值研究论纲》,《政治学研究》2004 年第 3 期, 第 70 页。

是社会迷失的心态。当前,我国社会急剧转型产生的世界观、人生观、道德观及法制观等价值观念的激烈激荡,更使得社会个体在文化层面暴露出非理性、情绪化的冲动。

网络政治文化作为文化的一个子系统,所呈现的情绪化更加显而易见。在面对政治信息及问题时,网民采用的"人肉搜索""扒粪""围观""坐等""拍砖""恶搞"、极端言论及网络攻击等网络行为,充分暴露了部分网民的非理性心态,而决定这些情绪化网络行为的则是深层次的网络政治文化。网络作为政治观点自由表达的"广场",在允许网民自由表达政治意见时,在技术上却难以过滤情绪化甚至极端偏见的政治态度。与此同时,很多网民对一些政治信息揭示的问题已经疲于再表明态度,更多只是"路过""打酱油"等行为。但相比之下,情绪化的宣泄似乎更能激起规模更大、情绪更偏激的网络行为,假以极小的网络追责的可能性,致使部分情绪化的网民在网络行为方面出现"失范"的问题,轻则谩骂与污蔑,重则采用信息炸弹、黑客技术攻击,更有甚者付诸现实实践行动。

我国网络政治文化情绪化爆发的同时,又强化这一心理倾向。依据心理学"刺激—反应"理论(Stimulus-Response Theory,"S-R"),当情绪化的网络行为得到预期反馈时,这种心理冲动将会被强化,所谓"有效反馈固化效应"。在当今我国网络社会,政府与网民之间互动的初步机制已经建立。网民对政府公务员的监督、检举,对政府政策的反馈,对行政执法方式的评论,迫使政府不得不回应网民的关注。但一些政府部门却以"拖、等、磨"等打太极的消极方式应对,甚至对网络舆情视而不见,以掩耳盗铃的方式消磨网民的关注热情,将网民理性的表达激化为感性、情绪化的宣泄。

然而，"媒体无所不及、无所不在、无所不知"，[①] 当网络舆论将政府逼上风口浪尖时，政府迫于压力做出的反馈，不仅难以实现预期的疏导作用，反而降低政府的公信力，而且将直接强化"情绪化"的表达方式，网民在认知层面形成"不偏执、无回应"的认识。最终，致使这种因政府未能把握最佳时机而激化的偏执行为，固化为网民群体内在的行为习惯与认知积淀。显然，政府的及时回应会避免情绪化的网络行为与该行为的内化，但若滞后回应则会激化行为，而若始终不回应则会丧失公信力异化为社会的对立存在，也会促使网民产生更加偏激或极度冷漠的政治心理。

三 多重合力致使稳定性较低

政治文化"有很强的生命力，能够经受得住社会的巨大变化和压力而不轻易发生变化"，[②] 爱克斯坦认为，政治文化的稳定性是相对的，[③] 派伊也肯定地提出"政治文化是流动的"的观点。[④] 可见，政治文化不是永恒的，它是政治系统借以适应其环境的一个柔性系统，如果政治系统发生了改变，即使与之相适应的政治文化在短时间内不会发生明显变化，但从长远看，政治文化终究要变。[⑤] 尤其是"文化的异质性和高频率的社会化中断，将产生高频率的心理上的混乱和不稳定"。[⑥] 我国网络政治文化因转型期社会的断裂、形成对象的多元、主体政治素养较低及网络政治舆论的吸引等多重原

[①] 《马克思恩格斯全集》第1卷，人民出版社1995年版，第179页。

[②] 李艳丽：《政治亚文化》，武汉大学出版社2008年版，第41页。

[③] Harry Eckstein, "A Culturalist Theory of Political Change", *American Political Science Review*, 1988, Vol. 82, No. 3. p. 793.

[④] Lucian W. Pye and Sidney Verba (eds.), *Political Culture and Political Development*, Princeton University Press, 1989, p. 520.

[⑤] Ronald Inglehart, *Political Culture Shift in Advances Industrial Society*. Princeton University Press, 1990, p. 7.

[⑥] [美] 加布里埃尔·A. 阿尔蒙德、西德尼·维巴：《公民文化》，徐湘林等译，东方出版社2008年版，第32页。

因，致使其自身表现出较强的不稳定性。

我国网络政治文化稳定与否考量的是其性质、特征及类型等内质方面的属性，而非该文化本身的存废问题。从历史的向度考量，每一种政治文化都会随着社会存在的变迁而发生相应的变化，直至消亡殆尽，但每一种政治文化在完全失去其存在的社会土壤之前，乃至之后的很长历史时期内都在不断地发生着不同程度的变化，即稳定性下降产生的流变性，而不会伴随着政治体系的灭亡而转瞬即逝。在我国因多种原因导致诸多政治文化的长期存在，其中，民族政治文化、宗教政治文化表现出超强的稳定性，而地域、职业、阶层等政治文化的稳定性则相对较弱，但网络政治文化的诞生，使其成为政治文化体系中最不稳定的子单元。我国网络政治文化的不稳定性不仅表现为历时纵向的自身变异，而且在共时横向维度层面上还表现为摇摆于不同类型的网络政治亚文化之间，相比其他具备稳定的价值内核而言，网络政治文化"无中心"的特征则比较明显。

我国网络政治文化表现出来的不稳定性，究其原因主要有以下三方面。

1. 网络政治舆论与态度的引导

网络政治信息是大多数网民形成政治文化的外在刺激对象，但这些对象所承载的政治事实在经过信息处理之后，加入了撰稿人、记者等信息加工者的个人态度，为了吸引点击率信息加工者甚至不惜歪曲、夸大事实，造成对网民政治态度的"吸纳"。结果每一类的政治信息都成为网民极具吸引力的消费对象，对象的多样化存在导致网民内化形成的网络政治文化呈现出多元的特征。网民秉持政治文化的多元决定了他们网络行为的"异常"，而这又反过来更加促使网络政治文化的多元化发展趋势。

2. 转型中现实政治文化的阻滞与羁绊

我国目前正处于激烈的转型与网络化加速期，在此大背景下政治文化也处在由传统向现代、由臣民向参与、由现实向虚拟的转型过程中，这就致使原有的现实政治文化并不会因网络政治文化的产生而消亡，而是两者互动、互融。但在网络化起步的阶段表现为现实政治文化占主导地位的态势，这就决定了网络政治文化深受其羁绊。网络政治文化虽然很大程度上是观点一致的集合，但产生政治态度的主体无法完全割裂在他进入网络之前形成的政治文化，也无法抹去他在现实生活中的境遇。由于网民现实与虚拟的双重身份，价值中立的政治态度与对个人利益的眷顾等原因，"复合形态"的网络政治文化呈现出不确定性的特征。

3. 我国网民主体内在缺陷的影响

1949—1978 年，中国的政治基本上处于"威权政治"时期，社会民众对政治知识、技能及经验的习得较少，政治文化基本上处于"臣民—依附"型，在"运动"式政治社会化的主导下，社会虽对主导政治文化持有高度的认同，但政治人应该具有的政治素养却在狂热的运动中所迷失。经过改革开放近 40 年的政治体制改革与政治建设，中国特色社会主义民主政治虽不断得以完善，但"经济中心"的主导发展战略下，社会民众忙于经济建设而将政治作为茶余饭后的休闲谈资。21 世纪至今，网络政治参政才极大地激发了我国民众的参政热情和提升了网民的政治素养。在短暂的十余年时间里，网民的政治技能与经验虽不断提高，但总体网民的政治素养，却远远赶不上我国互联网的发展速度，大多数网民仍然视网络为消遣的工具而非工作、学习与参政的渠道，在网民内心深处延续了两千多年的封建臣民思想依然浓厚，对权力、官员的崇拜远超法律。近 40 年的改革开放对中国民众所激发出的经济能力远超政治能力，近 40 年的解放思想也并没有从根本上扭转传统封建政治思想对网民的影响。所以，我国网民在表现出极大的政治参与热情的同时，也暴露出政治素养较低，政治知识、经验与技能匮乏的问题，这些主体性的内在固有缺陷导致了网络政治文化的硬伤。

我国网络政治文化的定型依赖于时空跨度的历练，网民在经过狂热的宣泄之后，随着理性的回归与政治素养的提高，较为稳定的网络政治文化才能够得以形成。因之，面对当前网络政治文化存在问题，应谨慎对待，在试图探索引导策略之前，必须深入分析导致问题的原因。

第二节 我国网络政治文化问题的原因探析

我国网络政治文化存在的问题，既有政治文化本身固有的缺陷，也有网络政治场域、[①] 主体与客体等多重内在微观因素的影响，而构成其内在要素的属性及问题又决定着网络政治文化整体的宏观外像。网络政治文化主体存在的问题主要表现为年轻化、地域化、偏执化与政治情感单一偏好等；网络政治文化客体所存在的主要缺陷有失真、虚假、不同性质的信息数量不均衡等；网络政治场域的问题则主要表现为政府对网络政治信息治理的不善，对网络舆情疏导能力的不足，网络传媒职业准则的下滑，等等。因之，探究造成我国网络政治文化问题的原因，既要着眼于网络政治文化本身，更要以系统论的方法深入分析构成该文化的每一个要素，通过宏观把握与微观解构的综合性方法，分析问题之根源。

一 网民政治素养差异是根本

文化的属性很大程度上取决于承担该文化的主体。因此，对我

[①] 美国著名新闻学家 W. 李普曼将此称为"拟态环境"，认为大众传媒的报道是一种建构"拟态环境"的过程，在人们头脑中构建传播信息所描述的"事实"，并由此影响受众的心理及行为。[美]沃尔特·李普曼：《公众舆论》，阎克文、江红译，上海人民出版社2006年版。另外，[美]华莱士《互联网心理学》，谢影等译，中国轻工业出版社2001年版；[英]安东尼·吉登斯《社会的构成：结构化理论大纲》，李廉等译，生活·读书·新知三联书店1998年版，也有相关论述。

国网络政治文化的考量,除了进行整体把握之外,还应深入该文化的主体层面,对我国网民进行认真的研究。目前,中国网民总量达到7.1亿,但对于拥有13.71亿人口的中国来讲,未来网民数量增长的空间是显而易见。那么,未来我国网民的年龄结构、收入状况、性别差异、地域分布及职业身份等因素,将深刻影响网络政治文化的发展。目前,网民存在的问题主要有年轻化导致政治心理、政治价值观、政治态度的不成熟,行业收入差距导致网络政治文化内部单元之间的异质性明显,地域差异致使未来网络政治文化可能表现得更加偏激,等等。

1. 我国网民年轻化导致政治心理不成熟与政治素养的不足

截至2016年6月底,我国网民总量为7.1亿,但是主要集中在10—30岁之间,比例占到一多半;学历方面,高中、中专以下学历网民占比例高达79.5%。这一年龄阶段和学历层次,说明网民中的大部分正好处在心理逐渐成熟的时期,在这个时期内性格表现出暴躁、易怒、偏执、冲动及叛逆等特征。与此同时,在该期间内网民的世界观、人生观及价值观都还不够成熟,政治价值、政治认知及知识等方面还比较欠缺,在冲动的心理特征和较低的政治素养断裂之下,极易产生"情绪化"的网络行为,使得"表达成为情绪宣泄,讨论变成了恶语相向",[①] 此类网络行为的不断重复将会内化为意识的惯性——消极的网络政治文化。即便处于该年龄阶段的网民中有大量青少年的网络行为更倾向于网络游戏,而不是网络政治信息的浏览,但网络政治信息的存在或多或少都会被他们感知,在不经意间涉猎的信息将影响未来的政治偏好。而且,青少年时期的政治意识一旦形成将会产生持续性的影响。

[①] 简满屯:《有底线,才健康》,《人民日报》2012年12月23日第1版。

2. 行业收入差距导致不同网民群体政治文化的异质化明显

网民收入与网民所持有的政治态度之间具有明显的关联性，前文已述。就收入情况而言，2016年6月统计数据显示，我国网民收入在2000元以下的比例为40.7%。以2016年全国各省、市、自治区发布的最低工资标准中最高的上海参照，上海的最低月工资标准为2190元，我网民有40%的网民都属于低收入者。以最低工资标准的青海来看，青海的最低月工资标准为1270元，我网民中大约30%的网民，属于低收入者。[①] 可见，我国网民群体中，低收入者的比例比较高。就行业来看，我国网民群体中学生、个体户、企业员工、无业下岗和农民所占比例分别为25.1%、21.1%、10.1%、7.0%、6.5%（2016年6月数据），这部分网民数量大约为5亿。这些类行业的网民大都不在政治体制内，而且收入都处在低收入水平，大多是政治运行管理的对象，也非既得利益者，在现实生活中难免会遭遇不尽人意的经历。在个体利益遭受侵犯又无法通过正常渠道得以维护的情况下，网络宣泄、揭发就成为他们有效的手段。长此以往，最终将导致非理性的政治心理的产生。

3. 农村网民成为未来网民增长主力可能潜藏着的非理性政治参与危机

从网民地域分布分析，2010年第六次人口普查显示城镇人口66557万人，占总人口的49.68%，农村人口为67415万人，占50.32%，而且城市化进程明显加快，相比2010年城镇人口增长了13.46%，流动人口增长了增长81.03%。从网民地域结构来看，截至2016年6月，我国网民中农村网民占比26.9%，规模为1.91亿；城镇网民占比73.1%，规模为5.19亿，城镇网民是农村网民

---

① 按照世界银行制定的标准换算，国家统计局将年收入在6万—50万元之间的家庭列入中等收入家庭范畴。国务院研究室主任侯云春表示，尽管没有确切的数据能够计算出目前我国中产阶层家庭的规模，但有推算指出，符合6万—50万元这一标准的人数可能达到8000万人。

的 2.7 倍。随着智能手机价格的下滑，百元、千元国产智能机的大量畅销，未来新生代农民群体将实现"廉价"入网的可能。另外，目前影响现实个体网络化身份转变的关键因素是技术问题，随着教育普及力度的加强，未来这一问题将会消除。综上所述，农村将是未来我国网民增长的巨大潜在空间，但"三农"问题迟迟得不到解决，城乡二元结构更加明显及行业收入差距逐步拉大等因素，导致农民群体忙于经济生产生活无暇关注政治生活，这就决定了他们政治知识的不足、政治素养的不高，以及政治参与能力的有限，等等。未来，随着网络技术的普及和入网成本的降低，农民网民数量的急剧增加，尤其是农民工的子女在城乡两种环境中遭遇的困境，将更使得我国的网络政治文化呈现出更多的问题。

4. 我国网民对政治信息选择的偏好不利于客观政治态度的形成

我国网民对政治信息的选择呈现出负面居多、正面较少、无明显价值取向的基本略过的特点。为此，本章从现实与虚拟两个层面对个体的政治信息选择偏好进行了统计分析。

（1）对现实社会个体的调查主要在大学生中展开。2012 年 12 月针对五所高校的 4000 名大学生进行了问卷调查，其中一个问题设计如下："对下列哪项新闻标题你会选择进一步了解？①××局长贪污受贿；②××市长骑自行车上班；③××领导出席××会议；④××领导下乡慰问困难群众；⑤以上都不看。"调查结果显示：66.2% 的选择①，而②、③、④、⑤的选择比例分别为 10.3%、1.4%、5.1%、17%。可见，在大学生的政治信息消费中，负面信息明显居高，而且政治冷漠的状况也比较明显。

（2）对网民政治信息选择偏好的调查统计分析，本书选取了大型商业性网站两家网易新闻排行榜、搜狐新闻社区，官方媒体三家光明网—时政要闻频道、人民网—强国社区和中青网，对这些网站的相关频道和栏目，进行为期 10 天的数据采集与统计分析，以下是对各网站数据统计分析的结果。

表 10—1　　　　网易新闻"点击与跟帖"排行数据采集①

时间	新闻总量	政治类新闻量	负面政治新闻 数量	负面政治新闻 比例	正面政治新闻 数量	正面政治新闻 比例
2013—1—4	50	26	20	40%	0	0
2013—1—5	50	37	28	56%	4	8%
2013—1—6	50	25	21	42%	0	0
2013—1—7	50	35	31	62%	0	0
2013—1—8	50	30	28	56%	0	0
2013—1—9	50	32	31	62%	1	2%
2013—1—10	50	29	26	52%	1	2%
2013—1—11	50	28	12	24%	4	8%
2013—1—12	50	28	11	22%	6	12%
2013—1—13	50	21	14	28%	2	4%

表 10—2　　　　搜狐网"24 小时论坛热帖"排行数据采集②

时间	新闻总量	政治类新闻量	负面政治新闻 数量	负面政治新闻 比例	正面政治新闻 数量	正面政治新闻 比例
2013—1—4	12	7	7	58.3%	0	0
2013—1—5	12	4	4	33.3%	0	0

---

① 网易新闻—新闻排行榜：该频道对新闻的点击率与跟帖进行了详细分类统计，主要分为 19 个内容板块，每个版块均设有"24 小时点击排行/跟帖排行""一周点击排行/跟帖排行""本月点击排行/跟帖排行"等栏目，本调查主要选取"全站"与"新闻"两板块进行，数据采集时间为 2013—1—4 至 2013—1—13 共 10 天，具体时间为每天晚上 8 点，主要采集每个栏目每天在该时段公布的点击率最高的前 10 条新闻，在此基础上进一步分析，http://news.163.com/rank/。

② 搜狐网—新闻社区频道：该频道设有"24 小时论坛热帖""24 小时连线热帖"及"论坛人气 PK 台"等三个统计网民信息选择偏好的栏目，本文选择"24 小时论坛热帖"进行数据采集，采集时间为 2013—1—4 止 2013—1—13 共 10 天，具体时间为每天晚上 9 点，主要采集该栏目每天在该时段公布的点击率最高的前 12 条新闻，在此基础上进一步分析，http://club.news.sohu.com/。

续表

时间	新闻总量	政治类新闻量	负面政治新闻 数量	负面政治新闻 比例	正面政治新闻 数量	正面政治新闻 比例
2013—1—6	12	4	4	33.3%	0	0
2013—1—7	12	6	5	41.7%	1	8.3%
2013—1—8	12	6	6	50%	0	0
2013—1—9	12	7	7	58.3%	0	0
2013—1—10	12	9	7	58.3%	2	16.7%
2013—1—11	12	8	6	50%	0	0
2013—1—12	12	6	6	50%	0	0
2013—1—13	12	4	4	33.3%	0	0

表10—3　　　光明网新闻"热点排行"数据采集①

时间	新闻总量	政治类新闻量	负面政治新闻 数量	负面政治新闻 比例	正面政治新闻 数量	正面政治新闻 比例
2013—1—5	10	5	3	30%	2	20%
2013—1—6	10	5	3	30%	2	20%
2013—1—7	10	5	3	30%	2	20%
2013—1—8	10	4	3	30%	1	10%
2013—1—9	10	5	3	30%	2	20%
2013—1—10	10	5	3	30%	2	20%
2013—1—11	10	5	3	30%	2	20%
2013—1—12	10	5	3	30%	2	20%
2013—1—13	10	4	3	30%	1	10%
2013—1—14	10	2	1	10%	0	0

① 光明网—光明新闻频道：对该频道"热点排行"栏目的数据采集时间为2013—1—5至22013—1—14，共10天，具体时间为每天晚上10点，主要采集该栏目每天在该时段公布的点击率最高的前10条新闻，在此基础上进一步分析，http：//news.gmw.cn/。

表10—4　　人民网—强国社区"论坛一周热榜"排行数据采集①

时间	新闻总量	政治类新闻量	负面政治新闻 数量	负面政治新闻 比例	正面政治新闻 数量	正面政治新闻 比例
2013—1—5	10	3	3	30%	0	0
2013—1—6	10	3	3	30%	0	0
2013—1—7	10	3	3	30%	0	0
2013—1—8	10	4	3	30%	1	10%
2013—1—9	10	3	3	30%	0	0
2013—1—10	10	3	3	30%	0	0
2013—1—11	10	2	2	20%	0	0
2013—1—12	10	4	4	40%	0	0
2013—1—13	10	3	3	30%	0	0
2013—1—14	10	2	2	20%	0	0

表10—5　　中青在线网新闻"72小时排行"数据采集②

时间	新闻总量	政治类新闻量	负面政治新闻 数量	负面政治新闻 比例	正面政治新闻 数量	正面政治新闻 比例
2013—1—4	10	7	6	60%	1	10%
2013—1—5	10	7	7	70%	0	0
2013—1—6	10	7	4	40%	1	10%
2013—1—7	10	8	3	30%	3	30%
2013—1—8	10	9	7	70%	1	10%
2013—1—9	10	10	9	90%	1	10%
2013—1—10	10	6	5	50%	0	0
2013—1—11	10	6	6	60%	0	0

---

① 人民网—强国社区：该社区设有"论坛一周热榜""论坛一周热评""博文一周热榜"等栏目，本文选取"论坛一周热榜"进行统计，数据采集时间为2013—1—5至2013—1—14，共10天，具体时间为每天晚上9点，http://bbs1.people.com.cn/。

② 中青在线：该网站首页设有"72小时排行""周排行""月排行"，针对新闻的点击率进行统计，本文选取"72小时排行"进行数据采集，采集时间为2013—1—5至2013—1—14，共10天，具体时间为每天晚上10点，主要采集该栏目每天在该时段公布的点击率最高的前10条新闻，在此基础上进一步分析，http://www.cyol.net/。

续表

时间	新闻总量	政治类新闻量	负面政治新闻 数量	负面政治新闻 比例	正面政治新闻 数量	正面政治新闻 比例
2013—1—12	10	8	3	30%	3	30%
2013—1—13	10	8	4	40%	0	0

通过对五家网站发布的新闻排行统计可以看出，网民对政治类信息的关注较高，接近50%，对负面政治类新闻的点击率较高，而对正面和常规新闻的点击较少。具体而言，两类网站统计的"热点"新闻在性质方面又存在一定差异，官方网站发布的"热点"新闻呈现出政治类新闻数量比较少、负面新闻比例小、正面新闻比例更小等特点。而非官方网站的"热点"新闻排行则表现出政治类新闻居多、负面比例较大、正面比例较小等特点。这就说明在网民的信息消费中，更加偏好负面政治信息。并且，非官方网站发布的点击排行更新较快，而官方网站的更新则明显迟缓。

另外，腾讯网—新闻中心频道设有"国内新闻排行""国际新闻排行""社会新闻排行""博文排行榜"等栏目，[①] 中国广播网—央广新闻频道也设置了"24小时新闻排行"栏目，[②] 搜狐微门户首页（即新闻版块），在每条新闻深度连接的窗口中也大都设有"我来说两句排行榜"栏目，可以清楚地看到网民对每条新闻的"参与数"和具体"评论"内容。通过对这些栏目的宏观分析发现，网民的政治新闻选择偏好与对上述具体网页的分析结果大体相近。

另外，网民作为网络形成的主体，同时也是客体的制造者。然而无论出于何种目的，极少数网民确实存在捏造虚假政治信息的冲动与实际行动，使得喧嚣的网络更加浑浊。正如《人民日报》刊文

---

① 腾讯网—新闻中心：该频道设有"国内新闻排行"栏目，http://news.qq.com/。
② 中国广播网—央广新闻—"24小时新闻排行"，http://china.cnr.cn/。

指出的那样,"一些人借助网络展示恶俗,信息潮中涌动着谣言诽谤的暗流"。①

二 网络不实政治信息的大量存在是关键

传统新闻"真实性、及时性"的标准也是网络新闻所恪守的准则,但网络充斥着太多所谓及时、真实的新闻,网民在每天的新闻选择中逐渐失去了对"新"的追逐,对大多数的新闻往往只是一扫而过,又很快遗忘。网络传媒为了迎合网民的消费需求与自身所追求的点击经济,不惜将新闻故事化、标题化与个体化,致使真实、即时的新闻职业操守开始"失守",各大网络传媒为了吸引网民,绞尽脑汁在政策规定模糊地带大打"擦边球",致使网络政治新闻"失真"程度严重,甚至虚假新闻屡见不鲜。在这些传媒中既包括商业性营利网站,也包括政府官方网站,尤其是后者发布的不实新闻,给网民的政治心理造成严重影响。

基于前文网络政治文化基本理论的架构,从内容上看,我国网络政治文化客体存在的问题主要体现在网络政治新闻的标题和内容,对网络政治新闻的评价,以及网络舆论的性质导向等方面。从网络政治文化客体的制作主体看,可以分为自媒体、商业新闻网站及政府官方媒体等,不同媒体因其自身条件与能力的限制,在制作网络政治信息方面存在较大的差异。从网络政治文化客体出现的问题来看,有些问题是新闻自身在所难免的,如因文字、图片等表意工具的局限性与网民的差异性理解等,致使新闻报道总是难以全面地传达完整的事实。而有些则是可以避免的,如网络政治信息的制作者加入过多的评价与分析,或者媒体公然使用 PS 照、发布虚假调查结果等。

---

① 简满屯:《有底线,才健康》,《人民日报》2012 年 12 月 23 日第 1 版。

1. 我国网络政治新闻"标题化"致使网民认知"残缺"

网络新闻的标题对于网民的选择至关重要,"看报先看题,题好文一半"的撰稿思维足见新闻标题的重要性。为此,网络传媒对新闻标题的撰写不仅在颠覆传统,而且已超出标新立异的范畴,滑向只求"吸睛"、不问真相的境地。在长期的观察中发现新闻标题的特点主要呈现出"剑走偏锋、虚多实少、求新立异、题不对文、华而不实、哗众取宠、误导受众"等特点,以求到达"语不惊人死不休"的功效,致使"题不对文"现象严重。如凤凰网微博、中华论坛及天涯论坛等发布的"山东省副省长贪污有90亿美元巨款!",一度创造了网络点击纪录,但随后被新快网等网站转引中央纪委有关部门负责人的话予以否定。

美国盖洛普的一项调查显示:网民通过浏览标题来决定是否要阅读一则新闻,"参与调查的受众阅读过56%的标题,相比之下,调查对象只读过25%的新闻报道正文。而国内网民看新闻只阅读标题的比例则高达80%,点击网页详细看新闻的比例不到5%"。[1] 另据,2012年《中国青年报》一项调查显示:"20.1%的人平时看新闻只看标题不看正文,66.3%的人会在看完标题后快速浏览正文,只有11.2%的人会详细阅读正文,而78.4%的人感叹,当下媒体中有耸人听闻式标题的新闻普遍存在,60.0%的受访者坦言,自己曾受到耸人听闻式新闻的误导。"[2]

网络政治新闻标题化的现象表现出题目夸张、吸引力强、刺激力大等特点,而内容却平淡无奇,"题不对文"的现象严重,致使那些无暇阅读全文的网民仅凭对标题的认知,判断整个政治新闻所承载的政治事实,造成"认知"不全面而致使"认知→评价→态

---

[1] 转引自刘凯《网络新闻标题的微观操作》,《网络传播》2007年第2期。
[2] 洪欣宜:《万人民调:六成受访者曾受耸人听闻式新闻误导》,《中国青年报》2012年5月29日第7版。

度→情感"整个过程中第一环节的"失真",以至于影响积淀的政治文化。而对于那些受标题吸引阅读完全文的网民则会萌生受骗之感,对新闻的准确性及监管单位的监督不力也产生了质疑。总之,在网络时代,标题比内容更重要的新闻制作观念已成为普遍的准则,但简短标题难以展现事件原貌的客观事实与网民信息消费模式的结合,导致网络政治文化"对象"性问题突出。

2. 我国网络新闻内容"四化"倾向导致政治信息严肃性下降

商业综合新闻网站为了提高网络政治新闻的回复率,力求内容的娱乐化、平民化、媚俗化和煽情化。在内容上,网络综合新闻网站竭力从严肃的政治、经济新闻中挖掘潜在的娱乐价值,撰写内容时强调故事性、情节性,从最初强调新闻的及时、求真、客观及翔实等原则,演变为过度片面追求趣味性、吸引力,强化政治新闻内容所指事件的故事性,甚至煽动网民情绪,渲染、修饰过多,客观、理性评价较少,逐渐将"软手法"引入"硬新闻",致使新闻"四化"问题严重。

国外网络传媒拥有比较宽泛的自由权,致使网络政治新闻"四化"已经非常明显。20世纪90年代中后期,美国网络传媒狂炒辛普森杀妻案、前英国王妃戴安娜之死及前美国总统克林顿的绯闻案等,便是这一倾向的典型案例。在我国,此类事件也屡见不鲜。其中,"我爸是李刚""2012年反日大游行"及"表哥、房叔、房妹、车爷"等网络新闻表现得尤为突出。"我爸是李刚"引发了网络娱乐之大洪潮,各种打油诗、造句及恶搞视频海量涌现,甚至出现比赛性质的网络舆论行为。"表哥、房叔、房妹、车爷"等网络新闻的出现,从其新闻用语方面就能看出娱乐的价值取向。网络传媒在对2012年因日本将钓鱼岛国有化,国内爆发的反日大游行的报道中,一些网站选择富有暴力、血腥场面的图片与语言,一些网民制作网络爱国歌曲及漫画,甚至部分网民以PS技术恶搞国家领导人和娱乐明星等，足见"软手段"所受的青睐程度。虽然，没有直接证据证明后来一些地方出现的暴力事件与前期的相关报道有直接关系，但媒体的诱导作用是不容忽视的因素。

虽然，网络传媒通过此类方式吸引、激发了网民的参与热情，给激愤的网民搭建了一个宣泄的平台，但同时将网民的政治参与导入调侃与暴力的方式之列，致使政治制度设定的表达渠道与机制的失灵，网民自创表达方式的繁荣。可以说，网络传媒将网络新闻报道的"四化"倾向扩散为普遍网民的行为方式，这将极大地影响网民的政治心态。但严肃的政治新闻被软化成娱乐的对象的事实，一方面说明网络传媒是基于网民偏好的选择，另一方面却也深刻揭示了网民对传统表达的方式"失效"的无奈与表达期望的下降。因此，网络政治新闻"四化"问题的存在，所彰显的已经不再是新闻本身形式的问题，而是网民内在政治参与方式的选择偏好。

3. 网络图片新闻表意的偏狭与在选择性使用中的蕴含的误导

网络政治信息采用文字符号进行传播出现了标题与内容等方面的问题，同样网络图片政治信息也存在较大的问题。图片新闻所富有的直观视觉冲击，使其比表意文字所传达的信息更容易被网民青睐。但静态图片不能展现内容的全貌，加之媒体对图片的倾向性选择，会使只浏览图片信息的网民产生同样的"认知"残缺，极易被图片本身蕴藏的价值所引导。

我国网络媒体传播的图片新闻信息暴露的问题，主要有以下两个方面。

第一，网络媒体选择新闻图片的倾向性致使信息传递不仅不全面，反而表意方向性较强。不同网络媒体对政治类新闻图片的选择具有明显的差异，自媒体（微博客）、商业综合类新闻网站和政府官方网站呈现出较大的差异。自媒体（尤其是不涉及发布者自身利益的网民）一般选择、过滤的较少，会将所拥有的图片一并发布；

而商业综合类新闻则会为了满足网民的消费动机,选择能够引发网民感想、触动网民感情的图片;政府网站则较多选择正面价值导向的图片。如网络对2012年的"启东事件""什邡事件"的报道中,自媒体第一时间发布了大量图片,而商业新闻网站则及时跟进,为了增加吸引力和版面设计的需要选择性地刊登了部分图片,其中特警追打市民、启东市委书记被扒光衣服等图片尤为显眼,而官方媒体反应比较迟钝,在后来的报道中虽站在社会一方批评启东市政府的决策不透明,但在图片选用方面更加谨慎。所以,图片作为网民比较偏爱的获取新闻的方式,因其自身静态、偏狭等缺陷,会给网民造成认知的"短板"。

第二,政府网站发布虚假新闻图片使网络政治文化的对象性问题更加突出。无论文字新闻还是图片新闻,都存在虚假的信息,而政治类虚假新闻图片的传播,尤其是由政府官方网站发布的虚假图片新闻,会给网民提供虚假的政治认知对象,一旦被揭穿将严重影响网民的态度。例如,2009年7月河南嵩山旅游网发布嵩山县县长白云山视察PS照片,2011年6月16日四川凉山自治州会理县政府网站发布的县领导"公路飘浮"视察照片,2011年6月23日西寿阳政府网站刊登领导看望政协委员的PS照片;等等。这些图片一经发布,就被网民发现是PS照片,尽管地方政府承认是为了"美观"照片进行了处理,但对于网民来讲,政府发布的新闻图片都是PS的,试问还有什么是真的呢?因此,在地方政府不断在官网发布PS图片后,网民借用"杜甫很忙"之网络流行语冠之以"领导很忙"。政府官方网站发布失真、虚假信息无论是出于何种目的,这种信息在网络中被网民的解读只会是"求真"而不会是"宽恕"。在政府一面强调"诚信友爱"是社会主义和谐社会的特征之一时,另一面却又发布虚假信息,这将直接引发公众的质疑,损害其政府的公信力。

4. 失真虚假网络政治信息的增加为消极网络政治文化的产生提供了"母体"

网络政治新闻"标题化"因其简短而难以做到全面翔实，图片新闻因其静态与选择性使用导致偏狭，这些都属于信息表意符号"工具性缺陷"所致。但虚假政治信息是制作者主观刻意所为，尤其是政府发布的不实、虚假信息，将极大地影响网民的政治认知。通过对我国网络社会信息的观察发现，存在失真虚假政治信息的类型主要有以下几种。

第一，网络媒体在制度边缘制作的失真政治信息。商业性新闻网站依靠点击率赢得广告投放份额是其商业运作的基本获利模式，为了提高点击率此类网站不仅在娱乐、体育、财经及科技等领域制作虚假新闻，而且开始介入时政新闻领域，在网络新闻制度规定的边界通过"软手段"制作传统严肃的政治新闻。通过文学渲染、娱乐加工后的政治新闻虽具备了喜闻乐见的效果，但难以避免信息失真的问题。如2011年8月南海问题急剧升温之时，百度贴吧贴出"据外电报道，中国在中越边境集结近60万大军，而且报道还称已成立对越作战指挥部"之帖子，我国政府相关部门迅速辟谣，"这是解放军的正常拉练"。

另外，网络自媒体是生产虚假信息的主要产地之一。据法制网调查显示，2012年网络谣言中有51.7%源自微博或经微博传播，这一数据论坛所占比例为27.6%。而上海交通大学新媒体与社会研究中心对2012年200起网络谣言案例的抽样统计结果显示，微博发布传播的谣言所比例为抽样本总量的28%，论坛社区为20%，网络新闻为13%。中国国家互联网信息办统计显示，2012年3月相关部门清理的各类网络谣言信息就高达21万多条。[①] 正如戴森所

---

① 参见惠滢《网络谣言泛滥岂能袖手旁观》，《中国青年报》2012年12月30日第1版。

言：" 对许多人来讲，网络使他们能够轻易地接近信息，并将之用于不良甚至危险的目的。"①

第二，网络媒体发布的虚假政治信息。如果失真信息还有现实的"母本"可以参考与求真，那么虚假信息就完全是捕风捉影、子虚乌有的空穴来风。考虑到新闻相关的法律法规限制，大型商业性新闻网站一般不会超越制度的边界制作虚假政治信息，而自媒体及小型新闻网站为了提高知名度及影响力，极有可能发布挑动网民神经的政治信息。而且，网络新闻转载的极大便利使得各大新闻网站有可能在未加严格审查的情况下，转载来自自媒体和其他渠道的新闻，致使"以假乱真"。如2012年4月国家广电总局回应《泰坦尼克号》删减一事，该事件原由网友"豆瓣逗你妹"发布，并在发布时特意加上"#假新闻#"标签，结果被各大网站疯转，甚至去除了假新闻标签，最后将国家广电总局推到舆论的旋涡。

另外，攻击党和政府的不良信息也大量存在，对此我国互联网违法和不良信息举报中心每月会发布《××××年××月举报情况公告》，依据该网站发布的2011年、2012年全年12个月的数据汇总统计见表10—6和表10—7。

表10—6　2011年1—12月"攻击党和政府"不良网络信息统计②

时间	1	2	3	4	5	6	7	8	9	10	11	12
信息总量	55916	50788	49146	61363	88058	70218	63128	63669	46695	56711	57060	57040
比例	0.5%	0.5%	0.6%	1.1%	1.1%	0.7%	1.0%	0.7%	0.9%	0.6%	0.6%	0.7%

---

① ［美］埃瑟·戴森：《网络时代的生活设计》，海南出版社1998年版，第249页。
② 表10—6及表10—7数据来自"中国互联网违法和不良信息举报中心"下设的"举报受理情况"栏目，该栏目每月发布举报信息的处理情况，主要将不良信息分为"淫秽色情、诈骗、侵权、赌博、违背社会公德、攻击党和政府、违背宪法原则、病毒、宣扬邪教、私服外挂及其他"等11类，联网违法和不良信息举报中心。

续表

时间	1	2	3	4	5	6	7	8	9	10	11	12
数量	280	254	295	675	969	492	631	446	420	340	342	399
平均每月数量	462 条							平均比例	0.75%			

由表10—6可知，2011年"攻击党和政府"的不良网络信息总量为5543条，平均每月数量为462条，平均比例为0.75%，在举报信息的11类划分之中排名第五。可见政府网站、微博、微信等渠道发布的信息，存在被窜改、被过分解读，甚至被误读、歪曲解读等问题。在技术层面，黑客可能因为对政府发布的政策不满，或者牟取非法利益等目的，[1]进而借助政府网络平台，通过发布不实信息、篡改政府网络平台、共计网络政府网络等手段，抹黑政府，进而达到"愚弄网民、诋毁政府"的目的。另外，网络安全中的信息安全逐渐被各国政府所关注，网络攻击、抹黑等非法行为，甚至存在"国家"身影。

表10—7　2012年1—12月"攻击党和政府"不良网络信息统计表

时间	1	2	3	4	5	6	7	8	9	10	11	12
信息总量	40370	71850	88030	75869	69551	69859	88109	77114	57744	73871	95577	54452

---

[1] 国家互联网应急中心提供给《瞭望东方周刊》的数据显示，2013年上半年，中国境内被篡改的网站数量增长了63.6%，而被篡改的政府网站数量增长了153.1%，境内被篡改网站数量为17500个，其中政府部门网站是1736个；境内被植入后门网站52324个，其中政府部门网站为1342个。与往年相比，2013年被篡改的政府网站数量有很大增加。在2008年，江西省卫生厅考试中心网站资格查询数据库等被攻破，黑客篡改数据库资料，然后伪造、销售假证，造成证书上网可查的假象，从中牟取暴利。2012年，广东宣判另一起类似案件：13人犯罪团伙攻破180多个政府人事网站，300多万条涉及个人隐私的资料被盗卖，查获3万多人办理各类假证的数据。2012年江苏互联网被黑客攻击的频率较高，在被篡改的政府网站中，广告链接类型的篡改事件占政府网站篡改事件的75.05%；区县级政府部门网站篡改事件占政府网站篡改事件的59.06%。吴铭：《政府网站安全危机》，《瞭望东方周刊》2014年1月28日。

续表

时间	1	2	3	4	5	6	7	8	9	10	11	12
比例	0.7%	0.4%	0.7%	0.9%	0.7%	0.7%	1.3%	1.2%	1.0%	0.8%	0.5%	0.7%
数量	283	286	616	683	487	489	1146	925	577	591	478	381
平均数量	\multicolumn{6}{c}{579 条}	平均比例	\multicolumn{5}{c}{0.8%}

由表10—7可知，2012年"攻击党和政府"的不良网络信息总量为6942条，平均每月数量为579条，平均比例为0.8%，在举报信息的11类划分之中排名第五。可见，在网络社会中针对党和政府的不良信息存在较大的比例，这些信息与党和政府息息相关，大多是负面性的虚假信息，对网民的政治认知提供了不实的对象。2012年中共十八大前夕，一个名为"反共黑客粉丝团"的非法网络黑客组织对我国境内的各大政府、高校门户网站实施了持续性定点渗透。它在成功渗透之后，恶意篡改网站页面，打上反动标语，恶意中伤造谣，并散播反党反国家言论。[①]

第三，政府官方网站发布的失真虚假政治信息。在网络传媒竞争之下传统媒体面临着严峻的挑战，大多数传统媒体实现了网络化转型，这就使得纸质版信息实现了电子化的进步。与此同时，转型后的传统媒体影响力也大为增强，尤其是作为权威政府部门的网站更是彰显出巨大的影响，但其发布的失真信息也会瞬间放大。如2011年6月16日四川凉山自治州会理县政府网首页发布县领导"公路悬浮"视察照片，此事经网络传播后立即引起网友的围观、热议。尽管27日该县委宣传部工作人员表示，相片是合成的，但公路建设和领导检查都是事实，但已经难以消除网友的质疑，甚至被调侃为"人悬浮公路"（磁悬浮列车）。再如云南"躲猫猫"事件、上海钓鱼执法事件、陕西"华南虎"事件、浙江杭州飙车案

---

① 吴铭：《政府网站安全危机》，《瞭望东方周刊》2014年1月28日。

等，政府部门公布的调查结果立即引发了社会公众的强烈质疑，最终证明官方信息失真。而网民以"欺实马""俯卧撑""被字句"等话语的调侃，深刻反映了网民不信任的政治态度。

另外，信息化迫使传统政府媒体网络化发展，致使传统官方媒体发布的信息，同时会以电子版的形式上传于网络空间。传统官方媒体发布的信息，也会成为网络政治文化形成的对象。例如，新闻出版总署曾因刊载虚假失实报道，通报批评《甘肃日报》《新疆日报》《重庆时报》《华西都市报》等六家报刊。①

第四，政府与社会各执一词的网络信息致使网民导向社会。网络作为信息自由的传播平台，打破了政府垄断信息的局面，致使政府与社会都可以发出自己的声音。在部分网络新闻的报道中出现了政府与社会对同一事件截然相反的"事实"描述。如在郑州等地冻死民工及流浪人员的网络舆论尚未消退且正值最冷时刻，北京爆出"北京流浪人员获赠御寒衣物疑被城管收走"事件。②记者街头采访获知是"收走棉被及刚发的军大衣"，而政府回应则是"打扫卫生"。同一事件两种说法，致使网民猜测城管采用"釜底抽薪"和高压手段，迫使流浪人口离开其管辖地，以保证其工作的质量。与此同时，"袁厉害事件"之后河南商报——大河网刊出"兰考袁厉害收养弃婴 被质疑骗低保"，兰考官方更是发出"非法收养""追究袁厉害法律责任"等声音，后被诸多记者揭穿真相，将当地政府

---

① 六篇不实报道分别是《甘肃日报》关于将西安确定为"国家第五个直辖市"的报道，《都市消费晨报》《新疆日报》关于"喀什房价翻倍"的报道，《重庆时报》《华西都市报》关于作家团"订住总统套房"的报道，《商务周刊》关于"国网帝国"的报道。资料来源：《六报刊因虚假报道被新闻出版总署通报批评》，新华网，2010年10月29日，http：//news. xinhua-net. com/newmedia/2010—10/29/c_ 12714658. htm。

② 央视网《北京流浪人员获赠御寒衣物疑被城管收走》的报道，2013年1月7日；《商务周刊》关于"国网帝国"的报道。资料来源：《六报刊因虚假报道被新闻出版总署通报批评》，新华网，2010年10月29日，http：//news. xinhuanet. com/newmedia/2010—10/29/c_ 12714658. htm。

推到舆论的风口浪尖上。为此,新华社刊出《地方政府没资格对袁厉害说三道四》等新闻,而广大网民则惊呼"伤不起",在两种截然相反的表述中最后地方政府的"谎言"被戳穿。

另外,中国统计局与西南财经大学、中国社会科学院等民间学术机构发布的有关城镇职工平均工资水平、房价平均涨幅、CPI 指数、就业率、基尼系数、贫富差距、就业率等数据也被强烈质疑。诸如此类,不绝于网。此类信息虽然在内容上存在政府与社会的截然对立,而网民则会出于同情心与社会弱势群体站在一起,更愿意相信社会,致使政府陷入"不信任"的尴尬境地,导致"政府信息反着读"的网络流行语。

第五,黑客盗用政府网络平台发布的虚假信息。政府发布失当虚假信息是政府工作人员失职行为,而网络黑客攻击政府网站,盗用管理员身份进入政府平台发布虚假消息,将极大地误导网民的政治认知。目前,地方政府对网络的管理在技术领域面临着巨大挑战,尤其是市级以下的政府部门,因技术人员的缺乏和水平的限制,难以抵挡职业黑客的入侵。无论黑客出于怎样的目的和价值追求,他们盗用管理员身份在政府"××信箱""网络问政""××论坛"等平台上发布虚假信息、回复网民留言等,对网络信息安全构成巨大的挑战。如 2011 年江西龙虎山政府网回应"政府网站被曝粗暴回复网友提问"称遭黑客入侵。[①]

另外,网络"水军"和"删帖客"的兴起也成为网络政治信息的生产者,出于利益的目的,网络"水军"不惜违背事实而按照"雇主"的意愿制作虚假信息,并负责推广到各大网站以占领舆论的主阵地,试图引导、改变网络舆论的走向,"网络水军"也被称为"五毛党"。例如,在"我爸是李刚事件"正值发酵之际,有几

---

① 《政府网站被曝粗暴回复网友提问 官方称遭黑客入侵》,新华网,2011 年 11 月 28 日,http://news.xinhuanet.com/society/2011—11/28/c_122344175.htm。

篇明显与当时主流舆论导向相悖的新闻帖出现在各大论坛，这些新闻帖一经发出便被广大网民视为"水军"所为，纷纷指责新闻撰写者。相比之下，"删帖客"不是生产信息而是删除信息，通过删除某一类信息以实现该信息对立面信息的优势，或者达到减少舆论压力的目的。无论是"水军"还是"删帖客"，无论是生产信息还是删除信息，都将影响到网络政治文化对象的数量与性质，给网民的政治认知造成大量的"对象性"问题。

5. 政府对网络管理失当激发了网民猎奇心理

近年来，我国政府对网络管理存在失当之处，成为网民感知政治的重要素材。如对敏感事件采取封锁消息的措施，在互联网上屏蔽关键词的检索，对态度比较激进的网站进行关闭，甚至直接切断某一地区的网络等。这种简单粗暴的管理手段不仅没有起到预期的效果，反而刺激了网民猎奇的心理，推动网民通过"翻墙"、收听境外广播等方式获取相关事件的信息。而这些信息大都是由西方、港澳台媒体或个体网民所加工形成的，在其内容与性质等方面与政府所倡导的价值理念相去甚远，但在政府正面报道缺失或不报道的情况下，网民更加相信"小道消息"的真实性。政府这种管理模式不仅没有达到预期效益，反而以自身的"不作为"让其他媒体的"乱作为"钻了空档，给网民提供了虚假的政治认知对象。

如什邡、泸州、启东、乌坎等群体事件及"南方周末"新年特刊等事件之后，相关信息一度以铺天盖地之势席卷网络，但很快又难以检索到任何相关信息。乌有之乡、炎黄春秋等网站被关闭更是常有之事，在新疆（张春贤任书记之后"断网"现象大有改观）、西藏等地区更是常有互联网被切断的情况。凡此种种，一方面彰显了网络管理能力不足与不善，另一方面揭示了政府管理观念的落后，致使政府主导下的网络传媒未能发挥应有的"正能量"，反而以"缺席"的姿态让出网络舆论的主阵地，造成别有用心的其他网络传媒发布的虚假信息，成为网民政治认知的对象。

网络政治信息通过文字、图片等形式进行传播，都会因表意符号特有的局限性而产生信息难以"元真"地再现事实的问题，这属于政治信息制作者无意造成的信息客观失真，一般失真较低比较接近事实真相。若网络的信息制作者主观上有意识地将自己的价值判断充分体现在信息的制作过程中，致使评论篇幅多于事实介绍，或者选取的新闻素材带有明显的价值偏向，这类网络政治信息就会带有一定程度的失真，属于有意造成主观失真。但若网络政治信息内容没有现实依据，选取的是虚假的新闻素材和资料，那么此类信息就是虚假信息，属于主观故意捏造。

6. 现实政治负面事件是网络政治信息产生的"母本"

政府行政失当和少数领导干部的行为失范失德违法，在经过网络传播酝酿之后，所形成的网络信息和网络舆论，是网络政治文化负面认知对象的主要构成。由上海交通大学舆情研究实验室、社会科学文献出版社共同发布的《中国社会舆情与危机管理报告（2012）》显示："在 2011 年影响较大的组织机构类舆情事件中，以地方政府为主体的舆情事件最为突出，共 113 起，占比 32.3%，如河南洛阳性奴案、河北 29 岁县长事件、南通要求公务员不看黄片事件、泰安袭警案、北京天价拖车费和上海松江城管打人等。反腐倡廉类舆情事件比例也较 2009 年、2010 年有所下降，由 2009 年的 17%、2010 年的 16.4% 降至 2011 年的 9.8%。人事、滥用公权类舆情事件，在 2011 年影响较大的社会舆情事件中占据较小的比例。"[1] 另外，"话语暴力"损害了党和政府的形象，伤害了公众的政治情感，也助长了社会日益严重的"官民冲突"。[2] 这些信息占

---

[1] 谢耘耕编：《中国社会舆情与危机管理报告（2012）》，社会科学文献出版社 2012 年版，第 4—8、198、264、414 页。

[2] 韩志明：《从"独白"走向"对话"——网络时代行政话语模式的转向》，《东南学术》2012 年第 5 期，第 79 页。

据着大量的网络空间,使得网民在一叶障目的网络政治信息面前错误地判断整个政治体系,致使消极否定的政治文化产生。

相比之下,主观失真和虚假网络政治信息,是目前我国网民面对的最大问题。网络政治文化形成的主要对象是网络政治信息,如果不实、虚假的政治信息泛滥于网络,将直接影响网络政治文化的内质属性。

三 现实政治问题与网络治理不善是根源

我国网络政治文化存在的问题虽直接由其承载者体现出来,但在该文化内化形成的过程中,作为网络政治文化客体的网络政治信息却发挥着关键性的作用。然而,产生这些负面、不良、失真及虚假网络政治信息的真正"母本"却在现实政治生活当中,加之政府对网络政治信息治理的不善等,深刻影响着网络中政治文化对象的数量与性质。因此,在探究我国网络政治文化存在问题的原因时,不仅要着眼于对其客体的直观分析,还要深入分析直观客体指向的真正"客体"。

1. 现实政治问题是导致网络不良政治信息的真正"母本"。马克思指出:"不是意识决定生活,而是生活决定意识",[①]"物质生活的生产方式制约着整个社会生活、政治生活和精神生活的过程"。[②] 毛泽东同志在《新民主主义论》中也指出:"一定的文化是对一定社会政治与经济的反映。"[③] 鉴于前文对网络政治文化的定义,探究造成其问题的原因就必须回到现实政治社会中寻找。当前,在承认中国特色社会主义取得巨大成就的同时,也不能忽视社会及政治生活存在的诸多问题。诸如物价、教育、就业、医疗、贫

[①] 《马克思恩格斯选集》第 1 卷,人民出版社 1995 年版,第 73 页。
[②] 《马克思恩格斯选集》第 2 卷,人民出版社 1995 年版,第 32 页。
[③] 《毛泽东选集》第 2 卷,人民出版社 1991 年版,第 663—664 页。

富差距及公平正义等社会民生问题的日趋突现；贪污腐败、暴力执法、行政不当、权力寻租等政治问题屡酿舆论风暴。这些现实的社会与政治问题不仅导致政府公信力、权威性及我党执政合法性的不断流失，而且出现了质疑中国社会主义道路、政治制度的"声音"，导致"三权分立""指导思想多元化"等声音不断借机发力，这些问题都被网络无限放大，成为网络政治舆论的素材。可见，我国网络政治文化存在的诸多问题，根本原因在于长期积压的社会矛盾的凸显与部分政治问题的存在，致使相关网络信息一经被报道，便会触动网民敏感的神经。

2. 网络空间与现实空间一样，也存在诸多问题，而且依靠网络自身的发展难以克服，这就需要政府适当介入，以法治原则加强对网络的治理。然而，目前就我国网络社会中政治信息存在的问题而言，却暴露出政府对治理的诸多不妥之处。

（1）网络治理相关法律的缺位

网络创建之初的原则虽是"自由与不受控制"，但后来网络的发展超出了最初的预设范围，网络在由学术研究领域渗透到现实社会生活各个领域的同时，网络安全、网络犯罪等问题逐渐暴露出来，致使网络"自由"被重新审视。当前普遍的认识是：网络自由并不是无限和任意的，需要政府通过以法律、制度等手段加以治理。

中国互联网在 30 多年的快速发展过程中主要致力于其经济效益和在社会管理工作中"工具性"便捷的开发与应用，而对其本身的治理问题却比较迟缓，尤其体现在对网络信息立法治理方面。[①]

目前我国已经制定的涉及网络信息方面的规章制度主要有：2000 年 9 月 25 日公布施行的《互联网信息服务管理办法》[2012 年 6 月 7 日国家互联网信息办公室、工业和信息化部关于《互联网

---

① 参见刘文富《网络政治——网络社会与国家治理》，商务印书馆 2002 年版，第 326—336 页。

信息服务管理办法（修订草案征求意见稿）》公开征求意见]、2005年3月2日起施行的《非经营性互联网信息服务备案管理办法》、2005年9月25日起施行的《互联网新闻信息服务管理规定》、2006年7月1日起施行的《信息网络传播权保护条例》、2012年12月28日起施行的《全国人民代表大会常务委员会关于加强网络信息保护的决定》等。另外就网络法制、法治等一批政策制度也在酝酿之中。[①]

虽然，这些有关网络治理的规定与条例基本上为网络的发展提供了管理依据，但在内容细化、范围所辖等方面还缺乏较大的不足，尤其是缺乏必要与专门的基本法作为网络治理的依据。对此，《京华时报》特约记者傅达林认为："无论是针对热度不减的网络监督，还是网络信息安全的有效维护，现行法律体系都无法提供足够的规范资源。"[②] 我国网络治理的相关依据以部门规章制度及地方性法规为主，立法力度不够、层级较低，以部门规章制度为主。现有网络治理依据以"管理办法""管理条例""规定""决定"与"解释"等为主，而全国人大层面上的立法较少。2016年《网络安全法》的出台，为网络治理提供了根本"法"，标志着网络治理从此进入了有法可依的时代，填补了网络立法的空白。

我国网络治理法治相对落后的情况是不争的事实，这不仅引起党和政府的高度重视，而且成为网民热议的话题。2012年3月12日，吴邦国委员长在十一届全国人大五次会议第三次全体会议上，首次提出"完善网络法律制度，发展健康向上的网络文化"。2012年12月下旬《人民日报》、新华社、《光明日报》等三家官方媒体连续三天发表评论文章，呼吁健全互联网信息安全立法。2012年12月18日

[①] 中华人民共和国国务院新闻办公室：《中国互联网状况》，人民出版社2010年版，第20—23页。

[②] 傅达林：《网络立法需明确政府管制边界》，《京华时报》2012年3月11日第2版。

《人民日报》头版刊文《网络不是法外之地》，同日新华网发文《网络反腐："爆料者狂欢"需制度作保障》，《光明日报》发署名文章《要为网络世界设定法治底线》，2012年12月26日《京华时报》刊出《制度是托举"网德"的刚性力量》，等等。网民关于"网络实名制"、网络信息保护决定及政府监控等问题的热议，都体现出网络信息立法工作，已经最成为亟待解决的问题之一。

可见，我国网络信息、新闻等领域的法制建设仍存在加大的弥补空间，适时推进网络信息管理相关法律的出台，将有助于规范网络政治信息与新闻的传播，减少虚假不实信息的数量，为网络治理和营造良好的网络政治场域发挥制度性的保障作用。

（2）政府回应网络政治信息的实效性不强

网络之所以成为影响政治文化的重要工具，其最主要的原因就在于网络的即时性与广而告之等多重功能，而网络的这些功能恰恰为政府的网络治理提出了严峻的挑战。就网络政治文化而言，政府应该做到及时发现网络政治信息，及时合理地处理信息，及时回应网络政治信息的内容指向，及时疏导网络政治舆论，等等，为网民提供积极健康的网络政治环境。

然而，往往因网络政治信息所指向的恰好是与政府相关的问题，一方面政府对这些信息的回应，需要充足的时间进行全面而翔实的核实；另一方面，一些地方政府出于保护等各种目的，往往采取"托、等、磨、耗"等方式，采取"公式化、万能式"的"样板戏"加以回应，致使回应中文山会海、八股文风、空喊口号、空话、套话、废话与假话居多。[①] 实质性回应"难觅其踪"，"失语、

[①] 2012年12月4日，在中央政治局会议上，会议一致同意关于"改进工作作风、密切联系群众的八项规定"，规定指出"力戒空话、套话，要精简文件简报，切实改进工作作风，没有实质内容、可发可不发的文件、简报一律不发"。引自《中共中央召开政治会议关于改进工作作风、密切联系群众的有关规定 分析研究二〇一三年经济工作》，《人民日报》2012年12月5日第1版。

禁语、后语和妄语"等现象频频出现,致使网络社会中一边是"坐等回应"的网民,一边是自查自纠、进度迟缓、[①] 吞吞吐吐的"挤牙膏"回应方式,甚至是"回应缺位"。结果导致"真理还在穿鞋,谣言已经跑遍半个世界",[②] 究其原因是隐性的官僚主义思想借助权力骄横表现出来的"霸王条款"式话语体系。[③] 可以说,政府对网络政治信息回应的时效性,是网络易爆、偏激与感性等问题的原因之一。

一些网络政治信息之所以能够被迅速传播,并不是因为网民热衷于信谣传谣,而是因为网民的猎奇心理遇到了真相的缺位。多数网民并不具备判断网络政治信息真伪的能力,通过转发放大以求得真相,或许才是信谣传谣的本意。这就要求政府网络管理与监督部门,能够及时发现网络中出现的、极易引发网民关注的政治信息,并及时回应网民的质疑与提问,使谣言与猜测止于政府权威部门的信息公开之前,而不能模式网民的"坐等",无视网民的关注。否则,当网民的猜测经过网络的大量传播达到以假乱真、混淆视听时,政府再做出回应以期以正视听,不仅难以就问题本身取得网民信任,而且政府的这一处理态度也将成为被网民诟病的对象。例如,政府在应对网络通过揭发的一些贪污受贿腐败等事件中,所表现出的反应迟缓等问题,极度挑战着网民的忍耐性,被喻为"纪委永远赶不上微博"。这一现象所引发的对我国政治监督制度的质疑,

---

① 如在"山西地震谣言事件""湖南金浩茶油事件""河南蜱虫事件"等事件中,地方政府反应迟钝,漠视公众的知情权,以"维护社会稳定"的托词来为封锁消息的行为辩护,最终演变成了政府的公信力危机。而在一些群体性事件——比如贵州瓮安事件和湖北石首事件等——的演变过程中,由于政府信息不公开,官方话语缺乏公信力,以致谣言纷飞,公众的质疑和不满最终发展成了严重的社会冲突。转引自韩志明《从"独白"走向"对话"——网络时代行政话语模式的转向》,《东南学术》2012年第5期,第80页。

② 范正伟:《"回应":互动中筑牢信任的基石》,《人民日报》2012年11月5日第4版。

③ 参见韩志明《从"独白"走向"对话"——网络时代行政话语模式的转向》,《东南学术》2012年第5期,第78页,亦称独白式对话、话语霸权体系等,参见查尔斯·J.福克斯等《后现代行政:话语指向》,楚艳红等译,中国人民大学出版社2002年版。

更是令人担忧。

事实证明，政府权威声音的及时存在，将使"小道消息"成为无根之木。从近年来政府对重大舆情事件的处理工作中可以看到，权威声音一旦及时出现，网络谣言大多会不攻自破。但掌握信息和真相的政府部门若不及时、不经常回应网民关注的热点信息，那些"信息饥渴"的网民便会凭借以往经验和个人偏好做出猜测，而正是这一猜测成为其他网民"饮鸩止渴"的信息源。政府权威部门越是采取遮掩、封堵与不作为等应对之策，就越容易给谣言的传播提供生存的空间与传播的动力。

因此，为了降低网络社会中虚假失真政治信息的比例，为了消解网民对负面政治信息求真心切造成的迁怒于政府，为了避免网络政治舆论风暴的形成，政府及时回应网络中存在的政治信息，尤其是对网络监督信息的回应，应该及时做出合理恰当的回应。因为"回应才有互动，互动才有互信"。即便是需要核实的网络信息或需要时间调查的网帖内容指向的问题，也应第一时间表明立场，并以持续性的跟进式的信息反馈加以对待。正所谓"民有所呼，我有所应；民有所盼，我有所为"。[①] 对此，习近平总书记在2016年4月19日网络安全与信息化工作座谈会上的讲话中指出，"各级党政机关和领导干部要学会通过网络走群众路线，经常上网看看，了解群众所思所愿，收集好想法好建议，积极回应网民关切、解疑释惑。对广大网民，要多一些包容和耐心，对建设性意见要及时吸纳，对困难要及时帮助，对不了解情况的要及时宣介，对模糊认识要及时廓清，对怨气怨言要及时化解，对错误看法要及时引导和纠正，让互联网成为了解群众、贴近群众、为群众排忧解难的新途径，成为发扬人民民主、接受人民监督的新渠道。对网上那些出于善意的批

[①] 范正伟：《"回应"：互动中筑牢信任的基石》，《人民日报》2012年11月5日第4版。

评，对互联网监督，不论是对党和政府工作提的还是对领导干部个人提的，不论是和风细雨的还是忠言逆耳的，我们不仅要欢迎，而且要认真研究和吸取"。① 这样才会消除谣言滋生的土壤，满足网民求真的急切心理，使网络政治文化主体的理性心理不被激怒，也使网络政治文化的客体得以客观真实地呈现。

（3）政府对网络政治信息的回应缺乏独立性致使质疑不断。

网络政治信息大多涉及政府的行政与社会管理，公务员廉洁、个人言行及生活作风等方面，其中负面信息所占比例较大，如强拆、平坟、艳照门、临时工、被幸福、被就业、名表门、雷人语、钓鱼执法、乱开罚单、萝卜招聘、公款消费、公车私用及城管暴力执法等信息不绝于网络社会之中。此类负面网络政治信息的存在与网络舆论的高涨，迫使政府不得不做出回应，然而对这些问题回应的主体又大多是相关涉事单位或部门，这就使得网民对其回应的结果产生很大的质疑，毕竟自查自纠的结果难以服众。② 涉事单位的回应备受质疑，甚至回应不当，被网民发起连环追问，最后涉事单位以"无招架之力"陷入回应"死胡同"。对此，中国社会科学院发布的《中国社会心态研究报告（2012—2013）》从一个宏观层面上佐证了这一判断，报告指出："中国民众对政府机构和政法机关信任度不高，对商业企业信任度较低，官民、警民、医患、和其他一些主要社会群体之间充满了不信任……群体间的不信任加深和固化"。③

---

① 习近平：《在网络安全与信息化工作座谈会上的讲话》，《人民日报》2016 年 4 月 26 日第 2 版。
② 例如济南市委宣传部（以"日后解释"回应，一位政府官员表示"没有花政府的一分钱"）对网民质疑济南市政府大楼"龙奥大厦"的回应，宜黄县政府以"不慎烧伤"回应拆迁户"自焚事件"，武昌公安分局以"打错人"回应 6 名公安便衣殴打湖北省政法委综治办副主任 58 岁的妻子陈玉莲事件，等等。
③ 王俊秀、杨宜音编：《中国社会心态研究报告（2012—2013）》，社会科学文献出版社 2013 年版，第 3 页。

如果网络政治信息由所涉及的部门与单位来回应,有"无避让之嫌",那么网络监督与质疑指向相关单位与部门若不回应或者"霸王条款"式的回应,更容易激发网络暴力。因为,在我国公民权利意识日益高涨的时下,"质询被看作是一项基本权利,'无可奉告'势必招来更多追问;当'宁信其有,不信其无'成为社会普遍心理趋向,'不管你信不信,反正我信了'已经很难服众"①。与其说是谣言止于智者,不如说是谣言止于速度。因此,对网络政治信息的回应,涉事部门及官员自身的辩护,很难给网民一个满意的答复。

四 网络媒体过分渲染与不实报道是推手

21世纪网络化的发展促使传媒的竞争也日益激烈,作为第四媒体的网络媒体,一方面实现了网民自由平等获取信息、快速传播信息的权利,但另一方面也生产了大量的虚假信息,在网络政治信息方面也有所体现,究其原因,主要在于其职业水准的下滑,主要体现在以下几方面。

(1) 部分网络媒体对网络政治信息的真实性把关不严。

网络媒体为了实现利益最大化的目标,一方面着眼于降低新闻制作成本,另一方面想方设法提高点击率。为此,一些网络媒体记者求快而不是求真求准,通过即时"转载"达到时效性与低成本的双重目标。然而,就是在这一"求快与求新"的新闻传播过程中,降低了信息真实性的把关要求。于是,种种自编自导的伪新闻和令人瞠目的假新闻就混杂于网络,误导受众。这种做法既违背了新闻真实性的原则,也是与媒体职业道德规范背道而驰的,而且更为关键的是造成网民认识的偏失。

---

① 范正伟:《"回应":互动中筑牢信任的基石》,《人民日报》2012年11月5日第4版。

如人民网指出部分网络媒体发布的"重庆公安局称重庆市场已无地沟油"报道失真,对此重庆市公安局相关负责人也表示"重庆警方并无说过市场上已无地沟油存在,某媒体报道重庆市场已无地沟油的说法是对我们发布的内容提炼不准,致使媒体和网友产生了误读"。① 再如,《中国青年报》以"少些'被查贪官95%有情妇'的标题党"为题目,揭露网络疯传的"统计称去年被查贪官95%有情妇"乌龙报道。② 此类报道不绝于网,造成媒体误读的原因就在于记者对采访内容的断章取义、移花接木,甚至是刻意为之,利用公众对食品安全、仇恨贪腐等敏感心理,通过"标题党"吸引"买点",结果导致多家媒体疯狂转载,网民则是面对"众口铄金"之势难辨其真。对此,《中国青年报》调查显示:"68.2%受访者认为新闻会'误导公众'。"③

(2) 网络媒体部分从业人员政治素养偏低致使网络政治信息过滤不足。

我国互联网的快速发展使得从业人员猛增,但20多年的网络发展历程却一直面临着从业人员自身素质的瓶颈的束缚。虽突出表现在计算机、互联网与信息传播等物理技术等方面,但网络传媒领域从业人员的政治素养、新闻准则等问题,也令人担忧。

据相关统计数据显示,截至2011年底中国互联网规模达到了229.6万,粗略估算互联网从业人员在5000万以上,而在互联网从业人员中年龄在30岁以下的达到80%以上。④ 我国网络从业人员年

---

① 《重庆公安局回应已无"地沟油"之说 称媒体报道失真》,人民网,2011年12月20日,http://society.people.com.cn/GB/86800/16661039.html。
② 张枫逸:《少些"被查贪官95%有情妇"的标题党》,《中国青年报》2013年1月11日第2版。
③ 洪欣宜:《万人民调:六成受访者曾受耸人听闻式新闻误导》,《中国青年报》2012年5月29日第7版。
④ 《网络谣言不断滋生凸显网站管理漏洞》,光明网—光明观察,2012年4月30日,http://guancha.gmw.cn/2012—04/30/content_ 4064721.htm。

轻化的特点，凸显出从业人员政治素养较低、社会阅历少、文化积累不够、工作经验不足等问题，无法把握正确的舆论导向，无法履行"把关人"过滤网络信息的职责，致使虚假失真网络政治信息得以散布、传播。另外，我国互联网从业人员基数的庞大与未来快速增长的可能，在管理体系方面却面临着相应的准入及门槛较低的事实，导致未来媒体从业人员的素质参差不齐，部分从业人员的政治意识薄弱、政治素养差异化、职业道德水准偏低等问题明显。

《中国青年报》就"如何杜绝耸人听闻式新闻？"的调查中显示，65.7%的人主张"新闻从业者应有社会责任心"，61.8%的人认为要靠"新闻从业者提升自己素质"。[①] 可见，多数人认为网络媒体从业者决定着网络信息的优劣。李普曼曾隐喻地指出，"媒介是探照灯，灯光照向哪里，人们就关注哪里"，[②] 而网络媒体引导性功能的发挥，又取决于从业人员的素养、能力与偏好。网络媒体极强的导向性，如果其自身的职业准则与操守因利益追逐而出现下滑，那么广大网民消费的网络政治信息将难以保证客观与真实。

（3）自媒体能力不足导致虚假信息"输入"与"输出"的一体化。

我国互联网在促使传统媒体电子化发展的同时，也开辟了自媒体发展的空间，尤其是论坛、博客、微博客及个人空间等新型传播平台的出现，使得每个网民成为信息的发布者，加上网络管理机制的不够完善，为不良政治信息的传播提供了技术便利和制度漏洞，导致自媒体成为不良网络政治信息的"主产地"，向网络"输出"大量信息。自媒体在"输出"的同时还将网络中的信息以转载的方式"输入"到该平台，因为自媒体大多数个体网民的"新闻橱

---

① 洪欣宜：《万人民调：六成受访者曾受耸人听闻式新闻误导》，《中国青年报》2012年5月29日第7版。

② ［美］威尔伯·施拉姆、威廉姆·里夫斯：《大众传播的社会责任》，远流出版社1992年版，第28—29页。

窗",网民很少会甄别信息的真假,只要是感兴趣就会转载,致使自媒体成为网络信息传播的主要推手,其中也包括对政治信息的传播。因为"报刊按其使命来说,是社会的捍卫者,是针对当权者的孜孜不倦的揭露者,是无处不在的耳目,是热情维护自己自由的人民精神的千呼万应的喉舌。报刊的义务正是在于为它周围左近的被压迫者辩护"。① 这就使得自媒体成为"输入"与"输出"的"复合体",加之,现有网络管理政策法规很少涉及对个体的约束与规范,很容易出现虚假信息的"泛滥",2011 年《新闻记者》杂志发布的"2010 年十大假新闻"中微博新闻赫然在列,就是佐证。

目前,自媒体虚假信息主要集中在商品广告领域,但网络政治及社会民情等信息也成为部分自媒体的重要的内容。自媒体制作或者转载虚假信息已经成为网络政治文化认知对象来源的一个渠道,尤其是那些加'V'(实名注册)认证的、粉丝量庞大的微博,影响更大。据统计,一种传播媒介要普及 5000 万人,广播用了 38 年,电视用了 13 年,互联网用了 4 年,而微博仅用了 14 个月。② 但目前在我国庞大的微博群体中,却存在着刻意以貌似官方微博的的面目示人的假微博,如"山东日报社"微博账户、"阳江都市报"微博账户、"苏州晚报"微博账户、"广东日报"微博账户(《广东日报》清末创刊于香港,1906 年 3 月停刊,此后的 106 年再未复刊)等 35 家疑似虚假网络媒体。其中,山东一地就有 5 家,占整个搜索结果的 14%,安徽占 4 家,河南、江西、江苏和上海等地都有一到两个疑似虚假媒体的微博账户出现。③ 这些媒体借助"日报""晚报""都市报"等貌似官方的关键词注册微博,一旦发布涉及政府和公务员等方面的信息,会以"权威声音"占据舆论的

---

① 《马克思恩格斯全集》第 6 卷,人民出版社 1961 年版,第 275 页。
② 孙雪:《自媒体时代网络虚假新闻产生的原因与应对》,人民网,2011 年 8 月 4 日,http://media.people.com.cn/GB/22114/44110/213990/15331138.html。
③ 王帝、梁鑫:《虚假媒体微博现形记》,《中国青年报》2012 年 7 月 13 日第 3 版。

高地。如以"山东日报社"为 ID 的新浪微博发表"《齐鲁晚报》因为报道临沂郯城县副县长座驾撞死学生,几位记者被关小黑屋"的报道,极具混淆视听之功效。对此,新浪等提供微博服务的网站,虽进行了严厉整顿,但收效甚微。

自媒体涉足网络政治信息的生产与加工,在信息流动上具有"转入"与"转出"的双重功能,但其操作主体的微观意识世界中,是一个政治价值偏好"外显"与"内化"的互动过程,在此过程个体持有的政治文化会不断被重塑与强化。因之,自媒体对网络政治文化对象的生产与加工,是形成、决定网络政治文化的属性的重要方面。

第十一章

我国网络政治文化建设

"文化之盛衰,民族之兴亡系之。"① 互联网作为新兴的传播媒体,正日益成为思想文化碰撞与交流的重要场域。网络在思想文化建设中发挥的重要作用日益受到党中央国务院的高度关注。对此,胡锦涛总书记在中共中央政治局第三十八次集体学习时强调:"加强网络文化建设和管理,充分发挥互联网在我国社会主义文化建设中的重要作用……大力发展和传播健康向上的网络文化。"② 刘云山同志指出:"建设中国特色网络文化是党中央从中国特色社会主义事业总体布局和文化发展战略出发做出的重大部署。"③ 习近平总书记更是提出:"建设网络强国,要有自己的技术,有过硬的技术;要有丰富全面的信息服务,繁荣发展的网络文化",④ "要牢牢把握正确舆论导向,健全社会舆情引导机制,传播正能量。加强网上思想文化阵地建设,实施网络内容建设工程,发展积极向上的网络文化,净化网络环境。推动传统媒体和新兴媒体融合发展,加快媒体

---

① 《李大钊全集》第1卷,人民出版社2006年版,第255页。
② 《以创新的精神加强网络文化建设和管理 满足人民群众日益增长的精神文化需要》,《人民日报》2007年1月25日。
③ 刘云山:《积极推进中国特色网络文化建设》,中国网,2007年6月4日,http://www.china.com.cn/news/txt/2007-06/04/content_8341991.htm。
④ 习近平:《总体布局统筹各方创新发展努力把我国建设成为网络强国》,《人民日报》2014年2月28日第1版。

数字化建设，打造一批新型主流媒体。"① 可见，网络文化已经成为高度关注的课题。

网络政治文化作为网络文化体系构成的重要部分，彰显出巨大的渗透力、感召力和冲击力。我国的改革逐渐步入"深水区"，网络政治文化将在网络治理、社会和谐、政治稳定等方面，发挥"双刃剑"的效应。因之，加强对网络政治文化发展的引导与塑造，使其朝着积极、健康的方向发展，就成为当前理论与实践亟待解决的课题。然而，"政治文化建设既是政治体系自身现代化建设的重要内容，也与政治体系的外部环境相关，是一项综合建设工程"，② 既需要中国特色社会主义先进理论的引导，又需要在实践中不断反思；既需要加强政府自身建设和提高网络治理能力，又需要网络媒体与网民的积极参与，以期构建多重合力的建设机制。对此，桑斯坦（Cass Sunstein）提出了很有益的建议：①保持网络规范在内容和观点上的立场中立；②拓宽网上民主商议的空间；③进行网络揭露；④鼓励信息提供者自律；⑤将网络管理权移交非营利组织；⑥实行"必须刊载"规定以避免群体极化。③

第一节 坚持以中国特色社会主义理论指导网络政治文化

互联网已经融入社会生活的方方面面，深刻改变了人们的生产和生活方式。我国正处在这个大潮之中，受到的影响越来越深。④

---

① 《中共中央关于制定国民经济和社会发展第十三个五年规划的建议》，《人民日报》2015年11月4日第1版。

② 丁志刚、徐占元：《现代政治文化建设与多民族国家政治发展》，《北方民族大学学报》2011年第1期，第39页。

③ 凯斯·桑斯坦：《网络共和国》，上海世纪出版集团2003年版，第112—134页。

④ 习近平：《总体布局统筹各方创新发展努力把我国建设成为网络强国》，《人民日报》2014年2月28日第1版。

随着互联网全面嵌入现实社会生活，一些新问题、新情况、新现象也随之出现，不仅干扰着网络社会的发展，而且深刻影响着网民的内心世界。网络政治文化作为网民特定的主观世界构成范畴，也面临着外来政治思潮侵蚀、传统政治思想回潮、"亚"政治文化分化等挑战，因此，坚持中国特色社会主义理论的正确引导，就成为建构积极、健康网络政治文化的理论保障。

一 以社会主义先进文化涵养网络政治文化的发展

社会主义先进文化是网络政治文化建设所需的丰厚的理论土壤。网络政治文化的建设与发展，离不开社会主义先进文化的涵养，"坚持社会主义先进文化的前进方向，坚持正确的宣传导向"，[1]才能保障网络政治文化的正确方向与内质的健康。在网络中弘扬社会主义先进文化的主旋律，利用网络舆论阵地"以科学的理论武装人，以正确的舆论引导人，以高尚的精神塑造人，以优秀的作品鼓舞人"，[2]坚持社会主义先进文化的指导作用，"唱响网上思想文化的主旋律，努力宣传科学真理、传播先进文化、倡导科学精神、塑造美好心灵、弘扬社会正气"，[3]才能促进我国网络政治文化的健康发展。

社会主义先进文化的内涵是"以马克思主义为指导，以培育有理想、有道德、有文化、有纪律的公民为目标"，[4]"发展面向现代化、面向世界、面向未来，民族的科学的大众的社会主义文化"。[5]先进文化是人类文明进步的成果，是人类文明发展的方向，并将为

---

[1]《研究加强网络文化建设工作》，《人民日报》2007年4月24日第1版。
[2]《以科学的理论武装人，以正确的舆论引导人，以高尚的精神塑造人，以优秀的作品鼓舞人——江泽民同志在全国宣传思想工作会议上的讲话摘要》，《人民日报》1994年1月25日。
[3]《以创新的精神加强网络文化建设和管理 满足人民群众日益增长的精神文化需要》，《人民日报》2007年1月25日。
[4]《邓小平文选》第3卷，人民出版社1993年版，第209页。
[5]《江泽民文选》第2卷，人民出版社2006年版，第17—18页。

未来的发展提供思想保证、精神动力和智力支持的文化。"坚持社会主义先进文化前进方向……坚定文化自信,增强文化自觉,加快文化改革发展,加强社会主义精神文明建设,建设社会主义文化强国。"① 因此,社会主义先进文化也必然是网络政治文化发展的理论资源和方向指引。

目前,我国网络政治文化中存在的诸多的负面因子,在宏观上凸显出该体系内部张力较大,不同网络政治文化单元之间的冲突性特征明显,而叠加重合性较小,相同相容性不足;在表现方式方面多采用暴力、调侃、偏失、恶搞及炒作等,而理性客观冷静的表达方式较少;从构成子系统来看,先进与落后、积极与消极、传统与现代、理性与感性等网络政治亚文化"多元共存",激荡异常;从政治文化类型分析发现,民族宗教、国外、阶层、地域及职业等多样化特征明显,致使消解了特色社会主义主导政治文化的地位;就网络政治文化功能而言,主导型网络政治文化的凝聚力不强,解释力未能充分发挥,难以同化各异的网络政治态度与意见;等等。

面对我国网络政治文化存在的问题,应积极发挥社会主义先进文化的指引与涵养功能。坚持马克思主义的理论立场,以"四有"公民的要求提升网民的综合素质,将"三个面向"作为网络政治文化建设的目标,将建设"民族的科学的大众的"网络政治文化作为落脚点,以建设符合社会主义先进方向的网络政治文化。

1. 坚持马克思主义的理论立场

20 世纪初,中国社会各种思潮涌动,马克思主义却一枝独秀、独领风骚。时至今日,网络社会中各种声音嘈杂、观点林立、政治思想横冲直撞,自由主义、享乐主义、无国界主义等思潮暗流涌动,大有"百花齐放、百家争鸣"的态势,甚至不乏与我国基本政

---

① 《中共中央关于制定国民经济和社会发展第十三个五年规划的建议》,《人民日报》2015年11月4日第1版。

治制度相左的政治意见,使得网民真假难辨,出现了思想混乱、迷失的迹象。并且,"以互联网为代表的虚拟实践的兴起与发展,与马克思主义意识形态的时空形式的整体转型具有深刻的内在关联性。"① 这也就昭示着网络时代依然需要马克思主义,因为它是全党全国人民团结奋斗的思想基础。② 为此,深化马克思主义理论研究和建设工程,加强思想道德建设和社会诚信建设,增强国家意识、法治意识、社会责任意识,倡导科学精神,弘扬中华传统美德,注重通过法律和政策向社会传导正确价值取向,③ 以引领网络信息、网络舆论的发展。坚持以马克思主义为基本立场,运用马克思主义的基本理论分析各种网络政治思潮,才能保证我国网络政治文化的发展方向。

2. 以"四有"公民为目标提升网民的综合素质

互联网是一个社会信息大平台,亿万网民在上面获得信息、交流信息,这会对他们的求知途径、思维方式、价值观念产生重要影响,特别是会对他们对国家、对社会、对工作、对人生的看法产生重要影响。④ 为此,从网民(政治型)入手,积极培育"四有"网民,在网络社会中培育和践行社会主义核心价值观,以期提升网民的综合政治素质,才是培育健康理性网络政治文化的根本。培育"四有"公民将有助于提高全民族素质、促进人的全面发展,网民也将因现实"四有"公民身份转化为虚拟的基本要求,以提升自我综合素质。"四有"网民培育是一个长期过程,不仅需要科学的理论武装网民、正确的网络舆论引导网民、高尚的精神塑造网民,而

---

① 王学俭、刘强:《新媒体实践与马克思主义传播体系构建》,《学术论坛》2012年第2期,第2页。
② 秦宣:《网民为什么需要马克思主义?》,《高校理论战线》2011年第2期,第4页。
③ 《中共中央关于制定国民经济和社会发展第十三个五年规划的建议》,《人民日报》2015年11月4日第1版。
④ 习近平:《在网络安全和信息化工作座谈会上的讲话》,《人民日报》2016年4月26日第2版。

且需要网民自我主体性彰显的不同场域的无差别性。科学的理论是网民进步的前提,是培养真正的马克思主义者、铲除封建迷信残余等蒙昧思想的有力武器。正确的网络政治舆论导向能够引导网民的政治态度,凝聚人心、激励斗志、振奋精神与促进团结,能够引导网民对政治科学理性的认知与评价。以高尚的精神塑造网民,充分发挥政治理论工作者的积极性,创造更多彰显社会主义政治制度的理论产品,以"润物细无声"的方式滋养网民。

网民作为网络政治文化的主体,在优良的政治环境中应该积极发挥主体能动性。自豪地坚信中国特色社会主义和共产主义的理想,坚决抵制资本主义的意识形态渗透;自信地秉承中华民族的传统美德和时代新风尚,抵制封建主义恶习恶俗,传播符合政治文明的网络信息;自发地学习社会主义先进文化,抵制网络邪教及"三俗"文化对政治情操的腐蚀;自觉地遵守社会行为规范和法律要求,遵守各项网络规章制度谨言慎行、文明上网。

3. 以"三个面向"作为网络政治文化建设的目标

网络政治文化从技术层面上看,是现代信息技术催生的理论新发展,充分体现了网络传播技术、计算机信息技术等现代技术对理论的推进,也正因为技术的革新才使得政治文化理论在形成、发力等方面表现出巨大的变化。把握现代技术促成的理论发展,及时推进政治文化的网络化进度就显得尤为重要。从广义的"现代"范畴来讲,现代不仅是技术的进步,而且是主体性特征的现代化,即人的现代化。只有主体身份现代化的转变才能适应技术革新的要求,才能使文化具备载体。所以,网络政治文化在充分彰显现代化的同时,也使该理论本身的现代化更加明显,即网络政治文化是面向现代化的理论。

随着世界多极化、经济全球化、文化多样化、社会信息化深入发展，互联网对人类文明进步将发挥更大的促进作用。① 全球化、网络化打破了地域与时空的隔阂，使得世界一体化进程明显加快，世界性、普遍性、共同性越来越成为发展的目标。在互联网的发展进程中，世界互联网大会"乌镇峰会"，成为"传统和现代、人文和科技融合发展的生动写照，是我国互联网创新发展的一个缩影，也生动体现了全球互联网共享发展的理念"②。因此，"网络命运共同体"成为互联网时代"世界一体化"的最新理论表述，国际网络治理、网络主权、网络安全等命题，也成为所有国家面临的重要任务。对于网络政治文化理论发展而言，不仅要立足我国网络的实践，建构网络政治文化的理论与研究范式；而且要放眼于世界，密切关注其他国家（尤其是发达国家）的网络现实，在对国内外网络政治社会现状把握的基础上，提炼最一般的网络政治文化理论，从而使得该理论具有世界性的意义。

我国网络政治文化理论的建构不仅要立足于我国当前的网络现实，从网络社会各种网络政治现象、网络政治舆论及网络政治监督等表象中，总结归纳一般性的共性。而且，还应通过科学的分析，预设未来该理论发展的可能趋势，以"未来"可能作为网络政治文化理论建构的预设理论空间。

4. 以建设"民族的科学的大众的"网络政治文化作为落脚点

我国网络政治文化的建构，需要彰显对民族、科学、大众等三方面的关怀。我国传统政治文化深厚，不仅影响着现实的政治文化体系，而且将深刻影响网络政治文化的建设。马克思讲道："一切已死的先辈们的传统，像梦魇一样纠缠活人的头脑。"③ "传统文化

---

① 习近平：《在第二届世界互联网大会开幕式上的讲话》，《人民日报》2015年12月17日第2版。

② 同上。

③ 《马克思恩格斯选集》第1卷，人民出版社1995年版，第585页。

并不是一种静态的文化'化石',而是动态的观念之流",[1] 具有历史的继承性,"不会随旧制度的湮灭而消失"。[2] 同时,中华民族在新民主主义革命和改革开放30多年的奋斗中,所创造的政治文化具有突出的民族性。故,在我国网络政治文化的建设过程中,必须继承传统优秀政治文化,秉承现代主导政治文化。

　　网络政治文化理论是政治文化、政治心理学的一个理论分支,是一门科学的理论。阿尔蒙德在创立政治文化理论之时,通过问卷调查、访谈等方法对五个国家的国民进行实证调查,得出了不同国家国民的政治偏好。网络政治文化因其研究对象的网民性和网络调研的便捷性,使得该理论研究的材料更加翔实具体,方法更加科学。行为主义、实证主义、心理分析学派等研究方法和范式,都能得以最大限度的应用。中国互联网络信息中心、各科研单位及高校舆情研究所、网络媒体开展的网络调查及各部委发布的与网络相关数据,都成为研究我国网络政治文化的权威资料,加之,科学方法的引入,网络政治文化理论将毫无疑问地成为一门交叉学科的、科学的理论。

　　网络的普及最终会将大多数的社会个体转化为"网民",网络政治文化载体的数量也将不断增长。2012年底,我国网民规模达到5.64亿,而2003年底这一数据仅为7950万,十年我国网民增长了7倍多。虽然无法具体统计政治型网民的数量级增长幅度,但网民基数的扩容一定会带来政治型网民数量的增加。因此,我国网络政治文化的建设必须以"大众化"为目标导向,创造喜闻乐见的、通俗易懂的、容易被大众接受的政治精神产品,培育网民的政治情感,以期实现积极网络政治文化最大限度的覆盖。

　　总之,社会主义先进文化是网络政治文化建设的方向指引,网络政治文化的建设要体现先进文化的本质要求,并为先进文化体系

---

[1] 姜涌:《政治文化简论》,山东大学出版社2002年版,第156页。
[2] 邹谠:《二十世纪中国政治》,牛津大学出版社1994年版,第45页。

的容量提供新的文化资源。积极引导与塑造健康理性的网络政治文化，就要大力发挥社会主义先进文化内容涵养、方向指引、目标导向等作用，"用先进文化占领社会主义思想阵地"，[①] 唱响主旋律，打好主动仗，努力在网上形成具有中国气派、体现时代精神、品味高雅的主流政治文化。

二 以社会主义核心价值体系引领网络政治文化的建设

社会主义核心价值体系是社会主义意识形态的本质体现，"是中国特色社会主义先进文化的核心部分"，[②] 是指导思想、共同理想信念、强大精神力量和基本道德规范的有机统一，内容包括马克思主义的指导思想、中国特色社会主义共同理想、以爱国主义为核心的民族精神和以改革创新为核心的时代精神、社会主义荣辱观。

网络政治文化从主体、客体、主客体之间沟通的渠道及网络政治场域的建构等方面审视，都离不开"人"的关键性作用。无论是作为网络政治文化主要载体的网民，还是生产加工网络政治信息的网络媒体从业人员，以及网络意见领袖、专业技术人员等，每一个环节上"人的主观能动性"的发挥都影响着网络政治文化的发展。对此，中宣部副部长蔡名照指出"广大网民是网络文化建设的主体，也是社会主义文化建设的一支宝贵力量"。[③] 因此，提高"网民"[④] 的政治素养与理论水平关乎着网络政治文化的发展，而社会主义核心价值体系为此提供了理论保障。社会主义核心价值体系将有

[①] 丁志刚、王宗礼、郭淑兰：《加入 WTO 对我国意识形态的挑战与影响》，《甘肃社会科学》2003 年第 5 期，第 47 页。

[②] 陈宗章、颜素珍：《"文化自觉"与社会主义核心价值体系建设》，《天府新论》2011 年第 5 期，第 114 页。

[③] 蔡名照：《网络文化建设是一个系统工程》，国务院新闻办公室网，2007 年 7 月 30 日，http://www.scio.gov.cn/zt2008/jqwl/yw/200806/t192379.htm。

[④] 此处"网民"包括普通的网民、政治型网民、网络媒体从业人员、专业网络技术人员、网络治理工作人员等，可以界定为与网络政治相关的一切人员。

助于网民树立正确的世界观、人生观和价值观,有助于网民坚定中国特色社会主义道路,有助于增进网民的政治认同,有助于规范网民的网络行为和提升网民的思想政治理论水平。网民综合素质的增强,使得网民能够甄别网络信息的真假美丑,客观公正地评价政治生活中存在的问题,从而形成客观、理性与积极的政治态度与情感。

1. 我国网络政治文化发展应坚定不移以马克思主义为指导

网络政治文化因网络的开放性成为一种超越国界流动的文化新形态,在网络空间中因地理空间、时间跨度被大大压缩,不同国家之间的政治文化实现了真正的"大冲突","文明冲突论"的预言正在因网络的便捷而提前展现在我们面前。纵观21世纪初"颜色革命"的此起彼伏,2010年底"大中东民主计划"推动的"中东—北非"革命风暴,以及近期因美国亵渎伊斯兰先知电影引发的世界性伊斯兰抗议运动等事件,从中不难发现政治文化借助网络跨国传播在吸引、感召其他国家民众的基础上,借助社会突发事件引发了政治与社会的动荡及危机。因此,在我国矛盾多发期的当前,加强网络政治文化的引导"关系到社会主义文化事业和文化产业的健康发展,关系到国家文化信息安全和国家长治久安,关系到中国特色社会主义事业的全局"。[①]

我国网络社会中关于政治方面热议的部分话题,已经出现了脱离马克思主义基本立场的苗头。当前,"国际上一些反华势力极力鼓吹'人权高于主权',到处推销他们的所谓'普世价值',企图使我国通过'改革'走向资本主义,实现'历史的终结'"。[②] 在国内,关于指导思想多元化、多党执政、三权分立及军队国家化等声音甚嚣尘上。这些偏离马克思主义基本立场的观点之所以能够拥有

[①] 《以创新的精神加强网络文化建设和管理 满足人民群众日益增长的精神文化需要》,《人民日报》2007年1月25日。

[②] 周本顺:《弘扬以爱国主义为核心的民族精神和以改革创新为核心的时代精神》,《经济日报》2011年1月6日第3版。

一定的市场，一方面原因来自我国现实社会中短期内难以解决的社会矛盾，另一方面来自国外政治文化的渗透，尤其是西方发达国家政治思想的"入侵"，表现出超强的吸引力。正是在国内外双重现实与理论的横向、共时性对比过程中，网民产生了质疑中国特色社会主义主导政治文化，推崇发达国家政治制度的观点。

诚然，我国虽经过30多年的高速发展但依然处于社会主义的初级阶段，在政治体制、市场经济及文化建设等方面还难以和发达国家平起平坐，加之，"压缩式"快速发展的过程中也积累了大量的社会问题和矛盾。但若就此对中国特色社会主义政治制度产生怀疑，并一味崇尚西方资本主义政治制度的优越，这恰恰说明对马克思主义理论的无知与浅薄。而这也正是网络政治文化急需的理论回应，"政治文化、政治教育的目的是培养真正的共产主义者，使他们有本领战胜谎言和偏见"。[①]

因此，面对我国网络政治文化中出现的不和谐因子，在网络政治文化的引导与塑造中，必须坚定不移地以马克思主义为指导。对此，毛泽东同志指出："指导我们思想的理论基础是马克思列宁主义。"[②] 江泽民同志曾讲："要用马克思主义和社会主义思想去指导理论、宣传、教育、新闻、出版、文学艺术等部门的工作，去占领思想文化阵地和舆论阵地。"[③] 胡锦涛同志在纪念党的十一届三中全会召开30周年大会上的讲话中指出："马克思主义是我们立党立国的根本指导思想。坚持和巩固马克思主义指导地位，是党和人民团结一致、始终沿着正确方向前进的根本思想保证。"

2. 我国网络政治文化发展应以共同理想为动力

崇高的理想、坚定的信念，是实现中华民族复兴的"软"保障。

[①]《列宁选集》第4卷，人民出版社1995年版，第306页。
[②]《毛泽东文集》第6卷，人民出版社1999年版，第350页。
[③]《十三大以来重要文献选编》（中），人民出版社1991年版，第626—627页。

中国特色社会主义共同理想是社会主义核心价值体系的主题，也是网络政治文化建设的动力源泉和目标导向。只有把握和突出这个主题，网络政治文化才有生命力、凝聚力和感召力，才能将全体网民共同的价值追求、价值取向和价值目标，转化为构建和谐社会的强大动力。[①]

中国特色社会主义共同理想就是要把我国建设成为富强、民主、文明、和谐的社会主义现代化国家，"体现了个人利益、集体利益和国家利益的统一，集中了我国工人、农民、知识分子和其他劳动者、爱国者的利益和愿望，有着广泛的群众基础，是现阶段全国人民的奋斗目标和精神动力。为了实现这个共同理想，一切有利于解放和发展社会主义社会生产力的思想道德，一切有利于国家统一、民族团结、社会进步的思想道德，一切有利于追求真善美、抵制假恶丑、弘扬正气的思想道德，一切有利于履行公民权利与义务、用诚实劳动争取美好生活的思想道德，都应当鼓励和支持，这才能团结一切可以团结的力量，实现建设中国特色社会主义的宏伟目标"。[②] 可见，中国特色社会主义共同理想凝聚了全体社会成员的利益诉求，使得全体人民保持理想信念的团结一致，共同致力于中华民族的伟大复兴事业，是当前网络政治文化建设的强大精神动力。

中国特色社会主义共同理想在政治目标层面上表现为，独特的政治民主与政治文明；在意识形态层面上表现为，坚定共同的政治信仰和政治信念；在政治价值观层面上表现为，正确的政治预期与价值判断；在政治心理层面上表现为，积极的政治认同和理性的政治宽容。现阶段，应充分发挥中国特色社会主义共同理想在引导网络政治文化建设中的重要作用。

当前，由于经济体制改革深化、利益格局调整趋缓、社会结构

---

① 李本红：《建设和谐文化为什么要树立共同理想》，《安徽日报》2012年4月9日第3版。
② 叶笃初：《党的建设词典》，中共中央党校出版社2009年版，第107页。

变动剧烈、思想观念变革异常，各种政治亚文化相互碰撞、交融，使得不少网民的政治理想出现了困惑、迷茫，甚至动摇。就网络政治文化而言，其更多的是基于当前现实与虚拟世界中网络政治信息的产品，是对中国政治体系各个方面现状的认知结果，注重横向共时性的评价与分析，缺少纵向历史性的理性归纳与展望，着眼当下、忽视长远，缺乏作为引导性力量的共同的价值追求，这就对网络政治文化的建设提出了更高的要求。因此，在我国网络政治文化的建设过程中，应以中国特色社会主义共同理想为目标，坚定全体网民的共同政治理想与信念，将目标导向转化为行动的动力，指引网络政治文化的发展。

3. 我国网络政治文化发展应秉承民族精神、把握时代精神

文化是民族的血脉。中华民族绵延五千年而生生不息，一个重要原因就是中华文化强大的维系力量。因此，发扬中华民族精神、涵养网络政治文化，才能进一步在深化改革的道路上，凝聚力量、攻坚克难。改革创新是实现中华民族不断走向新的胜利的精神品质，体现在特色社会主义建设的实践与理论进步之中，秉承改革创新精神、推进网络政治文化理论发展，才能在进一步深化改革的道路上，达成共识、坚定道路。

（1）秉承民族精神创设优良网络政治氛围。

中华民族并不是人类学、社会学理论体系中的概念，而是一个具有鲜明特征的政治概念。民族精神意广源深，[①] 中华民族精神是

[①] 关于民族精神，百度百科定义为"民族精神是一个民族在历史长期发展当中，所孕育而成的精神样态。它是种族、血统、生活习俗、历史文化、哲学思想等所熏陶、融汇而成的文化慧命，也可说是一个民族的内在心态和存养，民族精神表现在一个民族的节操、气度、风范和日常行谊上。尤其表现在一个民族处于逆境中，所呈现出的镇定自若、奋发有为、自强不息、不屈不挠的志节和心情上"。历史地梳理发现，孟德斯鸠在《论法的精神》，赫尔德在《另一种历史哲学》，黑格尔将民族精神归入他所强调的"绝对精神"体系之中，马克思在《黑格尔法哲学批判》和《论犹太人问题》等，恩格斯在《英国状况十八世纪》，毛泽东在《论新阶段》《研究沦陷区》和《目前形势和党的任务》等，都对"民族精神"做出理论与现实的分析。

"以爱国主义为核心的团结统一、爱好和平、勤劳勇敢、自强不息的伟大民族精神"。[①] 可见,"爱国主义是先进文化的集中体现,弘扬爱国主义,以文化人、以文育人,使爱国主义成为道德与行为的一种约束力,对网民的言论行为产生规范性作用"。[②] 中华民族精神中爱国主义延绵不断,有为国家现身的"苟利国家生死以,岂因祸福避趋之;我以我血荐轩辕;精忠报国;天下兴亡,匹夫有责"精神,也有为国家兴盛的"先天下之忧而忧、后天下之乐而乐"之追求,更有淡泊明志的"人生自古谁无死,留取丹心照汗青"之气概,等等,充分体现了爱国主义作为中华民族精神之精髓,而且民族精神的作用也得到充分体现。

爱国主义是千百年来固定下来的对自己祖国的一种最深厚的感情,[③] 在人的社会化、政治化过程中得以传承与维系。在网络成为信息与知识获取最便捷途径的当前,将民族精神纳入政治文化的建设中,既能凸显网络政治文化的特色,又能保证其健康积极发展。网络是一个开放的场域,其中充满了来自不同节点的信息,对我国的网络安全、网络文化安全提出了严峻的挑战。这就要求网民以"爱国主义"为最基本的价值禀赋,在政治意见表达、利益诉求等方式的选择上做到依法合规;在网络政治生活中,遵照政治生活基本规范、要求和秩序进行,避免非制度性的、非常态的危害国家与社会稳定的行为;面对颠覆国家与政府的信息与言论应不传播不扩散,时刻秉承"爱国主义"的民族精神,规范自我言行,为网民创设积极健康的网络政治氛围,以推动网络政治文化的健康发展。

---

① 《全面建设小康社会,开创中国特色社会主义事业新局面——在中国共产党第十六次全国代表大会上的报告》,人民网,2011 年 6 月 30 日,http://history.people.com.cn/GB/205396/15040127.html。

② 于保中、陈新根:《大力弘扬以爱国主义为核心的民族精神》,《学习月刊》2012 年第 10 期,第 79 页。

③ 《列宁选集》,人民出版社 1972 年版,第 608 页。

(2) 把握时代精神以改革创新推进网络政治文化的理论发展。

马克思指出:"一切划时代的体系的真正内容都是由于产生这些体系的那个时代的需要而形成起来的。"① 当代中国的时代精神主要体现为"解放思想、实事求是,与时俱进、勇于创新,知难而进、一往无前,艰苦奋斗、务求实效,淡泊名利、无私奉献",② 改革开放以来,形成了以改革创新为核心的与时俱进、开拓进取、求真务实、奋勇争先的时代精神,其核心是改革创新精神。改革创新就"是在一定的时代条件下,为实现一定的价值追求而革故鼎新所形成的求变创新精神",③ 集中体现在自主性、首创性和先进性等方面。

改革创新精神是中国特色社会主义的伟大实践中,所形成的宝贵精神财富,是时代精神的集中体现。改革创新精神不仅铸就了改革开放30多年的实践成就,而且更是理论不断走向发展的精神动力。政治文化理论虽然由美国学者阿尔蒙德开创,但在马克思主义政治学理论中早已涵盖了该理论的因子,突出体现在物质与意识、社会存在与社会意识、经济基础与上层建筑等理论之中。政治文化作为社会政治的精神现象,其形成和发展归根结底是由社会经济基础所决定,并且与之相适应的,进而对社会经济基础具有能动的反作用,并且具有民族性、阶级性和独立性。④ 但是,随着中华民族的复兴、虚拟实践,尤其是网络化的普及等社会存在的新变化,"我们必须充分借用马克思主义政治文化,不断推动马克思主义中

---

① 《马克思恩格斯全集》第3卷,人民出版社1986年版,第544页。
② 《公民道德建设实施纲要学习问答》,中共中央党校出版社2001年版,第79页。
③ 段永清、肖柯:《以改革创新为核心的时代精神研究》,《四川师范大学学报》2011年第3期,第6页。
④ 参见贺霞《马克思主义政治文化观的基本观点是什么?当代西方政治文化有哪些缺失?》,中国共产党新闻网,2010年9月7日,http://theory.people.com.cn/GB/12659427.html。

国化"。① 因此，坚持马克思主义政治文化相关的理论基础，把握以创新为核心的时代精神，推动网络政治文化理论的建构与发展，就成为当前政治学理论创新的一个重要方面。

国内外网络政治文化理论的建构还处于起步阶段，对其研究主要集中在网络政治选举、网络政治动员、网络监督及网络政治舆论影响等网络政治文化表象层面，对网络政治文化这一层次的、支配的网络政治行为的内在决定性、隐性因素的研究涉足较少。纵观理论话语权争夺的历史性规律不难发现，"先入为主"将是占领理论新高地的关键所在。在当前网络影响不断增强的情况下，适时推进政治文化及相关理论的进步，就成为理论发展的时代呼唤。然而，理论创新必须有科学的方法论作为指导，以改革创新的时代精神既具有推动现有理论"改革"又具有创新"建构"新理论的方法功能，突出体现在：以"与时俱进"的学术态度关照现实，以"开拓进取"的学术精神勤奋钻研，以"求真务实"的学术准则科学研究，以"奋勇争先"的学术旨趣赶超奋进。同时，结合马克思主义与政治文化相关的理论、把握中国网络政治社会现实，积极推动中国特色社会主义网络政治文化理论的发展。

4. 以社会主义荣辱观指导网民的网络政治行为

社会主义荣辱观是对全体人民社会行为的基本规范，是一个文明人、现代人、社会人、"四有公民"的基本要求。莎士比亚曾言："我的荣誉就是我的生命"，孟子云："无羞恶之心，非人也。"当前，以"八荣八耻"为核心的社会主义荣辱观，是对中华民族的民族精神、传统美德和时代风尚的高度概括，只有知荣辱，才能明是非、辨美丑。在网络社会中海量信息真假难辨、美丑难分，因此以"八荣八耻"为核心的社会主义荣辱观来规范网民的网络行为，不

---

① 王爱红：《马克思政治文化与执政生态系统的关系》，《人民论坛学术前沿》2011年第315期。

仅有助于我国网络社会的发展，而且将为网络政治文化的形成涵养健康的政治场域。

在网络政治生活中，全体网民应"以热爱祖国为荣、以危害祖国为耻"，坚决抵制危害国家的言论，传播有助于维护国家形象与荣誉的信息；以"以服务人民为荣、以背离人民为耻"，创造优秀的政治文化产品滋养网民，提供健康的网络政治信息提升网民的政治素养，坚决抵制危害人民群众利益的言论；"以崇尚科学为荣、以愚昧无知为耻"，积极传播政治科学、政治哲学及政治制度等方面的知识，及时回应网民的政治困惑，推动政治现代化的进程；"以辛勤劳动为荣、以好逸恶劳为耻"，广大网络技术人员应勤奋工作把好信息安全"阀门"，维护好网络安全，网络媒体工作者应亲历调查采访制作真实客观的政治新闻，杜绝"不求真实、只为吸睛"的盲目转载；"以团结互助为荣、以损人利己为耻"，现实社会利益分化导致网络政治观点各异，以宽容的心态对待一切正常的政治态度，团结多数、帮助少数，求同存异地统一网民的政治观念；"以诚实守信为荣、以见利忘义为耻"，虚假、失真网络政治信息的存在，就源于"诚实守信"的缺失，诚实守信的基本做人规范依然适用于网民，适用于网络政治生活；"以遵纪守法为荣、以违法乱纪为耻"，网络不是法外之地，[①] 网络行为合法合规始终是网络生活的准则，危害国家安全的行为必将得到法律的制裁；"以艰苦奋斗为荣、以骄奢淫逸为耻"，网络不仅是消遣之地，更是工作、学习的场所，网民应通过政府官方网站、理论网站等平台积极学习政治知识，培育公民意识、提升政治素养。

在网络中"是非、善恶、美丑的界限绝对不能混淆，坚持什么、反对什么，倡导什么、抵制什么，都必须旗帜鲜明"。"八荣八

---

① 莫津津：《网络不是法外之地》，《人民日报》2012年12月18日第1版。

耻"是一把社会价值导向的标尺,更是一部网络行为准则,明确了"提倡什么,反对什么"的基本衡量标准。因此,坚持以"八荣八耻"为核心的社会主义荣辱观指导网络生活,是实现网络政治文明的重要保障。

总之,我国网络政治文化建设必须坚持以社会主义核心价值体系的指引,必须用马克思主义基本理论和中国化的最新成果武装网民,用中国特色社会主义共同理想凝聚网络力量,用民族精神和时代精神鼓舞网络健康发展,用社会主义荣辱观规约网民政治行为,以保证网络政治文化的健康发展。

三 以马克思主义中国化理论引导网络政治文化的进步

基于西欧的理论基础和实践基础创立的马克思主义,被王明的"教条主义"证明难以直接指导中国的实践。为此,毛泽东同志最早提出"马克思主义中国化"的命题,并不断创造出马克思主义中国化的理论成果。因此,我国网络政治文化的建设在坚持马克思主义指导地位的基础上,还必须以毛泽东思想和中国特色社会主义理论体系为理论资源,从中汲取理论的营养。虽然,在毛泽东思想、邓小平理论、"三个代表"重要思想和科学发展观等诸多理论经典著作之中,很少提及"政治文化",更无"网络政治文化"的概念,但对"新文化"、社会主义意识形态、先进文化、精神文明建设、和谐文化、思想政治教育等方面的论述,充分说明了对"政治文化"的关照。

1. 将文化建设的指导思想贯穿于网络政治文化建设之中

关于文化建设的思想基础,毛泽东同志指出"指导我们思想的理论基础是马克思列宁主义",[①] 在《新民主主义论》中提出:"我

---

① 《毛泽东文集》第6卷,人民出版社1999年版,第350页。

们所要建设的新文化，只能由无产阶级的文化思想即共产主义思想去领导"，"以社会主义为内容的国民文化必须是反映社会主义的政治和经济的"。① 邓小平同志秉承马克思主义中国化的理论品质，提出"我们历来主张世界各国共产党根据自己的特点去继承和发展马克思主义，离开自己国家的实际谈马克思主义，没有意义"。② 江泽民指出，"要用马克思主义和社会主义思想去指导理论、宣传、教育、新闻、出版、文学艺术等部门的工作，去占领思想文化阵地和舆论阵地"，③ 这"决定着我国文化事业的性质和方向"。④ 胡锦涛一以贯之地强调，"要坚持马克思主义在意识形态领域的指导地位，牢牢掌握宣传舆论工作的主动权，加强宣传思想文化阵地的建设和管理，妥善处理意识形态领域出现的问题，使社会思想舆论的主流更加积极健康向上"。⑤ "要把意识形态工作作为关系国家安全和社会稳定、关系党和人民事业兴衰成败的重大工作紧紧抓好，始终坚持和不断巩固马克思主义在意识形态领域的指导地位。"⑥ 可见，在文化建设过程中，坚持马克思主义、坚持中国化了的马克思主义，是保证中国特色社会主义文化事业健康发展的理论武器。

在网络政治文化建设过程中要坚持以马克思主义、毛泽东思想、邓小平理论和"三个代表"重要思想为指导，贯彻落实胡锦涛同志关于加强网络文化建设的重要指示，全面贯彻落实科学发展观，按照推动社会主义文化大发展大繁荣的战略部署，扎实推进。

2. 将文化队伍建设的方略应用到网络政治文化的建设之中

无论是文化的大繁荣大发展，还是网络政治文化的建设，关键

---

① 《毛泽东选集》第2卷，人民出版社1991年版，第694页。
② 《邓小平文选》第3卷，人民出版社1993年版，第191页。
③ 《十三大以来重要文献选编》（中），人民出版社1991年版，第626—627页。
④ 《江泽民文选》第1卷，人民出版社2006年版，第158页。
⑤ 胡锦涛：《在中共十六届三中全会第一次全体会议上的讲话》，2003年10月11日。
⑥ 《十六大以来重要文献选编》（中），中央文献出版社2006年版，第318页。

都在于充分发挥文化工作者的积极性。毛泽东同志指出,"没有知识分子的参加,革命的胜利是不可能的",① 同样对于社会主义的建设,他也认为"必须有自己的教授、教员、科学家、新闻记者、文学家、艺术家和马克思主义理论家的队伍",② 并将"文化战线"视为与"武装战线"同等重要的程度,指出"我们还要有文化的军队,这是团结自己、战胜敌人必不可少的一支军队"。③ 进一步指出,"对文化人、知识分子采取欢迎的态度,懂得他们的重要性,没有这一部分人就不能成事"。④

邓小平同志更加注重理论工作者在文化建设中的作用,将理论工作者称为"思想战线上的战士"。⑤ 江泽民同志更是鲜明地指出,"文化建设最重要的是要抓方向、抓队伍建设",⑥ "要努力培养和选拔一批政治坚定、作风正派、业务上有发展前途的比较年轻的同志……确保党的宣传文化事业后继有人"。⑦ 并更具体地指出,"这支队伍包括宣传工作者、思想政治工作者、教育工作者、文化艺术工作者、新闻出版工作者、哲学社会科学工作者、科技工作者等"。⑧ 胡锦涛同志创造性提出"要全面贯彻人才强国战略,高度重视哲学社会科学人才的培养",⑨ 强调"使广大知识分子积极认同和传播我国社会主义核心价值体系,自觉投身社会主义先进文化建设"。⑩ 可见,历届国家领导人都十分重视文化理论工作者在文化

---

① 《毛泽东选集》第2卷,人民出版社1991年版,第618页。
② 《毛泽东选集》第3卷,人民出版社1991年版,第1082页。
③ 同上书,第847页。
④ 《毛泽东文集》第2卷,人民出版社1993年版,第432页。
⑤ 《邓小平文选》第3卷,人民出版社1993年版,第40页。
⑥ 《江泽民文选》第1卷,人民出版社2006年版,第580页。
⑦ 《十四大以来重要文献选编》(中),人民出版社1997年版,第1681—1682页。
⑧ 《江泽民文选》第1卷,人民出版社2006年版,第583—584页。
⑨ 胡锦涛:《在十六届中共中央政治局第13次集体学习时的讲话》,《人民日报》2004年5月30日。
⑩ 《十六大以来重要文献选编》(下),中央文献出版社2008年版,第687页。

建设中的重要作用，并逐步提升为国家战略与理论成果。

马克思主义中国化的理论成果中体现出来的对文化工作者的重视，也应贯彻到网络政治文化的建设过程中，充分发挥理论工作者、知识分子、影视从业人员、网络技术人才等不同类型人才的智慧。中国特色社会主义的理论工作者应根据网络舆情、网络环境，及时地创造出更多的符合历史事实、把握时代脉搏、网民乐意接受的优秀作品，有针对性地对网络中出现的不当言论，加以理论性地回应。广大影视从业人员应充分发挥专业才能，依据社会主义政治文明建设的要求，制作内容更加贴切、形势更加多样、感染力更强、吸引力更足的政治文化产品。网络技术人才应保证符合特色社会主义的理论作品传播渠道的畅通，使正确的舆论能够释放出最大的"正能量"。与此同时，密切关注网络负面政治信息，坚决堵塞西方危险思潮的传播，以维护网络及国家意识形态的安全。

党和政府应加大对网络政治文化工作者的培养，建立吸纳各类人才的联动机构，发挥集体的智慧创作网络需要的政治文化产品，完善网络政治文化作品的知识产权保护政策等，以鼓励各类网络人才最大限度地发挥各自的特长，创造优秀的网络政治文化产品，引导网络政治文化的建设。

3. 将网络文化建设的战略部署落实到网络政治文化的建设之中

近年来，党中央更加注重网络文化建设的重要意义。胡锦涛同志对网络文化建设的重要思想主要体现在，《以创新的精神加强网络文化建设和管理 满足人民群众日益增长的精神文化需要》和《加强网络文化建设和管理》两个报告之中，对网络文化建设的指导思想、重要作用、战略部署、综合机制等问题进行了高度概括。另外，蔡名照的《打造网上品牌 发展健康向上的网络文化》《网络文化建设是一个系统工程》及孟晓驷在《网络文化，规范与繁荣并存》等文章中，都专门谈到网络文化建设的各个方面。

2007年伊始，胡锦涛同志强调，"加强网络文化建设和管理，充分发挥互联网在我国社会主义文化建设中的重要作用……我们必须以积极的态度、创新的精神，大力发展和传播健康向上的网络文化，切实把互联网建设好、利用好、管理好……加强我国网络文化建设和管理，必须从中国特色社会主义事业总体布局和文化发展战略出发……按照发展社会主义先进文化的要求，坚持积极利用、大力发展、科学管理，以先进技术传播先进文化，促进和谐文化建设"。[1] 此后，胡锦涛同志曾多次在不同会议上强调网络文化建设的重要性，并对网络文化的发展做出了全面的部署。

网络政治文化作为网络文化的一个重要构成部分，在其建设过程中应灵活运用胡锦涛同志提出的关于加强网络文化建设和管理的"五项要求"：一是要坚持社会主义先进文化的发展方向，塑造积极的网络政治文化，努力宣传我国社会主义的政治制度，使广大网民的政治知识得以丰富；二是要提高网络政治文化产品和服务的供给能力，提高网络政治文化事业和产业的规模化、专业化水平，制作积极的网络政治信息与营造健康的网络政治环境，以达到对网民滋润心灵、陶冶情操的目的；三是要加强网络政治舆论阵地建设，掌握网上政治舆论的主导权，提升政府应对网络政治舆论的能力，加大正面宣传力度，形成积极向上的主流政治舆论；四是要倡导文明办网、文明上网，净化网络政治环境，努力营造文明健康、积极向上的网络政治文化氛围；五是要坚持依法管理、科学管理、有效管理，综合运用法律、行政、经济、技术、思想教育、行业自律等手段，加快形成依法监管、行业自律、社会监督、规范有序的互联网信息传播秩序。[2]

---

[1] 《以创新的精神加强网络文化建设和管理 满足人民群众日益增长的精神文化需要》，《人民日报》2007年1月25日。

[2] 同上。

网络政治文化建设离不开网络文化大环境的熏陶,网络文化的性质与发展状况间接影响着网络政治文化。尽管目前网络社会中存在着各种各样的有关中国政治的噪声杂音,但这些声音并不可怕,因为只要坚持马克思主义在意识形态领域的指导地位,坚持毛泽东思想、邓小平理论和"三个代表"重要思想,全面贯彻落实科学发展观,就能够最大限度地消除政治生活中存在的问题,坚定思想的统一,化解网络舆论的压力,正确塑造网民的政治信念,从而构筑网络政治文化建设的主体之本。

第二节 加强政府自身建设提升网络治理能力

网络政治文化形成的主要客体是网络政治信息,而网民的信息偏好趋向于负面政治信息,致使网络政治文化的消极、否定等特征比较突出。鉴于网络负面政治信息大多是对现实政治问题的映射,以及在网络传播中存在的围观、失真及虚假等问题,在网络政治文化引导与塑造的过程中,政府应做好两方面的工作,即强化自身建设和提升网络治理能力。

一 强化政府自身建设以减少网络负面政治信息

马克思指出:"不是意识决定生活,而是生活决定意识",[①]"物质生活的生产方式制约着整个社会生活、政治生活和精神生活的过程"。[②] 网络政治信息虽是网络政治文化形成的直接认知对象,但就其反映的内容来看,可以分为反映现实政治问题的信息与描述网络虚拟政治的信息两大类,并且以前者为主。即网络政治信息大多是对现实政治问题的反映,在现实社会生活中政治制度、政治过

[①] 《马克思恩格斯选集》第 1 卷,人民出版社 1995 年版,第 73 页。
[②] 《马克思恩格斯选集》第 2 卷,人民出版社 1995 年版,第 32 页。

程、政策法律法规、政府行政、政府工作人员言行及个人生活作风等，只要与政府相关的社会问题，都有可能成为网民高度关注的网络政治信息。

通过对近年来我国网络舆情的分析，引发网络政治舆论的现实事件多与官员的贪污腐败、出格言行，"富二代""官二代"骄横，行政成本居高不下等有关。其中，贪污腐败最容易引发网络政治舆论的领域，并且贪污腐败网络信息多以当前社会高度敏感的问题为爆料点，如房多、钱多、女人多等抢眼词汇，致使此类政治信息一发布便引爆网络。据《京华时报》记者通过对近5年39起网络反腐事件统计发现，性丑闻和出位言行惹"人肉"，在39个案例中，13起涉及性丑闻，占33%。[1] 因此，我国网络政治文化的引导与塑造，不仅要立足于直接的虚拟网络社会中网络政治信息的治理与监控，而且更要立足于现实政治体制的改革与完善、提高政府管理能力及工作人员综合素质等现实层面。

1. 推进政治体制改革遏制腐败消除"腐败"网络舆论

恩格斯指出"现实主义真实性"的命题，[2] "我们不应该为了观念的东西而忘掉现实主义的东西"。[3] 面对网络反腐不断高涨的发展形势，政府行政监督与司法监督却表现出力不从心。网络反腐作为一种群众利用互联网监督的新形式，凭借人多力量大、方便快捷、低成本、低风险等优势，表现出空前的效果。据中央纪委网上举报中心统计数据，该网站开通前半年就受理举报32500件，而且实名举报、有效举报比例较大。另据最高检提供的数据显示，全国网上举报案件数量年均达3万多件，署名举报占比接近85%。官方网络举报平台开设的同时，民间（草根）反腐网站也大量涌现，如

---

[1] 李显峰：《网络反腐5年曝39案》，《京华时报》2012年12月12日第10版。
[2] 《马克思恩格斯选集》第4卷，人民出版社1995年版，第682页。
[3] 同上书，第559页。

"我行贿了"网站等影响较大。

官民互动、网络反腐，开创了反腐的良好局面。但是面对我国贪污腐败的严峻形势，在推进网络反腐的同时，政府在现实政治生活中以加快政治体制改革，采取"顶层设计"的制度性安排，加强监督、消除腐败。因为，腐败问题归根结底还是政治体制和政治制度的问题，在权力过分集中、缺少制衡机制的形势下，依靠领导干部的德行、自控，很难真正遏制腐败。对此，温家宝讲道："我以为最大的危险在于腐败。而消除腐败的土壤还在于改革制度和体制。"[1] 俞可平也提道："只有通过政改政治体制改革，才能有效遏制腐败特权"，[2] 才能解决分配（权力）不公等问题。

因此，应深化政治体制改革，合理配置权力、确保决策权、执行权、监督权之间在党的领导下，既相互制约又相互协调；充分发挥监督机制，使党内监督、民主监督、法律监督、舆论监督及网络监督等手段切实有效，最大限度地调动人民群众的监督，让权力在阳光下运行，才能从根源上遏制腐败。反腐不是关键、限权才是根本。权力运行机制是关于国家权力运作和行使的一整套具体程序、制度等安排。这一机制是否科学、规范，是否符合法治，将直接决定着权力行使的效能与后果。腐败之所以是权力的非公共性运行，表明权力的配置、设定与执行等环节存在问题，而这一问题的解决正是政治体制的改革。因此，推进政治体制改革，建立完善、规范的权力运行机制，才是治理腐败的根本，才是消除网络反腐舆论此起彼伏的根本。

在推进政治体制改革、遏制腐败滋生的同时，也应加大对反腐工作的宣传力度。"加强反腐倡廉网络宣传教育，开设反腐倡廉网

---

[1]《当前最大的危险是腐败 须改革制度和体制》，中国网，2011年3月14日，http://www.china.com.cn/2011/2011—03/14/content_ 22134160.htm。

[2] 俞可平：《只有通过政改 才能有效遏制腐败特权》，《人民日报》2012年11月22日。

页、专栏，正确引导网上舆论。"① 全国各地反腐机构积极运用网络载体进行反腐倡廉的宣传教育，抢占网络文化的制高点。一方面，给广大党员干部做好警示作用；另一方面，以反腐事实向人民表示反腐的决心，使人民群众了解腐败的少数性，坚信社会主义政治制度的优越性，赢得人民的认可。

2. 提高党政官员面对媒体的能力

我国政治生活在面对网络媒体强力介入的同时，一些党政官员难以做到与时俱进、不断进取，反而"官僚主义""权力意识"等恶习不断膨胀，面对媒体尽显权力支撑的傲慢，结果导致深陷网络舆论的旋涡。近年来网络政治舆论事件有很大一部分是由官员出格"言行"这一"现实实情"引发的，无论是深陷网络舆论之后被深挖的腐败分子，还是仅仅被处分的"信口雌黄"者，从他们的"出格言行"中反映出三方面的问题：第一，部分官员个人政治素养、政治觉悟的低下；第二，内心的权力本位主义演化成官僚主义后流露出的"官老爷"姿态；第三，无视网民的监督权力与网络的监督能力。这些不当言行，正是"精神懈怠、能力不强、脱离群众和消极腐败"等问题的真实写照。

综观网上曝光的一些官员的不当言行，既有贪污腐化、道德沦丧的"硬伤"，② 也有作风粗暴、特权骄横的"软肋"，既有能力低下、决策失当的"败笔"，也有责任缺失、消极服务的"习惯"。且不论出位言行对"言者"最后的处理结果如何，就这些言行在网络中的被关注度的程度，网民对官员的认知结果可想而知，致使网

---

① 《建立健全教育、制度、监督并重的惩治和预防腐败体系实施纲要》，中华人民共和国民政部网站，http://www.mca.gov.cn/article/zwgk/fvfg/zh/200712/20071210006003.shtml。

② 由南京大学—谷尼网络舆情监测与分析实验室发布的《2009年中国网络舆情报告》显示：网民逐渐关注官员的言行，而由中国传媒大学网络舆情研究所—艾利艾咨询机构撰写的第三方研究报告2009年、2010年、2011年《中国网络舆情指数年度报告》则显示，反腐倡廉引发的舆情总量分别占据被关注的第一、第二和第一，并且七成舆情突发事件由官员言行不当引发。

民对政治承担者的态度蔓延至整个政治体制。因此，多管齐下使行政者自觉地将其言行"双规"起来，彰显的不仅是个人的能力与综合素养，更是体现政治体制优越性的"窗口"。为此，应着力做好以下几点。

第一，健全监督、考核机制，提升公务员素质。通过建立培训、监督与考核机制，使综合素质较低的领导干部不断与时俱进，使所有政府人员的言行暴露在"阳光下"，通过定期考核等方式不断强化、检验、保障与提高每一个公务员的政治素养，使其言行真正能够符合职业规范、社会公约和人民的期待。

第二，加强学习、改变观念，做好人民的公仆。言行失范来自少数官员内心的权力骄横，说明这些公务员对"执政为民""为人民服务"等理念缺失，长此以往有脱离群众、亡党亡国的危险。因此，通过学习型政党与政府的建设，①加强公务员队伍的思想、道德与观念等方面的建设，彻底割除错误思想的"毒瘤"，才能保证规范的言行。

第三，双管齐下、惩戒贪腐，消解民众"仇官"心理。反腐要综合使用法治的"他治"与德治的"自治"，既要依法反腐、依法肃贪；又要加大思想政治教育，提高广大公务员政治素养与防腐"免疫力"。法治是外力，治标不治本；德治是根本，治本难落实。因此，要综合利用法治和德治，标本兼治，减少腐败、消解民众"仇官"心理，调试民众政治心理的"仇官"倾向。

第四，加强个人修养，谨言慎行、敢言善言。在网络媒体时代，网络回应成为政府的"必答题"，其不回应、乱回应都会引发网民的诟病。因此，政府唯有强化队伍建设、提高每一个公务员的工作能力和个体修养，才能从根本上根除网民对政府的"挑剔"与

---

① 参见刘先春、任彦《网络政治视野下改进党的建设初探》，《理论探讨》2008年第4期，第130—133页。

"苛刻"。因为，高素质的公务员能够做到谨言慎行、敢言善行，这就会减少不当言行引发舆论的可能，使民众对公务员、官员形成比较客观的认知，增加对政治承担者的认同。

另外，在2016年10月9日中共中央政治局召开的第三十六次集体学习会议上，习近平总书记指出在主持学习时强调，"各级领导干部特别是高级干部，如果不懂互联网、不善于运用互联网，就无法有效开展工作。各级领导干部要学网、懂网、用网，积极谋划、推动、引导互联网发展"。[①]

当前，我国的网络政治文化的主要内容指向是，网络在对现实政治问题的传播过程中，在网民内心积淀所形成的文化新形态。因此，推进政治体制改革、使公共权力得到合理配置，以消除腐败的权力资本，以破除既得利益格局，以根治特权导致的不公平不公正等，使政治体制、经济体制改革走向"深水区"，关注民生、缩小贫富分化、化解社会矛盾、创建和谐社会。扎实做好现实政治工作，改变行政理念，提高社会管理水平，解决好民生问题，才能消除网络舆论，消除民怨民愤，构建理性的网络政治文化所需的虚拟政治场域。

二 提升网络治理能力营造健康的网络政治环境

网络作为社会构成的、与现实社会对照的虚拟空间，决定了其存在于发展必须接受政府的管理。诚如冈塞·内林所言："在社会的方方面面都应该有国家的身影，国家不应该是消极的，而应该采取积极的行动来培养公民的自由习惯。"[②] 对此，习近平总书记指出："我们要本着对社会负责、对人民负责的态度，依法加强网络

---

① 习近平：《加快推进网络信息技术自主创新　朝着建设网络强国目标不懈努力》，《人民日报》2016年10月10日第1版。

② Gunther Nenning, *Negative ang Positive Press Freedom*, IPI Report September 1969, p. 8.

空间治理，加强网络内容建设，做强网上正面宣传，培育积极健康、向上向善的网络文化，用社会主义核心价值观和人类优秀文明成果滋养人心、滋养社会，做到正能量充沛、主旋律高昂，为广大网民特别是青少年营造一个风清气正的网络空间。"① 就目前造成网络政治文化出现的问题而言，政府的治理应该主要集中在网络政治信息立法、组建专职监管部门、改进治理方式及积极输出"正能量"等方面。

1. 加快网络政治信息法制建设与强化执法效力是根本

思想家西塞罗说讲道，"为了自由，我们做了法律的奴隶"，英国政治法律家洛克最为经典的论断是："法律的目的不是废除或限制自由，而是扩大和保障自由。"互联网是自由的空间，但不是法外之地。② 在网络领域仅仅依靠网络伦理不能完全解决问题，伦理道德毕竟是一种软性的社会控制手段，它还需要硬性的法律手段来支撑。③ "无规矩不成方圆，为了让互联网更好发展，应该划出道德和法律的双黄线。"④ 而且，依法管网、依法治网将有助于政府权威的提升，"因为没有哪一种权威是法的唯一本源"⑤。据有关机构对42个国家和地区的调查表明，大约30%的国家正在制定有关互联网的法规，而70%的国家和地区在修改原有的法规以适应互联网的发展。⑥ 但就美国而言，美国共有六大网络安全专职机构与130多项相关法律，如此多的法律制度反衬出网络安全的重要地位及对其管理不容忽视的战略选择。

---

① 习近平：《在网络安全和信息化工作座谈会上的讲话》，《人民日报》2016年4月26日第2版。

② 莫津津：《网络不是法外之地》，《人民日报》2012年12月18日第1版。

③ 于都：《网络媒体的十七大热门话题》，《中华新闻报》2003年10月15日第5版。

④ 简满屯：《有底线，才健康》，《人民日报》2012年12月23日第1版。

⑤ [美] 塞缪尔·亨廷顿：《变化社会中的政治秩序》，王冠华等译，上海人民出版社2008年版，第83页。

⑥ 汪玉凯：《加强网络治理是各国政府的重要职能》，《光明日报》2012年6月8日。

就我国而言，在党的十八大报告中明确提出"加强网络社会管理，推进网络依法规范有序运行"，①把网络信息保护纳入法制化轨道，是依法治国、建设社会主义法治国家的内在要求。对于"利用网络鼓吹推翻国家政权，煽动宗教极端主义，宣扬民族分裂思想，教唆暴力恐怖活动，等等，这样的行为要坚决制止和打击，决不能任其大行其道。利用网络进行欺诈活动，散布色情材料，进行人身攻击，兜售非法物品，等等，这样的言行也要坚决管控，决不能任其大行其道"。②为此，在制定国家层面的网络管理，尤其是网络信息等方面的法律时，要做到利益与权力的均衡配置。不仅要有助于对网络政治信息的治理，而且不能损害网民正当言论的表达权力。这就要求相关法律应该明确政府管制的边界，以立法中兼顾国家、社会及公民的利益和权力。③只有这样才能真正推动"网络政治"快速发展，才能使网民对"网络权力"的分配形成正确的认识，从而使得建立在"网络政治"基础之上的文化形态趋于良性。

立法是基础、执法是关键。网络信息治理不力的一个重要原因是执法力度不够，网络执法因网络超时空性、匿名性等显得困难更大、成本更高，而且依靠政府单一的力量，难以实现理想的效果。但网络执法失范，主要体现在处理"因言获罪"方面，此类案件大多涉及地方官员生活作风等问题，使得仅有的能够使用网络信息治

---

① 《坚定不移沿着中国特色社会主义道路前进 为全面建成小康社会而奋斗——在中国共产党第十八次全国代表大会上的报告》，新华网，2012年11月19日，http：//www.xj.xinhuanet.com/2012—11/19/c_113722546_11.htm。

② 习近平：《在网络安全和信息化工作座谈会上的讲话》，《人民日报》2016年4月26日第2版。

③ 参见傅达林《网络立法需明确政府管制边界》，《京华时报》2012年3月11日第2版。

理的法律，消损了法律的效力。① 为此，习近平总书记指出："网民大多数是普通群众，来自四面八方，各自经历不同，观点和想法肯定是五花八门的，不能要求他们对所有问题都看得那么准、说得那么对。要多一些包容和耐心，对建设性意见要及时吸纳，对困难要及时帮助，对不了解情况的要及时宣介，对模糊认识要及时廓清，对怨气怨言要及时化解，对错误看法要及时引导和纠正，让互联网成为我们同群众交流沟通的新平台，成为了解群众、贴近群众、为群众排忧解难的新途径，成为发扬人民民主、接受人民监督的新渠道。"② "对网上那些出于善意的批评，对互联网监督，不论是对党和政府工作提的还是对领导干部个人提的，不论是和风细雨的还是忠言逆耳的，我们不仅要欢迎，而且要认真研究和吸取。"③ "各级领导干部要学网、懂网、用网，积极谋划、推动、引导互联网发展。要正确处理安全和发展、开放和自主、管理和服务的关系，不断提高对互联网规律的把握能力、对网络舆论的引导能力、对信息化发展的驾驭能力、对网络安全的保障能力，把网络强国建设不断推向前进。"④ 因此，在加强网络立法的同时，更应该强化网络执法的效力与规范。

诚然，网络信息立法、网络新闻立法将从根本上解决网络治理

---

① 如 2006 年 8 月 31 日重庆市秦中飞因一则针砭时弊的短信获"诽谤罪"；2006 年 5 月安徽五河县教师李茂余和董田平向县领导发针砭时弊"顺口溜"的短信，被定诽谤领导罪；2007 年 1 月 1 日山东高唐县民政局地名办主任董伟的"孙烂鱼更黑"事件；2007 年 7 月 18 日一网民因为发帖讨论济南暴雨伤亡，警方以"散布谣言"为由对其进行治安拘留；2007 年 7 月 27 日因儋州市政府将学校迁址，两名教师网上发帖，被认为涉嫌人身攻击、诽谤市领导；2010 年 4 月福州马尾区人民法院对 3 网民转发"质疑公安机关处理一起案件'申述帖'"的判决，2010 年 9 月江苏省邳州市的"禁网门"等，诸如此类、不绝于网。

② 习近平：《在网络安全和信息化工作座谈会上的讲话》，《人民日报》2016 年 4 月 26 日第 2 版。

③ 同上。

④ 习近平：《加快推进网络信息技术自主创新朝着建设网络强国目标不懈努力》，《人民日报》2016 年 10 月 10 日第 1 版。

的依据的问题,将有效遏制谣言、虚假信息的传播,有利于网络政治环境的塑造与培育。因此,要加快网络立法进程,完善依法监管措施,化解网络风险,① 尤其是对网络政治信息、新闻等方面的立法,将从制度上保证网络政治文化对象的真实性、客观性,将为网民的政治认识提供全面而准确的对象。

2. 组建处理网络政治信息的专职部门是关键

网络治理是一项涉及政府、网民媒体及网民三方面的"系统综合"的复杂工程,就政府这一主体的治理而言,所涉及的行政职能部门主要有中共中央宣传部、国务院新闻办、公安部(公安部门设立的"网监大队"、各级网络信息举报平台)、工业和信息化部、教育部、商务部、文化部、新闻出版总署、国家保密局、各省市通信管理部门、国家互联网信息办网络新闻协调局、国家互联网信息办公室、国家计算机网络应急技术处理协调中心、中国互联网络信息中心及互联网信息安全中心(CNNIC)等。另外,由于三大电信运营商自身的"半政府"属性及其在网络管理中的重要职能,以及学术研究机构,如中国通信学会、中国通信标准化协会、中国互联网协会(建立的"中国互联网违法和不良信息举报中心"②)和各高校舆情监督机构等,也将是政府网络治理重要的依托。

我国政府作为网络治理的行为主体,呈现出不同职能部门依据本单位职责,对与本部门相关的互联问题进行管理。三大电信运营商大多致力于推动互联网行业的发展,承担促进网络基础设施建设、创新互联网业务和市场竞争等职责。公安部门及相关信息安全机构,主要负责打击网络虚假信息、经济诈骗及危害国家安全等领域内的犯罪活动。商务经济部门主要负责电子商务,文化部门负责

---

① 习近平:《在网络安全和信息化工作座谈会上的讲话》,《人民日报》2016年4月26日第2版。

② 中国互联网违法和不良信息举报中心,http://net.china.cn/。

对网络版权、文化产品审核等管理职能等。2014年中共中央网络安全和信息化领导小组成立，标志着互联网治理成为党中央高度关注的领域，更标志着网络治理、完全、信息化建设、"互联网+"战略，拥有了统帅性的领导部门。但是，从国家到地方、从专职部门到线管部门之间的联动、协调机制还有待完善。

就国外来看，组建网络治理专门机构的国家也不多，大多数国家的网络治理只要依靠各部门的互相配合与协调。在我国因网民数量多、网络治理难、涉及部门较多等现实，决定了应该成立相应的"协调性"机构，以在网络治理所涉及的不同部门之间发挥沟通、协调、服务等职能。此类部门，既可以协调各政府职能部门就某一方面进行专项统一综合执法、加强网络管理，又能协调政府部门、网络媒体及高校研究机构等单位之间的合作，将有助于我国网络治理的实际工作。通过专一性协调部门的网络治理，将规范网络政治信息的发布与传播，将有利于网络政治环境的培育。

3. 改进网络治理方式提高网民认可度是根本

网络治理不仅要有法可依、有人执行，而且要强调治理的方式与方法，文明、规范的网络执法将赢得网民的认可与支持，反之亦然。对此，胡锦涛同志讲道："坚持依法管理、科学管理、有效管理，综合运用法律、行政、经济、技术、思想教育、行业自律等手段，加快形成依法监管、行业自律、社会监督、规范有序的互联网信息传播秩序。"[1] 习近平总书记更是明确指出："要抓紧制定立法规划，完善互联网信息内容管理、关键信息基础设施保护等法律法规，依法治理网络空间，维护公民合法权益。"[2] 只有建立了统一的法治尺度，才能保证广大网民的切身利益，才能赢得网民对政府的

---

[1] 《以创新的精神加强网络文化建设和管理　满足人民群众日益增长的精神文化需要》，《人民日报》2007年1月25日。

[2] 习近平：《总体布局统筹各方创新发展努力把我国建设成为网络强国》，《人民日报》2014年2月28日第1版。

认同。此外，依法治网还要"依法严密防范和严厉打击敌对势力渗透颠覆破坏活动、暴力恐怖活动、民族分裂活动、极端宗教活动，坚决维护国家政治、经济、文化、社会、信息、国防等安全"。① 现实证明，网络经济犯罪、网络赌博、网络走私、网络恐怖主义蔓延、网络意识形态渗透和网络"三俗"文化传播等，都必须依照《网络完全法》坚决予以打击，以期构建"天朗气清、生态良好，符合人民利益"的网络空间。② 目前，就影响我政治文化的政府网络治理方式而言，应转变网络信息治理理念与态度，回应政治信息方式的灵活性等。

（1）政府网络政治信息治理理念的转变

前网络社会基于官本位及官僚主义等思想形成的"独白式"的回应，已经在网络信息时代失去了原有的效力。网络信息时代，信息渠道多元化、传播平台多样化、传播速度同步性等特点，打破了前网络社会政府垄断信息的特权，致使必须转变网络信息发布、网络信息反馈和网络疑问反馈的观念。面对网民不断的、急切的提问和疑虑，政府对网络信息的回应显得狼狈不堪、千篇一律。当前，仍有部分新闻发言人所交出的答卷被民众判为"不及格"：有的遮遮掩掩、欲语还休，敷衍民众关切；有的打官腔、端官样；有的将"无可奉告""我不知情"作为挡箭牌……这些现象不仅让公众反感，也可能给政府正常工作"帮了倒忙"，③ 致使不当、适当网络回应不仅未能化解网络疑问，还有可能诱发网络舆论。究其原因，主要在于权利意识的作祟。

---

① 《中共中央关于制定国民经济和社会发展第十三个五年规划的建议》，《人民日报》2015年11月4日第1版。

② 习近平：《在网络安全和信息化工作座谈会上的讲话》，《人民日报》2016年4月26日第2版。

③ 钱一彬、董丝雨：《新闻发布是释疑不是仪式》，《人民日报》2016年12月1日第14版。

对此,"北京大学国家战略传播研究院院长程曼丽教授认为,'怎么说'所涉及的技术技巧背后,反映的是观念问题。发言人要树立'互联网2.0思维',第一不能一厢情愿、自说自话;第二不能居高临下、我说你听"。① 因此,将"权力意识"主导下的"独白式"回应转变为"服务意识"指导下的"对话式"回应,② 将有助于改变网民对政府认知的形象,提高政府的公信力。

表11—1　　　　"独白式"回应与"对话式"回应的比较③

	"独白式"回应	"对话式"回应
直观特征	自说自话、一家之言	交流对话、多向互动
治理方式	命令—服从	协商—合作
理念基础	权力本位	服务意识
信息向度	单项输出、自上而下	多向流动、上下互通
利益支点	部门利益至上	多元利益兼顾
理念基础	权力层级	自由平等
话语场域	政府说、民众听	互说互听

(2) 政府网络回应方式的灵活性转向

理念转变是内质、方式更新是体现。政府在面对网络政治舆情及相关信息时,不仅要改变传统的观念和作风,而且要在回应方式上选择网民乐意接受的方式,以使回应"接地气"。一直以来,当网络信息涉及政府、公务人员、领导及政治等方面时,政府大都以严肃、认真、规范、刻板的方式加以回应,甚至一些地方政府的回

---

① 钱一彬、董丝雨:《新闻发布是释疑不是仪式》,《人民日报》2016年12月1日第14版。
② 关于"对话"方式的更多论述,参见刘先春《网络化境遇中的意识形态间对话》,《理论与现代化》2011年第2期。
③ 参见韩志明《从"独白"走向"对话"——网络时代行政话语模式的转向》,《东南学术》2012年第5期,第8页。

应出现了"八股文"的"样板戏"。但在网络时代，网民的话语体系已经发生了很大的变化，网络流行语正以强大的扩散力夺取着舆论的话语权。网络语言是民间智慧的结晶，朴实自然，幽默风趣，极具亲和力和传播力。如果政府的回应不关照网络语言生态环境，就可能导致"官方"与"网民"两个舆论场"共振域"的降低，直至割裂。为此，习近平总书记要求"各级党政机关和领导干部要学会通过网络走群众路线，经常上网看看，潜潜水、聊聊天、发发声，了解群众所思所愿，收集好想法好建议，积极回应网民关切、解疑释惑"。①

因此，政府在应对网络政治信息与舆论中采用大众化、简洁化、明了化、时尚化等方式，以增强亲和力，拉近与网民的距离，就成为政府网络治理、创设宽松网络政治环境的一个重要方面。目前，一些政府部门已经意识到这一问题，积极采用更加适合网络话语体系的方式来回应网络政治信息。如北京、南京及湘潭市等多地警方使用"凡客体"宣传安全意识，另外，"咆哮体""淘宝体"等形式也被广泛采用，《人民日报》更是使用"给力"等网络流行语。这些方式的转变，充分体现了政府在网络时代的执政理念的转变与执政能力的提升。

（3）政府网络回应态度的调整是关键

政府应对网络政治信息与政治舆论时，应采用积极主动、公开客观、连续跟踪、及时更新及平等谦和等态度，转变以往消极应对的态度。在网络政治信息的传播与扩散过程中，政府积极地介入与回应，将消除谣言滋生的机会，有利于疏导网络舆情。信息"公开"成为政府网络治理的必答题，勇于面对质疑，善于触碰热点，

---

① 习近平：《在网络安全和信息化工作座谈会上的讲话》，《人民日报》2016年4月26日第2版。

真诚给予回应，回应不回击，对话不对立。① 对网络政治信息反映的问题，政府应在不影响侦查与具体工作的情况下，及时连续地发布信息，以满足网民的信息消费需求。政府的回应要有针对性，就网民及社会普遍关注的热点事件、敏感话题及关键性问题，予以及时的回应，消除质疑与疑虑。以"服务型"政府建设的理念，认真谨慎地对待网络政治信息，平等谦和地回应网民的质疑，摒弃"上纲上线""文件压人"的方式。政府回应应更加注重时效性，在一定程度上时效性与政府的公信力呈正相关。② 如"雷政富事件"被网民称为中国反腐历史上的"秒杀"，重庆官方回应之快与其他地方类似事件的"回应"形成鲜明的对比。

网络治理对于每一个国家的政府来讲都是新的挑战。对于我国政府而言，网络自由提供的信息自由，将是政府网络治理的一个重要领域。鉴于网络政治信息治理的程度，直接关乎着网民政治认知的对象，政府应建立政府新闻发言人和网络发言人制度，建立政情民意互动的网络平台，建立健全网民留言办理工作机制，等等，保证客观真实的网络政治信息。同时，政府对网络政治信息治理的方式、方法及态度等，也将引发网民对政治的评价。因此，提升政府执政能力，加强网络治理能力，改进网络回应方式、转变网络治理理念，将是赢得网民认可的重要方面。

（4）加强网络执法队伍建设提高网络执法力度

网络政治信息作为网络政治文化形成的主要对象，必将是政府

---

① 范正伟：《"回应"：互动中筑牢信任的基石》，《人民日报》2012年11月5日第4版。

② 在政府回应的时效性方面，已经建立了完善的新闻发布机制。2016年2月，中共中央办公厅、国务院办公厅印发《关于全面推进政务公开工作的意见》，要求确保在应对重大突发事件及社会热点事件时不失声、不缺位。2016年8月，国务院办公厅又印发《关于在政务公开工作中进一步做好政务舆情回应的通知》，明确提出对涉及特别重大、重大突发事件的政务舆情，要快速反应、及时发声，最迟应在24小时内举行新闻发布会。2016年11月，国办印发《〈关于全面推进政务公开工作的意见〉实施细则》，首次明确重大突发事件回应5小时时限要求。资料来源：钱一彬、董丝雨：《新闻发布 是释疑不是仪式》，《人民日报》2016年12月1日第14版。

提升公信力、权威性等重点治理的对象。在坚持依法管网、以法治网的理念下，应加强网络法制队伍的建设，包括网络法律的制定者、执行者及监督者等。只有高质量的网络法律法规、高素质的网络执法队伍，及高度责任感的监察部门，才能保证网络依法治理的顺利开展。

网络发展过程中暴露出来的诸多问题，要求政府管理及时跟进。尽管我国各级政府，尤其是公安部门成立了"网监大队"等机构，但相关执法人员很难在有限时间内，胜任网络治理的需要，致使在工作中出现了执法不规范、未依法执行等问题。尤其是对网络政治信息的治理工作中，更要求执法人员有较高的综合素质。为此，强化网络执法队伍建设将是培育网络环境的关键之一。另外，网络信息犯罪与网络虚假言论因网络虚拟、跨时空、匿名等原因，导致网络执法的法律依据不足、技术难度较大、成本高、取证难等困境，这就更加凸显网络严格执法的重要性。

4. 网络宣传队伍充分发挥其引导网络舆论的积极作用

网络舆论的引导"很重要的就是需要有一批高层次领军人物和专业文化工作队伍"，[1] 网络宣传队伍作为政府网络治理不可或缺的一支文化队伍，他们具有专业的知识背景、敏捷的创作思维及较高的文学素养等优势，能够针对社会热点问题，及时发帖跟帖，正确引导网络舆论。[2] "牢牢把握正确舆论导向，健全社会舆情引导机制，传播正能量。加强网上思想文化阵地建设，实施网络内容建设工程，发展积极向上的网络文化，净化网络环境"，[3] 就需要"培养网信人才，要下大功夫、下大本钱，请优秀的老师，编优秀的教

---

[1] 王学俭、刘强：《新媒体实践与马克思主义传播体系构建》，《学术论坛》2012年第2期，第4页。
[2] 《中共中央关于加强党的执政能力建设的决定》，人民出版社2004年版。
[3] 《中共中央关于制定国民经济和社会发展第十三个五年规划的建议》，《人民日报》2015年11月4日第1版。

材，招优秀的学生，建一流的网络空间安全学院"。[①] 然而，长期以来我国一些地方政府因为担心"公权力绑架舆论"的指责，而不愿直面作为网络宣传队伍代名词的"网络评论员"的相关信息，折射出应对网络舆情的不自信。当然，也有些地方政府坦然面对，公开进行网络评论员招募、评论员队伍等工作。[②]

目前，我国网络宣传队伍，大致吸纳了具有政治专业背景的研究机构及高校中青年教师、大学生、网络职业写手及个体网民等。网络宣传队伍也被称为网络评论员、五毛党、网评猿及网络阅评员等。"网络评论员"最早出现于南京大学官方网站上，招募有些学生发布积极、正面的帖子引导校园网络空间，并与勤工助学挂钩。后来，这一经验被各高校、各级党政机关和各职能部门模仿，都纷纷组建了网络评论员队伍，以应对网络舆情。在网络宣传委员队伍建设过程中，因职能细化凸显出来的内部结构的调整问题，也应被高度重视，即应依据职能细化队伍内部分工，如加强网络新闻监督员队伍建设、加强网络特约报道员队伍建设、加强网络评论员队伍建设、加强网络新闻发言人队伍建设等，以设置科学的结构推动功能的有效发挥。

网络宣传队伍的建设与管理的不断完善，有利于提高对网络舆情的引导能力，使网络成为宣传党的主张、弘扬社会正气、通达社情民意、引导社会热点、疏导公众情绪、搞好网络舆论监督的重要阵地，为网络政治文化的涵养创设健康的网络政治环境。

[①] 习近平：《在网络安全和信息化工作座谈会上的讲话》，《人民日报》2016年4月26日第2版。
[②] 从2004年10月开始，长沙市委外宣办建立网络评论员队伍；2005年4月28日，江苏省宿迁市成立网络评论员队伍；2010年初甘肃省委宣传部宣布，将组建一支由网络"高手""好手""写手"组成的规模共650人的网络评论员队伍；2011年浙江省金华市武义县明确发文要建设的"六支宣传队伍"中就包括"网络评论员队伍"；2012年3月28日，中共新余市委宣传部发布《关于进一步加强网络评论员队伍建设的通知》；2012年8月31日，内蒙古自治区准格尔旗为提升网络评论员队伍建设质量提出四点建设意见；等等。另外，北京铁路局团委、国家安监总局等职能部门，也纷纷组建自己的"网络评论员队伍"。

5. 加强对网络媒体的监督与规范是优化网络政治环境的保障

推进国家治理体系和治理能力现代化，信息是国家治理的重要依据，要发挥其（政府）在这个进程中的重要作用。[①] 为此，提升政府对网络媒体的监督和管理，就成为优化网络环境的重要保障。网络媒体为网络政治文化提供着直接的认知对象，是信息的发布者、把关者与治理者，但由于各种原因网络媒体的失实报道与监管不力，成为目前政府网络治理的一个重要方面。[②] 2009年初全国整治互联网低俗之风专项行动，关闭违法违规网站2962家；2010年初，工业和信息化部宣布，关闭了13.6万个未备案的网站和涉黄手机网站11691个；2010年9月底，三家运营商关闭未备案的网站3000多个，CNNIC完成信息真实性核验的域名共计468.6万个。2011年6月，国家互联网信息办网络新闻协调局关闭55家从事非法网络公关活动的网站；[③] 2012年"剑网行动"专项网络整治工作，关闭违法网站183家，同期关闭47家冒用"维权""反腐"等旗号违法网站。在加大对网站监督的同时，在技术层面上推进"三网融合"，在管理层面上完善许可制度、准入制度与审批制度，[④] 明确不同类型新闻信息服务单位的业务范围，依法实施管理。

另外，在网络政治行为监管方面，应该积极发挥网络技术的作用。通过上网行为管理设备（软、硬件），不仅可以全面优化网络政治信息资源和管控用户的网络政治行为，而且能够详细地记录网

[①] 习近平：《在网络安全和信息化工作座谈会上的讲话》，《人民日报》2016年4月26日第2版。

[②] 马俊、殷秦等：《中国的互联网治理（2011）》，中国发展出版社2011年版，第134—135页。

[③] 这类网站也成为"网络水军""网络推手""灌水公司""删帖公司""投票公司"等，主要通过不正当手段打击竞争对手、歪曲捏造事实进行敲诈勒索、通过话题炒作制造虚假网络民意牟利、从事私下交易牟取非法利益。

[④] 《互联网新闻信息服务管理规定》，中华人民共和国中央人民政府网站，2005年9月25日，http://www.gov.cn/flfg/2005-09/29/content_73270.htm。

民的网络政治行为（如访问的网址、收发的 E-mail、发布的帖子、QQ 等聊天内容等），并借助网络巨大的存储功能记录海量的上述行为，避免了不良政治信息的传播。① 还要积极探索建立大数据库、"政府＋网络媒体"的共治模式，主管部门、企业要建立密切协作协调的关系，避免过去经常出现的"一放就乱、一管就死"现象，走出一条齐抓共管、良性互动的新路……要建立统一高效的网络安全风险报告机制、情报共享机制、研判处置机制，准确把握网络安全风险发生的规律、动向、趋势。要建立政府和企业网络安全信息共享机制，把企业掌握的大量网络安全信息用起来，龙头企业要带头参加这个机制……发挥"1＋1＞2"的效应，以综合运用各方面掌握的数据资源，② 从线下转向线上线下融合，从单纯的政府监管向更加注重社会协同治理转变。③

可见，网络媒体中潜藏着大量的违规、违法网站，对此政府网络管理部门应加大监督力度，展开不间断的信息安全专项整治活动，及时取缔发布虚假消息的网络媒体及关闭涉事自媒体，净化网络空气，创造有利于积极健康网络政治文化形成的网络虚拟政治场域。

第三节 释放网络"正能量"构建网络和谐政治场域

在网络时代，传统社会"权威治理"模式向"共同治理"模

---

① 目前国内对网络监控的硬件企业主要有新网程、网康科技、深信服科技、以太科技、迅博科技、任子行、中科新业（网络哨兵）、宇沃德（网络警卫）、TE-BAS、实现科技、上海西默通信技术有限公司等；软件企业主要有网络岗、百络网警、天易成网管、掌控者、第三只眼、超级嗅探狗、聚生网管、信安上网行为管理系统、IP-guard 上网行为管理软件等。

② 习近平：《在网络安全和信息化工作座谈会上的讲话》，《人民日报》2016 年 4 月 26 日第 2 版。

③ 习近平：《加快推进网络信息技术自主创新朝着建设网络强国目标不懈努力》，《人民日报》2016 年 10 月 10 日第 1 版。

式转型的情况下，积极强调发挥具有介质与场域功能的网络媒体的舆论引导作用，动员身兼双重身份的网民的积极正向参与，将是网络政治文化建设不可忽视的两个方面。网络"应该成为我们宣传科学理论、传播先进文化、塑造美好心灵的阵地"。① 网络政治场域是网络政治文化形成的大环境，该环境的生态状况不仅取决于政府的网络治理能力及绩效，而且与网络媒体（非官方）及全体政治型网民的网络行为密切相关。因为"在我国，7亿多人上互联网，肯定需要管理，而且这个管理是很复杂、很繁重的。企业要承担企业的责任，党和政府要承担党和政府的责任，哪一边都不能放弃自己的责任"。② 因此，在法制的框架内充分发挥政府网络治理职能的同时，网络媒体不断提升职业水准、发挥行业自律机制、强化监控职能；网民逐渐提高政治素养、规范网络行为；等等，都将直接影响网络政治的环境，并潜移默化地渗透到网络政治文化的发展过程之中。

网络媒体不仅是沟通网络政治文化主体与政治真实客体之间的渠道，而且是将真实政治客体信息化的加工与传播主体，这就致使网络媒体在网络政治环境的塑造方面拥有了是否传播、传播什么类型、如何传播政治信息等三重功能。网络媒体在政治信息传播方面所具有的这些功能，决定了其在营造网络政治文化环境中的"把关人"角色。因此，充分发挥网络媒体的集体自律机制，强化网络媒体个体的自治职责，规范网络媒体对政治信息的制作与传播，将是构建网络政治环境的一个重要方面。

一　加快网络媒体自律机制建设规范政治信息传播行为

媒体"必须能够成立一个独立部门和调查机构，自由地传播不

---

① 《江泽民文选》第3卷，人民出版社2006年版，第97页。
② 习近平：《在网络安全和信息化工作座谈会上的讲话》，《人民日报》2016年4月26日第2版。

同的思想和观点"。① 我国政府在依法加强对网络治理的同时，应充分发挥网络媒体的自律潜能，加强网络行业自律机制的建设，使得网络治理由政府"垂直—行政"管理模式转化为网络媒体的"横向—行业"自律模式，实现由被动监管到主动治理，由"他律"到"自律"。因此，建议借鉴国外的网络治理经验，将网络治理权力适度下放给网络媒体，充分发挥互联网行业自律组织的治理功能，以期实现行业自律、互相监督，自我规范、强化管理的"内在—主动"网络治理模式。

1. 我国网络媒体自律机制的发展历程

网上信息管理，网站应负主体责任。② 为此，2003年我国部分网络媒体发起自律机制倡议，经过十多年的发展，形成自律制度清晰、覆盖领域宽泛的"网络公约"。网络媒体自律既涉及官方媒体，也涵盖商业新闻网络媒体，甚至微博客也推出了自律机制，这对网络政治空气的净化起到积极的作用。我国网络媒体自律机制的发展，标志性事件主要有：

＊2003年10月11日，中华全国新闻工作者协会、部分网络媒体签署《中国网络媒体的社会责任——北京宣言》；

＊2003年12月8日，在互联网新闻信息服务工作委员会成立大会上，部分互联网新闻信息服务单位签署《互联网新闻信息服务自律公约》；

＊2006年4月27日，北京网络媒体协会发布《北京网络媒体行业自律公约》；

＊2006年7月18日，深圳市公布《深圳市网络媒体协会自律公约》；

---

① Commission on Freedom of the Press, A Free and Responsible Press (Chicago: University of Chicago), 1947, p. 18.

② 习近平：《在网络安全和信息化工作座谈会上的讲话》，《人民日报》2016年4月26日第2版。

＊2007年8月，中国互联网协会发布《博客服务自律公约》；

＊2008年2月22日，8家中央网络媒体加入《中国互联网视听节目服务自律公约》；

＊2010年8月27日，北京网络媒体协会新闻评议专业委员会做出《关于在网络媒体设立自律专员的倡议》，随后各大网站纷纷建立自律专员（亦被称为"内容清道夫"）；

＊2011年4月27日，北京网络媒体协会修订《北京网络媒体行业自律公约》；

＊2011年11月11日，河北省率先发起《微博客用户自律公约》《网络媒体自律公约》；

＊2012年4月16日，黑龙江发布《黑龙江省网络媒体新闻信息服务自律公约》。

我国政府制定出台的各项有关网络政治信息治理的规章制度，是上位治理的宏观制度安排，而网络媒体自律组织出台的相关行业准则，则是具有"公约"性质的行为规范，是网络媒体自愿签署并遵守的准则。并且，我国网络自律设有专门的组织、章程、自律公约及人员配备，这就使得网络自律不仅成为自愿的"公约"，而且具有一定强制约束力。

2. 网络媒体自律机制是网络政治场域建设的行业制度保障

在诸多网络媒体自律"宣言"中，大都明确而提出：缔约媒体要遵守国家关于互联网文化建设和管理的法律、法规和政策，依法开展互联网视听节目服务，积极传播健康有益、符合社会主义道德规范、体现时代发展和社会进步、弘扬民族优秀文化传统的互联网视听节目。提倡文明办网、文明上网，坚持社会效益高于经济效益，坚持网络传播的真实性、客观性、公益性原则，严格规范新闻信息稿源，恪守新闻职业道德、职业纪律，杜绝任何形式的虚假新闻、有偿新闻、侵权新闻、低俗新闻和虚假广告。共同抵制腐朽落后思想文化，不传播渲染暴力、色情、赌博、恐怖等危害未成年人身心健康、违背社会公德、损害民族优秀文化传统的互联网视听节目，共同净化网上空间，等等。①而且，网民媒体"要发挥网络传播互动、体验、分享的优势，听民意、惠民生、解民忧，凝聚社会共识"，②把广大网民的心声输入政治体系内部。

虽然，很多网络媒体自律公约没有直接涉及网络政治信息传播的相关内容，但对职业规范要求、新闻报道流程、信息发布制度、监管惩处机制等方面的宏观规定，也会迁移到对网络媒体在时政新闻、政治信息等业务方面。致使网络媒体在自律机制的规约下，对政治信息的制作、传播等有了准则，从而决定着网民所接触的网络政治文化的客体。

我国网络媒体自律机制的建立，为规范网络媒体、过滤网络政治信息和营造网络政治环境，提供了必要的制度保障。从政治学的角度看，网络媒体通过行业自律形式的"自治"，实际上是网络权力的重新配置，是真正属于"网络政治"的范畴。随着网民政治知识、经验与素养的提高，以"契约""代议制"等形式授权给政府实施的民主之权力便要返还给网络，在政府与网络社会之间重新分配网络权力。网络政治信息治理权力部分回归给网络媒体，才能使其充分发挥"把门人"的职能，净化网络政治环境。

二 提高网络媒体自治能力以监控网络政治信息的传播

网络政治文化客体——政治信息决定着该文化的性质与类型，而网络媒体的监控则直接关系着网络政治信息。因此，提高网络媒体的自治能力，强化对本媒体及其下辖网络信息平台发布政治信息

---

① 参见《互联网新闻信息服务自律公约》《北京网络媒体行业自律公约》《中国互联网视听节目服务自律公约》等网络媒体自律宣言及相关文件。

② 习近平：《加快推进网络信息技术自主创新朝着建设网络强国目标不懈努力》，《人民日报》2016年10月10日第1版。

的监控，以为网民提供客观真实、健康积极的政治认知对象。

1. 提高网络媒体对政治信息的治理能力

网络媒体作为网络政治信息的制作、传播媒介，其新闻发布制度、监督机制及工作人员的政治素养、专业技能等，都影响着对网络政治信息的处理能力。因此，规范和完善网络政治信息发布制度，健全媒体自治机制，提高网络媒体工作人员的政治素养，恪守新闻职业准则，强化专业技能，将有助于提高网络媒体对政治信息的制作、传播及监管能力，为网络政治信息的治理提供制度、技术及人员保障。

2. 强化网络媒体的政治信息监控职能

网络政治信息的发布平台主要有官方网站、综合新闻网站及其开设的微博客、论坛及新闻评价栏目等。官方发布的政治信息比较严谨，综合新闻发布的政治信息略有失真，而自媒体、论坛及网络社区等私人信息平台，发布的信息就比较灵活。相比之下，官方网络媒体与综合新闻网站因其注册信息可追踪、接受政府管理等原因，致使其在发布相关政治信息时持有严谨的态度，而自媒体、论坛社区及网民评论等，因其发言人的身份的虚拟与追踪的困难，致使发布政治信息存在较大的风险。鉴于微博客、论坛/BBS、网络社区、QQ及飞信空间等形式的信息渠道，大都是综合网站推出的相关网络服务，[①] 因此，加强各大网站对自身开设的信息发布渠道的监控，将有利于对不良政治信息的过滤。

---

① 中国新闻网站及电信运营商十分重视对网络信息的监控，如2011年11月，中国移动成立了信息安全管理与运行中心，2012年9月中国移动（洛阳）信息安全运营中心正式启用，2010年11月24日，新浪微博成立了微博辟谣小组，并开设了"新浪微博不实信息曝光专区"（http://weibo.com/pub/i/zt/wbpy），及时公布不实信息。网易、搜狐、凤凰网、人人网、开心网及移动微博等网站通过在各自网站设置举报入口、公布举报电话、招聘专职网监人员等方式清理虚假信息。

三 释放网络"正能量"积极引导网络政治舆论的走向

党的十八大报告提出:"加强和改进网络内容建设,唱响网上主旋律",要求"加强网络社会管理,推进网络规范有序运行"。[1] 习近平总书记更是指出,"做好网上舆论工作是一项长期任务,要创新改进网上宣传,运用网络传播规律,弘扬主旋律,激发正能量,大力培育和践行社会主义核心价值观,把握好网上舆论引导的时、度、效,使网络空间清朗起来"。[2] 这就对充分发挥网络正能量,使网络更好地服务于特色社会主义的政治、经济和文化建设,提出新的要求。戴维·帕拉茨和罗伯特·恩特曼认为,"媒体能够起到稳定舆论、改变舆论和限制舆论的作用"。[3] 因此,网络媒体应进一步提高责任感、使命感,坚持社会责任与经济利益"两手抓",充分利用网络优势,大力弘扬能够鼓舞网民的积极乐观事件,客观公正地报道负面事件,理性地评述政治生活中存在的问题,既不能避而不谈,也不能过分夸张。

网络媒体通过营造网络政治生态环境,从而使网民在此环节中被政治氛围所感染。网络媒体营造的政治环境除了客观、理性、真实地报道相关政治新闻和传播政治信息,还要积极传播、制作能够弘扬主旋律的政治文化作品,通过影视、音乐及文艺作品等形式,宣传积极典型的事件。相比之下,一般的时政新闻比较枯燥乏味,而政治类的文艺作品则因其文学气息与故事性能够吸引网民,使网民在欣赏文艺作品的过程中,被感染、被熏陶。对此,胡锦涛同志

---

[1] 《坚定不移沿着中国特色社会主义道路前进 为全面建成小康社会而奋斗——中国共产党第十八次全国代定不移沿着中国特色社会主义道路前进表大会上的报告》,新华网,2012年11月19日,http://www.xj.xinhuanet.com/2012—11/19/c_113722546_11.htm。

[2] 习近平:《总体布局统筹各方创新发展努力把我国建设成为网络强国》,《人民日报》2014年2月28日第1版。

[3] David Paletz and Robert Entman, *Media, Power and Politics*, The Fres Press, 1982, pp. 189-193.

指出:"要提高网络文化产品和服务的供给能力,提高网络文化产业的规模化、专业化水平,把博大精深的中华文化作为网络文化的重要源泉,推动我国优秀文化产品的数字化、网络化,加强高品位文化信息的传播,努力形成一批具有中国气派、体现时代精神、品位高雅的网络文化品牌,推动网络文化发挥滋润心灵、陶冶情操、愉悦身心的作用。"①

网络是沟通网络政治文化主客体的桥梁,网络政治环境是网民感知政治的场域,而网络媒体则将"本真"的政治转化为电子信息,并在网民能够参与的虚拟空间(论坛/BBS等)中构筑虚拟政治环境。因此,网络媒体对于引导政治舆论、疏导民愤、消解误知,具有强大的"正能量",为此,在网络政治文化的引塑中,应该积极发挥网络媒体的塑造功能,为网民提供积极健康的政治信息。

第四节 全面提升网民政治素养 规范网络政治行为

马克思主义哲学认为,内因是事物发展的根本原因,外因是事物发展的必要条件,并指出:"理论需要是否会直接成为实践需要呢?光是思想力求成为现实是不够的,现实本身也应当力求趋向思想。"② 网民作为网络政治文化的承载者,其内化形成的网络政治文化既取决于现实政治环境和网络政治场域,又与其自身的思想道德、社会地位、职业收入、宗教信仰及家庭环境等方面密切相关。因此,从网络政治文化的主体入手,探究我国网络政治文化的建

---

① 《以创新的精神加强网络文化建设和管理满足人民群众日益增长的精神文化需要》,《人民日报》2007年1月25日。

② 《马克思恩格斯选集》第1卷,人民出版社1995年版,第11页。

设，是极其重要的一个方面。对此，本书认为，网民作为网络政治文化的主体，一方面要不断提高自身的思想道德素质、政治修养和法律意识，以甄别网络政治信息的真假与美丑，客观冷静地对待网络政治信息；另一方面，网民应约束自己的网络行为，以理性、求真的态度文明上网，以期形成全面客观正确的政治认识。

一　提高网民思想政治道德素养是网络政治文化建设的基础

我国网民在政治素养方面存在较大的差异，只有一小部分属于"政治意见领袖"，还有一小部分是具有政治相关专业学术背景的知识型网民，而大部分则属于普通网民，既缺少必要的政治知识与经验，也缺乏独立的政治思维与分析能力。这就导致网民很容易被网络意见所吸引，不自觉地吸收已有的政治观点，导致网络社会出现"一点即爆"的舆论现象。因此，强化网民自身的政治素养是建设网络政治文化的关键所在。

1. 网民要通过网络丰富自身的政治知识

网络政治信息中潜藏着大量的政治知识，但因其枯燥乏味等原因，不能引起网民的兴趣，更不被网民所学习。因此，改善网络政治知识信息传播的方式，是增强网民政治知识第一步。为此，可以从两方面入手，一方面，网络媒体在时政新闻报道中要采用灵活的方式，以喜闻乐见的形式恰当地植入政治知识，借助网络发酵的政治舆论，向网民介绍必要的政治知识使得网民能够活学活用，借助网络政治新闻附带的政治知识（或者以"扩展阅读""链接"等方式植入政治知识）更好地理解和认识政治问题。同时，还可以发挥网络政工队伍的专业引导作用，及时就网络中存在的错误政治认识，加以有针对性的回帖。另一方面，政府开设专门网站，加以介绍政治制度、政治过程、政治参与规则、政治表达渠道及政策等，为网民提供一个能够了解政治知识的平台。网络空间为网民提供了丰富的政治知识，作为网民应该主动从网络政治信息中学习相关政治知识，理性的认识、评价网络报道的时政新闻。网民只有不断地扩充政治知识才能不被网络舆论及片面观点所误导，才能形成客观的政治认知。

2. 网民要借助网络提高网络政治参与的技能

传统社会政治参与主体是公民，而且参与的渠道、方式及制度安排等直接影响着政治稳定。在网络政治参与中参与的主体网民，参与的渠道是网络各种平台，如论坛/BBS、微博客等，方式主要是政治态度等信息的表达（网络问政、评政）等。

目前，我国网络政治参与主要表现在政治监督方面，网民通过网络检举、揭发不法分子，公开政治过程的不合理（如公务员招聘、干部任免等），以及公款消费、公车滥用及部分领导干部的不当言行等，并且取得显著成效，这一参与方式已经内化为网民的政治参与习惯。另外，网民对政府工作、相关政策及法制案件等领域内相关事件的评价，也是网络政治参与的主要形式。

但是，我国网络政治参与呈现出诸多的问题，主要表现在网民政治参与方式的失范，甚至违法违规等。在政治监督过程中存在扩大化、戴帽子等问题，也存在触犯个人隐私、信息等现象。因此，如何既不违反法律制度，又能积极参与政治生活；如何既能揭发贪污腐败分子，又能不违反法律制度，就需要网民在网络政治参与的实践过程中，不断总结经验、增强政治参与的知识与技能，规范自己的网络政治行为，以期实现依法、合理的网络政治参与。

3. 网民要依托网络环境培育积极的政治情感

政治情感是政治心理构成要素之一，指政治主体在政治生活中对政治体系、政治活动、政治事件和政治人物等方面所产生的内心体验和感受，是伴随人的政治认知过程所形成的对于各种政治客体的好恶感、爱憎感、美丑感、亲疏感等心理反应的统称。① 政治情感是政治文化的"稳定岛",是政治认知与态度积淀的"内核",是民众内心对政治稳定的认知结果,对政治意见、观点、评价及行为等"显性"方面有着决定性的作用。网络政治场域不仅要为网民提供积极的政治认知信息和营造良好的政治环境,而且还要涵养网民的政治情感。

网民在长期的网络政治环境中已经形成初步的政治情感,但因诸多原因导致否定、异质的政治心理。因此,网民应该主动选择由政府和网络媒体等多重合力构筑的良好政治环境,消费积极乐观的政治信息产品,在优秀的政治作品中感知政治,在积极的政治环境中塑造政治心理。网民通过不断的政治知识的积累与网络政治参与的实践,在网络"正能量"的引导下,积极培育理性、健康的政治文化,使内心形成对国家与政府的忠诚与信赖的心理,这是我国网络政治文化建设的关键所在。

二 规范网民的网络政治行为是网络政治文化建设的关键

网络形塑了一个全新的行为场景,致使各种全新社会行为产生。② 在良好的网络政治场域中,随着网民在政治知识、政治经验与技能的不断提高,以及政治情感的正态化发展,他们的网络行为会逐渐趋于规范。良好的网络政治环境塑造了网民健康的政治心理,并规范着网络行为;反过来,规范的网络政治行为也能够促进网民政治心理的发展,两者虽是本质与现象的关系,但相互之间的

---

① 王浦劬:《政治学基础》,北京大学出版社2005年版,第257—259页。
② 黄少华、武玉鹏:《网络行为研究现状:一个文献综述》,《兰州大学学报》2007年第2期,第32页;另参见[美]曼纽尔·卡斯特《网络社会的崛起》,夏铸九等译,社会科学文献出版社2003年版;[美]约书亚·梅罗维茨《消失的地域电子媒介对社会行为的影响》,清华大学出版社2002年版;黄少华、陈文江《重塑自我的游戏网络空间的人际交往》,兰州大学出版社2002年版。

影响较为显著。因此，强化规范的网络政治行为，也是引导网络政治文化的健康发展的必要措施。

我国网民政治行为的规范主要应该关注三个方面，即网络政治信息的浏览、网络政治意见的表达及网络政治参与等。

1. 网民自觉优化对网络政治信息的选择"消费"

网络政治文化形成的第一步开始于网民对政治信息的选择，选择对象的属性将会内化为网民的政治情感。因之，网络政治文化塑造首先应引导网民，自觉地选择积极的政治信息。网民在网络政治信息消费中应选择可信度较高的网站，从这些平台中浏览积极向上的、能够反映我国政治制度优越性的信息，增强对我国政治制度的自信。网民对"翻墙"获知的政治信息及没有经过安全认证的网站，所发布的政治信息应持谨慎态度，尽量远离这些渠道发布的政治信息。

2. 网民应客观理性地表达政治意见

网民会因网络政治舆论的感染，在现实生活中遭遇的挫折，或者政治信息反应事件的不可接受等原因，通过网络以感性冲动的状态表达自己的政治意见，致使政治意见缺乏客观与理性。网络塑造良好的网络政治环境，网民应该在充分认知政治信息的情况下，经过理性的思考和分析，通过正常的网络渠道，以符合法律的方式，表达个人的政治意见。网民以规范的形式表达自己的态度，不仅会自我塑造，而且会影响其他的网民。总之，网民在网络社会中以理性、谨慎及客观的态度输出自己的政治意见，既是自我政治心理的反应，也是自我心理的塑造。

3. 网民依法合规地参与网络政治生活

网民已经不再是传统政治文化的"臣民"，而是具有公民意识的政治人，"这种从听天命到主观能动性的转变，表现在许多方面，其中法的观念的转变尤为重要"。① 在网络提供了政治参与便利的同时，网民应依法合规地参与，否则，网络政治参与这一方式不仅将备受诟病，而且可能危及网络与社会的稳定与安全。目前，我国网络政治参与主要表现在网络信访、网络听证、网络反腐、网络监督及网络民调等方面，并且党中央也不断强调，要通过网络"体察民情、了解民意、倾听民声、汇聚民智"，这就要求网民首先要了解网络政治参与的相关要求，应严格遵守各项制度与规定，在政府制定的制度内、有序地进行。虽然制度下的网络政治参与可能会遏制网民的积极性，但规范一旦内化为自觉的行为，政治文化的塑造才能得以真正实现。

我国网络政治文化的引导与塑造是一个系统、宏大的工程，应立足于政府治理与引导、网络自律与管控、网民自觉与自重等方面，探索"三位一体"的复合机制，发挥多重合力的协调功能，才能得以实现。

---

① ［美］塞缪尔·亨廷顿：《变化社会中的政治秩序》，王冠华等译，上海人民出版社2008年版，第82页。

结　语

网络政治文化作为一个新兴的研究领域，在理论与实践层面都还处于起步阶段。2001年前后对其研究曾出现过一个小高潮，但之后的研究便聚焦于由其决定的网络舆论、网络监督、网络反腐、网络问政及网络议政等表象问题，对网络政治文化这一深层次的作为"表象"的内在隐性价值的研究渐少。近年来，网络政治文化借助网络传播快、渗透广、影响大等优势，成为挑战我国主导政治文化、主导政治价值、意识形态、和谐文化、先进文化及社会主义核心价值体系培育与践行的重要方面，为此加强对其研究就成为理论与现实的双重需要。

本书大体上可以分为两部分，第一部分是对网络政治文化这一新理论的建构；第二部分是对我国当前网络政治文化现状、问题、原因及建设的实证分析。在理论部分将网络政治文化定义为"网络政治场域"塑造的文化形态，在此基础上架构了主体、客体、介质与场域"四重维度"的分析框架，进而在第二大部分严格遵循网络政治文化基本理论的框架，展开对我国网络政治文化的实证分析。需要说明的是，本书并未将对网络政治文化这一概念的其他三种不同认识纳入研究之中，导致很多干扰我国网络政治文化健康发展的因素未能进入本书的讨论之中。为此，在此加以补遗说明。

本书未采用的网络政治文化含义之一，网络政治文化的"政治文化"本体论认识。前网络时代在现实政治社会生活中形成的政治文化，借助网络工具加以传播，即"现实政治文化"的网络化发展，这也是多数学者认为的"网络对政治文化的影响"之意。此种认识将现实政治文化视为网络政治文化的"本体"，将"网络"视为该文化的虚拟化转型的工具，而网络政治文化仅仅是指"现实政治文化"由现实政治人的主观世界外显"物化"为虚拟网络空间的表意"符号"系统，网络的出现非但没有隔断政治文化的延续，反而使之前的政治文化获得了延续的新形式。此种意义上，网络政治文化和"现实政治文化"在价值内核与真实内容指向等方面并无本质差别，仅仅是现实政治文化在传播介质与渠道等方面"网络化"转型的新形态。

　　网络政治文化上述概念未能纳入本书，致使基于这一概念延伸的诸多现实政治文化未能进入本书。在前网络社会，现实社会中形成了传统政治文化、民族政治文化、宗教政治文化、外来植入政治文化等诸多类型的政治文化，在网络时代，这些政治文化会借助网络便捷、廉价、快速、传播广、影响大、低准入、无国界等优势，通过主体能动性的发挥致使实现网络化传播，导致网络社会中充斥着各种各样的政治思潮。如资本主义意识形态的渗透、西方政治价值的扩散等。这些政治文化的网络化、数字化转型，不仅实现了其自身的延续与传承，而且为本书所定义的网络政治文化的形成，提供了认知的对象。就我国目前情况来看，网络政治文化的主体构成是现实政治文化的网络化与"网络政治场域"造就的政治文化，前者借助网络中传播，后者依赖网络产生，前者是后者形成的对象之一并影响后者的属性，后者彰显前者的价值内核并使之扩散。

　　本书未采用的网络政治文化含义之二，网络政治文化的"网络政治"本体论认定。如果依据阿尔蒙德对政治文化的定义，网络政治文化应该是指网民对"网络政治"的认知、情感和评价的总和，是内化于网民内心的对"网络政治体系"的映射。目前国内外学者关于现实政治与虚拟政治边界与范畴的界分尚不明确，对作为人类实践"第三世界"的网络社会的权力架构等问题也未能加以深入分析。但这一学术研究的滞后，并不能否认基于传统政治概念延伸的"网络政治"存在的事实，毕竟网络社会不仅无法阻止现实权力的介入，更加需要网络权力的治理，二者交织于一体，并非就是同一。所以，网络政治的存在必然会孕育与之相适应的文化形态，这也是"网络政治文化"真正的应有之义。

基于上述网络政治文化的含义，网络技术垄断、网络准入制度、网络经营权限、网络信息鸿沟、网络信息安全、网络治理方式、网络战争、网络主权及网络疆界等，都会成为网络政治实践内容，基于政治"实践"的感知，而非依赖于网络政治信息的认识，所形成的政治文化才是"网络政治"的文化。目前，该含义所指的网络政治文化还不是主体部分，故，本文未使用这一概念。但从长远看，随着网络政治的逐步发展，相关理论研究的成熟，此种意义的网络政治文化可能会上升为主体部分。

本书未采用的网络政治文化含义之三，网络政治文化的"网络文化"从属性溯源与趋同性厘定。世界文化是多元的，网络文化也不例外，网络政治文化是网络文化必不可少的组成部分。二者作为人类基于"第三世界"进过主观思维加工而产生的意识产品，虽存在诸多的相似但在内核指向、范围边界及功能作用等方面都存在明晰的界限。二者的所辖范围是非常明确的，在一些研究成果中虽使用了"网络文化"一词，但论述的多是"网络政治文化"之意，突出了网络文化的"政治"功能与意义。可见，网络文化包含网络政治文化，后者属于前者的应有构成部分，但网络政治文化的方向性引领作用，却是网络文化发展的政治导向性保障。

网络文化视域下的网络政治文化分析，会着重探讨基于网络文化体系内诸多文化子单元之间的相互影响，而丧失了对"网络政治文化"本身的认识。而且，网络文化这一宽泛的概念所包罗内容之多，将更加难以针对网络政治文化的分析。为此，本书未从网络文化的视角对网络政治文化加以认定与分析，也就未能将网络暴力、游戏、文艺、色情等文化纳入对网络政治文化的讨论之中，使得对其影响因素的分析略显不足。

虽然，依托政治文化的理论，结合对网络社会的分析与把握，建构了网络政治文化的理论框架，并以此为基础分析了我国网络政治文化这一现实问题，在理论层面与现实层面上都有所突破与创新，但因诸多原因致使本书也存在一些不足。

马克思主义中国化发展应该包含整体理论与具体学科理论两个部分，这样才能使具体理论更加科学、更加符合中国实际。政治学作为马克思主义理论的重要构成，脱胎于马克思的政治经济学，无可辩驳地也属于马克思主义理论的范畴。并且，在探讨网络政治文化的基本理论和分析当前我国网络政治文化现状等问题的过程中，都应严格遵循马克思主义的辩证唯物主义和历史唯物主义的理论及方法论。

就内容而言，由于对传播学、心理学、统计学、计算机网络等学科理论掌握的不足，对网络政治文化形成过程的外在环境塑造功能和内在政治态度变化过程，还有待进一步细化分析。对传播学中的信息理论、符号学和控制理论需要更加专业化的实验性分析，包括网络政治信息的性质、频率、强度、持久性等方面对网民政治态度的影响，网络符号系统对网民的刺激程度与内化效果，等等。对统计学方面理论的欠缺，致使本书很多数据直接来源于中国互联网络信息中心（CNNIC）发布的诸多报告，未能加以进一步数据处理，即便是自行统计的相关数据也因处理方法的单一，而使得部分数据信息指向的内容不甚明显。此外，对认知心理学、实验心理学、心理统计、心理测量、人格心理学及社会心理学等知识不足，导致对个体内化政治信息的微观实证分析较少，缺乏心理学实验性的第一手心理机制资料。

社会存在会随着历史的推移而发生存废变化，这就会导致作为上层建筑的政治文化发生相应的推陈出新。随着网络政治的发展，未来基于"网络政治"这一虚拟实践产生的政治文化可能更适合使用"网络政治文化"这一专业术语。但就整个政治文化的体系而言，网络政治文化的发展不会取代政治文化，只会作为政治文化体系中的一个重要组成部分。在网络政治发展和网络治理双重现实的推动下，网络政治文化的研究将会逐渐受到学术界的普遍关注。

参考文献

一 著作类

1. 《马克思恩格斯全集》第3卷，人民出版社1979年版。
2. 《马克思恩格斯选集》第1、2、4卷，人民出版社1995年版。
3. 《列宁选集》第4卷，人民出版社1986年版。
4. 《毛泽东选集》第2、3卷，人民出版社1991年版。
5. 《毛泽东文集》第2、6卷，人民出版社1993年版。
6. 《邓小平文选》第3卷，人民出版社1993年版。
7. 《江泽民文选》第1、2卷，人民出版社2006年版。
8. 《李大钊全集》第1卷，人民出版社2006年版。
9. 邹谠：《二十世纪中国政治》，牛津大学出版社1994年版。
10. 乔冈：《网络化生存》，中国城市出版社1997年版。
11. 李艳丽：《政治亚文化》，武汉大学出版社2008年版。
12. 虞崇胜：《政治文明论》，武汉大学出版社2003年版。
13. 姜涌：《政治文化简论》，山东大学出版社2002年版。
14. 《十三大以来重要文献选编》，人民出版社1991年版。
15. 施雪华：《政治科学原理》，中山大学出版社2006年版。
16. 梁启超：《清代学术概论》，中国书籍出版社2006年版。
17. 李道揆：《美国政府和美国政治》，商务印书馆1999年版。

18. 王乐理：《政治文化导论》，中国人民大学出版社2000年版。
19. 李斌：《网络政治学导论》，中国社会科学出版社2006年版。
20. 刘建明：《宣传典论学大辞典》，经济日报出版社1992年版。
21. 叶笃初：《党的建设辞典》，中共中央党校出版社2009年版。
22. 施雪华：《政治现代化比较研究》，武汉大学出版社2006年版。
23. 朱日曜：《论中国传统政治文化》，吉林大学出版社1987年版。
24. 苏宏元：《网络传播学导论》，中国社会科学出版社2010年版。
25. 谢庆奎：《当代中国政府与政治》，高等教育出版社2003年版。
26. 丛日云：《西方政治文化传统》，黑龙江人民出版社2002年版。
27. 潘小娟、张辰龙：《政治学新词典》，吉林人民出版社2001年版。
28. 谢岳：《大众传媒与民主政治》，上海交通大学出版社2005年版。
29. 俞可平：《权利政治与公益政治》，社会科学文献出版社2000年版。
30. 东鸟：《网络战争》，《互联网改变世界简史》，九州出版社2009年版。
31. 《简明不列颠百科全书》，中国大百科全书出版社1986年版。
32. 潘一禾：《观念与制度》，《政治文化的比较研究》，学林出版社2002年版。
33. 崔蕴芳：《网络舆论形成机制研究》，中国传媒大学出版社2012年版。
34. 朱元发：《韦伯思想概论》，台湾远流出版事业股份有限公司1990年版。
35. 王学俭、刘强：《新媒体与高校思想政治教育》，人民出版社2012年版。
36. 刘文富：《网络政治——网络社会与国家治理》，商务印书馆

2002年版。

37. 马俊、殷秦等：《中国的互联网治理（2011）》，中国发展出版社2011年版。

38. 中华人民共和国国务院新闻办公室：《中国互联网状况》，人民出版社2010年版。

39. 皮海兵：《内爆与重塑——网络文化主体性研究》，广西师范大学出版社2012年版。

40. 王文宏：《网络文化多棱镜——奇异的赛博空间》，北京邮电大学出版社2009年版。

41. 官建文等：《中国移动互联网发展报告（2012年）》，社会科学文献出版社2012年版。

42. 柏维春：《政治文化传统——中国和西方对比分析》，东北师范大学出版社2001年版。

43. 谢耘耕编：《中国社会舆情与危机管理报告（2012）》，社会科学文献出版社2012年版。

44. 王俊秀、杨宜音编：《中国社会心态研究报告（2012）》，社会科学文献出版社2013年版。

45. 王卓君：《文化视野中的政治系统》，东南大学出版社1997年版。

46. 胡泳：《众声喧哗》，广西师范大学出版社2008年版。

47. 《加快发展我国的信息技术和网络技术——九届全国人大三次会议和全国政协九届三次会议讲话》，2000年3月3日。

48. ［英］史蒂文森：《认识媒介文化》，王文斌译，商务印书馆2001年版。

49. ［美］露丝·本尼迪克特：《文化模式》，王炜等译，生活·读书·新知三联书店1988年版。

50. ［英］斯道雷：《文化理论与通俗文化导论》，南京大学出版社

2001 年版。

51. ［美］阿尔温·托夫勒：《预测与前提》，辽宁科学技术出版社 1984 年版。

52. ［美］赫伯特·马尔库塞：《单向度的人》，张峰译，重庆出版社 1988 年版。

53. ［美］华莱士：《互联网心理学》，谢影等译，中国轻工业出版社 2001 年版。

54. ［美］埃瑟·戴森：《网络时代的生活设计》，海南出版社 1998 年版。

55. ［美］约翰·奈·斯比特：《大趋势》，梅艳译，中国社会科学出版社 1984 年版。

56. ［德］克劳斯·冯·柏伊姆：《当代政治理论》，李黎译，商务印书馆 1990 年版。

57. ［美］马克·波斯特：《第二媒介时代》，范静晔译，南京大学出版社 2005 年版。

58. ［美］詹姆斯·麦格雷戈·伯恩斯：《民主政府》，中国社会科学出版社 1995 年版。

59. ［美］迈克尔·罗斯金：《政治科学》，林震等译，中国人民大学出版社 2009 年版。

60. ［美］沃尔特·李普曼：《公众舆论》，阎克文、江红译，上海人民出版社 2006 年版。

61. ［加］鲍德里亚：《拟仿物与拟像》，洪浚译，时报文化出版企业有限公司 1998 年版。

62. ［美］詹姆斯·M. 伯恩斯：《民主政府》，吴爱民等译，中国社会科学出版社 1995 年版。

63. ［美］迈克尔·海姆：《从界面到网络空间》，金吾伦译，上海科技教育出版社 2000 年版。

64. [美] 尼古拉斯·尼葛洛庞帝：《数字化生存》，胡泳、范海燕译，海南出版社 1997 年版。

65. [美] 詹姆斯·R. 汤森、布兰特利·沃马克：《中国政治》，江苏人民出版社 1996 年版。

66. [美] 威尔伯·施拉姆、威廉姆·里夫斯：《大众传播的社会责任》，远流出版社 1992 年版。

67. [美] 塞缪尔·亨廷顿：《变化社会中的政治秩序》，王冠华等译，上海人民出版社 2008 年版。

68. [美] 加布里埃尔·A. 阿尔蒙德、西德尼·维巴：《公民文化》，徐湘林等译，东方出版社 2008 年版。

69. [美] 加布里埃尔·A. 阿尔蒙德、小 G. 宾厄姆·鲍威尔：《比较政治学》，《体系、过程和政策》，曹沛霖等译，上海译文出版社 1987 年版。

70. [美] 特里·N. 克拉克、文森特·霍夫曼 – 马丁诺编：《新政治文化》，甘荣坤译，社会科学文献出版社 2006 年版。

71. [美] 罗伯特·古丁、汉斯 – 迪特尔·克林格曼主编：《政治科学新手册》，薛澜译，生活·读书·新知三联书店 2006 年版。

72. [美] 马克·斯劳卡：《大冲突——赛博空间和高科技对现实的威胁》，黄锫坚译，江西教育出版社 1999 年版。

73. [美] 曼纽尔·卡斯特：《网络社会的崛起》，夏铸九等译，社会科学文献出版社 2003 年版。

74. [英] 安东尼·吉登斯：《社会的构成》，《结构化理论大纲》，李廉等译，生活·读书·新知三联书店 1998 年版。

75. [美] 约书亚·梅罗维茨：《消失的地域电子媒介对社会行为的影响》，清华大学出版社 2002 年版。

76. [美] 斯蒂芬·戈德史密斯、威廉 D. 埃格斯：《网络化治理——公共部门的新形态》，北京大学出版社 2008 年版。

77. ［美］查尔斯·J. 福克斯：《后现代公共行政》，《话语指向》，楚艳红、曹沁颖、吴巧林译，中国人民大学出版社2002年版。

78. ［英］亚当·乔伊森：《网络行为心理学——虚拟世界与真实生活》，任衍具等译，商务印书馆2010年版。

79. Bernard C. Hennessy, *Public Opinion*, Belmont, Ca.: Brooks/Cole Publishing Company, 5th ed. 1985.

80. M. Brint, *A Genealogy of Political culture*, Boulder, San Francisco. Oxford, West View Press Inc., 1991.

81. Bimber, B and Davis, R., *Campaigning Online: The Interner in US Elections*, Oxford University Press, 2003.

82. David Holmes, *Virtual Politics: Identity and Community in Cyberspace*, SAGE publication, London, 1998.

83. L. W. Pye and S. Verba, *Political Culture and Political Development*, Princeton: Princeton University Press, 1965.

84. Graeme Browning, *Electronic Democracy: Using the Internet Trans form American Politics*, 2ed Independent Pub Group, 2000.

85. C. J. Alexander and L. A. Pal, *Digital Democracy: Policy and Politics in the Wired World*, Toronto, Oxford University Press, 1998.

86. Chris Tonlouse and Timothy Luke, *The Politics of Cyberspace: A New Political Science Reader*, Rout ledge, New York and London, 1998.

87. Pramod K. Nayar, *Virtual Worlds, Culture and Politics in the Age of Cybertechnology*, London: Sage Publications Ltd., 2004.

88. Andrew Chadwick, *Internet Politics: State, Citizens and New Communication Technologies*, Preface. Oxford University Press, 2006.

89. Roland H. Ebel, Raymond Taras, James D. Cochrance, *Political Culture and Foreign Policy in Latin America*. State University of New

York Press, 1991.
90. Kevin A. Hill, John E. Hughes, *Cyberpolitics*: *Citizen Activism in the Age of the Internet* (*People, Passions, and Power*), Rowman & Littlefield, 1998.
91. Theodor Holm Nelson Opening Hypertext. A Memori in Myron C. Tuman, ed., Literacy Online: The Promise (and Peril) of Reading and Writing with Computers. University of Pittsburgh Press, 1992.

二 论文类

1. 殷安阳:《论网络时代》,《中州学刊》2002年第5期。
2. 张欧:《网络文化的意蕴》,《思想教育研究》2011年第12期。
3. 丁志刚:《政治价值研究论纲》,《政治学研究》2004年第3期。
4. 王树亮:《网络政治文化论纲》,《理论与改革》2012年第5期。
5. 李斌:《网络政治的政治学分析》,《社会主义研究》2003年第3期。
6. 高钢:《谁是未来新闻的报道者?》,《国际新闻界》2000年第6期。
7. 钱振明:《网络时代的政治学和网络政治学》,《学海》2000年第2期。
8. 陈志良:《虚拟》,《人类中介的革命》,《中国人民大学学报》2002年第4期。
9. 秦宣:《网民为什么需要马克思主义?》,《高校理论战线》2011年第2期。
10. 丁志刚、董洪乐:《政治认同的层次分析》,《学习与探索》2010年第5期。
11. 黄少华、武玉鹏:《网络行为研究现状:一个文献综述》,《兰州大学学报》2007 年第 2 期。

12. 肖峰：《信息政治与政治信息主义》，《中国青年政治学院学报》2010 年第 1 期。

13. 张浚：《政治文化研究兴起的背景及其思想渊源》，《政治学研究》1998 年第 2 期。

14. 叶敏、唐亚林：《论我国网络政治文化的理性化建构》，《新视野》2009 年第 4 期。

15. 张体魄：《论我国转型期的文化发展与政治稳定》，《探索与争鸣》2003 年第 7 期。

16. 熊光清：《中国网络政治的兴起与政治文化的变迁》，《社会科学》2012 年第 1 期。

17. 匡和平：《农民政治社会化进程中的政治信任》，《西南大学学报》2012 年第 5 期。

18. 吴克明、梁增华：《论网络文化的政治功用》，《湖南科技大学学报》2010 年第 6 期。

19. 陈潭、罗晓俊：《中国网络政治研究：进程与争鸣》，《政治学研究》2011 年第 4 期。

20. 马颖章：《社会主义核心价值体系是政治文化建设的根本》，《求实》2009 年第 1 期。

21. 刘先春、任彦：《网络政治视野下改进党的建设初探》，《理论探讨》2008 年第 4 期。

22. 申文杰：《论网络条件下政治文化传播的新趋势》，《社会主义研究》2005 年第 2 期。

23. 袁文艺、毛彦洁：《数字政府与网上政治文化入侵》，《社会主义研究》2003 年第 2 期。

24. 杨伟民、吴显庆：《论网络政治在我国的建立和发展》，《学习与探索》2004 年第 5 期。

25. 王文宏、许萍丽：《网络文化与文化霸权主义》，《北京邮电大学学报》2004年第1期。
26. 宋元林：《网络文化与发展社会主义民主政治》，《当代世界与社会主义》2009年第5期。
27. 王学俭、刘强：《新媒体实践与马克思主义传播体系构建》，《学术论坛》2012年第2期。
28. 徐大同、高建：《论中国传统政治文化的基础和特征》，《天津社会科学》1986年第5期。
29. 何频：《论网络文化与社会主义民主政治的发展》，《马克思主义与现实》2009年第1期。
30. 刘先春、关海宽：《网络化境遇中的意识形态间对话》，《理论与现代化》2011年第2期。
31. 冯石、刘焕明：《论全球化与构建当代中国政治文化》，《黑龙江社会科学》2009年第1期。
32. 颜柯：《论推进我国民主政治建设的网络文化路径》，《马克思主义与现实》2008年第6期。
33. 赵惜群、翟中杰：《双刃之利剑：网络文化价值初探》，《首都师范大学学报》2011年第2期。
34. 刘彤、赵学琳：《网络化趋势对我国政治文化的影响》，《东北师范大学学报》2002年第1期。
35. 杨世宏、李荣：《互联网对政治文化的影响及其对策》，《山东科技大学学报》2003年第5期。
36. 刘建华：《网络舆情视角下的地方政府公信力的政治考量》，《宁夏社会科学》2012年第3期。
37. 刘先春、王晓敏：《互联网文化视域下的党内民主建设论析》，《理论学刊》2011年第9期。
38. 王宗礼：《论构建社会主义和谐社会背景下的政治文明建设》，

《政治学研究》2005 年第 3 期。

39. 丁志刚、赵春生:《文化发展的两难困境及我国应对策略》,《延边大学学报》2007 年第 6 期。

40. 丁志刚、徐占元:《现代政治文化建设与多民族国家政治发展》,《北方民族大学学报》2011 年第 1 期。

41. 吴海晶:《网络政治学研究的对象、内容、技术路线及其它》,《湖北行政学院学报》2006 年第 6 期。

42. 徐家林:《网络政治舆论的极端情绪化与民众的政治认同》,《马克思主义与现实》2011 年第 3 期。

43. 韩志明:《从"独白"走向"对话"——网络时代行政话语模式的转向》,《东南学术》2012 年第 5 期。

44. 王爱红:《马克思政治文化与执政生态系统的关系》,《人民论坛学术前沿》2011 年总第 315 期。

45. 丁志刚、王宗礼、郭淑兰:《加入 WTO 对我国意识形态的挑战与影响》,《甘肃社会科学》2003 年第 5 期。

46. Mitra. A., "Marginal Voices in Cyberspace", *New Media and Society*, 2001. 3 (1).

47. Gabriel Almond, "Comparative Political System", *Journal of Politics*, 1956, (18).

48. P. R. Moody, "Trends in the Study of Chinese Political Culture", *The China Quarterly*, 1994.

49. Agre, P. E., "Real-Time Politics. The Internet and The Political Process", *Information Society*, 2002, 18 (5).

50. See Gabrial A. Almond, "Comparative Political Systems", The Journal of Politics, vol. 1956, 18 (3).

51. Harry Eckstein, "A Culturalist Theory of Political Change", *American Political Science Review*, 1988, 3.

52. Mckenna, K. Y. A., GREEN, A. S. and Gleason, "M. E. J. Relationship formation on the Internet: what's the big attraction", *Journal of Social Issues*, 2002. 58 (1).

53. 田贵平:《中国特色社会主义文化中网络文化研究》,博士学位论文,天津师范大学,2006 年。

三 报纸资料

1. 习近平:《总体布局统筹各方创新发展努力把我国建设成为网络强国》,《人民日报》2014 年 2 月 28 日。
2. 《中共中央关于制定国民经济和社会发展第十三个五年规划的建议》,《人民日报》2015 年 11 月 4 日。
3. 习近平:《在第二届世界互联网大会开幕式上的讲话》,《人民日报》2015 年 12 月 17 日。
4. 习近平:《在网络安全和信息化工作座谈会上的讲话》,《人民日报》2016 年 4 月 26 日。
5. 习近平:《加快推进网络信息技术自主创新朝着建设网络强国目标不懈努力》,《人民日报》2016 年 10 月 10 日。
6. 简满屯:《有底线,才健康》,《人民日报》2012 年 12 月 23 日。
7. 莫津津:《网络不是法外之地》,《人民日报》2012 年 12 月 18 日。
8. 潘洪其:《网络媒体需要自律》,《北京青年报》2000 年 5 月 16 日。
9. 王帝、梁鑫:《虚假媒体微博现形记》,《中国青年报》2012 年 7 月 13 日。
10. 傅达林:《网络立法需明确政府管制边界》,《京华时报》2012 年 3 月 11 日。
11. 范正伟:《"回应":互动中筑牢信任的基石》,《人民日报》

2012年11月5日。

12. 汪玉凯：《加强网络治理是各国政府的重要职能》，《光明日报》2012年6月8日。

13. 俞可平：《只有通过政改　才能有效遏制腐败特权》，《人民日报》2012年11月22日。

14. 《以创新的精神加强网络文化建设和管理 满足人民群众日益增长的精神文化需要》，《人民日报》2007年1月25日。

四　网络资料

1. 中国互联网信息中心：《2011年中国农村互联网发展状况调查报告》，2012年。

2. 《中国互联网信息中心（CNNIC）发布的第1—33次〈中国互联网络发展状况调查统计报告〉》，http：//www.cnnic.cn/。

3. 中国互联网信息中心：《社会大事件与网络媒体影响力研究》，2009年7月，http：//h.cnnicresearch.cn/download/report/rid/7。

4. 《新浪博客总流量排行》，2011年6月20日，http：//blog.sina.com.cn/lm/top/rank/。

5. 李长江：《网络新闻传播方式中的70%现象》，中国互联网络信息中心，http：//www.cnnic.net.cn/hlwfzyj/fxszl/fxswz/201209/t20120928_36584.htm。

6. 《互联网新闻信息服务管理规定》，中华人民共和国中央人民政府网站，2005年9月25日，http：//www.gov.cn/flfg/2005—09/29/content_73270.htm。

7. 《2002年中国互联网络信息资源数量调查报告》，http：//www.cnnic.cn/gywm/xwzx/rdxw/2003nrd/201207/t20120710_31356.htm。

8. 《2003年中国互联网络信息资源数量调查报告》，http：//www.cnnic.cn/gywm/xwzx/rdxw/2004nrd/201207/t20120710_31385.htm。

9. 《2004年中国互联网络信息资源数量调查报告》，http：//www.cnnic.cn/gywm/xwzx/rdxw/2005nrd/201207/t20120710_31428.htm。

10. 《2005年中国互联网络信息资源数量调查报告》，http：//www.cnnic.cn/gywm/xwzx/rdxw/2006nrd/201207/t20120710_31472.htm。

11. 中国互联网协会：《中国网站排名》，2012年10月9日，百度百科，http：//www.chinarank.org.cn/top100/Rank.do。

12. 《报告称中国大陆平均网速全球排名第90》，中国新闻网，2012年10月12日，http：//finance.chinanews.com/it/2012/10—12/4243916.shtml。

13. 《中国上网速度排名：上海电信最快 新疆垫底》，中国广播网，2012年11月12日，http：//tech.cnr.cn/sytj/201211/t20121112_511332367.html。

14. 《我国手机网速"全球倒数第二"？》，天津网，2012年2月22日，http：//epaper.tianjinwe.com/mrxb/mrxb/2012—02/22/node528.htm。

15. 《中国城市智能手机普及率已进入全球前五》，通讯产业网，2011年11月8日，http：//www.ccidcom.com/html/chanpinjishu/zhongduan/html/chanpin/201111/08—160659.html。

16. 摩根士丹利研究所：《全球移动互联网研究报告》，2009年12月15日，http：//www.doc88.com/p-70781626263.html。

17. 汪玉凯：《加强网络治理是各国政府的重要职责》，光明网，2012年6月8日，http：//world.gmw.cn/2012—06/08content_4305986.htm。

后 记

人生天地之间，若白驹过隙，忽然而过。三年硕士、三年博士和四年的工作时光，恍若流星划过夜空，尚未来得及感受殿堂的神韵与学术的真谛，十年时间已匆匆从指尖飞逝。在拙作即将付梓之际，回首十年光阴，感慨万千。

《网络政治文化理论构建与现实》是在本人原博士论文"中国网络政治文化建设研究"和所主持的2013年度国家社会科学基金西部项目"中国网络政治文化的理论构建研究"的基础上修改而成，虽然经过两次数据更新和较大幅度的完善，但诚惶诚恐、惴惴不安之感，还是萦绕心头。互联网进入我国的短暂历史与其无处不在的现实证明，网络化生活已经成为现在和未来的必然趋势。网络不仅是技术方面的革新，而且还会触及思维观念的革命。网络政治文化作为政治学理论的前沿问题之一，与网络主权理论、网络政治参与、网络问政、网络监督及"互联网＋政务"等，共同构筑起网络政治学的理论框架，并具有其独立的理论连续性和创新性。网络政治文化植根于政治文化的理论基点，但在基本概念、理论框架及研究范式等诸多方面，呈现出与"现实"政治文化的巨大差异，不应将其视为现实政治文化的网络化转场，也不能将其泛化为网络文化的范畴，而应立足于发生学的视角，将其定位于网络政治实践和消费网络涉政信息的心理产物。相比显性的网络舆论、网络监督、网络结社、网络暴力、网络审判及网络政治参与等现象而言，网络政治文化更具"隐匿"特征，更具基础性、深层性和持续性的功能，这也就彰显了其独特的理论解释力和说服力。因此，网络政治文化是理解网络政治行为的一条路径，是分析网络政治现象的一种视角，是营造积极健康网络生态环境的"软"措施。随着网络嵌入现实生活的快速推进，网络政治文化必将成为网络政治学和政治发展理论的焦点议题。

在此，我要深深感谢我的硕士和博士导师兰州大学管理学院丁志刚教授，指引我开启智慧之门；更要深深感谢我的父母和爱人，正是他们的无私付出，才让我走到了今天，感恩之心、非言能表。感谢国家社会科学基金的支持。对拙作中引用的同行专家的著作与论文的诸多观点，表示感谢！

王树亮

2019 年 6 月于兰州